● 汤余 著 ●

成吉思汗

雕弓天狼

传

内蒙古文化出版社

图书在版编目(CIP)数据

雕弓天狼：成吉思汗传 / 汤余著. —呼伦贝尔：内蒙古文化出版社，2009.6

ISBN 978-7-80675-712-3

Ⅰ.雕… Ⅱ.汤… Ⅲ.成吉思汗（1162~1227）—传记 Ⅳ.K827=47

中国版本图书馆 CIP 数据核字（2009）第 087379 号

雕弓天狼：成吉思汗传
DIAOGONGTIANLANG：CHENGJISIHAN ZHUAN

汤余　著

责任编辑　姜继飞
装帧设计　书心瞬意

出版发行　内蒙古文化出版社
地　　址　呼伦贝尔市海拉尔区河东新春街4－3号
直销热线　0470－8241422　　邮编　021008

排版制作　北京鸿儒文轩文化传播有限公司
印刷装订　三河市华东印刷有限公司
开　　本　787mm×1092mm　1/16
字　　数　360千
印　　张　26
版　　次　2009年7月第1版
印　　次　2022年4月第2次印刷
印　　数　8001—13000 册
书　　号　ISBN 978-7-80675-712-3
定　　价　68.00元

成吉思汗像

苏勒德

苏勒德是一只大纛，她是长生天赐予成吉思汗的佑助事业成功的神物。由一柄主苏勒德和四柄陪苏勒德组成。因而亦称"四斿哈日苏勒德"、"镇远哈日苏勒德"，汉语曾称黑神矛，黑纛，象征着长生天赐予成吉思汗的佑助事业成功的神物。

相传，成吉思汗一次率军在草原上与对手交战失利损失惨重，士气低落。在他祈求苍天给他以力量时，突然半空一道光闪，一把矛状物在众人头顶悬而不下。他命大将木华黎接下，但几次都未成功。成吉思汗许诺用一千匹马拉、一万只羊祭祀后，矛状物——苏勒德才落定。

引言

有一个东方古老故事让我来告诉你

有一个中国古代皇帝太伟大了不起

他威力不可一世,所向无敌

他曾经胸怀大志,远征东西

他拥有世界最大的国家

——成吉思汗

有文明有魄力有智慧异常英勇

——成吉思汗

不知道有多少美丽的少女都想嫁给他呀

都想做他新娘

他是人们心中的偶像

公元十三世纪是一个天翻地覆的世纪,是一个金戈铁马、战火纷飞的年代,是分裂了三百余年的中国完成第四次统一的世纪,也是中国进一步走上世界历史舞台的世纪。这一切都与一个伟大的名字联系在一起,他就是闻名中外的蒙古族及中华民族的英雄——成吉思汗。

我们敬重成吉思汗,并不只是因为他是民族的骄傲,而很大程度上是因为他是世界公认的最伟大的成功者之一。成吉思汗创建了世界上版图最大的帝国,发动了人类历史上规模最大的战争,是千年来世界最富有的人、人类历史上最伟大的成功者……

站在历史的坐标上,世人能看到一个怎样的成吉思汗呢? 这个颇具争议的伟人身上到底有什么样的传奇让后人一次次地为他的强悍和气魄而倾倒呢? 综观历史,我们可以从史料中找到答案。

有人曾经统计过,成吉思汗一生共进行了60多次战争,除十三翼之战因实力悬殊主动撤退外,没有失败过一次。因此有人评论说:"成吉思汗是后人难以比肩的战争奇才。他逢敌必战、战必胜的神奇,将人类的军事天赋穷尽到了极点。""他麾下的铁骑,势如破竹,硝烟漫卷到了俄罗斯、阿富汗及印度北部。在广袤的欧亚大陆,成吉思汗已经成了战无不胜的神,对手无不闻风丧胆,屈服于脚下。""什么人才能称得上战神?唯有成吉思汗!"

成吉思汗是一位高瞻远瞩的统帅,他的军队带着东方的先进文化和科技进入了还处于中世纪黑暗时代的欧洲,并唤起了全球性的人类觉醒。在蒙古人入侵的推动和刺激下,欧洲开始了空前的技术、贸易和思想革命。他的征战,创造了盛极一时的大一统,为民族的融合、文明的发展起到了极大的推动作用。

战争是残酷的,有战争必然有杀戮,生灵涂炭是战争的附属物,任何战争都不例外。在成吉思汗的铁骑所过之处,百姓成为最大是受害者。成吉思汗不是神,在征战中,出现了不少的滥杀百姓、屠城事件,被西方人称为"黄祸"。成吉思汗所带来的灾难,除了掠夺和屠杀外,一切都是猜测,而其带来的辉煌全是事实!

成吉思汗这个历史人物不仅识弯弓,能射大雕,还懂得调训大雕,他决不是一介武夫。他的历史地位不会低于"唐宗宋祖",远比历代农民起义领袖伟大。他的伟大之处,不只是组织培育了伟大的蒙古军团,还在于他深具超前意识的国家行政管理理念和宏观地缘政治思想。他是军事天才,也是政治天才。他不是武夫,他是卓越领袖。

本书从身世、磨难、婚姻、情义、征战、方略、用人、志向、亲情、功过十个方面对成吉思汗的一生进行了概括,试图从不同侧面挖掘成吉思汗一些生活中的细节,深刻剖析人物心理,还原历史事实,通过一个一个小故事,向读者展现一个完整的成吉思汗形象。

01

铁木真出生前的大草原上，矛盾是那样尖锐，草原人民的心惶惶不安。帐篷里，妇女和儿童的身上都沾满了复仇的鲜血，心中充满了对战争的仇恨。就在草原的苍狼嚎叫的时候，一个小小的生命、一个即将呼风唤雨的世界巨人在这片充满血腥和暴力的地方诞生。

【第一篇】身世篇

成吉思汗

47

在"爱"与"恨"交织起来的草原大地上,曾经有过血泪,有过欢笑,有过繁荣,有过落寞。当铁木真经受着磨难的时候,他的整个人生和悲亢性格也像雏鹰的羽毛一样渐渐丰满。呼唤着英雄的草原人民像呼唤天神一样呼唤着铁木真的到来。晴空的霹雳,碧绿的草地,像生命的摇篮一样抚育着苦难中的铁木真。

【第二篇】磨难篇

寒微、孤单，这两个挥之不去的影子困扰着铁木真，幸好与草原、与仇敌不断斗争的日子给了他另一种精神寄托。当铁木真的第一个红颜知己到来时，这个活跃在马背上的身影，再也不能掩饰火热的情感。如果说铁木真的第一生活是征战，那么他的第二生活便是与夫人们在一起的甜蜜日子，这给他驰骋沙场注入了强大的精神动力。

【第三篇】婚姻篇

成吉思汗

在铁木真的百宝箱里，最宝贵的珍藏便是情义了。铁木真是因为仇恨而生，而他的仇恨却给他带来的无尽的情义，他因为情义而发展，依靠情义而解除仇恨。情义像一阵春风，吹到草原的每个角落，让每个人传颂着他的英明，吸引英雄慕名而来。当仇恨渐渐淡却的时候，浓烈的情义将铁木真的事业推到至高的地位，情义是铁木真生命的精华。

【第四篇】情义篇

175

战马、苏鲁锭,它们是成吉思汗生命中最重要的东西。作为一个世界征服者,在战场上拼杀的乐趣对他来说胜过一切。马刀上的鲜血像兴奋剂一样让成吉思汗的心加速地跳动着。只有战争才能让这个英雄得到世人的景仰。成吉思汗用马蹄和刀尖书写着蒙古人的历史,一幅幅波澜壮阔的画卷生动地展现在我们面前。

【第五篇】征战篇

成吉思汗

一说起成吉思汗，很快会使人联想到"只识弯弓射大雕"。一个庞大帝国的建立，难道只是匹夫之勇？在成吉思汗经略天下的过程中，他的智慧和方略得到了淋漓尽致的发挥。武力只是他外表强悍的表现方式，而智慧与方略却谙熟于他的心中。战争制疆土，方略制战争，成吉思汗用方略赢得了战争，赢得了帝国的崛起。

【第六篇】方略篇

翻开历史画卷，有几个人物能像成吉思汗这样网罗天下英豪？有几个人物能将自己的将领从奴隶中挑选出来呢？事实证明，成吉思汗是个重情重义的人物，更是一个懂得珍惜情谊的统帅。得伴当的快乐让成吉思汗意气风发，在数不清的军事人才中，他的身影不知道多少次贴近他们，他的亲切之语不知道多少次打动他们，一种高尚的用人之道鲜活地展现了出来。

【第七篇】用人篇

成吉思汗

321

　　志向，是人这一生为之奋斗拼搏的目标和价值取向。志向的大与小，理想的对与错，决定了一个人人生旅程的成败和最终的结局。生活在草原上的铁木真，饱尝了战争带来的困苦，志在建立一个远离战争的大一统世界。

【第八篇】志向篇

在草原上，没有什么可以比世世代代威名远扬更值得炫耀的。在成吉思汗身上，世人也能看到这一点，时光飞逝中，成吉思汗紧紧地抱着自己的孩子，让小孙子们数着头上的白发。在战争之余，听着子孙的憨笑声，扇着炉灶上的火，成吉思汗的温情，常常游离在子孙们的悲欢离合之中。

【第九篇】亲情篇

成吉思汗戎马一生,创造了东方乃至整个人类历史的奇迹。作为一名目光远大、具有雄韬伟略的政治活动家,作为一位治军严明、用兵如神的军事统帅和复仇天神,他所创建的赫赫业绩,对于蒙古人来说,是空前绝后的。然而,成吉思汗的征战,虽然最初皆以复仇开始,但是他在征战中横扫无辜,践踏自安之邦,却给各国人民带来了深重灾难。

【第十篇】功过篇

身世篇

铁木真出生前的大草原上，
矛盾是那样尖锐，
草原人民的心惶惶不安。
帐篷里，
妇女和儿童的身上沾满了复仇的鲜血，
心中充满了对战争的仇恨。
就在草原的苍狼嚎叫的时候，
一个小小的生命、
一个即将呼风唤雨的世界巨人
在这片充满血腥和暴力的地方诞生。

草原逐鹿　风起云涌

天地幻化，万物生长。在古老而神秘的蒙古大草原上，一只雄鹰从湛蓝的天空滑过。生命因为这片草原而苏生，世世代代居住在草原上的人们也因为这自然的造化而生生不息。大约在草原"苍狼"与"白鹿"的故事流传一百多年之后，蒙古部族开始步入朵奔蔑儿干时代。从字面意义来看，"朵奔蔑儿干"就是善射者朵奔，所以朵奔是这个游牧民族的英雄，也是一个让大草原再现生机的蒙古部族领袖。

其实朵奔的命运在一开始就非同一般。朵奔有个哥哥名叫都哇锁豁儿，因为天生三眼而锐气胜过朵奔。他的第三只眼睛睁开能看三程远，天上地下没有他捕不到的猎物。兄弟俩在一起生活得挺富足，都哇锁豁儿还有一个妻子和四个儿子。

有一天，朵奔和哥哥都哇锁豁儿纵马一口气驰骋到不儿罕山的山腰。朵奔问哥哥："今日可没有个好兆示。草地上的露水差点儿将我的马儿滑倒，好在我机灵，躲过一劫。"说完，朵奔用力地挥了挥马鞭，向山下的树林里看着。

"那可不一定，你看看，我们的好事现在就来了。"都哇锁豁儿扬鞭就向山下的路上跑去，并指着黄土路上的一彪人马，大叫："朵奔，你看，车帐前坐着一个挺拔的女子，不知婚否？如果有福，我愿意将她抢来做我的弟妹，你觉得怎么样？"

朵奔放眼望去，羞恼地笑着："姑娘再好，也不便抢啊！她愿意吗？最好你让人去问个虚实，好让我心有准备。"

就在都哇锁豁儿高兴之间，他的大儿子纵马跑来，举着手中的貂鼠要父亲归去。都哇锁豁儿厉声地对大儿子喊到："我儿快来，快去看看山下是一彪什么人马，问问那个小姐是否婚嫁，回来告知于我。"说完，他就与朵奔齐头站在一块巨石上。朵奔龇啮着嘴，都哇锁豁儿却是急切地等待着。就在都哇锁豁儿的长子走近那群人时，天上忽然闪现出一只雄鹰，嘴里叼着一支树枝。朵奔甚是好奇，目不转睛地盯着那只鹰。都哇锁豁儿扬声道："朵奔，你看，这是你即将有鸿运的征兆啊，看来天神在保佑我弟成就大事啊！"朵奔听到这一席话马上精神振奋起来："好啊！难道这真是好事？那我们快快行动吧！"

大约半个时辰的工夫，都哇锁豁儿的长子满面尘汗地跑了过来，报道："那坐在车帐前的女子果然生得好看，名字叫阿兰豁阿，不曾嫁人。这个部群是秃马敦人，是到不儿罕山来游牧的。"还没有等长子的话落音，都哇锁豁儿就拍着朵奔的肩膀，粗鲁地大喊："好了，让我们以天神的名义去抢劫秃马敦人吧！我的好弟弟可以享福了！"伴着纷扬的尘土，朵奔兄弟带上几个随从纵马当先，拦住了秃马敦人的去路。为长的豁里剌儿台蔑儿干迎面上来，喊到："你们想要什么？我可以满足你们的要求的！"

一脸凶煞的都哇锁豁儿脱口而出："留下车前女子做我兄弟朵奔的妻子，如此我们便可世世友好，否则只有兵刃相接。"坐在车帐前的阿兰浑身一颤，但还是没有动弹一下，只是紧紧地盯着族长豁里剌儿台，他们目光交视之后，豁里剌儿台放开笑脸大喊："这个不是我说了算，我的阿兰自己答应了，便可成就了这桩美事。"就在此时，朵奔才高兴地看了一眼阿兰豁阿。他发现阿兰的眼神也没有抗拒的意思，于是走了过去，含笑地看着阿兰豁阿，长长地出了一口气问："美丽的人儿，我朵奔的身份和脸面可衬得上你？"阿兰看着朵奔，心中也马上对他的英俊和潇洒产生了好感。她低下头默默无语，但心中的欢喜已经表露于脸上。豁里剌儿台见此情形，于是毫不犹豫地宣布："让阿兰美人随朵奔去，相信天神会让他们成为天下的福人。"就这样，朵奔和哥哥都哇锁豁儿带着他们的战利品——美人阿兰豁阿一起回到自己的驻地。

朵奔就这样和阿兰豁阿结合了。没过几年时间，他们便生了两个儿子。他们后来都是蒙古部族的祖先。而朵奔后来的第五子就是孛端察儿——成吉思汗的祖先。而在阿兰豁阿的众子中，只有孛端察儿形象与智慧最笨拙，其他孩子都看不起他。最后在阿兰豁阿去世的时候，他们只将家产分成四份，单单撇下了孛端察儿。于是孛端察儿成为一个孤苦伶仃、无家可归之人。一个人在大森林中生活了几个月之后，他的哥哥不忽合塔吉心中想到母亲让他们兄弟一条心的教导，于是沿着斡难河一路向孛端察儿的住所寻觅而来。几天之后，他们兄弟相遇了。不忽合塔吉带着孛端察儿回营地。路上孛端察儿要求哥哥不忽合塔吉去劫掠兀良哈人，在路上说了几遍不忽合塔吉才明白弟弟的意思，于是决定洗劫兀良哈人。就在这一次抢劫之后，孛端察儿和他的兄弟们真正地成为了贵族，成为有奴隶、有私财的奴隶主。更重要的是，孛端察儿在掳掠中得到了一个夫人，这个夫人在到来的几个月内就生下一个遗婴，起名为札只剌歹，也就是后来的蒙古札答兰氏的祖先。

后来孛端察儿又娶了一个夫人，算是正式夫人。这个夫人就生下了后来的"孛儿只斤"黄金家族的后人。

在铁木真诞生之前的草原上，部族之间从来就没有停止过战争。各部落之间为了自己的利益和世代结下的仇恨而兵戎相见，血战不息。从蒙古族的外部形势来看，蒙古一直是一个比较落后的部族，比起乃蛮、克烈更是捉襟见肘。就在孛端察儿两代之后，蒙古部族进入土敦蔑年时期，但土敦蔑年短寿，他的七个儿子在夫人莫拿伦的教养下也没有太大的出息，因为莫拿伦本身就是一个性格暴烈、处世无情的人。因为许多部落与她有姻亲关系，所以她的财富从四面八方汇聚而来。她贪婪而且刚愎自用，常常将她数不清的牛羊聚拢在山坡上，让人点数，但谁也没法准确地说出她的牛羊的数量。就在莫拿伦坐在家中享受美味佳肴的时候，突然有人来报札剌亦儿人掘坏了七个儿子的驯马场，她愤怒而出，指挥着她的军马战车左右横冲，将许多的札剌亦儿人和小孩碾死。札剌亦儿人被逼急了，索性与之决一死战，抢走了她的牲畜。莫拿伦的儿子得到消息之后，不曾披挂就上马追赶，眼看就要追上的时候，札剌亦儿人自思量："莫拿伦家族亲戚众多，寡不敌众。"于是他们一不做二不休，将莫拿伦的六个儿子全部杀死，回头又将莫拿伦和他所有的族人斩杀。只有莫拿伦的一个小孙子海都被扔进枯草棚保全了性命。

还有一个幸存者就是莫拿伦的第七子纳真，他在八剌忽民家做女婿。当他回到自己家中的时候，只看到十个老奴带着海都坐在草地上打盹。于是纳真带上十个奴隶和海都追赶敌人，并想抢回所有的财物。当他追上札剌亦儿人的时候，他杀死了札剌亦儿父子二人，并抢回一只狩猎的雄鹰，他们直追到八剌忽之地而止。从此，纳真便一心一意抚养海都成人。

海都稍长之时，相貌不凡，而且英勇善战，在众人中有良好的口碑，于是纳真带领他的部众拥立海都为首领。海都成为首领之后的第一件事就是讨伐札剌亦儿人，将他的仇敌彻底消灭，札剌亦儿人从此成为海都家族的世袭奴隶。后来纳真带领一支人马离开海都到斡难河流域放牧，这支人马就渐渐演变成蒙古草原上叱咤风云的两个部落——兀鲁兀惕部和忙忽惕部。海都有三子，后来都成为蒙古部各部族的重要领袖。

　　海都的长子伯升豁儿有个儿子，名叫屯必乃。这个孩子从小聪颖过人，且武艺超群。在众人的眼中，屯必乃是其家族中最好的继承人，他同泰赤乌部联合逐步形成了一支实力强大的草原部族，与强大的西方各部形成了势力上的东西呼应。他的子孙继承了孛儿只斤氏的黄金家族血统，他的第六子合不勒就是后来著名的合不勒可汗。在草原的群雄中，合不勒汗不断地同边疆作战，而且建立了一时的兴盛，他是初建蒙古国的人。合不勒汗有七子，其中第二子的子孙形成了后来的乞颜——孛儿只斤氏。从这时开始，蒙古草原上的原始氏族社会实行的部落首领推举制向汗权世袭制转变。

　　就在合不勒汗仙逝之后，部众遵照他的遗愿，拥立泰赤乌部的俺巴孩汗为蒙古首领。年轻勇武的俺巴孩汗看到塔塔儿部的强大，于是他想与塔塔儿部结亲。但塔塔儿却趁机将俺巴孩汗绑架送到金廷，借刀杀人，同时也是向金朝示功。俺巴孩汗自知生命岌危，在处死之前视死如归，但最后还是被金朝皇帝钉死在木驴上。从此金朝与蒙古部的仇恨达到了顶点。

　　在俺巴孩汗临逝之前，金廷为了表示大国风度，将俺巴孩的一个随从放回去报信。正是这个使者传达了俺巴孩汗的旨意，并决定了他的继承人——第五子忽图剌。忽图剌一生没有停止战争，他先后同塔塔儿发动了十三次战斗，杀得难解难分。在金熙宗皇统七年，忽图剌终于攻入金朝边境，初战大捷。在忽图剌为蒙古首领期间，金军困难重重，烦恼于忽图剌的强大。金朝采取的残酷镇压和打击在忽图剌时期还没有表现出来。但到了忽图剌之后，由于蒙古族内没有一个确定的首领，金朝则趁虚而入，三年一小剿、五年一大杀，让整个蒙古部陷入了发展的最低谷。

　　就在蒙古部落难以支撑局面的时候，俺巴孩汗的下一辈中出现了一个善射骁战的勇将也速该巴特儿。他有三个兄弟，老大是蒙格秃乞颜，老二捏坤太师，老四答里台斡惕赤斤，而老三也速该最为英勇，他不但敢于同塔塔儿作战，而且擅长对金作战。他的故事扬名四野，他成为新的蒙古部可汗自然是众望所归。这个也速该就是后来叱咤草原、中华，甚至是世界的一代天骄成吉思汗的父亲。

　　在成吉思汗诞生之前，蒙古内外的复杂斗争和严峻的草原形势正在呼唤英雄，呼唤开天辟地的天之骄子的到来。

草原抢亲　成就美眷

在大草原上的牧民们苦难不堪的时候，他们都憧憬着一个能长久安定的未来——那就是渴望在大草原上能诞生一个前无古人、消平战乱的英雄。但在铁木真诞生之前，无数个英雄像走马灯一路穿过，但就是没有一个人能解除草原部族的血腥屠杀和颠沛流离的现状。而在每一次的动乱之时，牧民总是最大的受难者。

在草原传统观念中生长的也速该被认为是一个最能代表蒙古部众的领袖，年轻骁勇的也速该在成年之后也顺利地成为了蒙古众氏族的首领，这是众望所归。在也速该正当年轻的时候，他看到自己各个兄弟们都成家娶妻了，而自己却是只身单影，难免有些落寞。有一天，也速该站在哥哥蒙格秃乞颜的帐外观看风向，他的大嫂走了过来问到："兄弟，你在族中也是个举足轻重的人物，怎么不想着娶一个妻子呢？"也速该听了嫂嫂的话之后，捂着胸口恭敬地笑道："大嫂说得是，我早有此想法，但苦于无合适女子。"说完，就坐上骣马往营寨旁的山冈走去。

过了几日，天气甚好。也速该一早就带着族中的圣鹰在斡难河畔捕猎。当那只圣鹰飞到天地的尽头时，也速该就在斡难河上擦洗配刀，当那圣鹰飞回来的时候，他就用配刀将圣鹰嘴中的小鸟小鼠什么的杀死，装进牛皮猎桶里。大约到了太阳当空的时候，也速该感到饥渴交加，飞回来的圣鹰也叼不回来猎物。于是他抚摩着站在自己左肩上的圣鹰，轻轻地说道："我的战友，回帐去安歇吧！猎物也有你的一份。"那只圣鹰像是领会了他的言语，站在也速该的左肩上不再飞翔了。

也速该用细绳将圣鹰的双脚束住，放在马背上的竹笼里。一声吆喝，马儿像离弦的箭向山下的斡难河驻地奔去。就在也速该骑马飞跑的时刻，他突然看到天际之间尘土飞扬，再近一些，原来是一彪赶路人马。仔细观察，一个汉子一马当先，穿着不一般的盛装。后面是一个装扮得十分喜气的马车。也速该一眼就看出是一彪迎亲队伍。坐在车前的女子也甚是美貌，也速该一眼就看中了那个美貌的女子。也速该心中盘算："这彪人马只有十几人，我想夺取财物和美人，这可是千载难逢的好机会。"他掉转马头，飞一般地向自己的营地驰去。

回到营中，也速该放下手中的猎物，钻到哥哥捏坤太师的帐中，他抬头一看，帐中还有弟弟答里台，他们二人正在火堆旁烤马肉。也速该夺下他们的马肉兴奋地嚷道："好了，大喜事来了，我见到斡难河边走来一彪娶亲人马，快与我夺了这门亲事，享受美妇之快活！"听到这一席话，捏坤太师拿起地上的配刀，站起身来道："竟有这样等美事，今天我得为我三弟争个美人来。"说完，答里台也兴奋起来："好的，与我去驱赶他们过来。"三人一齐坐上战马，将手中的马刀在天空中挥舞，大声地吆喝着战马，一溜烟地直奔那彪人马而去。

三人的速度若风似火，坐在最前面的新郎见情形不对，于是站到那美人身边，紧张地说："诃额伦，我们今日可能不能自保了，迎面来了几个凶煞面孔，来者不善啊！"此时诃额伦才睁开那双水汪汪的大眼睛，仔细观察后说："夫君，你是个不能折腾的人，我们还是后撤吧，绕过这些人。"但那新郎站在车前没有了主见，既不敢前进，也不敢回头，踟蹰在黄泥路上。片刻之间，也速该等三人就奔至车前，厉声地喝道："你等何人？怎么会到我的地盘？"可能是新郎的胆怯，导致随从也没有了主见，于是他们就说："我们是蔑儿乞部的斡勒忽剌氏，正在给我们的主子也客赤列都娶亲呢！"一个精明的随从指着马车前的女子说："您看，这就是我们的新娘弘吉剌部的诃额伦夫人。"

也速该听了之后，举起大手，示意让兄弟们动手抢人。此时，可能是因为也客赤列都急中生智，他跳到马上，重重地在马背上拍了一下，马车很快飞奔起来，突如其来的变化让也速该兄弟没有防备，竟然让他们穿过了防线。但也速该兄弟也不是等闲之辈，干脆利落地杀死了三个随从。诃额伦见此状，惊叫着："我亲爱的夫君，今生我们不能做夫妻了，希望来世我们可以再在草原上相会。"她一边哭喊，一边将自己身上穿戴了婚衫脱下来，拼命地往也客赤列都手上递，"我的夫君，你不要管我，只要你的命儿在就是我们重聚的资本，你快拿上我的婚衫，见衫如见人，你快快逃命去吧！"

也客赤列都接过婚衫，听了诃额伦的话，一个人纵马向斡难河的树林中逃去。而他身边的几个随从也早就分奔而去，跑得无影无踪。就在诃额伦对着自己夫君奔逃的方向涕泪交加之时，也速该纵马过来，神情激动地对诃额伦说道："草原的男人就是要用野性来征服女人的柔情。哪有美人喜恋如此怯懦、如此软弱之辈的?"也速该掩饰不了自己对诃额伦美貌的垂涎，情不自禁地说出了这样的话来。但诃额伦却是一个坚贞女子，她的性格也不同于一般的草原女人，她激愤地喊道："我的丈夫是富贵之躯，圣洁之灵! 他的手不曾沾染过污浊; 他的嘴口不曾少过野珍; 他的命里不曾有过歹气，你们不配让我的丈夫受此奇耻大辱，你们是不得天神保佑的野狼，你们是将来会被鹰叼食的下等人。"诃额伦的口中念念不休，因为她与对自己明媒正娶的丈夫也客赤列都的爱恋之情是非常深厚的。

捏坤太师抓住车辕，用尽浑身力气将马头掉转，也速该亲自上驾，一行人缓慢地向驻地斡难河畔返回。而此时的答里台想追上也客赤列都，因为他知道，只有除掉他才能让诃额伦死心塌地地服侍他的三哥。但当时天色渐晚，加上诃额伦已经顺利地带回营寨，于是他也没有再往树林深处追击，但对于诃额伦来说，答里台不回来，她心中的巨石就放不下。当她看到答里台沮丧地将马匹赶到马群中时，她才意识到也客赤列都成功逃跑了。于是就停止了诅咒，紧闭双眸静静地坐在帐房里，旁若无人。

虽然诃额伦如此无情地静坐着，但也速该却没有失望。他觉得这样的美貌女子如此的坚贞卓绝，真是世所罕见，他不但不嫉恨，反而更加喜爱诃额伦。当天晚上，几个兄弟都来看望也速该。他们对也速该说："也速该依然是个有福气的人，今日能有这个美丽的夫人，实在是万千之喜。"在也速该的营帐里，只要看到过诃额伦的人都说他们是天下最完满的绝配。也速该高兴地对众人说："你们看，这个女子很古怪，偏偏还想着那个夹着尾巴逃跑的小白脸，却不与我说半句话。"

站在一旁的蒙格秃哈哈大笑起来："这有何难，我用我的三寸不烂之舌来说说，一定让她安心服侍我弟也速该。"于是蒙格秃让众人转到另外一个小帐篷，自己带着也速该来到诃额伦的帐房。他轻轻地拉起门帘，笑呵呵地站在有光线的地方，拿出一个小小的金佩来。就着闪烁的光线，金佩反射出耀眼的光芒。但诃额伦始终紧闭双眸，空绝一切。蒙格秃小声说道："我的诃额伦美人，今日能在这里与我弟喜结良缘，不是我的意志，也不是你的意志，而是上苍的安排。昨夜我做一梦，说吾弟也速该骑在一头野马上打猎，但这野马不听教唆，将他摔倒在地，用马蹄踩烂了他的装束。后来草原深处走来一个美人，将那野马束住，并脱下自己的装束，给了吾弟。吾弟整理装束再上马，那马却温顺驯良了。那女子见吾弟打猎勇武异常，于是便做了他的妻子。"蒙格秃擦拭了额头的风尘，接着说，"诃额伦美人，你说那女子是不是你呢？上天安排好的，谁也不能违背啊！"说完蒙格秃就坐了下来，此时也速该正在外面等待着进帐的时机。

就在此时，诃额伦睁开了双眼，情不自禁地喊道："我的夫君是明媒正娶，相貌堂堂，身份高贵，与他结合岂不是天意？"诃额伦心中自知草原上的惯俗中就有抢亲的习惯，但因为深爱自己的夫君，所以心中七上八下，也不知道该怎么抵抗了。片刻的停息后，诃额伦的眼睛感到一阵刺痛，心中恍惚，于是便问："你手中拿的是什么？非铜非铁，快快拿走！"诃额伦决然的声音让蒙格秃也更加感觉她的可贵，于是说道："你若不信，有信物为证。这就是那个梦中女子给我兄弟也速该的信物。"诃额伦认真一看，原来这是他送给也客赤列都的一个佩头，她惊异之余，马上问道："这是哪里来的？莫非你们会做假？"

蒙格秃轻轻地咳嗽一声，外面的也速该赶紧进来，说道："你看，我们的事情是天定的，你的夫君已经在逃跑的路上死了，现在就让它成为我们俩之间的信物吧！"诃额伦看着佩头，一言不发。她内心的坚定开始动摇了，她的眼泪也在往心里流。她看着也速该魁梧的身影，好长时间之后才默默地自怜道："如真是天意，我怎能违背？为那不知去向的人儿绝望不如珍重眼前的强抢者……"说完，她就站了起来，对着也速该的脸狠狠地打了一下，但她的心里在说："为什么现在才说出我们的姻缘？"也速该一下子坐了下来，他心情激动地仰视着诃额伦，高兴地说道："好啊！我以蒙古部族首领的身份正式将诃额伦聘娶为妻。如果日后敢有背离，犹如此案。"说完，他就拔出腰刀斩断了诃额伦面前的案台。蒙格秃见状，不住地点头。他心中有底了，因为他相信也速该是个英雄，就只有诃额伦这样的高洁女子才能让他如此痴情。

"好了，也速该巴特儿，你的英明我有所耳闻，在大草原上美丽的女子多得是，但没有想到我会成为你的守身家妇。你会不会觉得我不配呢？"说完她向后退了几步，小心翼翼地放下肩膀上红包袱，交给也速该说，"这些都是我与也客赤列都相爱的信物和见证。如果觉得这些东西晦气，你就把它扔掉吧！我已经没有什么挂念了，我会忠贤尽孝，做一个蒙古家族的媳妇。"说完，又将也客赤列都给她的缎袍斩断，忠心耿耿地对也速该喊道，"女身之人，嫁鸡随鸡，嫁狗随狗。何况我今日遇到的是草原上的英雄、贵人！从此之后我便是蒙古部首领也速该的妻子。让上天保佑我们的天赐良缘吧！"说完就端起一杯酒一饮而尽，也

速高也满满地喝了一杯。就在他们的联姻酒喝下之后，诃额伦真正地成为了也速该的正门夫人。

第二天早上，也速该宴请了族内亲朋，这就是他与诃额伦之间的结婚宴席。诃额伦对众人说道："今日能到蒙古部，实属天意。上天在保佑也速该，上天在庇护蒙古所有的族人。"大家看到诃额伦是如此一个美丽贤惠的女子，都赞叹不已。加上她的坚贞与专一，更让蒙古族人相信诃额伦是草原上少有的才貌双全的女性。也速该让众亲信和那可儿吃饱喝足之后，抱起诃额伦就回到营帐中，诃额伦的喜悦之情自然难以掩饰。就这样也速该有了一个夫人，也有了他生命的又一个起点和辉煌。

天生异相　战神降临

当草原的雄鹰飞翔在草原上湛蓝的天空时，草原人民怎么也没有想到，一个天神般的人物即将诞生。在公元1162年的马儿年，草原上诞生了一个男婴，他便是在中国历史舞台上叱咤风云的人物——铁木真。在这个伟大先者的身上，我们能看到一个时代的光辉，能看到一个民族的骄傲。如此，中国才实现了第四次大统一，在有意无意中，铁木真已经是当时历史上的主要角色，更是世界发展史的影响者。

1162年秋天里，也速该请来几位贴身的那可儿，严肃地传达着命令："各位兄弟，各位热爱胜利的那可儿们，我们现在拥有的财富是争夺来的，对于抢来的东西，我们要善用之。塔塔儿是我们的劲敌、世仇，也是垂涎我们财富的人。我决定在我的第一个孩子出生之前，与塔塔儿进行一战，相信诃额伦腹中的孩子会保佑我们！"说完，亲自倒上一盏马奶酒，举过头顶，一口饮尽。捏坤太师和答里台端起酒盏，对着也速该痛快地饮下一杯酒。其他几人见状，也都喝下一杯酒，然后拔出佩刀，举过头顶大声地喝道："天神保佑，我们蒙古部定要荡平塔塔儿，雪族仇恨，光大蒙古！"

也速该兄弟和几个那可儿为即将到来的战事讨论到了深夜。而诃额伦坐在床前心情烦躁，坐立不安。于是她轻轻地拉开帐门，想看看也速该。她轻轻地在也速该议事的帐前咳嗽了几声，因为她知道，作为一个妇人，是不能干预男人们的大事的。也速该等人听到咳嗽之声，突然停止了议论。也速该是个精明人，他马上知道是自己身怀六甲的美丽夫人诃额伦。他用力地给了答里台一个眼神，答里台马上打破安静的氛围道："好了，我们的计划已经商议，具体作战部署明日再谈。已经很晚了，我们各自回帐歇息去吧！"就在答里台的声音刚落，诃额伦又咳嗽了几声。于是也速该说道："好了，大家辛苦了，今日还是歇息吧！要事明日再叙。"他的声音似乎有些大，或是让外面的诃额伦听到，于是诃额伦走了进来，含情脉脉地看着也速该什么也没有说。众人见夫人入内，便异口同声道："好的，今日到此为止吧，首领还要照顾有身孕的夫人，不便深扰。"说完，就一个个地走出了议事大帐。也速该安详地搂住诃额伦的双肩，笑意满盈地与夫人回到寝帐。

坐在床头的诃额伦高兴地问到："夫君，我心中莫名烦躁，可能生孕之期不远了。"也速该端上一杯马奶，让诃额伦喝了一口，说道："如果我子在近日诞生，那我就会用一场胜利来庆祝，我们定会横扫塔塔儿。"卸下厚重的外衣后，也速该抚摩着诃额伦的长发安定地躺下，而在身旁的诃额伦此时心潮顿时涌动起来，但她感到也速该的身体温暖，于是就没有动弹，两人就这样安静地睡熟了。在这一夜里，帖里温孛勒塔黑的营地出奇地安静，好像大地也沉寂下来，在聆听诃额伦肚子里孩子的声音。

就在也速该出征之后的第四天，诃额伦一人坐在草地上看着两个牧马童在马棚里玩石子。诃额伦的随身奴仆豁阿黑臣气喘吁吁地跑了过来说道："我的主人啊，你怎么在这里呢?! 我真担心你的状况，可能这几天的某一时你就要生孕了。如果也速该首领知道我这样玩世不恭，他会让我一辈子也没有喝马奶酒的福分的！"说完，就要牵上诃额伦的双手回营帐休息，但诃额伦是个智慧又懂礼的人，看着豁阿黑臣满脸焦虑的样子也没有将心中的烦躁现出来。她默默地回到帐房中躺在卧榻上，口中念念有词："我的也速该，你会不会胜利呢? 我们的孩子生下来的第一眼不会看到你，那就让我们的孩子和天神来保佑你凯旋而归吧！"她慢慢地闭上眼睛，认真地想象着她肚子中的小生命降临的样子。很明显，她对这个将要到来的婴儿感到有些不安。作为一个妇人，生孩子是最重要的职责，而作为一个识大体的女人，她在默默地承受着一种苦痛。

成吉思汗

天色很快就暗淡了下来，豁阿黑臣端进来一碗羊肉汤，放在桌几上。而此时的诃额伦根本没有心情和胃口来享受这种美味，于是她说："豁阿黑臣，你的大手像一把雨伞，让我可以不被大雨侵蚀；你的言语像一顶帐篷，让我可以安心地睡觉。如果我的孩子降生的时候没有你，我想也速该也会伤心的。你现在就不要离开我了，我心中总是感到有些害怕。"诃额伦嘴中叼着一根甜丝丝的青草，而胃口却平淡得如清水。豁阿黑臣端起那碗羊肉汤喃喃地劝道："我的主人啊，你今天吃得太少了，你怎么能不吃东西呢？你不吃，肚子里的孩子也要吃啊！想想孩子吧，好主人！"诃额伦听到此处，心中不经意地震了一下，于是接过碗来，稍微地喝了一点儿，此后又皱起眉头大口大口地喝了起来。站在一旁的豁阿黑臣这时才张开笑脸对诃额伦夫人道："好夫人，你的生孕之时不远了，从今夜开始，我就一步也不离开你。作为一个让主子放心的奴仆，这样做才是最恰当的。"她一边说着一边拿起刚刚挤来的马奶让诃额伦享用，但诃额伦摇摇头说道："豁阿黑臣，我想喝清水，你去找些水来，我只想喝水。"说完，她便又躺了下来。

豁阿黑臣知道诃额伦的生孕之期将至，于是没有再说什么，就去找清水去了。此时天色已经透黑，豁阿黑臣跑到一个牧民帐中舀了一碗热水就赶回了诃额伦的营帐。当天晚上诃额伦喝下一碗清水就睡去了，豁阿黑臣见她熟睡，于是在一旁喃喃自语："天神保佑，我尊贵的诃额伦夫人顺利产子，多子多福。"豁阿黑臣非常明白，现在的这个夜晚是最难过的，因为她断定诃额伦在这个晚上会诞生一个孩子。所以就是诃额伦睡着了，她也没有躺下，目不转睛地看着诃额伦，看守着她的女主人。大约过了烧开三次马奶酒的时间，诃额伦又不安地在卧榻上翻动，她睁开双眼看到豁阿黑臣坐在一旁，于是皱着眉头对她说："豁阿黑臣，我的肚子好痛啊！孩子可能要出世了，我的天啊！"此时豁阿黑臣让守候在帐外的族人们点亮火把，将整个营地照得灯火通明，寝帐之内也熠熠生辉。看着这样的光明和喜气的诃额伦没有再感到害怕，但肚子的疼痛让她不停地叫喊着也速该的名字。

豁阿黑臣镇定地对诃额伦说："主人，不要害怕，你会顺利产子的。好！你现在想想也速该首领抱着孩子的笑脸吧，这样你就不感到痛苦了。"说完，豁阿黑臣就放下手中的火把，拿起一块棉布给诃额伦接生了。可能是诃额伦真的不同寻常，她在豁阿黑臣的安慰之下，竟然忍住痛苦没有大声地叫嚷。很快，诃额伦的卧榻上就沾满了分娩的鲜血，豁阿黑臣不停地鼓励诃额伦，让她坚持一会儿，孩子就顺利降生了。就在外面猎狗的叫声鼎沸的时候，诃额伦长长地舒了一口气，应声而下的，是一个沾满胎血的胖婴。豁阿黑臣高兴地用崭新的棉被将婴儿裹好，用她的粗糙的大手不停地在他身上拍打着。刚刚摆脱痛苦的诃额伦气喘吁吁地靠在床头，虚脱得闭上眼睛动弹不得。

豁阿黑臣马上确认了这个孩子是个男婴，于是祈拜着："天神保佑，这个孩子会像也速该一样勇敢健壮……"就在豁阿黑臣恭恭敬敬地把男婴抱给诃额伦看的时候，她突然发现男婴的右手上紧紧地握着个殷红的血块。豁阿黑臣惊恐异常，迫不及待地将这件稀罕的事情告诉了诃额伦。这时诃额伦睁开双眼，仔细地琢磨这件古怪的事情。豁阿黑臣激动地笑道："诃额伦夫人，你看这血块，形似蒙古战神手中的苏鲁锭，这是一个吉利的讯号啊！这是一个战神的诞生啊！"诃额伦想将那个形似苏鲁锭的血块从男婴的手中拿过来，但那个男婴的右手牢牢地将它扣住，竟然将血块捏扁了，诃额伦顿时惊愕了一下，于是豁阿黑臣心疼地说道："主人，这个男婴将来必定不同一般，我们蒙古部族后继有人啊！也速该主子知道了一定会更加宠爱你的。"说完，豁阿黑臣抱起男婴恭敬地祈祷着："我的小主人，你一定会保佑也速该主人凯旋的，相信此时的也速该主人能感觉到你降生的喜气。"

就在豁阿黑臣祈祷的时候，天空中突然闪过了一道灵光。这道灵光一直蔓延到诃额伦的帐中才渐渐消散。草原上的每个人都看到这道灵光落在了斡难河畔的帖里温孛勒塔黑营地。诃额伦感到眼前一阵跃动，于是叫来一个仆从问是怎么回事。那女从激动地答道："夫人，是一道灵光从天空闪过，落在了我们营地。您的福子给草原带来无上的光辉了，我们蒙古族兴盛是咫尺之间的事了！"诃额伦心中也感到奇异，于是叫来豁阿黑臣问道："清水可将吾子洗净？那血块苏鲁锭也随清水化去了吧？"

豁阿黑臣激动了："男婴手中的苏鲁锭在一阵光亮中飞走了，像是天神在保佑他呢！他是天神派来的世间战神啊！"诃额伦此时更加感到奇异，于是抱过男婴认真地看着他，而这个孩子双手作鞠躬之状，竟然让诃额伦情不自禁地笑了起来。然后她高兴又幸福地对左右仆从说："此子要善养，他将来必定是个不凡之人。我蒙古部大兴之日就在眼前。"说完就将男婴放在身边睡下了。豁阿黑臣也马上回到帐外打点男婴出生的喜事去了。她首先走到一个哨兵营中，让哨兵快马加鞭将喜事报告也速该首领，然后就给诃额伦取来清水和衣物，让她好好地梳洗打扮一番。大约到了鸡鸣时分，诃额伦抱着男婴坐在床头。所有的蒙古族

人都来观看这个不同寻常的男婴。

睡在床里的男婴可能是出生之时啼哭的时间长了，在所有蒙古族人来看望他的时候，男婴酣酣地睡熟了。其中捏坤太师的长子忽察儿走到男婴面前用力地在他胳膊上按了一下，男婴马上从睡梦中惊醒过来，他不但没有啼哭，反而看着自己的堂兄乐呵呵地笑起来。众人见状实在可爱，于是都说："此子将来必定是团结兄弟、智勇双全的能人！"

就这样，诃额伦抱起男婴对大家说道："今日此子出生时景象异常，相信他会给蒙古族带来福气，给正在征战的也速该带来凯旋的讯号。"

豁阿黑臣抱起男婴放进刚刚做好的摇篮中，男婴在豁阿黑臣手中睡着了。豁阿黑臣告诉众人："此子手执苏鲁锭出生，又如此乖巧，将来一定是草原上飞得最高的雄鹰。"一个女从站在豁阿黑臣身后轻轻地说："也速该首领知道这个男婴的降临一定会用胜利来庆祝的。这个男婴是全蒙古部的战神，将来更会是大草原的战神。"说完，这个女从激动地哭了起来。豁阿黑臣看着女从的脸却不高兴了："你这个下人，高兴就笑笑，不能哭，这样会让小生命不高兴的，以后就让你给男婴洗衣做饭吧！你要认真听诃额伦夫人的教导。"那女从得到这个任务，马上拭去眼泪，高兴地摇动着摇篮，一分不离地照顾着刚刚降生的小生命。

生混乱世　得英雄名

还要往回说一下也速该出征前的情景——

大约到了秋天，也速该对诃额伦郑重地说道："好了，我美丽的夫人，年年的征战没有让我给你更多的幸福，而现在我又要离去，但我的心却一直环绕在你左右。你看看天上的星星吧，那就是我看望你的眼睛。"也速该越来越激动，最后站起身来，不安地对诃额伦表达他的心情。此时诃额伦被也速该的言语感动，抚了抚火热的脸，轻轻地说道："我的夫君，男人的事情总是比女人的事情重要，你要是想着我，对我念念有怀就不能成大器了。天神是保佑那些抛开儿女私情的英雄的。我的英雄，你不会让我失望吧？"

就在诃额伦说到这里时，也速该马上抖擞一振："我的好夫人，你真是天神赐给我的福气啊！年年征战，你年年守空。将来的儿子也会埋怨我的，好在你果敢大义，我的孩子也是有福气的。"说完，畅饮一杯马奶酒，气定神闲地看着诃额伦不停地点头。

第二天清晨，也速该骑上早早准好的战马，举起锋利的战刀，大声呼喊："兄弟们，族人们，让我们带着仇恨去荡平塔塔儿的牧场，夺取他们的财富。相信大军归来之时，就是你们富足之日。"说完，他便一马当先，如奔驰的野兽一般向天的尽头奔驰而去。后面的军队让半边天都笼罩在尘嚣之中。所有的老人和孩子都站在帐篷外，看着威风凛凛的也速该带领部将向塔塔儿的驻地奔驰而去。斡难河畔的帖里温孛勒塔黑营寨中只有孩子的啼声和老人的咳嗽声了。也速该看了一眼自己快要生孕的夫人，果断地挣开留恋的眼神，慢慢消失在天的尽头。

出征的日子有几天了，也速该坐在战马上向答里台问道："我的兄弟啊，我们出征几日了？我怎么老是觉得诃额伦在身边呼唤我一样。"答里台抚了抚鬓头淡淡地说道："我的三哥啊，我知道日月轮换已经三次了，我们很快就要逼近塔塔儿腹地，你还是要安定下来作战，不能分心啊！"就在答里台劝慰也速该的时候，哨马奔驰而来。也速该顿时感到一种紧张，他的手紧紧地握住缰绳，手心都感觉到微微的潮气。那哨兵飞奔过来，大声喊道："首领，塔塔儿正在前方三十里之处整顿兵马，大有准备战斗的势头。"也速该抬头看看太阳，却已经是傍晚时分。在太阳下山之前，也速该整顿军马，决定再与塔塔儿进行一场殊死的战斗。他对身边的几个从军喝道："快快去迎接各位族长和兄弟过来，我要在明日打一场大大的胜仗，来安慰我的夫人和族人。"

也速该的先头部队遇到了塔塔儿的几个部族。他们一不做、二不休将他们全部掳掠，并杀了几个抵抗者。消息很快传到也速该这里，他断定塔塔儿人很快就要追击上来，于是下令全军准备作战。大约到了傍晚塔塔儿军队骤然降临，也速该命令两翼军队夹击塔塔儿的主力，但由于塔塔儿主力反应迅速，两翼军队没有消灭他们，但在实力上蒙古军队占明显优势。蒙古军三路会合，决定与塔塔儿进行一次胜负的分别。也速该站在三路军马之前大声喊道："勇敢的蒙古部众们，你们的世仇就在眼前，让我们用塔塔儿人的血来洗刷我们的痛苦，消灭塔塔儿！冲啊——"说完，也速该的手下们像涌动的潮水，一下子从高山上冲了下

来。塔塔儿军队见势不妙，有的站在首领周围按兵不动；有的就干脆赶着自己的本部人马逃之夭夭、溜之大吉。塔塔儿人表面的强大很快就失去了优势，蒙古军队在塔塔儿人的阵地上横冲直撞，将塔塔儿人杀得找不到方向。

直到天色渐晚，蒙古军队才陆陆续续离开战场，塔塔儿军队自然伤亡巨大。也速该在战斗中身先士卒，而且亲自抓住了两个塔塔儿的部族酋长，其中一个名叫铁木真兀格。也速该将两个酋长叫到大帐中问道："你们塔塔儿人如豺狼虎豹一般在草原上横行，现在的蒙古部族——你们的仇敌将你们击败，你们还有什么话说吗？"那跪在地上的魁梧的酋长赶忙讨好求饶："你们蒙古人是草原上的英雄。我们塔塔儿人是你们的世仇，但我是偏向您也速该大王的，我是想通融蒙古部族的。"也速该听着魁梧的酋长狼狈不堪的委曲求全的样子，什么也没有说就让下人将他绑到大帐之外。

也速该的眼神马上转移到另一个被俘酋长的身上，他见此人毫不屈膝，坐在地上，满脸愤恨地看着出去的那个魁梧的酋长。也速该马上说道："你们塔塔儿人野蛮不驯，像是不忠诚的牲口，那个出去的家伙就是个证明。你还有什么话说？我本是要将你们格杀勿论的。"那酋长坐在地上面不改色、怒目而视。也速该感到非常惊异，于是叫过左右来便问此人是何人，那身旁的一个小伙子脱口而出："他的名字是铁木真兀格，是塔塔儿部最善战的酋长之一。"也速该看着这个铁木真兀格，严厉地喝道："你们塔塔儿人都是鹰犬，你们的头颅都是黑石。我今天要看看你们到底还有什么实力来跟我抵抗？"说完，左右便要将这个铁石一样的铁木真兀格拖了出去。也速该给了旁边人一个眼色，于是这个人又被送了回来。

铁木真兀格依然坐在地上，但此时他动了动身躯，然后喝道："败军之将，任你处置，并无二话。我们塔塔儿民族会在我死后杀过来，就像我在战场上杀你们的士兵一样杀死你们所有的蒙古部人。好了，我无话可说了。"也速该本想看看塔塔儿人的狼狈之相，没想到这个铁木真兀格竟然是如此顽劣、如此强硬。于是也速该大发雷霆："好了，将这个不知死活的东西拿下，割下他的头扔到旷野，让野兽叼去，看他还有什么气魄，敢在我蒙古人面前撒野！"还没有等也速该说完，左右就将铁木真兀格架起，狠狠地将他拖了出去。也速该坐在大帐中一脸气愤。就在此时，突然哨兵来报，斡难河畔来使说诃额伦夫人降生了一个男婴。听到这个消息，也速该心中的阴霾马上消散，急切问道："我子是什么时辰降临？诃额伦可健康？"那使者激动得结结巴巴地说出了诃额伦生子的全过程。

也速该听完之后欣喜若狂，马上站起身来祈祷着："我的胜利是我子保佑的，蒙古草原上一定会留下吾子的名号。"于是也速该问起站在帐中的左右："吾子取个什么名号最好呢？"答里台张口就道："最好是取个能说明他能战斗的好名字。"站在左右的几个亲人和属臣也都对答里台的建议表示满意。于是也速该稳稳坐定，认真地思量起来。突然一个侍从从外面进来，报告那个铁木真兀格已经处死，将他的头颅也扔掉了。也速该猛一抬头，于是对使者说："今日我打败塔塔儿，抓住了两个塔塔儿重要的酋长。其中一个叫铁木真，那我就让我子名唤铁木真吧！"

捏坤太师马上站出来称赞："如此甚好！这样既能记住我们的胜利，也能为这个男婴带来战斗的福音。"说完，大帐中的笑声连成了一片。蒙格秃说："今日大胜一定是这个男婴保佑的。那我们现在乘着这个吉利气班师回营，来好好地庆祝一番。"也速该听了这样的话马上犹豫了起来。就在这时，突然探马来报，塔塔儿人又联合了西方其他部落扎营在大山深处，寻找机会伏击蒙古军队。也速该认真地分析形势之后，觉得敌人在深山之中难以进攻，而对方以逸待劳，自己没有必胜的把握，再加上对夫人诃额伦的想念，于是决定撤军回驻地。但此时驻地上还没有人知道这个男婴的名字，因为也速该已经在回师的路上，使者也与他同行。这是也速该故意安排的，他要亲自将这个名字在众人面前宣布，这样来给诃额伦和所有族人带来快乐和幸福。

一路上，使者对也速该诉说着这个男婴出生的情况。当他说到一道灵光的时候，也速该突然震了一下，他对将领们说："如果一件异事是巧合，那两件三件总能说明问题吧！"就在他们说笑之间，一个放马的小奴走了过来说："首领，昨天晚上你们都在营中议事时，天空中是有一道灵光，士兵都以为是闪电，又因为备战急切，我们都没有仔细深究，现在才知道，原来是贵人降生啊！"也速该掩饰不了心中的喜悦，于是对众人说道："回去定要好好看看这个故事颇多的男婴。如果大家觉得像个人样，就要好好培养啊！"说完就一马当先，恨不得一口气奔回斡难河畔的营寨中。

放下战争包袱的也速该高兴得像个孩子一样，一刻不能停止欢笑。大约是第五天的傍晚，也速该大军行至斡难河，站在营寨前，看到诃额伦抱着一个大大的包。也速该又凝神望去，正是自己早早就盼望的男

婴。他飞身下马，抱住诃额伦热情地说道："我们回来了，我们带着胜利回来了。我亲爱的夫人，你受累了！"可能诃额伦因为刚刚生孕之故，她气喘吁吁地看着也速该，神情恍惚地对也速该说："我们的孩子不会因为久等而失去对你的信心的。看看，看看这个刚刚来到我们身边的孩子，多么像一个小英雄啊！"也速该马上接过诃额伦手中的男婴轻轻地在他脸上吹了口气，那男婴竟然大声地憨笑起来。于是也速该兴奋起来："我的儿啊，我们刚刚见面就如此默契，将来蒙古部的族人就又有生的希望了。"说完，就转向诃额伦，"我的夫人，你是天下最伟大的人，因为你为我蒙古族生下了一个天神派来的赤子。"

就在也速该与诃额伦说话之间，豁阿黑臣跑了过来："首领，诃额伦夫人不能经风，还是到帐中叙说吧！"说着，就接过男婴领着也速该向帐中走去。就在此时，诃额伦的眼光突然闪动了一下，于是问也速该："我的族长啊，你可曾为你子取个名号呢？这个可要他的亲生父亲来决定。"也速该将了将干枯的头发高兴地说道："我在前线就给吾儿挑选了一个名号。儿子诞生之日，正是我大胜塔塔儿人之时。而且我亲自抓住了两个塔塔儿酋长，其中一个懦弱平庸，不值得一提；而那个铁木真兀格倒是个汉子。要不是草原上的世仇，我们就可以与他对坐而谈。所以我就将吾儿的名号取为铁木真。这样既是我们战胜塔塔儿人的纪念，也是吾儿将来能像铁木真兀格那样刚毅。"

"首领说的名号太有意义了，相信这个铁木真以后一定会像也速该族长一样英勇善战，荡平塔塔儿，把塔塔儿的勇力和财力全部据为我有。"豁阿黑臣情不自禁地在一旁小声地说着。而诃额伦点点头示意这样的名号无可挑剔，她在心中想："草原上的战争从来没有结束过。要想真正成为强者，就只有不断地战争，不断地胜利。"

而在这大动乱的草原上，战争是人们的一种习惯。而这个男婴取名叫"铁木真"也真正说明也速该希望自己的子孙能征战疆场。所以"铁木真"这个名号本身就带有战争的色彩，而铁木真的确也是为战争而生的。

少年围猎　崭露锋芒

　　铁木真出生的消息迅速在大草原上传播开来，有的部落派来使者向也速该道贺，其中就有诃额伦的所在的部族弘吉剌部，还有与自己非常友好的克烈部。当克烈部的脱斡邻勒看到铁木真的时候，他用双手捧着一个金罐子，里面放着用羊奶做成的糖块，就在他要将礼物放在桌上的时候，这个小铁木真目不转睛地盯着他，而且皱着眉头。脱斡邻勒顿时感到奇异，于是就想从罐子中拿一块糖让铁木真尝尝，他刚刚要动手的时候，小铁木真突然大叫了起来，不住地在自己的脸上拍打着，像是在对客人说话，但又说不出来。脱斡邻勒见状不知如何是好，于是拿着金罐子在小铁木真面前摇晃起来，希望他不哭。但此时的小铁木真一把抓住脱斡邻勒手腕上一个刀型的饰物，怎么也不愿意放手。此时脱斡邻勒大叫起来："我的天神啊！您送来的孩子一定是个战神，不然他怎么会揪住我战斗中的护身符呢？"说完，他就用力地从手上将刀型饰物摘了下来，放在小铁木真的衣衫里。拿到刀型饰物的小铁木真马上停止喊叫，安详地看着脱斡邻勒憨笑。

　　这个不经意的小事让铁木真给脱斡邻勒留下了非常深刻的印象。他在宴席上对也速该说："我的好兄弟也速该，你的这个男婴将来一定是个草原英雄啊！他爱大丈夫的佩刀，而不在乎儿戏一般的糖果啊！"也速该听着脱斡邻勒说完了刚刚发生的故事后，高兴地说道："草原上的虎子都是与刀枪为友。我这个小子也是一样的了！"说完，大家在一片笑声中结束了一次盛大的晚宴。

　　铁木真出生的年代是草原上纷争战乱最尖锐的年代。蒙古部与其他部落之间的矛盾；蒙古部内部的斗争；还有草原人们与中原几个王朝之间的对抗，都让草原上的人们吃尽苦头。铁木真就是在这样的大背景之下一天天地成长着。就在铁木真四岁的某一天里，诃额伦母亲坐在帐房里给也速该缝补衣物，铁木真突然从帐篷外窜了进来。正在集中注意力缝补衣物的诃额伦母亲心里一震，那根铁制针头一下子将她的左手刺得鲜血直流。小铁木真走到母亲面前发现情况之后，马上哭着对母亲说："母亲，你的手怎么了？好多血啊！我要为你报仇。"说完就夺过诃额伦母亲手中的铁针，用力地踩在脚下，然后扔到帐内的火堆里。仍然哭诉着："母亲，我以后不会再让你受惊了，儿子一定要保护母亲。"说完，就要跑到帐外去寻找着什么。诃额伦见铁木真要出去，便问："吾儿哪去？外面风紧。"

铁木真抹了抹眼泪大声地回答："母亲，我要给你找一个骨制针头，这样你就不会被那个铁针头刺伤了。"诃额伦听了小铁木真的话不禁感动起来："吾儿如此有心，将来一个会成为一个男子汉，母亲可以享福了。"就在此时，豁阿黑臣撞了进来，看到小主人泪流满面，诃额伦夫人手上沾染鲜血。于是豁阿黑臣疑问道："小主人怎么了？是胆小吗？"铁木真在豁阿黑臣的怀里还在叫嚷着为母亲报仇，要融化那根铁针。诃额伦对豁阿黑臣详细地说明了情况，于是豁阿黑臣感叹着："如此幼弱就有如此想法，真是儿童中的骄子，幼子中的榜样啊！"因为在铁木真四岁之时，诃额伦已经诞生了第二子合撒儿和第三子合赤温额勒赤。但在诃额伦和也速该看来，在整个蒙古族中，铁木真是最有潜质、最能代表蒙古孛儿只斤氏的人物。

铁木真在豁阿黑臣的身上挣脱了下来，跑向羊骨堆上拼命地寻找着骨针。当他看到一个细长而尖的骨头的时候，马上停止了哭泣，将细长的骨头带回帐篷，用力地在石板上磨砺。豁阿黑臣看着倔强的铁木真什么也不能做，只是跟在他后面照看他。大约过了半天时间，铁木真将一根细长又尖利的骨针送到诃额伦母亲眼前。诃额伦感动地说道："我的好孩子啊，你为何如此坚持呢？你心中有仇恨，有勇气，说明你会成为草原上的雄鹰。只要这样，母亲心里就会舒服。"说完就将铁木真抱在怀中，让他与自己的三弟合赤温额勒赤同眠。豁阿黑臣见诃额伦夫人落泪，心中也伤感起来："铁木真如此有骨气、如此有报复心，真的是太难得了。天神保佑我们蒙古部，保佑我们这个人见人爱的家伙吧！"

第二天天还没有亮，诃额伦母亲就坐在床头，用心地给昨日铁木真在外面磨骨针所拉裂的衣服缝补着。拿着骨针，诃额伦母亲的心中有一种说不出的感情。就在她掂量着骨针而慨叹的时候，也速该走了进来，对诃额伦说道："我亲爱的夫人，昨日铁木真给你做了根骨针是吗？看来我送给你的铁针不合你用啊！"也速该的声音刚刚落下，睡在内侧的

铁木真坐起来小心地对也速该父亲说道:"我的好父亲,铁针虽好,但却扎伤了母亲的手,我将铁针扔了,让母亲有了个我给她做的骨针,这样不是更安全吗?大草原上的妇人用的都是骨针,我母亲也应该沿用草原人的传统。"说完,铁木真就走了下来。也速该亲和地抚摸着他的脸说:"吾子知事,是个男子汉。昨日之事虽然是你不对,但你的仇恨之心和爱母之情值得你的兄弟们学习。这次我便不再怪罪你。"

转身就要离开的也速该突然被诃额伦叫住:"我的夫君,今日又要游猎吗?你可要带些野兽回来让吾儿铁木真享用。"也速该正要回话,铁木真上前道:"父亲,我能和您一起围猎吗?我要坐在父亲的马背上射穿野鹿的喉咙。"也速该听到这里,轻轻地在铁木真的头上拍打着:"吾儿尚小,怎能骑马弓射?"铁木真见父亲轻视他的样子感到很不服,于是拿起挂在母亲营帐中的自己做的小弓箭,说:"父亲,我能用我的弓箭射杀野兔呢!我的堂兄们也都看到过,您为何怀疑我的气力呢?我可以坐在父亲的马背上,全凭父亲照顾,有何不可?"也速该见铁木真一心想去,于是领他出了大帐,大声地喊道:"吾儿,如果你能用你的弓箭射到帐顶上的红球,那父亲就带你去围猎一次。这个从前你的堂兄歹儿只都没有射到过,看你四岁小儿怎么样!"

铁木真双眸锁定帐顶红球,拿起唯一的那支箭就要射。就在此时,歹儿只走过来,笑说:"我的弟弟啊,你怎么能有这样的力气呢?不要在你的父亲面前丢脸了!"但铁木真还是在众人的注视之下弯弓搭箭了,因为他的弓小而软,所以他很容易就将弓儿拉满,将箭儿搭上。只听"嗖"地一声,那支箭像长了眼睛一样飞向红球,旁观者一片叫好声之后,那只箭飞过了红球。也速该看到这样的情况,不禁竖起了大拇指。铁木真得到父亲的肯定之后,高兴地收拾好他的弓箭,理直气壮地对父亲要求道:"孩儿气力如何?不在歹儿只之下吧!我的气力是父亲传授的。"

也速该听完小铁木真的话之后,既感到高兴又感到荣耀。而众人在旁边的喃喃夸赞更让也速该不能推却儿子铁木真的要求。于是也速该站在围猎场的一端对所有族人大喊:"今日围猎,不同寻常。因为有吾子铁木真相伴,渴求众亲人们好生围猎,小心从事。"说完就抱上铁木真,背上箭筒,带着大队人马向山林深处前进。坐在父亲也速该身前的铁木真一边大叫,一边举着手中的箭筒吆喝道:"勇敢的人们,今日我要成为众人羡慕的狩猎王,野鸡野兔就在我的手掌之间。"可能是铁木真的吆喝声音过大,惊动了帐篷里的母亲诃额伦。于是她强拖着沉重的身躯叫喊着:"吾儿铁木真,你怎么能去围猎呢?你的父亲也速该也是昏头昏脑了。你如此之幼，恐生事端。"但诃额伦的声音又太弱了，一马当先的也速该没有听到，沉浸在欢笑中的铁木真更加没有听到。

诃额伦坐在石头上半天没有动弹，因为她觉得铁木真尚小，不能骑射，没有勇力。她担心着，但却无计可施。短短的痛苦之后，她又回到帐中，回到她的三子身边。

也速该因为带着铁木真，所以没有冲在最前面。当他看到一只野鹿之时，也没有长驱而上，只是让自己的兄弟蒙格秃一马当先。而铁木真坐在马背上，却用手揪着马鬃遣马上前。也速该是个细心的人，他没有让铁木真再逞强，于是按捺住了铁木真。正在冲锋的答里台立住战马高兴地对也速该戏谑道："我的首领啊，铁木真虽然年幼，但他在猎场上的勇气和激情却不在你我之下啊！这个男孩今后一定会为蒙古部带来更大的希望的。"说完就要求也速该带着铁木真一起去围攻一头硕大的野猪。也速该怕铁木真会害怕，于是迟疑了一下。但此时铁木真却激动得乱跳，突然从马上落到地上。仰面朝天的铁木真不但没有叫苦，反而更加勇敢起来，抛开父亲也速该就顺着野猪足迹奔去。

这样一来，也速该真的慌了，他弃下战马飞奔过去，要将铁木真抱回来。他一边追赶一边喊道："吾儿铁木真，不要乱跑，那里可是个危险之处！"但他现在的呼声像是吹过的暖风，怎么也进入不了铁木真的耳朵。就在所有的族人都纵马搭箭射向野猪的时候，铁木真突然出现，于是众人便不敢射箭，只能看着铁木真在树林里奔跑。这时也速该不顾自身的安危径直向铁木真扑来，就在千钧一发之际，坐在马上的答里台一箭射中野猪的喉咙，野猪因为剧痛而转向朝答里台的方向窜去。但没有奔跑几步，便倒下了。此时也速该才从众人中抱住铁木真，将他重重地放到马背上，用力地在铁木真身上抽了一鞭子，喝道："如此逆子，焉能成为男子汉？"说完，又在铁木真背上抽了一鞭子。

大声地叫了一声的铁木真无辜地对父亲也速该嚷道："别人都在进攻的时候，我们为何不进攻？别人都在尽职的时候，我们为何偷懒？我们要成为狩猎英雄怎么能这样懒惰呢？"说完便不再哭喊了。站在一旁的蒙格秃惊笑道："你父亲不动弹是因为有你在身边，你却责问起你父亲来了。"但此时也速该倒消了气，稍微平和地道："你想成为英雄，那也是以后的事，今日就不能这样让我们担忧。你想让别人说你勇敢，那你也要先让父亲觉得你勇敢才行。以后你可以与兄弟们在草地上玩射箭游戏，不能再在围场上让我担忧。"也速该一边教导着铁木真，一边带领着族人回到营地。

诃额伦早就感觉到天神的愤怒，于是对也速该说道："吾儿有闪失，我定当与你理论。"但此时大家都对铁木真产生了一种亲近感，因为铁木真小小年纪竟然就敢在围场上大喊射杀，让每个人都感到实是世间少有。从此之后，族人说到铁木真的故事，就会说到他幼年在围场上的情况。铁木真身上天生就拥有一种草原人特有的强悍秉性，从小就表现出强烈热情和过人勇气的铁木真将在未来的大草原上产生怎样的威慑力，其实这是世人所关心的。

兄弟同心　其利断金

当人们站在历史的高度来看待成吉思汗的时候，可能会把他的个人经历看成是一种超凡脱俗、不能为人所理解的过程。但我们从他生活中可以看到，成吉思汗本人是一个有血有肉、个性多样的人。在成吉思汗身上，我们能看到他超凡脱俗的一面，同时也能看到他简单平凡的一面。铁木真的两个弟弟先后出世之后，诃额伦母亲就在也速该的帐下悉心照料着他们的孩子。当小铁木真的故事被传到草原上的每个角落的时候，诃额伦母亲正在孕育着她的第四子帖木格翰赤斤。

有一天，铁木真转过诃额伦母亲的帐房，站在外面大声叫喊："合撒儿，你的头脑被野狼吃掉了吗？怎么不愿意拜见我们的母亲呢？"听到声音的诃额伦母亲马上从床上爬起，站了出来问道："吾儿，你在大呼小叫什么呢？豁阿黑臣给你们吃了羊奶了吗？"铁木真皱着眉头不解地说："母亲，合撒儿在生您的气呢！他说如果你再生一个儿子，他就没有人要了，而且他会失去您对他的爱怜之心。我不相信，于是带他来见您，说说到底会不会这样！"说完，他就要去抓合撒儿。但诃额伦有些生气地对铁木真说："吾儿中就你铁木真最让母亲欢喜，现在果又应证了众人的想法。"铁木真轻轻地抱住母亲的胳膊，牵着母亲回到帐中。随后他又走出来去抓合撒儿。诃额伦母亲看着铁木真越来越矫健的身姿也就消减了心中的愤怒，坐在卧榻上悠然地喝着马奶。

大约过了喝一杯水的工夫，铁木真领着合撒儿走了进来。诃额伦看着满脸泥土的合撒儿马上愤怒地问道："吾儿为何弄得如此狼狈相来我身边，你是想污浊你母亲的心肝吗？"见到合撒儿的样子诃额伦母亲马上火冒三丈。而铁木真清理一下身上的杂草迫不及待地说道："合撒儿要走了，他说他要离开我们，因为他不想看到自己再有弟弟了，这样他又永远失去母亲的爱怜的。"合撒儿听到铁木真说出了自己的心事，马上用手中的皮鞭在铁木真脊背上抽了一下。但铁木真也不是好欺侮的，他一把抓住合撒儿的颈脖，将合撒儿手中的皮鞭夺了过来，气恼地喊道："还不跪下，你想让母亲生气吗？看你怎么让母亲消气，你这个野狼般的家伙！"诃额伦母亲见到这样，竟然站起身来用力地在合撒儿的肩膀上拍了一下喝道："你想造反了，难道你就想不到哥哥是多么关心你吗？"诃额伦的声音像是被什么调动了一样，变得无比尖刻、无比惊异。

铁木真见诃额伦母亲的脸色都变了，于是压制着合撒儿大声地责骂道："你这个不知好歹的东西，难道你就没有想着让母亲高兴一点儿吗？你如果再不说话，我就把你的脖颈拧断，让你永生不得说话。"感到承受巨大委屈的合撒儿泪流满面地张开大口道："我们家族中的人都称羡铁木真，而现在的弟弟合赤温额勒赤又是母亲怀中的宝物，我刚刚能在母亲面前有点地位，却又要来个肚中的人儿，儿子心中实在不服。"还没有等合撒儿的嗓音落定，诃额伦就怒发冲冠，指着合撒儿的鼻子大声骂道："你这个畜生，你这样存生嫉妒之心，以后让你父亲也速该怎么给予你们重任？你想像山野里的恶虎一样不合群吗？"

铁木真见母亲更加愤怒，而合撒儿却又是这样无理取闹，于是他狠狠地在合撒儿的脑袋上打了一下。这样一来，合撒儿矜持的身子马上颤抖起来，大声地哭喊："我不要兄弟，我只想让母亲给我青稞奶喝，如此我才能长大成人。"说完就大声地哭泣起来。铁木真见合撒儿顽固不化，于是就将他按倒在地，用力地在他身上捶打着。母亲诃额伦见此情景，生气得瘫倒在地失声痛哭起来。这时，豁阿黑臣赶忙端着马奶桶赶了进来，看到这种情况，急忙将合撒儿和铁木真拉了起来，责备他们说："你们兄弟之间怎么能这样？兄弟不合让草原上无数英雄走向了末路，你们怎么还这样呢？"说完，豁阿黑臣用那有力的大手将诃额伦夫人扶了起来，小心地让她坐在卧榻之上。

气喘吁吁的铁木真愤怒地对豁阿黑臣喊道："不必拉扯，我今日定要将这不孝之人打成个残废，让他断了手脚，看他能不能在草地上奔

成吉思汗

【第一篇】身世篇

跑!"诃额伦伸手拿起床头的手杖，用力地在铁木真的脑袋上打了一下。铁木真痛苦难忍，于是坐到地上也哭了起来。一时间，整个帐篷里哭声一片，豁阿黑臣只顾着照看诃额伦，任凭两个孩子在地上啼叫。但她又怕他们再厮打起来，于是牵着合撒儿到他叔父的帐中去打石子，将铁木真放在诃额伦的营帐的角落里坐着。于此气氛稍微好转，诃额伦停止哭泣，轻声地对豁阿黑臣说道："我蒙古族中怎么会滋生如此孽子？我活着还有什么意思啊？让天神将这几个逆子带走吧！我们不能与像野狼一样孩子共存。"说完就倒在卧榻上不发一语。

就在诃额伦心痛的时刻，也速该赶回来了。走进诃额伦的帐中，也速该看到一片狼藉的景象，感到非常震惊，大声喝道："到底是什么人在诃额伦夫人营帐中撒野，我定不饶恕他。"诃额伦马上对豁阿黑臣使了一个眼色，于是豁阿黑臣二话没说就低头出去了。诃额伦小心地对也速该说着事情的原委，但诃额伦将事实有意地改编了，说合撒儿因为被铁木真吓唬了而害怕得哭了起来，而铁木真太顽皮了。说完，诃额伦就将哭泣的苦脸收了起来，对也速该淡淡地笑了起来。也速该见这样的情形，于是也情不自禁地笑了起来，说道："吾子顽皮，日后得让诃额伦夫人多多费心了，以后日子还长呢！"说完，就走了出去寻找合撒儿。

过了一会儿，也速该将合撒儿带了进来，让合撒儿与铁木真一起向自己的母亲道歉。由于也速该在家中的威望，两个孩子毕恭毕敬地跪在地上向诃额伦道歉道："我亲爱的母亲，今日是我们的不对，我们不应该让母亲伤心劳神，以后我们一定还要好好做人，团结兄弟，做个真正的黄金家族后人。"诃额伦害怕也速该发怒，于是勉强地对铁木真和合撒儿微笑着说道："你们两个生性顽劣的家伙，知道过错就好了，你们以后只要好好做人，好生听父母的话，那我一生就无他求了。"说完她站了起来，轻轻地抚摩着两个孩子的脸。铁木真首先对诃额伦说："母亲，我们兄弟以后关系一定会好的，将来做个草原上的雄鹰。"

也速该放口让两个孩子站了起来，说道："我的儿子们，将来不可调皮，认真听母亲的话，这样父亲也就安心了，这样也会让父亲更加安心地处理好蒙古部族的大事。"说完，也速该便要求铁木真和合撒儿在诃额伦母亲的卧榻上就寝，两个孩子欣然地接受了。诃额伦将孩子揽入怀中，高兴地对也速该说道："好了，我的夫君，今日天色已晚，让我和孩子们早早休息吧！"说完，诃额伦便叫来豁阿黑臣让她打理就寝之前的事儿。也速该心悦地答道："我还有重要事情议论，你们好好休息吧！明日你们来我大帐中就食，让我们好好高兴一番。"也速该一边说着，一边走出了营帐。豁阿黑臣渐渐忙完事情也悄悄地走出了营帐。

坐在床头的诃额伦将眼睛轻轻地擦拭了一下，然后将铁木真抱到床头，厉声地说道："今日我让你们逃过了责难，以后可不得再犯，现在我来好好教导教导你们。"说着，她又将合撒儿抱到床头说："吾子年幼，好好教导之后必定可以成为一代英豪。"诃额伦平息了怒火之后心中如明镜一般，她拢过两个孩子的手儿，轻轻地说道："你们今日的表现让我失望到了极点，现在我就给你们讲个你们蒙古祖先的故事。你们听完之后要铭记它，每日早起晚睡都要想着它，这样才不枉母亲的一片苦心。"

"在你们的老祖先朵奔生活的草原上，有一个貌美如花的女子，她的名字叫阿兰豁阿。一个偶然的机会，朵奔在自己的领地上抢夺了阿兰豁阿，并将她娶为自己的夫人。两口一起生活了几年之后，生了两个儿子。一个叫不古纳台，另一个叫别勒古纳台。他们都是非常英勇的勇士，在草原上出了名。但时间不长，朵奔病死了，于是阿兰豁阿就成了一个寡妇。但阿兰豁阿不甘寂寞，在后来的几年里又生了三个儿子，这三个儿子遭到不古纳台和别勒古纳台的嫉恨。因为失去丈夫的妇人如果没有嫁给兄弟是不能生子的，这是蒙古人的大不敬。有一天，阿兰豁阿发现两个大儿子坐在石板上对着三个小子不停漫骂，阿兰豁阿非常生气，于是就将五子全部叫到身旁，对他们说：'今日我桌上有一支箭，你们给我把它折断。'不古纳台和别勒古纳台伸手就将箭折断，得意扬扬地坐在那里。于是阿兰豁阿又拿来五支箭，问道：'吾子再将这五支箭折断。'而此时的不古纳台和别勒古纳台都没有折断这五支箭。阿兰豁阿微笑地问他们：'你们怎么折不断这五支箭呢？'此时营帐中悄无声息，孩子们都诧异地看着母亲。于是阿兰豁阿严肃地喝道：'你们就如此箭一样，如果一个人与敌人战斗，一定会被打败；如果你们五人同心协力，那么就没有什么东西可以战胜你们。你们要好好团结，而不能互相嫉妒，更不能相互攻击。你们五人同心协力，日后一定能在大草原上干出一番大事来。'阿兰豁阿说完，五人孩子马上领悟到真谛，在后来的发展中都成为了草原上的英雄，其中就有我们孛儿只斤氏的祖先孛端察儿。"

当诃额伦的声音落定之时，铁木真惭愧地低下了头，而合撒儿也连声呜咽着说不出话来。诃额伦又说："如果你们兄弟像阿兰豁阿的儿子们一样不和，那就记住五支箭的力量吧！我的孩子们，以后你们不能和睦的时候就想想这个故事，它会让你们知道兄弟团结是多么的重要。"

说完，就将合撒儿脸上的泪花抹去，心疼地说，"你们都是英雄的后人，将来在草原上一定会建功立业，但前提是你们兄弟要团结一心。"

铁木真渐渐明白了母亲的苦心，他突然坐了起来，跪在母亲面前攥着拳头说："我们兄弟以后要像石头一样坚硬地团结着。阿兰豁阿祖辈的故事就是我们兄弟生活的明镜。今日的事情一定不会再发生，因为我们有一个仁慈贤惠的母亲。"

铁木真真正地了解的兄弟的含义，于是他在以后的成长中从来没有让兄弟感情涣散，而他的兄弟也为他后来的事业贡献了无可替代的力量。诃额伦母亲的英明让铁木真从小就珍惜亲情、在乎团队精神。带着祖先身上的优良传统，铁木真和他的兄弟们正在一步一步地成长，一点一点地汲取蒙古族的和整个大草原的精华。

铁面无私　惩恶扬善

在铁木真最快乐的日子里，草原上的人们正在用武力的方式阐述着草原人不可征服的神话。也速该不但向自己的子女育以勇力，更让孩子们知道成长所应该拥有的快乐。在铁木真身上，也速该能看到自己小时候的影子，也看到他与众不同的智慧和聪敏。也速该常常在自己的族人面前说："我子之中，独长子铁木真非同凡响，智勇双全，将来我可以予以重任也。"而在众人眼中铁木真也的确聪慧灵秀，答里台曾对兄弟们说："铁木真生得富贵之相，勇力和智慧都在众子之上。但有时唯唯诺诺，摇摆不定。"而蒙格秃却说："非也，那是汝未见其真性情也。铁木真此子虽还尚小，但诃额伦妹妹的悉心照料和教育，真能见出一些一代英豪之迹象也。"铁木真的一举一动都让首领也速该关注，因为也速该不但喜爱铁木真，而且将蒙古族的希望也寄托在了他的身上。

当铁木真五六岁的时候，他已经能在诃额伦母亲面前复述着从前母亲讲给他的一个个美丽的故事，其中就有诃额伦每天都让他和他的兄弟牢记的阿兰豁阿祖先的故事。可能是因为年长的缘故，铁木真总是能用他流利的语言将兄弟们聚拢在母亲身边。于是诃额伦母亲对他们说："我的儿子们，你们能这样幸福地生活在我身边，都是因为你们的兄长铁木真带来的，他是一个手执苏鲁锭降生的孩子，他给我们家族带来了福气和快乐。"每当诃额伦这样说起时，铁木真总是皱着眉头问诃额伦母亲："母亲，我和兄弟们不是一样吗？为了让兄弟们不争吵，我分担母亲的职责，来教育我的兄弟。"说完，就转身到帐外通知豁阿黑臣来给母亲收拾卧榻。

有一天，身怀第四个孩子的诃额伦对豁阿黑臣说："我的亲人啊，你觉得我他日生下的是儿是女？"豁阿黑臣毫不犹豫地说到："夫人和首领都是大福大贵之人，一定会多子多福的。"诃额伦连连笑了几声，高兴地说道："我眼前的儿子们个个都勇敢而温顺，希望这个儿子也会像天上的雄鹰一样成为蒙古人的英雄。"就在这时，别勒古台（也速该别妻所生）跑了进来，喊道："诃额伦母亲，铁木真正在营帐外呼天唤地呢！不知道是为什么。"大吃一惊的母亲诃额伦马上就预感到有什么不对，于是拖着身怀六甲的身子走了出来。诃额伦放眼望去，只见在营帐百步之外站着铁木真，而且对着天空大声地叫喊着。于是诃额伦带上豁阿黑臣和合撒儿赶了过去，大声呵斥道："铁木真吾儿，今日大好的天气，你叫什么？快快与我归去！"说完就要拖着铁木真回营帐。但此时的铁木真看着母亲诃额伦依然大叫，而且毫不理会诃额伦的言语，他继续呼喊着："天神，你出来，我要在你面前打死别勒古台，看看我是不是一个怯懦之辈！"

诃额伦听到这里，怒火不打一处来，她揪住铁木真的耳朵狠狠地拖了一下："逆子铁木真，你忘记母亲给你们的教诲吗？你忘记了阿兰豁阿老祖宗的训言了吗？你给我说说！"说完就流下了伤心的泪水。别勒古台站在母亲的背后轻轻地谄笑道："母亲，今日铁木真看到我在牧场上抓了一只野兔，于是要抢。结果野兔跑了，他也就发疯了。"诃额伦的怒火越来越强烈，大声地呼喊道："天神为我处置这个逆子，我与他父亲将他让给你，我们太失望了。"就在此时，豁阿黑臣悄悄地跑到也速该的营帐，向他说明了情况，要也速该父亲亲自来处理这件事情。也速该当时正在与别妻速赤吉勒坐在案头饮水，得到这个消息之后，他勃然大怒，猛地站起身来呵道："今日吾儿怎能如此不知理，看我好生教育他一番。"于是豁阿黑臣带着也速该来到铁木真叫喊的地方。

正在面红耳赤之间，铁木真感到背后被皮鞭重重地抽了一下，回头才发现是也速该父亲。于是铁木真低头无语了。也速该愤怒地问道：

"是何人让你说出如此大逆不道之言？"也速该马上伸出长鞭照着铁木真的脸上打去，但此时诃额伦却将他拦住，喊叫起来："我的夫君啊，今日孩子是错了，但他还小，让我这个妇人来好好教育他吧！"也速该的鞭子悬在半空中，也只好作罢。也速该轻轻地抚摩着诃额伦说："你可知这是为何？他们怎么会如此让夫人伤神？"诃额伦连忙摇头："也速该父亲，我也不得其解啊，还是你来责问吧！"说完，就含着泪水将身子转了过去。

也速该大声呵斥道："汝等都给我进帐来。——说出你们的过错，如果有悖事理，我定不会轻饶。"也速该凭借着自己在家庭中的威望将两个孩子、诃额伦和豁阿黑臣一起带到诃额伦的寝帐坐定，然后呵斥道："今日铁木真像头发了狂的小牛，别勒古台像个羔羊一样被他欺凌，我心中实在不能平静，现在你们说说事情的原委。"也速该激动的口中飞溅出了唾沫。而此时的诃额伦也好像发了烧一样，面色通红，豁阿黑臣胆怯地站在帐门口低着头。也速该看着两个孩子都不说话，于是问道："铁木真，你是长子，你先来说为何如此桀骜不驯，让众人恼怒。"听到这句话之后，铁木真才抬起头来道："父亲，其实我是为了部族大事着想。别勒古台竟然是一个表面正经的小人。"说完，铁木真长长地舒了一口气，小心地讲述着：

"今日早晨我与几个朋友在草地上玩石子，突然看到别勒古台从远处跑来，于是我丢下石子问他为何慌慌张张行走。别勒古台却说：'我刚刚从仆人蒙力克家过来，因为我抢夺了他家的一个红色铁器，所以蒙力克全家都在草地上寻找。'我见别勒古台神色慌张，便跑过去问了个虚实。而事实是：别勒古台抢夺了蒙力克家中的所有金银，还在蒙力克儿子的脸上打了几巴掌，将蒙力克家的帐篷差点儿烧毁。蒙力克见我到来，马上失声痛哭，要我们给他说个公道话。因为别勒古台要挟蒙力克，如果他敢把事情真相说与父亲也速该，他就会让蒙力克全家流浪戈壁。见到我的蒙力克马上跪倒在地。我听了之后，气愤在胸。于是就把别勒古台打倒，让他去赔礼说不是。而别勒古台大声地喊道：'你铁木真是天神赐给人间的？我昨日见到一个天神，说人不为己、天诛地灭。而铁木真没有私己之心，将来天神一定会怪罪铁木真，偏向我别勒古台的。'说完就翻过身来要打我。"

也速该此时痛恨起来骂道："别勒古台，汝敢动乱人心，毁我蒙古家族的门户奴仆，你这是与造反一样。如此年纪就有如此的歹心，我看你是恶神带来的孩子，铁木真打你是轻，将你的性命送去才是理。"也速该气愤得连连咳嗽了几声，于是披上诃额伦卧榻上的单被靠在帐中愤怒地看着别勒古台。此时别勒古台跪在地上痛哭着："都闻铁木真是个好人，今日我便做个坏人，这也让众人看不中，我的生命还有什么意思?!"别勒古台一边垂泪一边紧张地喊着，此时也速该才明白了铁木真的大义。因为铁木真就是想让天神看看，别勒古台这样有私心的奸雄能不能胜过这个没有私情的铁木真。当铁木真将别勒古台抓起来，拖着去蒙力克家道歉的时候，别勒古台却用暗箭在铁木真的背上划了一下。虽然没有伤到他，但却让铁木真变得被动。于是别勒古台乘机就逃跑了。

万般无奈之下，铁木真哭着喊着要让天神看看别勒古台是怎么让他打败的。于是就有了后来诃额伦母亲所看到的景象。也速该点了点头让铁木真站起来，狠狠地抽打了别勒古台。在无计可施的时候，别勒古台口口声声地喊道："我是个不善良的孩子，我错了。我要去蒙力克家去道歉，我要修好他家的帐篷，还要修好我们之间亲密的关系。"别勒古台连说了几声，也速该才放下手中的鞭子，重重地摔在地上。此时铁木真站起来责问道："别勒古台，你还敢说你是天神派来的吗？还敢说有悖天理的话吗？为了部族的安定，我是不会同情你的，不会对你动感情的。"铁木真的声音变得有些嘶哑，但依然很有力量地刺在别勒古台的耳朵里。

也速该听到铁木真的这一席话，心中不禁欢喜起来，于是对铁木真说："吾儿铁木真处处都能在众人之上，今后一定可以继承父亲我的地位和财富。"说完，就将别勒古台抓起来带了出去。但此时铁木真对父亲也速该喊道："父亲，我要同你们一起去，因为蒙力克要我说个公道话。"于是也速该带上铁木真，揪着别勒古台向蒙力克的营地走去。

远远地看着蒙力克家泛灰的营帐上有被烧毁的痕迹，再低视一看，蒙力克的幼子坐在地上，蒙力克本人也跪在地上企求着什么。也速该等人马上并步上前问道："我亲爱的亲人，我将这个逆子捉来，让他为自己的行为来赎罪了。"说完就让别勒古台归还所有的财富和珍宝。别勒古台在不远的地方挖开一个窟窿，取出所有的东西归还了蒙力克。铁木真此时欣慰了，高兴地喊道："蒙力克大叔，今日的事情不是什么光彩之事，还请您不要宣扬。我现在就让别勒古台还你一个新帐篷。"说完，别勒古台就拖着一大块羊毛毡子送给了蒙力克，并狼狈地道歉道："蒙力克大叔，今日你可见到铁木真的义气了，是他让父亲知道了事实，他在给你说公道话呢！他是个十足的无情者和冷血动物。"

别勒古台狼狈的样子和闪烁的言辞马上让蒙力克精神起来，站在别

勒古台面前镇定地说道："小主人，我们应该上交的财富分毫不差，如今这些是祖祖辈辈省下来的，如果您想要，我可以送给你们，但不必强人所难才好。"说完就放下那些财物。铁木真马上上前说道："不可，今日就是为了还您财物，如此一来，我不是空忙一场？你就收回去吧！"也速该从蒙力克的营帐转了一圈回来说："吾儿铁木真说得极是，你不要让我们空忙一场；再者，我们的友谊就不值这么一点儿财物吗？"而此时别勒古台已经将蒙力克的帐篷修理了一番，回来说道："蒙力克大叔在族中是有地位的，以后更不能如此对待您了。就算我想这样做，我的好兄长铁木真也不会饶过我的。"说完，也速该就带着满心的歉意回到自己的营帐，而铁木真和别勒古台也都回到诃额伦母亲身边，准备与诃额伦母亲同榻而眠。

在很晚的时候，铁木真才与别勒古台握了握手。母亲诃额伦教导他们说："你们兄弟应该互相学习、互相监督。今天铁木真就做得不错，但在处理方式上做得不好，以后铁木真一定要处处想着自己是兄长来做事。如果父亲不在家，兄长就应该担当起家庭支柱的重任。"铁木真看着母亲的脸上有了高兴的神色，马上就对别勒古台说道："以后做事一定要以大局为重，就是遇到再好的亲人，我也会为大局着想，我不会因为情分就畏首畏尾，今日之事就是一个证明。"说完，诃额伦母亲和别勒古台都自然地笑了起来。

英雄年少　隐见端倪

当太阳从遥远的东方升起的时候，蒙古草原上的人们都沉浸在睡梦之中。铁木真和他的兄弟们一起睡在一个华丽的帐篷里，听着草原上野兽长长的嘶叫声。在铁木真睁开双眼的时候，太阳也已经出现在东方的热土上。每天的玩耍和戏谑让孩子们欣喜若狂，同时也疲惫不堪。不知经过了多长时间，也不知换过了多少次羊毛衫子，寒冷的冬天终于来了。万物都沉睡在凝固的天空下，太阳的光线暖暖地照在铁木真的棉被

上。铁木真重重地在卧榻上拍打着："合撒儿、别勒古台，还有别客帖儿（也速该别妻所生），都起来了，今日我们去山林里抓土拨鼠。昨日我做了一个笼子，相信今日一定会满载而归的。"说完，铁木真就穿好衣服，站在地上拿着一个干树条编织成的小笼子。别客帖儿首先抬起头喊道："铁木真，今日我们能骑马吗？我们坐在马背上抓猎物。"铁木真挠挠头，困惑地道："不可，我等去玩，也速该父亲是不知道的，等我们满载而归的时候再让他们来赞扬我们吧！"

一会儿的工夫，几个孩子都起来了，站在毡房里等着佣人送早饭进来。铁木真坐在门前气愤地喊："今日到现在都不见马奶和羊肉，我看是仆人们将我们忘记了。"于是拿着笼子就向帐外跑去，而此时的合撒儿却叫来一个仆人问他早饭的情况，那仆人心惊胆战地对他说："我的小主人，今日也速该首领要我们不要做早饭给你们，让你们自己去他帐中一起食用。"合撒儿正纳闷之间，看到铁木真又提着个笼子跑了过来，对合撒儿大声大喝道："我的好兄弟，我们不能去父亲帐中食用，否则我们今日就只能在营帐中安歇一天了。"说完就聚着几个兄弟到一起，轻轻地说道："兄弟们，今日我们不能去父亲帐中，如果父亲大人知道我们的计划，他一定会大发雷霆的。这样我们就只能在营帐中安歇一天了。"别客帖儿点头道："铁木真兄长说得极是，我们不能出外寻猎，那还做什么男子汉呢？"于是兄弟四人把手握在一起，憋足了一股劲喊道："我们兄弟一条心，无论怎样也要去狩猎去。"说完，二话没说就闪到父亲也速该的营帐前，然后一溜烟地跑向了斡难河畔的深林之中。

也速该父亲坐在营帐中等待了许久之后都没有看到孩子们，于是对诃额伦说道："好了，今日天冷，孩子们都还睡着呢，我们不必等待，让他们吃些残剩之食也好。"于是也速该就没有多想让这件事过去了。诃额伦心中有些不安，但还是强忍着情绪对也速该说："那也好，我们先吃吧，然后让奴仆们送点去。"于是帐中只有也速该和诃额伦夫人两人坐下享用热腾腾的早餐了。

此时的铁木真早就带着自己的兄弟在深林中大呼小叫，左奔右跳，像是没有上过战场的马驹，又像是没有战胜过对手的夜鹰，不停地欢叫着，而他放在树杈上的笼子一只土拨鼠也没有抓到。大约是中午时分了，铁木真将几个兄弟叫到身边大声地说道："今日没有猎物，我们便不归也。晚上我们就以自己的猎物为食，让父亲也不知我等的能力。"说完就得意地站了起来，将笼子又放到另外一个树杈上。他信心百倍地告诉大家："土拨鼠的香肉在等待我们的大胃口呢！我们是草原上的雄鹰，一定能抓到土拨鼠。"于是四兄弟又各自奔跑，寻找猎物去了。就在别客帖儿注视着一棵大树后面的响动之时，铁木真突然闯了过来。别客帖儿埋怨地叫了一声，于是铁木真眼看着一头肥肥的野猪从他身边跑远了。而别客帖儿笑不能笑、哭不能哭地望着铁木真，他像在说："今日唯一能收获的战利品被你撵跑了。"

铁木真兄弟在山林里像打仗一般折腾了一天，大约到了傍晚时分，别勒古台跑到铁木真面前大声喝道："我的兄长，我等今日滴水不沾，我都皮包骨了，我们还是回去到父亲的营帐中偷些美味来吃吧！"铁木真心中一震，看着别勒古台。而此时合撒儿也过来教唆着："我的好兄弟，你的身手最矫健，回去后，你得到父亲帐中拿些美味给兄弟们享受享受，现在我们都饿得心慌了。"铁木真看着几个兄弟的脸，忍不住苦笑着："这可是大罪啊！汝等就不怕父亲怪罪？我们早晨本可以正正经经地吃到的，现在却要偷着吃，如果你们兄弟保证不说出去，我可以冒险如你等之愿。"说完，铁木真夹着空荡荡的笼子和几个兄弟甩手向回跑去。

就在铁木真几人走到营寨门口之时，突然看到也速该正从铁木真的营帐中走了出来，于是四人便躲避在帐幕之后等到父亲也速该离去远了，才小心地转了回去。铁木真看着父亲也速该的去向，高兴地对几个如饿狼一般的兄弟们说："好了，我们今日有福气，父亲去中军帐议事了，我们可以饱饱地美餐一顿。"铁木真放下手中的笼子，悄悄地绕过小径，将头伸进也速该的营帐，发现里面空无一人，而且食案上放满了羊腿肉和牛排干。于是铁木真轻轻地爬到食案前，一点一点地将几大块羊腿肉和最大的一块牛排装到羊皮袋中，然后又轻轻地爬到帐外，站起身来像吃惊的野马一样向自己的营帐中奔跑而去。

合撒儿远远就看到铁木真满载而归，于是兴奋地捶起胸来："我们的晚餐终于来了，这肚子啊，都怨叫了一天了。"当铁木真的身影闪现在兄弟几人面前之时，合撒儿首先迎了上去："我先吃，我都要倒下了，都是铁木真让我今日出猎，让我经受如此的苦难。"几个兄弟开始大口大口地吞食起来。铁木真将囊中的所有食物都拿了出来，还没有等到动手，兄弟几人就将食物用尽了。铁木真惊异地呼喊着："我的天神啊，您也得让他们为我准备些啊！他们怎么能如此狼食呢？"于是铁木真连抢带拽从合撒儿手中拿了一些肉皮啃起来。就在此时，旁边经过了一个牧人，他伸头看了看里面的动静，于是什么也没有说就走了。而合撒儿心中打起鼓来，于是不发一声地溜了出去。

铁木真正在啃肉皮的时候，突然背后被皮鞭狠狠地抽了一下，由于疼痛难忍，铁木真当时就大叫了一声，转头一看，原来是也速该父亲。而此时营帐中只有铁木真一人，也速该没有等铁木真分辩，就狠狠地将铁木真抽打了一顿。铁木真的脸上被打出了几道血红的口子。跪在地上的铁木真实在不能容忍父亲的毒打，于是就问父亲为何如此痛打自己的儿子，也速该气愤地喝道："你是个逆子，敬酒不吃吃罚酒！竟然在我的营帐中偷食食物，你如此胆大妄为，我怎么能饶你？"

铁木真听到这里，马上站起身来，跑到合撒儿、别客帖儿和别勒古台等人面前，一把将别勒古台的脖子抱住，用力地将他摔倒在地，然后又想打倒合撒儿。就在四人大打出手的时候，也速该站在远处没有动，因为作为一个蒙古部最有声望的首领，也速该想看看自己的儿子们到底有什么勇力。于是四人狂打成一团，合撒儿抓住铁木真的耳朵使劲地将他的头拉到地面上，而铁木真却伸腿将合撒儿一脚踢开，退后了三四步。然后别客帖儿从背后一把抱住铁木真让别勒古台在前面使拳头，铁木真被别勒古台重重地打了一拳之后，马上勒开别客帖儿的双手，顿感疼痛的别客帖儿马上感到一阵剧痛，吓得放开双手。举手一看，自己的双手已经被铁木真勒出鲜血来。就在此时，别勒古台正要挥动第二拳的时候，铁木真一把抓住他的拳头，照着他用力一击，别勒古台疼得一筹莫展。合撒儿拿着木棍正要上前之时，也速该父亲上前来大声地呵斥道："汝等逆子，不可再放肆滋事！我看今日事情是你们兄弟共犯，不是一个人的罪过。"

铁木真面带鲜血跪在父亲面前说："是他们让我偷肉给他们吃，现在还说我偷食，孩儿实在不服，所以我要他们也来受打，这样才是公平。"也速该看着铁木真说出如此之言，于是问其他三个孩子到底是怎么回事。合撒儿等人都不认账。此时铁木真大声地喊道："今日我们打猎，什么也没有打到，你们一天都未食，于是你们就想了个点子让我去偷食父亲的食物，现今还敢狡辩？"铁木真擦了擦脸上的鲜血又说道，"我本想我来偷，一定有我一份，没有想到他们倒全吃光了，我只得些肉皮。"铁木真满脸的气愤让也速该相信了他的话，于是将合撒儿、别客帖儿和别勒古台等人叫到身边大声问道："你们不是说铁木真偷食了所有食物吗？没想到你们贼喊捉贼，该当何罪？"

三人见也速该非常严厉，而且有追查到底的想法，于是就说出了真相。原来合撒儿看到一个仆人从他们的帐中走过之后，心中便不安起来，因为他认出这个仆人是父亲也速该帐中的，于是就悄悄地溜了出

来，想报告父亲也速该。就在他刚刚绕出来之后，发现别客帖儿和别勒古台也跟了上来，于是三人就这样一起走到中军帐向也速该父亲汇报了情况，就发生了后来这样的事情。铁木真听到此处心中更加气愤，于是又要责打合撒儿，而也速该父亲马上拦住喝道："汝等逆子，都不是什么好家伙，今后我定要严加管教你们！今日铁木真确有冤屈，但吾也是被合撒儿小儿欺骗，以后父亲会在你们兄弟之间建立一个和平之桥。我现在更加相信铁木真，因为铁木真是个真正的好孩子。我已经不止一次这样看到了。"父亲也速该说完，就拿起皮鞭在其他三子身上狠狠地鞭打了一通。三人失声痛哭着，于是也速该又骂道："汝等怯懦之子，刚才铁木真疼过你们百倍，不曾痛苦这般，你们也太让为父失望了。"说完，将皮鞭扔下，径直向中军帐走去，头也没有回。

四个被打得皮开肉绽的孩子傻呼呼地站在草地上，谁也不敢动弹，此时诃额伦母亲听到帐外大呼小叫的声音，于是就紧张地走了过来。诃额伦母亲看到四个孩子都站在那里，也就没有说什么。因为她知道一定是他们做了什么错事惹恼了也速该。诃额伦母亲站在他们面前说道："汝等怎么会被毒打成如此模样？铁木真，你身为长子，怎么就没有长子的样子呢？我从前是怎么教导你们的？"但又因为她非常疼惜孩子们的身体，没有多问就带上他们回到她的营帐，好好地给他们收拾了一番。四人在诃额伦母亲的帐中一边吃着美味一边向她诉说了今天所发生的一切。

当铁木真等人说完事实之后，母亲诃额伦对她的孩子们说道："想围猎不是坏事，但你们年岁尚小，得让父亲和族人带你们去才可。"诃额伦的话音刚落，也速该父亲就走了进来，大声地喝道："今吾子竟然像山沟沟里的小狼一样偷食了我的饭菜，然后又互相厮打，我也知道铁木真的勇力已经在众孩童之上了。"

于是铁木真一人打三人的故事就在草原上传播开来，从他调皮捣蛋中能看出他的勇力和气概，从他的愤怒中能看出他的粗暴和野性的一面，这正是草原人特有的秉性。

小荷露角　偶现灵光

对于一个孩子来说，越小就会越快乐，因为天下人都知道，孩子是不用担当什么大事的，于是孩子的天职就是玩乐，无论你生活在世界的哪个角落，无论你生活在什么样的背景之下，玩乐都是孩子第一话题。而在铁木真身上，我们能看到他孩童时期的"玩乐"情节，同样也能看到他不同一般的秉性和天赋。

在九岁之前，铁木真生长在幸福的氛围中，他没有寝食难安的苦痛，也没有忍饥挨饿的烦恼。但在铁木真身上，却从来没有出现过堕落和碌碌无为的端倪。恰恰相反，铁木真在家庭中担当起了"长兄教弟"的职责。诃额伦母亲时常赞叹铁木真，就是从严治族的也速该也感到铁木真是个不同凡响的好孩子。

铁木真很快就长得高挑了，在他八岁的时候就已经比其他孩子高出一大截来。也速该看着铁木真的成长欣慰地对诃额伦夫人赞赏道："孩子们幸亏有夫人悉心照料，才能见到今日兴旺景象。特别是吾儿铁木真，如今让你调教得如壮牛一般，而且善于团结兄弟、文武兼备，真是我蒙古族人之快事啊！"诃额伦夫人每听到这样的言语就绽放出花儿一样的笑脸，对也速该夫君道："非也，吾子之中独有铁木真心善灵犀，他铭记我的训言在心中，且教育诸弟，今日要感激的是天神啊！是天神为我们蒙古族送来了铁木真这个超群之子。我一个妇人所做事情与别人无异，只是常常絮叨罢了。"说完她便轻轻地合上眼睛躺卧在床塌上。也速该也常常因此而祈拜天神，感激蒙古得到他的垂青。

1170年春，也就是铁木真出生的第九年，也速该发现塔塔儿人正在距离斡难河不远处游牧，于是他决定对塔塔儿人进行一次突然袭击。也速该得到情报的当天晚上，就在中军帐与几个那克儿们周密地部署进攻的兵力。当他说道"谁人可以为先锋，拖住塔塔儿人主力"的时候，

旁边马上闪出一个半人高的身影来，众人一观，才发现是也速该首领的长子铁木真。他郑重其事地说道："父亲，我们是偷袭塔塔儿人，当乘其不备，如果先有先锋，那塔塔儿人必首先奔逃呀，不能伤及其主力。"听到这里，也速该不禁心中一颤，他狠狠地用眼神刺痛着铁木真的身体，于是铁木真什么也没有说就跑出了中军帐。但后来也速该却与将士们详细地讨论了是否派遣先锋军的问题。

第二天早晨，也速该纵马上前，一声吆喝，将大军的去向直指斡难河下游的肥美草原。此时铁木真站在空荡荡的牧场上迟迟不肯离开，因为他心中在盘算：有朝一日我也得与父亲一起去战场上杀敌夺财，血洗仇恨。在铁木真兀自发呆的时候，后面传来豁阿黑臣熟悉的声音："铁木真小主人，诃额伦夫人让你过去吃早餐呢，大家都在等你一个人。"铁木真顺着豁阿黑臣的手指望去，发现诃额伦母亲正站在帐门前焦急地看着他，于是铁木真就抖了抖精神，朝母亲的营帐走去。

铁木真站在帐前，伸头向里面一看，发现几个兄弟都在帐中，于是他便要离开。此时诃额伦母亲将他叫住问道："铁木真吾儿，今日怎么见到兄弟便跑，以前不是形影不离吗？离了他们谁还与你打闹呢？"而铁木真一头撞到豁阿黑臣身上，脸面有些疼痛，于是止步喊道："今日不食，我的心要和父亲在一起，我现在就去同父亲一起征战在沙场之上。"说完，就要拉豁阿黑臣的身子到一边去，但豁阿黑臣还是挡住了铁木真的去路。铁木真只得站在那里。此时诃额伦母亲喝道："吾儿今日就想上疆场，难道你就没有对家人的爱心和感情吗？你自以为你能上疆场，但你却不知疆场有多危险，这样你会给你父亲带来晦气的。"诃额伦的声音很尖锐，让帐篷里的气氛马上凝重起来。

铁木真听到这里，于是就转过身，默默无语地坐在了食桌前，看着几个兄弟等待他的愁容。为了解除家人对他的不满，他马上举起右手，大声地喊道："今天胃口真好，我们快吃吧，我可不想剩下什么给你们。"此时诃额伦母亲轻轻将手一挥，于是孩子也都吃了起来。诃额伦母亲一边吃着一边对大家说："你们看，今日你们的头领铁木真抛下你们想战斗去了，你们兄弟不能在一起，你们愿意吗？"合撒儿马上接过话荐来："我不在乎，迟早有一天我们兄弟都会并肩作战的，而战斗后就要在一起吃肉，这样的日子以后多着呢！"说完，他就啃起羊腿来。铁木真看到诃额伦母亲此时满脸愁容，不安地安慰着母亲："是啊！我已经是个能出气力的男人了，兄弟们有这样的说法是正常的，您就不要生气。"铁木真是个善于笼络人心的人，马上又对几个兄弟说，"有朝一日我能在军前杀敌，兄弟们就是我最好的伴当。我们永远是一家人，是永不分离的同胞。"

几个兄弟听到铁木真的话后，都站了起来举起小手郑重地喝道："我们以后能上疆场之日，定以父亲的训言为宗旨，以铁木真的勇武为榜样。"说完，众兄弟就将一碗马奶一饮而尽。诃额伦母亲看着孩子们有如此的雄心大志，默默地低下头什么也不想说，她心中在想：吾儿们竟然都如此果敢，将来定能成就一番事业。虽然她表面上气愤无语，但她心中却是无比地激动兴奋。诃额伦用毛巾轻轻地在嘴上擦拭了油腻，站起身来对众子道："好了，今日你们已经吃饱，都去吧！铁木真先留下，让母亲好好对你这个未来疆场上的英雄说说话。"于是众孩子都一股脑儿地拥向帐外玩耍去了。

在铁木真站起来的时候，诃额伦母亲呵斥道："吾子好能啊?！昨日到你父帐中议事，今日又要与父征战沙场，你是个男子汉了？难道你就不怕说出去让别人笑话吗？"诃额伦气愤的心情马上达到了顶点。而铁木真见母亲如此生气，于是弯下腰脊默默无声了，他任凭母亲指责着，没有发出一句反抗的怨言。他默默地坐在那里，像是一个充满罪孽的羔羊狼狈不堪。在母亲的气愤没有停息之前，铁木真就是那样默默无语地坐着。

很快，诃额伦母亲声嘶力竭了，狠狠地坐在木桩上用清水在脸上拍打着。此时铁木真感觉到时机已经到来，于是就抬起头，跪在母亲身前痛苦地诉说着："母亲，我太自大了，我如今只是个孩子，还要保护兄弟姐妹，我还要做一个母亲身边的好长子，如此便别无他求了。"说完，铁木真就轻轻地哽咽着。就在此时，豁阿黑臣毕恭毕敬地抚摩着诃额伦的长发劝慰道："夫人，铁木真小儿已经知错，现在就让他改吧！他以后还是你心中的好长子，还是我们众人心中的小神童。"豁阿黑臣又转过身来扶起铁木真说道，"铁木真小主人，你是个明事理之人，今后可不能再让也速该首领和诃额伦夫人伤心了，你今日能这般知错，相信诃额伦夫人会谅解你的。"铁木真被豁阿黑臣扶起端坐在石凳上。

铁木真见到母亲伤心的样子，飞跑出去。此时豁阿黑臣不知何意，于是吃惊地叫了一声："回来！你还想犯错吗？"但铁木真跑得老远。大约过了喝一盏奶的时间，铁木真带着几个兄弟一起进来。诃额伦母亲不知何意，于是问道："铁木真逆子，你今日想让你的兄弟来让我伤心吗？不要忘记，你们都是我的儿子。"说完又痛哭起来。此时铁木真给了众兄弟一个眼神，于是几人不约而同地跪在地上，喊道："亲爱的母亲，我们兄弟如今的善良是您教诲得来的。今日我们兄弟一起过来，恳请您饶恕铁木真，让他重新做一个父母喜爱、兄弟敬重的天神之子吧！"几个孩子重重地在地上磕下了三个响头。

　　诃额伦看到孩子们个个用可怜而企求的眼神看着自己，她顿时感到心中涌来一股暖流，像是太阳下的炙铁一样火热。于是她擦擦脸上的泪水，轻轻地对最小的孩子帖木格翰赤斤说道："我的小儿，你今日看到的兄长是如此轻狂之人，你为何还要为他求情呢？"小帖木格翰赤斤眨着小眼睛说道："母亲常常教导孩儿们要团结一心、互相帮助。铁木真又教我们一起打猎、一起吃苦。今日见铁木真兄长如此狼狈，我们定要帮助他，也要让母亲开心，如此才是好兄弟和好儿子所要做的。"由于小帖木格翰赤斤才三岁，而且能说出如此成熟的话来，诃额伦母亲顿感心身俱悦，又问道："那你觉得铁木真做得对吗？"帖木格翰赤斤站起身来，轻轻地擦了擦母亲脸上的泪痕，踮着脚尖喊道："铁木真兄长是得意忘形了，但他想成为一个英雄，是英雄的梦想才让他这样冲动的，我们保证下次铁木真不会贸然行事。"

　　诃额伦此时才高兴起来，对众子们喝道："好了，你们都站起来。我今日要好好问问铁木真，看他以后还敢不敢再冒昧行事了。"铁木真高兴地用手抚摩着母亲的脸说道："我的母亲，没有您就没有我的今日。您说什么我都会答应的，我知道错误了，我会继续做您的好孩子。"说完，铁木真又跪了下来，让母亲不要再生气。正在这时，其他几个孩子又大声地哀求着母亲。诃额伦站了起来对着铁木真说："我知你已不再是个幼小之辈，但你不能到父亲的中军帐中指点，不能在母亲面前摆弄勇士的架子，以后你能听从我吗？"铁木真话语不打疙瘩地答应了。

　　大帐中马上一片寂静，但很快，诃额伦母亲就轻轻地笑了起来。因为她心中在欢喜，欢喜着自己的孩子们越来越懂得事理，越来越让她感到蒙古部族后继有人。而在诃额伦母亲发出笑声之时，大帐便充满了欢笑，俨然一片欢乐的海洋。

　　铁木真兴奋地对母亲说："母亲，今日兄弟们的言辞可都是我亲口传授的呢！孩儿以后一定能在蒙古人中找到我们家族的地位，像也速该父亲一样，成为一个勇猛善战的巴特儿。"诃额伦抚摩着铁木真的后脑欣慰地说道："难道吾儿铁木真有勇无谋？难道吾儿铁木真不是智勇双全？"说完，孩子们抬起铁木真高兴地欢笑着，诃额伦站在他们中间看着他们，好像这个世界只能容下她的几个孩子一样。小帖木格翰赤斤抬着头看着铁木真和母亲诃额伦大声地叫道："今日之事，母亲已经原谅了铁木真，不知父亲是否计较?"诃额伦母亲弯腰亲近地对帖木格翰赤斤说:"我的小儿，铁木真是个棒小子。我猜你父亲大人是不会怪罪他的。昨日你父亲说了，铁木真当让我从严管教，不然他以后就要无视父亲的威严了。不过，父亲还是很赏识你铁木真长兄啊!"

黄金家族　天生智勇

在大草原上，从来就没有弱小者说话的份儿。当铁木真成长为个头高挑、能骑善射的少年的时候，所有的蒙古人都在憧憬着，憧憬着未来的某一天，铁木真也能像也速该巴特儿一样，树立部族的威望，光耀民族的门楣。

就在铁木真九岁那一年，崇尚战争的也速该父亲站在茫茫的草地上，看着自己的长子铁木真坐在马背上飞奔急驰，飞一般地从自己面前消失，渐渐又从远方归来。

也速该父亲大声地对铁木真喝道:"我儿铁木真，今日你已经真正地成为了一个草原上的战士，你的骑射能力让父亲感到骄傲。"随着父亲也速该的喊声顺着风儿吹到铁木真的耳朵里，铁木真的心情像是饿狼一般贪恋，于是激动地对父亲喊道:"父亲，我还不够呢，我要像父亲一样善骑射方能自感满足啊。现在得到父亲的鼓励，孩儿定当更加努力才是，希望父亲大人能亲自指点。"说完，铁木真的马儿就站在也速该的面前，此时铁木真纵身一跃，父亲也速该拍着铁木者的肩膀高声喝道:"吾儿不但武艺精通，而且智力也在众人之上，相信父亲的眼光是不会错的。我的儿，你们兄弟中唯你出类拔萃，你当成为表率，教养你的兄弟才是。"也速该一边说着一边牵着牧马朝营帐走去。

就在也速该与铁木真一起回到营帐中的时刻，突然有牧马人走进帐内，忧虑地对也速该禀报说今日马群中有三匹母马生了小马驹，因为在秋黄季节，没有丰美的水草让母马食用，担心小马驹会断奶;而现在斡难河北边有一块水草之地，那里有一些青草，牧马可以食用，但现在却

不知道让何人前去放牧才好。也速该听了牧马人的感慨之后，问到："不能找个年轻的人去吗？这样既不耽误族中大事，也可以使用闲人。"但那牧马人哀求地说到："现在就是挤奶的小童也在忙活，哪有闲人呢？"于是也速该轻轻地皱了皱眉头思量起来。铁木真见父亲如此伤神，勇敢地站了出来说道："父亲，今日小儿愿意去放牧这三匹母马，定当让它们满饱丰食而归。"也速该此时心中突然豁亮了起来，但他因为爱惜自己的孩子，于是就问道："吾儿从未独自牧马，今日又是去斡难河北放牧，为父心中怕你出事。"但铁木真果断地跪在地上正色地喊道："没有天生就能捕猎的鹰，没有生下来就会征战的勇士。如父亲不让我尝试，我以后又怎么能成为一个有用的草原人呢？"

也速该看着铁木真的脸，发现他激动得额头冒出了滴滴汗珠。旁边的牧马人也道："我圣明的也速该首领，您就让铁木真去吧，这样他会更像一个勇士的。"说完，他也跪在草地上向也速该请求着。也速该捋了捋胡须，端详了片刻，于是点头说道："好的，今日就让吾儿铁木真独自去放牧。但要铭记，在日落西山之时便要归来。"说完就挥了挥手，示意让铁木真回营准备。那牧马人见铁木真退出营帐，于是赶紧辞别，让也速该去招呼铁木真小主人去了。

铁木真回到帐中喝了一口水就跑了出去，站在诃额伦母亲身边高兴地炫耀着："今日父亲让吾独自去斡难河北放牧，母亲定要为儿子感到高兴啊！"诃额伦听到这个消息马上质疑："也速该父亲果真让你去的？那你在路上可要多加小心才是，不能忘记父亲的教诲。"

铁木真叫上牧马人，急切地问着："快快将三匹母马牵过来，我得出发了。今日的事紧，不要耽误了行程。"坐在黄骠马背上的铁木真有模有样地指着马棚。于是牧马人将三匹母马小心地牵了过来，然后恭敬地对铁木真说："因刚生小马，此三马性情驯良，你可以安心地放去，并无什么大困难。"铁木真接过三匹马儿得意地向斡难河北岸驰去。看着天上的太阳，铁木真估计到中午才能到达目的地，于是拿出皮袋中的牛肉大口大口地啃了起来。不知过了多长时间，铁木真淌过斡难河走进一块绿油油的草地，他兴奋地喊道："此真乃仙境也，竟有如此丰美草地。"于是铁木真就驻足在此，让几匹母马安定地啃食起来。大约又过了半晌的时间，铁木真发现几匹母马已经吃饱喝足，正在水涧中游戏。铁木真扬鞭而起，赶着三匹母马朝来路返回。

太阳向西山落下的时候，铁木真突然看到一只野狼向他奔来。而此时的三匹母马都吃惊地跑起来，铁木真见此状，于是纵马当前，弯弓搭

雕弓天狼——成吉思汗传

箭向野狼射去。因为野狼正在三匹马后追赶，铁木真没有射中要害。那野狼感觉疼痛，却更加撒欢起来，正要撞在铁木真的黄骠马上。就在此时，铁木真拔出第二支箭，狠狠地射向野狼的咽喉上，那野狼顿时毙命。铁木真看着三匹母马正在狂奔，于是他绕着缰绳，矫健地将其中一匹马的脖子束住。那匹健壮的母马停止了奔跑，铁木真急忙上前，又将另两匹制伏，他带上三匹母马重新向自己的营地前进。走在路上的铁木真回想起刚刚过去的一幕，确实震惊了一把。他在心中思索：这只野狼吓了我一大跳，希望此类坏事不要再发生了，自己的小命差点都不能保全。

日头已经落入西山，而此时铁木真还没有归来，也速该父亲站在帐前左右晃动着。诃额伦母亲也走了过来问道："首领，我们的孩儿铁木真还没有归来吗？天色已经暗了。"也速该焦虑地喊道："我命他日落西山之前归来，可能铁木真初次放牧，路径不熟。"就在众人都在焦虑的时候，合撒儿从远处跑来高声地欢叫："父亲大人，我兄铁木真坐在马背上赶回来了，身后还有那三匹母马，都矫健着呢！"顺着合撒儿的指向，也速该和诃额伦都看到远远的地方卷起一阵尘土，仔细一看，正是铁木真。诃额伦马上祈祷道："感谢天神让吾子平安归来，感谢天神让我放下心中的巨石。"也速该高兴极了，对着铁木真就呼叫道："吾儿今日为何如此怠慢，难道是遇到什么意外了吗？"

铁木真来到父亲面前，将三匹吃饱喝足的母马交给牧马人，惭愧地对父亲讲述了他在路上所遇到的险境。也速该急忙安慰诃额伦母亲道："你看，吾子竟有如此之勇气，将来定可担当重任。"诃额伦却气恼地喝道："虽然如此锻炼吾子，但我觉得你的想法也太大意了，今后当商量行事。"也速该看了看那几匹母马，发现个个都喂养得饱满，于是他对身边众人说道："今日铁木真之英武值得我们赞赏吗？"身边众人各个高举大拇指，称赞铁木真是个有勇有谋的超群少年，此时的铁木真站在人群中像盛开的花朵一样绽放着笑脸。当他看到自己的母亲靠在一旁默默地伤神之时，铁木真慷慨地对众人说："我铁木真在险境中第一想到的便是我的好母亲，因为我好像看到母亲温情的双手攥住了我的心一样，如此我才有了强大勇气和意志战胜了困难。"说完，众人便纷纷向诃额伦夫人安慰着："您的好儿子已经长大成人。诃额伦夫人大可放心儿子的举动，有你这样贤惠的母亲，相信铁木真一定是一个标准的蒙古部继承人。"

此时诃额伦为了让也速该和铁木真的脸面光彩，于是就笑了起来。

成吉思汗

【第一篇】身世篇

铁木真看到这样，对父亲说："今晚我要与母亲同榻，还请父亲应允？"也速该不觉大喝道："好的，今日让你与母亲好好谈谈。"说完，也速该就遣散众人回帐进食去了。铁木真回到营帐，正沉浸在喜悦的海洋之中，诃额伦母亲进入帐来，轻轻地招呼道："铁木真，到母亲身边来，母亲要好好看看我的儿，我有美味要犒劳我儿。"铁木真看到母亲深情的模样，于是二话不说就转过帐篷来到母亲身边。坐在食桌前的铁木真向母亲敬酒道："母亲，孩儿已经不小，以后还有许多事情要做，有不知事理之处，就请母亲不要怪罪儿子，当潜心教育儿子为是。"说完，铁木真一饮而尽杯中的酒水。

夜幕如泼墨降临草原，诃额伦母亲要求铁木真上榻，因为她想好好看看儿子的身躯是否有什么大的损伤没有。铁木真站在卧榻上激动地对母亲说："我的娘亲，我浑身自在，并无伤害。今日我遇险境也未曾丝毫畏惧，怎怕体肤之痛？"诃额伦母亲仔细地打量了一番，微笑着："吾儿果有勇力，不曾被什么伤着。"说完诃额伦母亲也上了卧榻，但就在他们母子将歇之时，外面传来一个男人的咳嗽声，于是诃额伦警惕地喝道："外面何人？此时在我帐前走动。"于是外面的身影马上闪了一下，并慰藉道："夫人，是我。今日好兴致，想与你母子好好聊叙一番。"诃额伦听到是也速该的声音，于是便打开帐门让他进来。就这样，也速该、诃额伦和铁木真一家人就聚在了一起。也速该站在卧榻旁看到铁木真正在用手指计算着他何年能成为一个勇猛的巴特儿，问道："吾良妻诃额伦能让我有今日之多子多福之快乐，是天意啊！而能让我对日后事情安然无忧的，便是铁木真了。"

诃额伦让也速该上卧榻共枕而眠，也速该果然是好兴致，欣然地坐在铁木真的右边。他长长地叹息一声对他说："今日你才九岁，便让我能看到你强悍的一面，真是吾家族之幸事啊！"

"我的儿啊！父亲现在在想，如果有朝一日父亲我被什么白的呛着了，黑的噎着了，吾儿能担当领导蒙古乞颜氏的重任吗？"铁木真又顽皮地笑着："我的好父亲，我的力量在草原上会达到顶点的，所以我一定会尽力而为，请父母放心。"铁木真的心情似乎显得有些激动，因为他害怕父母不信任他。也速该抚摩着铁木真的头发镇定地做了一个手势，诃额伦母亲马上接上："你看，父亲在你胸前画圆，是说吾儿是个完美之人呢！"而此时铁木真并没有理解这个含义，他突然坐了起来，指着母亲床头的佩刀高声地喊道："我愿意像腰上的佩刀一样守望着故乡，雪我族耻。"

也速该站起身来，大声道："吾儿铁木真果是一个小汉子，我明日就让你随在各组长之中，不必每天守候在你母亲和仆人们身边，因为父亲知道，吾儿铁木真已经长大成人了。"

说完，也速该抖了抖精神，轻轻地在诃额论耳边道："我的妻子，我得归帐了，你们母子好生休息，明日你好要照料这些野性的孩子。"说完，也速该就出了诃额伦夫人的营帐。诃额伦安抚着铁木真的笑脸安静地睡了。不一会儿，铁木真也进入了梦乡。

磨难篇

在"爱"与"恨"交织起来的草原大地上，
曾经有过血泪，有过欢笑，
有过繁荣，有过落寞。
当铁木真经受着磨难的时候，
他的整个人生和悲亢性格
也像雏鹰的羽毛一样渐渐丰满。
呼唤着英雄的草原人民
像呼唤天神一样呼唤着铁木真的到来。
晴空的霹雳，碧绿的草地，
像生命的摇篮一样
抚育着苦难中的铁木真。

青春豆蔻　情窦初开

　　当草原人们传颂着也速该的事迹的时候，他的儿子铁木真却在暗自憧憬着自己的人生。铁木真时时在心中思量：作为草原英雄也速该的儿子，我要让父亲以儿子为荣，以自己的家族后继有人而骄傲。铁木真的生活因为有了巨大的目标而变得丰富多彩、心神通达。铁木真每次与兄弟们在草地上玩石子的时候，每次与族人在一起比射箭的时候，他都能表现出惊人的勇气和力量。也速该从众人口中也得知：铁木真小儿不比也速该首领的勇力差，他的智慧也在众人之上。唯铁木真能担当大事，成就大业。也速该常常站在翠绿的草原上看着自己的长子铁木真像个头领一样带着众孩童在原野上纵横驰骋。

　　就在全族人都在为也速该的战功而津津乐道之时，也速该对着自己的夫人诃额伦喊道："我的夫人，我们的儿子铁木真已经长大成人。我们是不是应该帮我们的儿子考虑一下未来呢？"诃额伦夫人坐在帐中，深深地叹息道："孩子小的时候我们不必太烦心，今日孩子竟是个情窦初开的少年，我们应该像草原上的其他父母一样为我们的孩子讨门亲事了。"

　　大约在中午时分，诃额伦叫来也速该悄悄地说道："夫君你看，吾儿铁木真又在玩娶亲的游戏了，如果有朝一日我们真的能看到铁木真娶妻得福，那作为父母的我们也就心安了。"也速该马上心中一震，问到随身的侍从："你们觉得铁木真是个男子汉了吗？"几个侍从进步上前恭敬地说道："如拿众兄弟与铁木真相比，铁木真是出类拔萃的超人；与草原上的英雄少年相比，他也不愧为一个真男子也！"于是也速该转过围帐，牵上诃额伦夫人的双手安慰地说道："合撒儿此子勇力尚佳，但缺乏治事之智；合赤温额勒赤却有些智慧，但胆小怕事，不能重用；四子帖木格斡赤斤却是个碌碌无为之辈。今日长子铁木真能智勇兼备，汲取祖先之优良秉性，我深感快慰。而今日铁木真已足足九岁，正是个吉庆祥瑞之年，我也打算为吾儿招一门亲事。"也速该一边说话一边同诃额伦夫人坐在寝帐中。就在此时，帐外传来一阵欢闹之声，于是诃额伦就站起身来朝外窥探了一番。她归来对也速该首领说道："原来是远方一个部落娶亲过来，众人正在围观呢！"诃额伦又回到也速该的身边，此时也速该感到非常敏感，于是便问道："夫人可知新娘是哪里来的？"诃额伦看了一眼也速该，平静地答道："不是别处，正是我家族弘吉剌部的女子。"

也速该听到这里马上心神一动，问道："夫人，我们今日怎么变得如此呆板？我们要想给铁木真寻亲事，我看首先就应该到弘吉剌部去物色，你看如何？"诃额伦听到这里马上激动起来，连声说道："好！甚善！我弘吉剌部一定会有绝色女子来配我儿铁木真的。"但她话锋一转，忧虑起来，"只是我们两地距离甚远，得劳顿也速该夫君你了。只有你亲自去才能说好这门亲事，你说呢？"也速该轻轻地捋了捋胡须，悠然地笑道："艰苦倒是无所谓，只是要我儿能真正地成家立业才好。再者，弘吉剌部是与我们世代通婚的亲近部落，相信我去会为吾儿觅得一门亲事的。"也速该抬头仰视大帐顶端，灵机一动，急切地对诃额伦夫人说道，"我有数年未曾见过我父斡勒忽纳了，我就着看望他，顺便去找个亲家，你看如何？"

诃额伦听到此处顿觉美妙，于是就对也速该说："这样甚好，我们选定一个好日辰，来为铁木真定亲。"于是诃额伦与也速该就商量起来。

就在此时，合撒儿突然闯进来大声向母亲禀报："外面来了一群投靠的族人，请父母快快前去安顿。"也速该站起身来，就和诃额伦一起到帐外处理家族事务去了。

帐门外一个非常显眼的高大身影走上前来："我亲爱的蒙古部首领，我就是从桑沽儿小河来的，因为在最近一次与塔塔儿人的作战中迷失了方向，所以今天才回到首领身边。但幸亏有弘吉剌部的斡勒忽纳老人指引，否则这几十人将路死在草原之中了。"而这些流亡者所说的斡勒忽纳老人就是也速该的丈人。正是如此，也速该在心中对丈人产生了无限的感激之情。

也速该将这群流亡者安顿好之后，让诃额伦夫人给了他们一人一件新衣物，于是那几十个流亡者就回到自己的部族之中安歇去了。当天晚上，也速该坐在诃额伦夫人的帐中又说起铁木真的事情来。诃额伦对也速该说道："我等今年便去弘吉剌部，我儿铁木真已经九岁，九是大吉

【第二篇】磨难篇

大利之兆也。"也速该马上也接过话头来："近日族中事繁，待到天高气爽的秋日我再出行吧！金秋打籽之时，便是吾儿正娶之际也。"豁阿黑臣站在一旁也忍不住地高兴道："如此极好！这样一来我们蒙古人既有了新的贵夫人，又有了与弘吉剌部再结良缘的好机会。天神为蒙古人带来幸福了，天神的双眼正看着我们大蒙古的兴盛呢！"说完就用双手在胸前轻轻地比画，虔诚地祈祷着。诃额伦夫人看了看外面的天空，发现西落的太阳正照耀在一片寂静的草地上，于是她激动地对也速该首领喊道："我的夫君，我们是不是让自己的孩子们都知道这件事呢？如此美好的大事应该让孩子们也高兴高兴。"诃额伦抬着头仰望着也速该沉思的双眼。

也速该马上从沉思中清醒过来，轻轻地坐在桌前抚摩着诃额伦夫人的双手亲昵地说道："这个当然要让咱们的家人知道，特别是铁木真本人，因为这是喜庆的事，是必须张扬的事。等到我们晚上用食之时再向众人宣布这个即将发生的好消息吧！"也速该首领说完就站立起来，并对侍从说到："你们听着，今日日落之后必须将铁木真等几兄弟叫到帐中一起用食，多备些可口鲜美的食物来让家人高兴高兴。"也速该一边挥动双手，一边打发身边的侍从。于是四个侍女就急匆匆地走出了大帐各自忙碌去了。天色刚刚暗下来，太阳刚落入西边的云彩之中，几个侍女便将鲜美的烤羊肉和牛肉干搬到诃额伦夫人帐中，然后一个个地跑出营外去呼喊那几个小英雄了。

首先跑进帐篷的是别客帖儿，他大声地对也速该父亲喊道："父亲大人，铁木真是个男子汉了，今日他吵着要与远方的客人成亲呢，但那些行人给了他一个狠狠的眼神就远去了。"说完，别客帖儿哈哈大笑起来。但眨眼间，其余的几个孩子也跑了进来，大声地喊叫着，说着与别客帖儿一样的话。于是也速该严厉地喝道："吾儿怎么如此欢笑，就不怕失了礼仪吗？这怎能让父母高兴呢？"几个孩子顿时停止了欢叫，一个个都像霜打了的秋草一样摇摇摆摆。

此时诃额伦从外面进来淡淡地问道："吾儿铁木真在何处？怎单撇下他一个呢？"还没有等诃额伦母亲的声音落下，外面的侍女就跑了过来喊道："夫人，铁木真主人还在草地上狂叫呢！他喊着他要娶一个美丽的女子呢！"说完，都情不自禁地闪到一边偷偷地笑起来。也速该听到这样的话，马上严肃起来，忍不住喝道："吾儿怎生得如此诡劣之心?!"说完就站到大帐门前看着铁木真的身影，也速该厉声喝道："铁木真，你想像恶狼一样寻找妻子吗？快快归来，父亲我给你说个让你心安的事来。"铁木真听到这里,气喘吁吁地向也速该父亲的方向跑来。

当帐中座无虚席的时候,也速该父亲一人发给他们一个杯子,然后倒满马奶酒,郑重地对众子说道:"今日让你们都过来聚食,是因为有个大事要让你们知道。如果你们能感到高兴,那就让天神保佑我们家族以后兴旺发达。"说完就将马奶酒一饮而尽,诃额伦母亲和众子们都同饮。也速该看到铁木真坐在正座上郁郁不乐,于是问道:"吾儿铁木真平日多能饮食,今日却怎这般消极?难道父亲对你不好?"铁木真见状,马上举起酒杯轻轻地对父亲说:"孩儿只是心中失落,今日父亲说有喜事,那我真想知喜从何来呢?"也速该看着铁木真恭敬的神色,于是高兴起来,喃喃地对诃额伦说:"我的夫人,今日之喜事应当让你来宣布,你是孩子们心中最圣洁、最亲近的人,你说吧!"也速该一边咀嚼着口中的美味一边给诃额伦一个手势。

诃额伦看到孩子们急切的神情和也速该安详的举止,于是清了清嗓子,郑重地对众人说道:"众子们认真听着,铁木真生为长子,处处能为母亲分忧,能教育众兄弟,此乃众所目睹。今日铁木真也已九岁,身心也都能担当些许事情,所以也速该父亲和我都想给吾儿铁木真寻个亲事。在金秋时节,你父亲也速该将带上铁木真去拜见你们的外公斡勒忽纳老人,到时顺便让铁木真去寻一个明媒正娶的妻子来。"当诃额伦母亲话音落定之后,众子们马上拍着铁木真的肩膀高声呼叫:"我兄他日能娶个花样女子也好,这样就免得再玩娶亲游戏。他日我等也有个榜样。"说完,他们就在帐篷里大声叫唤起来。

诃额伦母亲马上招呼侍女多点上几根火把。在闪烁的火光下,合撒儿高兴地跳起蒙古舞来,坐在食桌前的合赤温和帖木格也站起来加入其中。也速该看着这样的情形,站在帐中央欣然地拍起手来。铁木真难忍心中的愉悦,于是手执火把也蹦跳起来。诃额伦母亲轻轻地放下手中的帖木伦,大笑起来:"我的孩子们,今日如此快乐,他日铁木真娶亲之日定是让草原人最激动的事情。"她重重地在铁木真的肩膀上拍了一下,于是铁木真拜倒在父亲面前说道:"孩儿有如此人生是天神的降恩,也是铁木真万世修来的福分。他日定要为父亲还有蒙古人勤恳做事才是。"铁木真难以掩饰心中的快乐,抱着母亲诃额伦的腰肩翩翩起舞。

也速该父亲看到这样,对诃额伦夫人说:"你就随了我们的好儿子吧!今日可以尽情了玩乐一番,不必拘束。"诃额伦夫人就带着孩子们自由自在地跳起来。

也速该父亲就着火把的光辉看了看帐外天色,转过身对众子道:

"今日难得如此好兴致，你们玩乐吧。我要回帐中议事去，不必在乎我的离去。"也速该对几个孩子不停地挥动着双手，并一步一步地走出了帐门。诃额伦母亲见丈夫已经离去，于是停了下来坐定："孩子们，今日天色不早。到金秋时节你父亲就要带上铁木真去斡勒忽纳外公那寻亲，铁木真要养好身子，让你外公好好看看这个好外孙。"铁木真听到这里，高兴而激动地喊道："弘吉剌的美丽姑娘一定会喜欢我的，我们蒙古族中有好多弘吉剌美妇呢！"

铁木真说完就坐上草榻，诃额伦母亲看到几个孩子都有昏昏欲睡之状，于是拿起火把提给侍女道："好了，众子们快快歇息去吧，明日还要牧马呢！"几个孩子就离开了大帐，各自归去休息了。

寻亲路上　英魂归天

九岁那年对于铁木真来说是很重要的，因为这年秋天他将要随同也速该父亲去弘吉剌部寻亲了。在很多时候，铁木真都感到快乐，因为很快秋天就要到了，而秋天总是让他感到快乐的季节。这个秋天也一样，一向以成亲来判断自己儿子是否长大的蒙古部人终于能看到一个少年的长大了，他就是铁木真。

在盛夏的最后一场狂风从草原上掠过之后，草原上的天色映在碧绿的河水里，像是海市蜃楼般让人神往。草原人兴致勃勃地谈论着一年的收获，畜群中也发出嗷嗷的嘶叫声，也速该首领看着蒙古部族中的百姓悠然自得的生活，心中不免高兴。如此几日之后，他回到帐中对自己的夫人说道："我的夫人，九月九日正是好时辰，此日我便带上铁木真到弘吉剌部去，这样更吉利、更顺天理。"于是诃额伦夫人带着几个侍从在帐中精心地准备起来。因为路途遥远，要走过呼伦贝尔大草原、翻越几座高山之后，才能到达弘吉剌部的驻地。所以诃额伦夫人在帐中不但要准备礼品，而且要解决一行人等的吃住问题。

大约过了三天，也速该查问诃额伦准备的情况，诃额伦回答说：

"我已经将见面礼放在一驾牛车里。至于路上的食物，我已经将烤干的羊肉和牛肉放在大皮包里，足够你们吃二十日了。现在一切都没有问题了，就等明日赶马上路了。"说完，诃额伦夫人就将所有的物件指给也速该查阅。也速该二话没说，连连点头称赞诃额伦夫人的细致用心。当天晚上，也速该也没有再说什么，只是在铁木真的帐中稍稍停歇了一下，对铁木真交代了一些见生人的礼仪，然后就都睡去了。

可能是铁木真过于激动，还没有等到天亮，他便站在青草地上舒展筋骨了。此时一个牧马童转了过来对他说："铁木真，也速该大人也在准备了，你去他帐中看看吧！"

铁木真进了父亲的大帐，他看到父亲穿上了诃额伦母亲刚刚为他们父子缝制的蒙古长袍，而自己却忘了穿。铁木真灵机一动对父亲说道："父亲，我的新装要到进入亲家的大门时再穿，那样多气派啊！"也速该听到铁木真的话也觉得有理，便没有怪罪于他。

也速该带着铁木真坐在车上，一行十几人，就着刚刚升起的太阳向远方奔驰而去。诃额伦母亲激动地望着他们远去的尘嚣，在草地上祈求长生天保佑他们父子平安归来。铁木真一路上看着好风景，向弘吉剌驻地奔来。大约走了三天三夜的样子，也速该等一行人发现一个帐篷在远处撩动，于是也速该打马上前问道："请问别驾这是什么地方？离弘吉剌部还有多少行程？"那帐篷里的老人低沉地回答："这是塔塔儿人的地界，旁边就是贝尔湖，现在这个地方就是肥美的贝尔草原，再走三日便出了塔塔儿地界，一直往西走，就是弘吉剌部的领地了。"

也速该得到这个消息后马上快马加鞭，因为他知道，在塔塔儿人的地界上不能逗留，因为他们两家是世仇，这是路人皆知的事情。于是又行了三日，也速该等人走进一块水泽之地。过了水泽，远处的山峦依稀可见，于是也速该对身旁的铁木真说道："吾儿你看，前面的山岭过了，便是弘吉剌部的领地，我们快快前行吧！"

大约到了中午时分，也速该等人啃完羊肉之后，远处的高山便阻挡在他们面前。也速该对脱朵延吉儿帖说："我们过了山，便能看到帐篷人家了。"说完就纵马前驱。就在也速该和儿子铁木真绕过扯客彻儿山，面临赤忽而古山的时候，突然山间中出现了一块平坦之地，也速该放眼望去，发现有数十顶帐篷摆弄在扯客彻儿山和赤忽而古山之间的平阔之地上。也速该惊喜地对众人喊道："我们已经达到弘吉剌部的驻地，让我们好好休息一下吧！"也速该纵马上前，大步地向帐篷人家走去。

此时远处站着一位老者，也速该感觉此人气宇轩昂，不同一般人，

于是恭敬地问道："老者，您如此矫健，实属难得。请问怎么称呼您呢？家族可好？"那老者轻轻一捋胡须，悠然地答道："我见你是个富贵之人，便告知于你，我乃弘吉剌部的德薛阐，今日出门见贵人，实在是难得啊！"他又仔细地看了看后座上的铁木真，高兴地道："好啊！好啊！寻亲的来了，我们弘吉剌部又要成全一件美事了。"也速该顿时感到德薛阐是个神人，顺口问道："德薛阐，你是个高人，能为我这个儿子寻觅一件亲事吗？他日定当酬谢。"就在德薛阐仰天而笑之间，后面走来一个健壮秀美的姑娘来，喊道："父亲大人，又在闲谈何事？快快归来用食了。"也速该看到这个姑娘马上向德薛阐打探。于是德薛阐自得地对也速该道："你是蒙古的首领，如果我能攀比也速该首领，那也是我家之大幸了。"

也速该做梦也没有想到的是刚到弘吉剌部边陲之地便说成了铁木真的亲事。铁木真等人马上下马坐到德薛阐的帐中。铁木真目不转睛地看着那个姑娘，然后又问父亲也速该："今日结识的小姐年岁几何？我们能一起生活、一起打猎吗？"德薛阐看着铁木真的面相甚是欢喜，就摸着他的脑袋对他说："吾女名叫孛尔帖，今年整整十岁。你们的年岁应该相仿，相貌也显得般配。"德薛阐将孛尔帖叫到身边轻轻地对她说："铁木真是大福大贵之人，今日我女儿有福气，将来一定会是一个尊者的。"说完，就与也速该畅饮起来。也速该决定明日天明正式向德薛阐家求婚，德薛阐也毫不避讳地说道："多求也不一定显得尊贵，少求也不显得浅薄。自古没有女儿守门终身的，今日如此恳求，我就决定让女儿嫁给铁木真。"于是一门亲事就这样约定下来了。

大概过了三天时间，也速该也要辞别德薛阐了。在临行之前，也速该轻轻地叮嘱德薛阐说："吾子生性顽劣，如不从管教，你就拿皮鞭招呼就是，不必在乎什么伤痛。"说完，就纵马直奔三河源头而去。

走在路上的也速该不停地对身边侍从说："此次大事如此顺当真是难得，回去之后我们蒙古族人一定都会庆幸的。感谢天神，感谢他保佑我们的灵魂。"说完，就纵马长驱向前，一口气就跑到了扯客彻儿山脚下的失剌客额列地界。此时也速该肚中一片闹腾，他感觉到饥饿难忍，但天色已经傍晚，于是他对侍从说道："我们先在附近找个安身之处，明日再赶路。"过了一会儿，几个侍从慌张地跑回到也速该身边喊道："首领，我们看到远处有一个生火的营地，可能是有行人出没，我们去借宿一晚吧！"也速该得到这样的汇报感到非常满意。于是顺着几个侍从指点的路径，也速该进入了这些人的营地，小心地问道："我是远来的客人，让我们一起来进餐吧！"也速该二话没说就坐下吃了起来。经过询问才知道，这些人是塔塔儿主因氏驻地，他们正在举行宴会。

因为此时的也速该饥渴难忍，加上草原人的那种特有的礼仪——在行路中的人无论什么身份都可以与正在举行宴会的人共食同饮，所以也速该就没有在意别人的敌意，再说在乱世中昨日的仇敌就是今日的朋友。带着这样的想法，也速该欣然地坐在宴会中间，大口大口地吃起来，而对那些坐在正座上的主人们却没有在意什么。这时一个坐在宴席最拐角的小侍从站起来，走到也速该面前诡异地对他敬了一杯酒，然后那侍从慌张地离去。也速该因为一路的风尘和劳顿，也没有在意他的举动。那小侍从马上回到他们的族长身边悄悄地告密："我的首领啊，你可知那来吃酒的人是谁？他便是九年前抓走铁木真兀格首领的也速该，在下亲眼见到他抓走了铁木真兀格首领。"说到这里，那首领马上心生气愤，于是决定在也速该的酒中下毒，将他毒死在主因氏的手上，为首领报仇。

他们精心准备了一杯下有剧毒的马奶酒，那个侍从又来给也速该敬酒，也速该正高兴，于是拿起毒酒便一饮而尽。当时在宴席上也速该吃下许多东西，腹中有点不舒服，但也没有感觉有什么不对。大约到天黑时分，也速该从宴席上退了下来，那些主因人对也速该说："远方的贵人，我们在赶路，所以要连夜奔驰，所以请您另寻宿处吧！"也速该等人就离开了他们的营地，准备天亮之前走出失刺客额列地面。他们马不停蹄，长足而进。不久，也速该顿时感觉腹中疼痛难忍，在马上不能动弹。也速该心中顿时明白过来塔塔儿人的阴险，坐在马上大声地呼叫："吾命将休也，请众人快马加鞭，让我归去与亲人会面，如此吾死方休也！"左右侍从马上哀怜起来，但却没有停止赶路。他们一边安慰也速该，一边快马加急地直奔三河源头。也速该在马背上足足痛苦了三天三夜，一行人等才赶回三河源头的蒙古部驻地。

诃额伦夫人在帐中坐立不安地守望着也速该首领的归来，就在她凝眸远视之时，突然远方出现一彪熟悉的人马，诃额伦夫人一眼便认定是也速该首领归来了。但她心中又疑虑："行人如此仓促，难道有什么劫难吗？"诃额伦夫人不安地迎上前去，却发现也速该生命垂危地伏在马背上口吐白沫。护卫在他左右的侍从马上向诃额伦夫人详细说明了情况，然后将也速该扶入帐中。诃额伦安抚着道："也速该夫君，你这是怎么了？他日我儿要你来主持婚礼呢，你不要离去啊！"半晌的工夫，也速该才缓过神来轻轻地安慰诃额伦："我命将去，快快将吾儿叫来，

【第二篇】磨难篇

我有遗愿相托。"身边的一个侍童马上跑了出去。也速该又说："将晃豁坛氏的蒙力克叫来，我有要事相交。"于是诃额伦身边的另一个侍从去请蒙力克去了。

片刻的时间，也速该的儿子们和蒙力克都聚在也速该的身旁。也速该奄奄一息地对众子说道："吾子们听着，今后你们要对诃额伦母亲言听计从，不可有半点差池，你们勿要以为你们年幼就无所顾及。我去了之后，你们就不得任意妄为。"说完，轻轻地点了点头，然后他又让蒙力克听话，"蒙力克先生，吾子尚幼，以铁木真为长，希望你能去弘吉刺部将我子带来，如此我们心中便安定了。"诃额伦转到也速该面前，也速该喃喃地对她说："你要善养我众子们，让铁木真成人，让众子成人。如此铁木真就可以带着众兄弟为吾报仇，荡平塔塔儿。"

蒙力克遵照也速该的旨意，将铁木真接了回来。看到一片狼藉的铁木真听完父亲交代的遗嘱后，大声地呼叫着："天神在上，我要立誓为父亲报仇！"从此铁木真心中便播下了仇恨的种子。也速该仰天长啸一声，命绝于首领大帐之中。

树倒猢狲散　众叛亲离

深秋的大草原，天空中笼罩着厚厚的乌云。就在也速该的葬礼刚刚结束之时，蒙古族内部就产生了一些不和谐的音符。泰赤乌部中的一些狂傲者就叫唤着："今日也速该首领仙逝，我们应当在众部族中挑选一位蒙古首领来。泰赤乌部作为最强大的部族之一，有能力领导起蒙古各族来。"而在诃额伦夫人听来，这样的话是那样刺耳、那样背离情理。诃额伦在也速该首领葬礼上惊呼着："今日也速该首领随天神而去，他日定会在天仙之地保佑我大蒙古族。让我们的百姓和属民都为蒙古乞颜氏祈祷吧！我们会有一位让众人满意的新首领的，众亲族只要同心协力，一定会让蒙古部更加强大。"诃额伦带着悲愤的心情将自己的意思表达给众人，要众人不要像先祖那样勾心斗角、争权夺利。但她的声音却没有刺中那些有可怕用心的阴谋家们，在整个蒙古族中，正在酝酿着一场更尖锐、更残酷的权力斗争。而阴谋者的共同敌人便是诃额伦母子。

时间就这样一点一点地在蒙古人的面庞上滑过，部族之间的权力斗争也越来越明显。就在也速该去世的四个月后，草原上黄冬草渐渐消失，草地一片碧绿，天空也飘扬着花儿的芬芳。但蒙古部中却没有一个人轻松下来，因为每个人都在窥伺首领的权力，诃额伦母子们整天生活在悲伤和忧郁之中。诃额伦母亲因为要安养众子，所以终日不得安歇，加上各部族长的冷眼相待，她越来越感觉无力支撑局面。就在她百感焦急、身心疲惫的时候，一个幼小的侍童从泰赤乌部的营地中奔跑过来，站在诃额伦母亲的帐中大声地禀报道："诃额伦夫人，明日部族之中将要举行祭祖大礼，请诃额伦夫人早早准备。主持祭祀的是俺巴孩汗的二夫人斡尔伯和沙合台。"诃额伦得到消息之后，马上赏给那个小童一个糖块，于是那个小童马上就转身跑回去了。就在此时，诃额伦急呼："孩儿，还是在斡难河畔的平阔之地举行祭祀吗？"而她的声音显得非常虚弱，那个小童又跑得飞快，诃额伦的话根本就得不到回音。

晚上，诃额伦坐在帐中正在缝补衣物之间，突然外面转过一个身影。诃额伦大声喝问是何人，于是那个高大的男人马上现身站到帐中道："我的诃额伦夫人，明日祭祀祖先，你等可有时间前去参加？也速该首领刚刚逝去，如果不便你就不必参加了。"诃额伦看着那个人，原来是蒙力克，于是她心中安定下来说道："我会去的，请众人不要忘记我们的存在啊！"说完，就请蒙力克出了营帐。坐在营帐中的合撒儿小心地站在母亲的背后说道："母亲，近日泰赤乌氏对我们指指点点、说三道四，我们心中甚是愤懑。明日母亲可以不去，免得又生出什么让我们吃亏的事端来。"诃额伦听了合撒儿的话之后并没有说什么，但她在心中盘算："泰赤乌如今正想抬头，为非作歹。明日我定要好好观看动向。"

就在这个夜里，诃额伦在卧榻上心神不宁，脑中不断地想到从前的事情，大约过了大半夜的时间，她烦躁不安，坐了起来。就在天色轮转到牲口嗷叫的时候，她却坐在卧榻上安然地睡着了。于是外面喧闹的呐喊和忙碌走动之声她也并未听到，儿子们轻轻地走到母亲身边轻轻地在她耳边说道："母亲，今日是祭祀祖先的日子，您不是说要去参加吗？"此时诃额伦突然从睡梦中惊醒过来，睁开双眼发现帖木格正在用力地在自己头上抚摩着，于是她大声地喊道："吾儿此时怎么在我帐中？难道

豁阿黑臣没有照顾你们吗?"诃额伦夫人淡淡地清了清喉咙,突然想到祭祀的事情,于是迫不及待地穿戴好衣物,牵着几个孩子就往祭祀场地奔去。

当诃额伦带着铁木真等子走到营寨不远处时,一个忙碌的侍从对诃额伦说,这次祭祀不在这儿,转向斡难河的西头去了。得到消息之后,诃额伦等人就掉转方向向西面奔去。远远就看到祭坛上站立的人群之中有俺巴孩汗的二夫人手执圣樽,正在向祖先进行最后的敬礼。诃额伦母子飞奔而至,跪在地上与众人一起行礼。但此时塔儿忽台等人却故意站在当中,占据了诃额伦母子应有的位置。但诃额伦也没有愤怒,因为她自知迟到便不想与之争执。

很快,祭祀结束了。诃额伦母子安心地坐在祭台前等待着分享祭品,但她们坐在草地上等了若干时辰却没有得到一点儿祭品。在蒙古人心中,祭祀中的祭品是要族人共享的,而得不到祭品就被认为不是蒙古族人。而诃额伦母子没有得到祭品,很明显是一种极大的耻辱,或是被族人赶出了蒙古部族之外。于是诃额伦夫人站上前来,据理力争:"两位大夫人好生无理啊!我们身为蒙古贵族,怎么能不分给我们也速该家人一份应有的祭品呢?也速该首领刚刚离去,我想他在天神那里也会怪罪你们的!"诃额伦声色俱厉,充满愤怒。于是斡尔伯大夫人涨红了脸,口水四溅地呵斥道:"你们想分享祭品,那为何姗姗来迟?难道你们天生就是吃现成的吗?遇到吃的你们就吃,遇到喝的你们就喝,天下是没有这等美事的。你要吃祭品,就回去自己做去吧!"说完就要四散归去。诃额伦听到此处,心中更加恼火,于是责问道:"你们不给我祭品,就是不承认我是蒙古人,你们有什么权利将我排除在外?"那个愤怒的二夫人沙合台更凶狠地说道:"你说我们排除你?那好吧,我们就迁到别处去,既然你污蔑我们排除你,我们不如就如你所愿。我们换个营盘,各奔前程吧,免得在一起吵吵闹闹。"

就在诃额伦与两位夫人大吵之时,泰赤乌的首领塔儿忽台纵马上前,厉声喝道:"蒙古的首领本来就是泰赤乌氏的,俺巴孩汗死去他们才敢为所欲为。今日既然要分道扬镳,那我塔儿忽台第一个赞成。"塔儿忽台又高声喝道,"泰赤乌部的兄弟和属民,我们迁徙吧!"喊毕,众多蒙古部人都随了塔儿忽台,其中有也速该的近侍泰赤乌人脱朵延吉儿帖,甚至许多乞颜氏的贵族和百姓。

第二天早晨,塔儿忽台率领着大部分蒙古人信誓旦旦地吆喝着,举起铁刀,要向斡难河下游迁徙。眼看着也速该成就的事业即将毁于一

旦，但晃豁坛氏的察剌合、蒙力克父子还与诃额伦母子一条心。察剌合老人不满塔儿忽台的叛逆行为，于是揪住脱朵延吉儿帖的战马的缰绳，拼命地劝阻他，让他以大义为重，不要做背离祖先的事。背信弃义的脱朵延吉儿帖却说道："今日深水已经干涸，坚石已经破碎。我们没有了保护伞，这样的生活是无知的，还不如早早散去，各自为政的好。"说完就要纵马飞奔，但老察剌合死死地揪住缰绳不放。脱朵延吉儿帖见别人都已经远去，心中马上躁动起来，于是顺手提起长矛，用力地在察剌合老人脊背上刺了一矛。察剌合应声倒地，鲜血如注。脱朵延吉儿帖看到缰绳已经放下，大声喝道："你愿意随着铁木真母子便去，还想阻止我不成？"说完就飞奔而去，追赶大部队去了。

躺在地上的察剌合老人一边哭泣一边叫嚷着："有朝一日铁木真诸子定会让乞颜氏重得光明的，那时一定要将你们这些负心的狼全部打败。"他的喊声传到了整个乞颜部的草地上。蒙力克将他送回帐中。此时不知发生何事的铁木真转了进来，失声痛哭起来："我的好公公，今日是什么人将你伤成这样？"于是察剌合向铁木真详细地说明了情况，声嘶力竭的铁木真揩着双眼跑到诃额伦母亲那里向她诉说着。

诃额伦夫人站在斡难河畔的营地里，发现空无一人，仅剩下来的人马也都站在寨门前观望着。诃额伦夫人执鞭上马，厉声喝道："乞颜氏的族人们，还不快快归去安歇，待我去让所有人马都回来，那时我们再一起享受荣华富贵。"诃额伦因为心中愤怒，再加上自也速该去世之后的悲伤，所以她的动作变得有些缓慢。坐在战马上的她挥舞着麾旗，于是所有的部众都跟随上去，诃额伦又大声叫道："我族人听着，今日不追回叛逆者，我们决不归来。希望也速该首领在天神那里发威，将叛逆者的心儿都掳掠过来；让叛逆的头子都在死神面前忏悔。乞颜氏是太阳的儿子，是天神的后代。我们出发吧！"说完，大队人马便气势汹汹地向远方奔去。

诃额伦难以掩饰自己心中的痛苦，于是对苍天大声地呼喊着："希望天神能感知，今日之恨我世代铭记，让我儿铁木真快快长大吧！今日我们必定要争个胜利归来！"就在她怨天哀地之时，突然两个侍从纵身而来禀报前方不远处便是塔儿忽台率领的叛逆者。于是诃额伦一马当先，手执首领麾标大大方方地站在众人面前喝道："汝等不辞而别，究竟是为了何事？难道你们能对得起刚刚逝去的也速该大人吗？对得起养育你们的斡难河水吗？"

所有的蒙古人此时都看到了诃额伦夫人手中的麾标，并听到了她刺

到他们心坎里的说辞。一位乞颜贵族心生惭愧，于是高声嚷道："今日诃额伦夫人请我们回去，那我们就不必到远方放牧了，反正我们都是蒙古人，都是一家人。"于是叛逆者中的绝大部分都拜倒在诃额伦夫人的麾下，随着诃额伦一起向三河源头赶去。诃额伦轻轻地对铁木真说道："吾儿你看，今日能胜利归来全是天神的旨意。但我们要保全势力，就必须要自己争气了。"铁木真听到母亲的话中有些兴奋，但因为他年岁尚小，所以他们根本无法与强大的泰赤乌氏相抗衡。铁木真仰望着天空，然后激愤地对诃额伦母亲喊道："母亲，我等今日虽然困难，但迟早我会重振我蒙古乞颜氏的辉煌。"母亲听到这里，心中似乎宽慰了许多，长长地慨叹道："吾子有心，他日定成大事。"说完，他们就重新在三河源头扎下营寨，重新领导着蒙古部中的大部分属民。

但好景不长，因为乞颜氏内部缺少强有力的领导者和首领。在十几日的团结之后，泰赤乌氏依靠强大的实力，不断地向乞颜氏挑唆，并将几个乞颜氏的族长重新笼络到他身边。于是再一次全族性的叛逆开始了，在很短的时间里，从前叛逆到泰赤乌部的族人们又纷纷转向塔儿忽台。后来塔儿忽台得意地在诃额伦夫人和铁木真面前叫嚣着："蒙古只有一个头领，那便是泰赤乌氏。昔日的乞颜氏已经如深水般干涸，如坚石般破碎。真正的主人泰赤乌氏又重新强大了。"

就在所有的族人都叛离而去之后，诃额伦夫人将众子们叫到身边，坚定地对他们喊道："今日族人都离我们而去，我们的生活已无着落，长子当接任起养家的职责，铁木真以后就是你们的头领。长兄如父，你们要对他言听计从，母亲便是他强大的后盾。"从此，铁木真一家开始了苦难的流浪生活。

身似浮萍 举家流浪

春天的大草原总是能给牧人带来无限的希望，但对于现在的铁木真母子来说，却是大难临头、身无着落的时候。大约在半年前，诃额伦还是一位端庄威严的首领夫人，而今，部落的分离和家族的背叛使得铁木真母子从高高在上的地位跌落到无比黑暗的苦难之渊。一片荒凉的青草地上，再也看不到铁木真兄弟嬉戏的身影。终日不得安心的铁木真母子们一直坐在大帐里，看着营地的一日日破败。再也不能找到从前的威望的诃额伦夫人抱着儿子们的头轻轻地哼唱着蒙古歌谣，看着自己的孩子们一个个地睡去，然后抱起褥褓中的帖木伦，解开上衣让她悠然地吃起奶来。就在此时，帐外的强风突然席卷而来，诃额伦感到一阵惊颤。放下手中的孩子，她悄悄地走出大帐，看着天空中飞舞的杂草，心中思量道："我们的营盘也应该换一换了，此处不再是什么幸福之地，当看看别处，找找运气。"

此时豁阿黑臣忧郁地站在诃额伦的背后，轻轻地拍打着她的肩膀说道："夫人，二夫人已经安歇，您回帐吧，我来服侍你就寝。"说完就挽着诃额伦的手一步一步地向帐房走去。诃额伦回到帐中看着豁阿黑臣的脸坚强地说道："我们家中现在仅有你一个侍从，你不会觉得委屈吧？"豁阿黑臣马上暗伤起来："我的主人啊，就是有受不完的苦，我也会忠贞于自己的主人的，更不要说委屈了。今日的苦难就是他日的幸福，相信铁木真小主人一定会重振蒙古乞颜家族。"听到这里，诃额伦马上伤怀起来，擦了擦眼泪看着卧榻上的孩子们说："今日我们家中就十人，但我们要像一个人一样团结，明日我们换个营盘，向斡难河下游寻找肥美之地，这样才好度日。"豁阿黑臣也连声称是。就这样，诃额伦让豁阿黑臣早早去睡，明日准备迁徙。而诃额伦却没有马上就寝，她坐在卧榻上翻看着也速该首领从前遗留给她的财物，她在心中苦思："如此贵重之金玉，我要之还有何用？若能遇上贪婪者，可以换些食物来。"诃额伦的眼睛里充满了对现实的仇恨，而且她暗暗发誓要让长子铁木真担当光复家族的重任。

晚春的大草原上，火一样的风儿就像带着离愁的风信子，不断地向人们诉说着草原上悲伤的故事。就在狂风卷动帐篷的帆布的时候，诃额伦从卧榻上站了起来。豁阿黑臣马上走了进来禀报道："诃额伦夫人，我们的最后一块羊肉吃完了，最后一滴马奶也让铁木真小主人他们喝掉了，以后的生活不知如何才能维持下去了。"诃额伦马上拿出皮箱中的金玉交给豁阿黑臣，说："等我们安顿下来之后，你拿这些东西去附近的有财之人换些食物来，可不能饿到我娇贵的孩子们。"正在交代之间，二夫人也走了过来，轻声地道："诃额伦姐姐说得极是，也将我身上这点财物拿去换食物吧！"于是二夫人速赤吉勒也将头上的、手上的还有脚上的金玉之器都交给了豁阿黑臣。豁阿黑臣泪花闪闪地接过来，什么也没有说就转身忙碌去了。诃额伦看到豁阿黑臣已经将一包一包的财物都放在九匹银合马的马背上，等待着两位夫人和众子前行了。

二夫人速赤吉勒看了看天空的太阳，高声叫道："孩子们，让我们出发吧！带着希望而走，一定会衣食无忧、大福大贵一生的！"喊完，一行人等就顺着斡难河流水的方向缓慢地前行。太阳快要西下时分，合撒儿纵马到母亲诃额伦身边道："母亲，我饥饿得紧，能找点食物吗？"诃额伦看着茫茫的大草原，坚决地说："等我们安顿下来，母亲让你们好好地享受一番，只是现在要忍耐才是。"说完就转眼看着铁木真，让铁木真训导合撒儿。铁木真心领神会，马上就牵住合撒儿的坐骑飞奔起来。合撒儿吃惊，问是何故，于是铁木真大声喊道："跑起来就不觉得饿了，我们来比试一场马术吧！"合撒儿当时还年幼，刚刚学会骑马，高兴起来："如此甚好，我今日必定要胜你，必定要忘了饥渴。"两人坐在坐骑上像是草原上刮起了飓风一般，片刻就消失在行人的视线中，但很快又从茫茫的地平线上出现。

天色将黑，诃额伦母亲令豁阿黑臣停止行路，在一个小山冈上安歇下来。就在此时，诃额伦听到一片驼铃之声，于是让二夫人速赤吉勒去问个虚实。二夫人神采飞扬地转过来对诃额伦说："是西方到中原做生意的，路经此冈，还要前行。"于是诃额伦将所有的金玉之器拿到西方商人那里，换得了不少牛肉和米面。这些商人当下就解决了铁木真一家的燃眉之急。等到诃额伦等人安歇的时候，深夜就这样悄无声息地笼罩在诃额伦一家人身上。因为舟车劳顿，铁木真和几个兄弟很快就在草地上熟睡了。诃额伦和二夫人速赤吉勒坐在地上忧愁地说："今日换来的食物让众子吃得差不多了，我们明日又该怎么办呢？"她们一边说一边指着放在地上的残羹冷炙，心中无限地感慨着。

天色微亮，坐在帐中的诃额伦两夫人悲伤地说道："孩子们的食量太大，我们的食物又跟不上，今日众人在前方赶路，我去山冈掘些地榆、狗舌什么的来为大家解饥渴。"只见诃额伦手中拿起一块灰布扎在腰间，将从前贵气华丽的衣物装进箱子里，一身短打扮，纵身上马，奔驰而去。二可敦速赤吉勒看到这样，便对跑过来的孩子们说明了情况。铁木真马上叫嚷道："今日我母亲怎得如此委屈自己，这些事应该是身为长子的我来做才对，我母亲真是有男子之气魄也。"

铁木真等一行缓缓地前进着，他们一边等待诃额伦，一边在路上寻

觅着有什么好的猎物可以围杀。晌午时分，诃额伦站在半山腰上看到一片开阔地，上面长满了野味。于是她便弯腰用手去拽。但地面坚固，所以根本拽不出来野味，于是她便用身上的箍头簪在地上挖掘。大约半天的工夫，诃额伦夫人足足抱了满满一怀的地榆归来。当她赶上大队人马的时候，天色已经透黑。好在铁木真纵马在后相迎，诃额伦也少了一些寻找营地的苦恼。坐在帐中的诃额伦满头大汗，快慰地对众子喊道："这些地榆、狗舌能让我们吃一两日了，明天就要到目的地，我们到时再想方法来谋生活。"说完，豁阿黑臣就带着众子们回到各自的帐中安心地睡去了。但在诃额伦与二夫人这里，却一直在谈论今后的生活，直到深夜才歇下。

　　三天的行程终于过去了，当诃额伦夫人等数十人都站在一片水泽之地的时候，他们都激动地呼喊道："好啊！这是山水恬美、草木丰盛之地啊！我们就在这里生活吧！"于是诃额伦亲自举起帐篷帆布麻利地搭起帐篷来。铁木真首先捋起袖子忙活了起来，因为他心中时时念记着母亲的话："在父亲不在的时候，长子要担负起父亲的职责，要为家庭分忧。"其他几个孩子马上转到水溪旁去捡木棍和石块来做母亲的帮手。诃额伦夫人一边招呼二夫人速赤吉勒生火烧饭，一边告诉豁阿黑臣："今日是全家来到新营地的第一天，你来帮我搭帐篷，我去找些肉食来犒劳我的孩子们。"就这样，诃额伦让豁阿黑臣过来忙碌，自己拿着一块尖型的木条去草地上寻找野味去了。

　　诃额伦在草地上寻找了半日，发现了一个深邃的圆洞，于是她断定是野味的巢穴，她小心翼翼地在巢穴附近寻找着，突然发现一个小些的洞口出现在她眼前。于是她在前洞烧火，在后洞等候。弄了半天的工夫，抓住了一只野兔。诃额伦高兴之余，心中暗暗地想："今日我能抓到野味让孩子们享受，他日吾儿定能回报母亲的！"心中美滋滋的诃额伦加快脚步向驻地赶去。在快要到达驻地的时候，她远远就看到帐篷立了起来，再走近一些，就看到铁木真举着巨石在搭建帐篷的基角呢！此时合撒儿高兴地向母亲招手，并径直向她跑去。诃额伦纵身下马抱住合撒儿大声喊道："儿子们，看母亲带来什么食物了？让我们今日好好地享受一番吧！"说完，就将野兔交给豁阿黑臣，让她将其宰杀烤着吃。诃额伦一家就围坐在火堆前快慰地享受了一顿野味。

　　现在在斡难河的地界上，永远都有一个忙碌的身影，那便是诃额伦。她像男人一样纵马打猎、下地烹饭。她每天都要带着自己的孩子在草原上放牧。虽然只有九匹银合马，但她还是将这笔财产视为珍宝。她常常对铁木真讲道："儿子，今日你的财产就在这里，你定要全力地保护好你的财产。"铁木真也从来没有堕落，大声回敬母亲道："我的好母亲，我会像保护我的兄弟一样地保护我的家产，如此方是大丈夫所为啊！"说完便长驱而去，让众兄弟在尘后追赶。一个小小的少年英雄的模样在铁木真身上依稀可见。

大约在一年的时间里，铁木真一家便在斡难河上下迁徙了几次。最后的一次也不过是刚刚过去半个月。诃额伦每迁徙一处，便在那里找到许多食物。或是上马驰骋打猎，或是挖掘地榆、狗舌。在孩子们的心中，饥饿已经成了最敏感的词语。诃额伦母亲常常对众子说道："今日的苦痛是甜的，因为我们一家人都在一起。今日的苦痛算不了什么，因为苦尽自然就会甘来。"每当孩子们埋怨疾苦之时，她便这样来教育他们。斡难河上的河水像山泉一样流淌着，但诃额伦母亲流浪的生活却没有随着流水而去。她们终日在饥饿的生命线上挣扎着。诃额伦和二夫人速赤吉勒在营帐中要认真计议一天的生活才能勉强度过一天。诃额伦作为家中唯一的主劳动力，她每日的劳顿已经不能用时间来计算。在一次打猎中，她遇到一只野狼，因为弓箭未射中，于是那狼便发狂般地厮咬过来。此时诃额伦正站在马儿旁边。正在危急之时，水面上冲出一个老农，一声吆喝将野狼吓跑。诃额伦此时再次用力射箭，却只射中野狼脊背让它跑了。

那老农看到是诃额伦，马上喊道："夫人受惊了，我是泰赤乌人，因为不满塔儿忽台，今日也在草地上游荡，以游猎为生。今日夫人能脱险，他日定有大贵。"诃额伦因为对泰赤乌恨之入骨，于是什么也没有说。但她的身体因此而生病，在卧榻上整整睡了三日。在这三日里，二夫人速赤吉勒带着铁木真整天在斡难河上下游走追猎，如此才勉强让家庭免了饥饿之灾。

在斡难河上流浪的日子让诃额伦的尊贵地位彻底消失了，但她没有埋怨、没有悲苦，而是像个男人一样带着长子铁木真不断地同悲惨的处境作斗争。就这样，诃额伦一代国母的形象又一次因为苦难而变得更加丰满、更加充实。

生活苦难　功夫不废

对于一个草原部族来说，拥有大量的牲畜就是拥有巨大的财富。从前也速该首领的牧场上牲畜攒动，所有的草原人都承认，蒙古乞颜氏是少有的强大部落。但今非昔比，诃额伦母亲带着铁木真等人却在草原上过着流浪的生活。他们在苦难中没有放弃生的希望；他们在悲苦中没有失去卷土重来的信心。因为在这个家庭中，诃额伦夫人一直是他们的坚强后盾。如果有谁说要放弃颠沛流离的生活，她总是会对他说："我的亲人啊！今日的处境是很悲惨，但只要咬咬牙，苦难是会过去的。天下没有过不去的槛，过了这道槛，天神就会看到我们，也速该父亲也会在天堂上为我们祈福。"诃额伦的声音像威力无穷的皮鞭一样鞭策着自己的孩子，让他们坚强地面对生活。

在诃额伦母亲眼中，苦难是渺小的，克服苦难其实就是一种幸福的生活。所以就在二夫人速赤吉勒常常因饥寒而失声痛哭的时候，她也会对她不停地鼓励，让她快乐地面对苦难。

大约到了第二年的秋天，诃额伦母子们已经在草原上整整流浪一年多了。诃额伦每天怀揣着一个木铲子在草地上挖掘野菜、野树根什么的，让自己的孩子们充饥。将从前所有的美好怀念都抛在脑后的诃额伦宛如一个正当年的男人一样，不但自己打猎，而且教自己的孩子们在草地上围猎。到了深秋时分，诃额伦看到帐中的野味都已经吃尽，于是将坐在河边的铁木真叫到身边道："吾儿，今日母亲要再去打猎，你随同我一起去吧，这样就更有力量了。"但铁木真却大声地劝道："母亲，你近日太劳累，还是让我带着合撒儿和别客帖儿前往山林中围猎吧！你在帐中照看兄弟们就好。"铁木真夺过母亲手中的缰绳便要走，但诃额伦母亲却淡淡地笑道："我儿快要长大了，母亲也应该让你学骑射，将来好做一个能征善战的英雄。"她马上叫过合撒儿，道："我儿快来，

今日母亲要带着你们去打猎，看看你们骑射能力到底如何！母亲只是随观，你们要好好地表现一番才好。"就在此时，别客帖儿也跑过来，吆喝着要一起射猎。铁木真见到母亲一再坚持，于是便没有再表示反对。就这样，四人骑上健壮的银合马一阵风地向山林中奔去。诃额伦夫人指着别客帖儿的脑袋喊道："吾儿别客帖儿，你今日得好好表现，否则合撒儿与铁木真会失望的。"喊完，他们在一片欢笑中飞驰着。

过了一阵，诃额伦又用皮鞭在合撒儿的屁股上策打了一下。合撒儿顿时感到疼痛难忍，惊叫起来，诃额伦母亲厉声道："你坐在马背上左顾右盼会跌下马来的。你这小儿如此骑术将来怎么稳如泰山地在战场上战斗呢？"铁木真看了一眼，马上道："合撒儿，母亲说得极是，你要悉心改正才是。"合撒儿心中受了委屈，但也顺服了，以后他每次坐上战马的时候，都要问一问铁木真是否端正，跑在草原上的时候便问左右，是否他有走神。

很快，诃额伦带着铁木真等人站在山冈上的深林之中，铁木真喊道："母亲，我们分头行事吧，这样找到猎物的机会会更大。"但胆小的别客帖儿却反对道："不行，团结在一起方能捕到大猎物，如此也让诃额伦母亲少些担心。"两人相持不下，打起了口水战来。合撒儿也被争吵弄得六神无主。正在醋吵之间，诃额伦母亲纵马当前，厉声骂道："你们像牲口一样在一起厮咬就不怕天神动怒吗？今日听母亲的，一同寻猎，不得离散。"说完就掉转马头向远处走去。铁木真狠狠地对别客帖儿使了一个眼色，然后紧跟着诃额伦母亲一起前进。合撒儿不停地看着铁木真的后背，因为只有这样他才能集中精力，牢牢实实地坐在马背上。别客帖儿走在后面，不停地回头看着。

晌午时分，可能是野兽感到饥饿的时候。铁木真一眼就看到一头野猪在灌木丛里呼啦啦地行走着。于是他二话没说，弯弓搭箭，径直向野猪头部射去。就在这一刹那，别客帖儿因为心情激动，突然从马上跳了下来要去活捉野猪。诃额伦母亲看到马上惊呼："我儿好冒失，今日你必为它所伤也。"那野猪为弓箭所伤，乱了脚步，猛地向别客帖儿冲去。诃额伦母亲和合撒儿都在一旁惊叫，而铁木真却不慌不忙，跳下马来，站在别客帖儿前面挡着野猪的路径。那野猪很快中了一箭，摇摇晃晃地摆着头，掉转方向就向深山跑。但此时铁木真又是一箭，那野猪终于在他的视线之内倒下，铁木真成功地打了一头野猪。他不但自己心中高兴，连全家人心中都美滋滋的。

诃额伦母亲见到这样的情景马上高声地呼道："我铁木真儿是个神

灵保佑的孩子啊！今日你竟然如此神勇，他日定当是个草原的雄鹰。"她的心情变得无比激动，而且在胸前不停地祈拜着。合撒儿惊异地看着铁木真喊道："铁木真果真是个神武之人也，我兄弟当效仿他。"在合撒儿的喊声中，全家人像是从圣战中归来的勇士一样。诃额伦母亲脸上的笑意让全家人的心中都暖洋洋的。铁木真拖着那头肥硕的野猪心中的快乐自然是不可言语，他对着天空的太阳高声地呼唤："天神赐予我力量了，今日这头野猪便是证明。让我们快快长大吧！"喊完，一家人便出现在远处的帐篷前，诃额伦看到别勒古台站在帐前大声地呼唤着，于是她便兴奋地对儿子们喊道："快快回家吧！用草原人的方式来庆祝我们的凯旋。"诃额伦一边看着别客帖儿的笑脸，一边呼喊着。于是别客帖儿道："本以为自己的勇力在铁木真之上，没有想到却是相差如此之远，真是惭愧呀！"

母亲诃额伦重重地在别客帖儿的背后拍了一下，厉声喝道："你这个自不量力的小儿，差点让我担心死，要想成为真正的勇士，还是要在马背上多锻炼、多熟悉。日后你可以向铁木真学习学习。"合撒儿也高兴地笑着："我刚刚学会骑马，日后就以铁木真为自己的榜样了。"诃额伦母亲坐在马背上高兴地扬起马鞭，带上自己的孩子直奔营寨中去。就在铁木真得意扬扬之时，突然那头野猪脱了手，铁木真也从那马上掉了下来。此时诃额伦母亲心中又是一惊，看着铁木真滚落在地上，而后面合撒儿的坐骑就要踏过来。情急之下，她猛地从马上跳下，狠狠地勒住合撒儿的马儿将它奔跑的方向改变。马儿的四蹄擦着铁木真的脊背踏了过去。铁木真因为受了惊吓，在草地上不停地翻滚着。此时诃额伦母亲站在铁木真的面前高声喊道："你做事如此不牢靠，今后让母亲怎么放心让你一人独自放牧？快快起来，做一个坚强的孩子吧！"就在此时，帖木格从营地中跑了过来，抓住铁木真手中的野猪就要往回拖。铁木真见已经到家，心中的恐慌消失得无影无踪。

诃额伦母亲将铁木真抱回营寨中，然后直了直腰，心痛地对儿子说道："我的儿啊，今日的表现只能用'一般'来说，因为你既有功劳，又有过失。日后母亲还要好好调教你才是。"说完就长长地叹了一口气。当天晚上，诃额伦母子便一边快乐地吃着野猪肉，一边唱着蒙古歌，儿子们在两位母亲身边尽情地嬉戏着。在快乐的同时，诃额伦母亲却毫不避讳地说起了一天来孩子们的表现，因为他们都没让两位母亲感到满意。诃额伦母亲放下手中的活儿，马上决定："明日我从地里挖来野菜之后，我再带上你们一起去草地上练习骑射，这样有助于你们成长。"

合撒儿马上道："二位母亲，别客帖儿与别勒古台虽然与我们不是同母，但我们从来没有认为我们有什么区别。明日我们带上别勒古台吧！他也应该练习骑射了。"而别客帖儿又上言："如此极好，我也将合赤温与帖木格也带上。这样我们全家都可以上马骑射了。"

众人在帐中美美地食完野猪肉之后便各自安歇去了。但此时的诃额伦母亲却一个人端坐在微光之下，用力地咀嚼着孩子们吃剩下了碎骨。她一边啃着骨头一边轻轻地絮叨："如此解饿之食，我怎能丢弃呢！"她的嘴上因为咀嚼着尖锐的骨条而流出了鲜血，但她还是一点一点地将地上的剩骨咀嚼食尽。轻轻地擦拭着嘴角上鲜血的诃额伦安闲地躺在卧榻上，没有等到宽衣解带，她便沉沉地入睡了。而从来没有过的皱纹也悄悄地爬上了她的额头。

在深夜里，诃额伦突然从睡梦中惊醒过来，她摸摸自己的肩膀，发现衣物还没有解脱，于是她便挺起身体，点上夜烛，慢慢地为自己的孩子缝补着衣物。天明时分，她听到豁阿黑臣劈柴的声音，才安然地躺下，轻轻地闭上双眼，假寐起来。

太阳很快就升了起来，孩子们都在帐外热闹地喧哗着。诃额伦躺在卧榻上并没有在意，只是淡淡地思考着一天将要做的事情。就在此时，二夫人速赤吉勒走了进来，对诃额伦母亲说道："姐姐，孩子们都在闹腾要上战马骑射呢！"诃额伦猛地警觉过来，睁大双眼直视帐顶慌张地答道："难道我的孩子们都在等着膳食吗？"她又轻轻抚摩着前额含糊地说道，"对啊！今日是教孩子们骑射的日子，我马上就出去，你且好好照顾他们。"于是诃额伦急忙从疲惫的思绪中退了回来，整理整理衣冠，抖了抖精神，端庄地走出营寨，大声地对众子们道："好了，今日马上骑射会很辛苦，你们都要准备好。"于是她骑上战马，一马当先，厉声喝道："好了，孩子们，随我出发吧！"诃额伦扬起右臂，众子们飞奔而上，跟在诃额伦的后面。

因为别勒古台和其他二子都是第一次学骑射，诃额伦常常用手牵着他们的战马，然后慢慢地前行。一会儿的工夫，诃额伦母亲很快发现别勒古台是个非常有天分的孩子，没有等到她认真教授之前，别勒古台便能自由地在草原上驰骋了，而且有模有样。诃额伦母亲高声呼道："吾子当中，除铁木真有天生灵性之外，别勒古台也是个有天分之人，他日一定会是战场上的俊杰也！"别勒古台得到诃额伦母亲的夸奖马上得意起来，牵住马首便对众人喊道："今日得母亲赞扬，他日定为我蒙古乞颜氏得力也。"而此时合赤温和帖木格却在一旁愤懑着，因为他们坐在马上总是摇摆不定。就在此时，帖木格看到地上有一个水壶，于是弯腰要够上它，但因为年岁太小而跌落马下。此时诃额伦母亲又是一阵惊慌，抱起帖木格便向大帐奔去，并喊道："众子们，今日我们早早归去。等到你们身体吃饱喝足，再来骑射。"说完就牵着两个幼子的马儿归去了。

铁木真在马上高声地喝唱道："未来的勇士们，我们的苦难会随流水而去的，天神的眼睛在看着我们呢！"

嫉恶如仇　心如磐石

在茫茫的大草原上，从来就没有永远的分裂，同样也没有永远的和睦。当美好的生活一点一点地向草原人民走来的时候，一个有着温情同时又有野性的英雄人物渐渐地浮露在他们面前，那就是铁木真。当所有的草原人都生活在快乐之中的时候，铁木真和他的家人却风餐露宿、衣食无周。

就在诃额伦母亲尽情地赞扬自己的儿子是个有勇有谋、能征善战的勇士之时，铁木真的不为人知，或是压抑下去的一面渐渐表露在世人面前。铁木真在与兄弟们的一次玩耍中，说道："今日兄弟们有谁能比得过我吗？所以你们以后都得听我的，做我的侍从才是，这样我们就可以团结一心，战胜泰赤乌氏，重振蒙古乞颜氏之威也。"而别客帖儿却道："你作为长子怎么能如此压制我们？谁是最有力量和智慧的英雄还不知道呢！不要因为得到诃额伦母亲的赏识便得意忘形了。"铁木真说道："庶弟在我面前就是如蝼蚁一般玩耍，你也不要妄自称大。我断言将来的蒙古草原上唯一的雄鹰便是我也，难道你们还想争辩吗？"看到铁木真盛气凌人的样子，众兄弟谁也不敢再言语。

有一天，诃额伦母亲连夜赶制了六把弓箭，早上在餐桌前高兴地宣布道："今日谁能少吃半块干榆，我便赏给他一把崭新的弓箭。"说完，手中便提着一把精美的弓和插着四支箭的箭筒。众子心中非常激动，于是早饭没有吃就向母亲索要那精美的弓箭。诃额伦见桌上剩下一大堆食

物，心中不胜欢喜，于是喝道："既然如此，今日我就给你们一人一把吧！"诃额伦母亲站起身来轻轻在从大羊皮箱里取出弓箭来，发给了他们一人一个。六个男孩拿着弓箭便跑了出去。坐在母亲身边的女儿帖木伦诧异地看着母亲喊："母亲，为何兄长们都要射猎，而我却坐在家中看管帐篷呢？"诃额伦微笑地对她说："男人是要养活女人的，女孩子只要能照顾人就是最大的幸福。"说完，就抱上帖木伦出了营帐。

站在山林中的铁木真像放飞在麦田里的鸟一样，自由自在，翩然起舞。于是别客帖儿大声地对众人喊道："今日我们都有新弓箭，看谁能在林中射取鸟雀，这样我们就敬谓他为英雄。"众子商定，于是各自到林中寻猎去了。站在小山冈上的合撒儿马上转动眼睛在四野中寻觅。在别客帖儿要上山冈的时候，突然有一群飞鸟从林中飞腾起来。眼花缭乱的别客帖儿马上弯弓搭箭，向群鸟射去。众子马上都仰望着天空，看看有什么猎物落下。但很快，别客帖儿的箭就落在他身旁的白石之上，并发出铛铛的声响。众子们在一片嬉笑中看着沮丧的别客帖儿。他可能心中郁闷，于是大声对着鸟儿飞去的方向喊道："你们是不识抬举的魔鬼，谁看到你们谁倒霉。"他黯然地坐在白石上一言不发，只是用力地在弓箭上捶打着。

大约到了太阳最灿烂的时候，合撒儿看到林中有棵高大松树。他仔细在树下打量着，并认定这棵树会有猎物到来，于是他就站在树下等待。就在他准备离开之时，突然远处飞来一只五花的彩雀。他观察周围，兄弟们都在远处叫嚣。于是他不慌不忙，弯弓搭箭，双目紧紧地锁定目标，一箭射去，那鸟儿听到响声，马上飞了起来，但合撒儿的箭已经插在鸟儿的腹部了。大约飞了一段之后，鸟儿落在了小山冈上。此时别客帖儿正在郁闷之间，突然看到不远处落下一只五彩的鸟雀来，心中自然欢喜过望，飞奔过去将鸟儿拾起，在手中玩弄了起来。合撒儿气喘吁吁地跑过来大声叫嚷道："别客帖儿，你知道你手中的玩意是谁射得的吗？还不快快归还于我！"别客帖儿诡秘地看了一眼合撒儿，漫不经心地笑道："得了，我在地上捡到的，难道会是你的猎物？是我在地上将它抓住的，功劳在我，五彩花雀是我的。"合撒儿顿时心中愤恨四起，跑到铁木真身边向他说明了情况，于是铁木真说道："今日你我兄弟心中有数便可，且让着他，今后我们小心着行事就好。"说完，六个孩子就在一片欢笑声中回到了营地。

在这一天里，合撒儿心中都闷闷不乐，于是诃额伦母亲站在他身边轻轻地问他为何，他便说了别客帖儿的无理，于是母亲笑盈盈地对合撒儿说道:"吾儿今日真受气了,他日别客帖儿一定会记在心中,会回报你的。"合撒儿听到此处,心中便豁亮了一些,站起身来仰头向母亲笑着,然后就走出了大帐。众兄弟们又在草地上玩转起来。直到傍晚时分,铁木真才带着众兄弟们一起回到帐中。在晚餐桌前,母亲向众子们说道:"明日我要同二母一起去山野中找些野生药草来。你们可以在桑沽儿小河边玩耍,不得跑到远处让我们担心。"此时铁木真瞪大双眼,看着帐中的所有兄弟喊道:"明日由我来带着他们,请二位母亲放心,一定会让他们安分玩耍的。"说完,铁木真便低头大口大口地吞食着野菜。坐在铁木真身旁的二夫人速赤吉勒马上问道:"铁木真明日只在桑沽儿小河玩,我们很快会归来,你们可以顺便抓些小鱼小虾什么的归来。"众子们马上连连点头。于是一顿恬美的晚餐就这样结束了。直到很晚的时候,营寨中才停止了喊叫。诃额伦母亲如往常一样,等到众人都睡去自己才安然地躺下。

天渐渐地明亮了起来,外面牲口的叫声已经将诃额伦夫人唤醒。很快,她们便上山找药草去了。到了太阳高高升起,草地上温度腾升的时候,铁木真众兄弟都站在营寨门外面面相觑着。铁木真举着一根长棍欣然地对众兄弟喊道:"我们今日就在桑沽儿小河边玩耍吧!我们就在河水里找些别的乐趣吧!"说完大家一阵风地飞跑起来,直奔桑沽儿小河。众孩童们坐在小河旁一边戏谑一边用双手在水面上拍打着。而此时的合撒儿却离开众人,跑到一个巨石上敲打着铁针,做成了一个弯弯的钩子,用细绳系上,挂在长竿前脚,找了个安静的地方悠然地钓起鱼来。就在众孩童们疯狂之时,合撒儿高兴地呼喊了起来。众人一看,在灿烂的阳光下,一条闪闪发光的金色小鱼在鱼钩上跳动着。铁木真跑了过来大叫:"好啊!好啊!今日这小金鱼一定会给我们带来吉气。"但还没有等铁木真喊完,别客帖儿飞奔上前,一把夺过了那条小金鱼。

铁木真与合撒儿见状马上上前索要,但别客帖儿带着别勒古台飞快地跑走了,并在口中叫喊:"今日相送,他日定当厚谢。"很快,两人的身影和声音远远地消失了。铁木真气愤得咬牙切齿,于是带着合撒儿回到帐中请母亲诃额伦为他们做主。站在诃额伦面前,铁木真声色俱厉地喊道:"母亲,今日别客帖儿将我们的小金鱼夺了去,我定要好好收拾这野狼般的人儿。"诃额伦母亲听到这里勃然大怒,厉声呵斥道:"难道你们兄弟就这样没有心胸吗?难道我每天都给你们讲的阿兰豁阿五子的故事还不足以让你们警醒吗?以后兄弟之间不得再挑起争斗与不和。否则你们怎么能对得起祖先?怎么对得起你们逝去的父亲呢?"当下铁木真与合撒儿低头无语。诃额伦母亲以为这样将相安无事，所以就让铁木真、合撒儿出去玩耍。但合撒儿是个好胜的孩童，他气愤地对铁木真喊道："兄长，昨日别客帖儿夺我小雀，我却不与他计较。今日又夺我金鱼，如此我们还怎么能在一起生存？我们得想个长久之计。"铁木真狠狠地给了合撒儿一个眼神，飞奔入帐中取出弓箭，径直向桑沽儿小河奔去。当他们来到时河边，只看到一片宁静的河水，什么也没有发现。

　　大约寻找了片刻的工夫，铁木真与合撒儿看到别客帖儿正坐在山冈上安闲地看着天空，而别勒古台就在不远处玩石子。合撒儿马上与铁木真合计，从前后两面来抓他。合撒儿绕过山脚突然出现在别客帖儿的面前，而铁木真却弯弓搭箭站在他的背后。别客帖儿看到合撒儿凶煞可怕，于是转了转眼睛，发现铁木真正要用弓箭射杀他。于是别客帖儿闭上双眼大声地叫喝道："我们有什么冤仇，要以性命相害？今日我们的仇敌还没有灭亡，你们却端起内讧来了。如果我果真不能活了，请不要断了我家的香火，让别勒古台为我家延续后人。如果善待别勒古台我便没有什么怨言了。"说完，就大声地叫嚷起来，但铁木真却丝毫没有手软，一箭射中别客帖儿的胸部，刹那之间，别客帖儿就倒在巨石之上，鲜血沾满了他的全身。铁木真看到这样的情景，马上呼唤着合撒儿道："如此我等的仇恨方休也。日后没有绊脚石了，吃饭没有哽舌的骨了！"喊完，便要带着合撒儿一起归去。就在此时，别勒古台带着诃额伦母亲和二夫人匆忙地赶来。二夫人速赤吉勒见状失声痛哭起来。而诃额伦母亲也震惊地站在山坡上一动不动，别勒古台抓住合撒儿便道："还我哥哥命来！"

　　诃额伦母亲跪倒在地上凄厉地叫喊着："天神啊！我等是有何孽处，与此等狼心狗肺之人生在一处？我请求天神和也速该将这个不孝之子带走，让我们安定地生活吧！"诃额伦手指着铁木真的脑袋涕泪交加地仰天长叹着。但此时铁木真眼中依然没有悔改的神色，却是愤怒地注视着别客帖儿的尸体，好像此时的草原上再也不能有挑衅他的敌人似的。在诃额伦母亲脸上，迸发出的是对铁木真铁石心肠的诘问。合撒儿气喘吁吁地坐在地上，心中的恐惧感也渐渐多了起来。诃额伦、二夫人跪倒在别客帖儿的身前，怒声指责着铁木真。自知罪孽深重的铁木真扔掉手中的弓矢，拼命地向山下跑去。此时诃额伦、二夫人也不想多说什么，伤心地抱起别客帖儿的尸体向大帐中走去。二位夫人拾起铁木真的弓矢，用力地摔在地上。别勒古台站在兄长面前不停地哭叫着，这样的生离死别让别勒古台的精神处于崩溃的边缘，他不停地哭诉着，不停地抹眼泪。

天很快就晚了，此时孩子们都静坐在别客帖儿的身边，两位母亲不停地哭泣着，特别是别客帖儿的生身母亲，更加悲痛欲绝。诃额伦抬头一看，众子们都在身边，只有铁木真一人不知去向。但她的悲伤超过了一切，于是不再提起铁木真。到了深夜的时候，诃额伦夫人才对二夫人说道："今日养子如狼，你我心中悲伤欲绝。明日我们就将别客帖儿葬在他死去的小山冈上吧！如此希望他能感受到生前的气息，也好让他父亲来寻他。"说完，都落泪如注。诃额伦、二夫人看到豁阿黑臣也在流泪，于是问道："我忠诚的侍从啊，你去给别客帖儿在山冈上寻个好的安身地，我们母子今夜要与吾儿好生相伴。"得到任务的豁阿黑臣马上便拿着火把出去了。

第二天清早，诃额伦、二夫人便抬上别客帖儿的尸体上了山冈，将其埋葬，然后又是大哭一通。此时众子们也在身边哭泣。但站在远处的铁木真却是心如磐石般坚硬，没有流下一滴眼泪。在别客帖儿逝去之后的十几天里，铁木真在营帐中不发一言，诃额伦母亲也从来没有认真地注视他一眼。但随着时间的流逝，铁木真很快就淡忘了仇恨，两位夫人的心情也渐渐开朗起来，但这个心病却一直埋在家人心中最敏感的地方，悲伤依然能在铁木真家中感觉得到。

恩怨纷争　　劫数难逃

在每个英雄身上，世人都能看到一种强大的，甚至是不可想象的天赋。当草原上英雄并起、烽火缭绕的时候，一个从苦难中茁壮生长的天神的孩子——铁木真就是那样充满着神性。在孩提之年，他在家族中能做到出类拔萃，在族人中他能做到勇武俱胜。作为一个巴特儿的后代，他处处被母亲严格要求，处处被要求为家族着想，处处让兄弟们拍手称赞。这样一种刚强且坚忍不拔的气魄在铁木真孩提之年便表现无余。但作为一个以武力屈人的草原人的孩子，铁木真也从来没有缺少过野性和冷酷。以复仇和战争为目标的草原强者也速该赋予了铁木真勇气，善良果敢的母亲诃额伦给予了铁木真无限的智慧和驯良。

时间一点一点地过去，留在铁木真和家人记忆中的永远是最美好的、最让人感动的部分。但在部族分裂的那一刻，铁木真的心中就已经播下仇恨的种子。当铁木真年幼之时，无尽的苦难让他在生活的磨砺中成长，孤立的境地让他的性情变得幻化莫测。铁木真即将担当家庭生活重任的时候，从前的仇敌都怎么样呢？身为铁木真家族劲敌的泰赤乌氏的族长们坐在金帐里安闲而暧昧地喝着马奶酒。塔儿忽台伸了伸懒腰，看着天空中飞翔的雄鹰，大声惊呼道："今年已是不安之年也。你们看，时间过去了七年了，那被我们撇在旧营地的铁木真兄弟也应该长大成人了。"

就在此时，塔儿忽台身边的近侍脱朵延吉儿帖惊恐地上前道："今日铁木真小儿应该是个健壮的小伙子了，如果我们不早早对他下手，那他将来的某一日定会危及我泰赤乌的生存的。"塔儿忽台心中一震，放下手中的酒盏道："也速该健在的时候，我便看出铁木真小儿有一丝灵气，如果成人，今后定是我泰赤乌氏之大患也。我们要趁早将这只刚刚长出爪牙的野兽除掉才是！"当天晚上，塔儿忽台便在中帐中与众人商议剿伐铁木真母子的计划。按塔儿忽台的部署，带上五百个勇士在草原的斡难河畔寻找铁木真母子下落，一旦找到便就地处杀，断绝乞颜氏的炉灶。塔儿忽台当天晚上还在泰赤乌氏祖先面前发誓，要灭绝他们的敌手，让铁木真一家永远消失在大草原上。

在一个万物重生、生机盎然的早晨，合撒儿坐在帐篷不远处放马，他突然发现天际之间尘土飞扬，像是大队人马进发而来。于是合撒儿没有禀报母亲便纵马前迎，到近处不远时，合撒儿远远看到军队中央的头领，不是别人，正是铁木真家族的仇敌泰赤乌氏的塔儿忽台。合撒儿心中顿时警觉，马上掉转马头向营寨奔去，回到寨中向众人禀报了实情。诃额伦母亲害怕有什么闪失，于是让自己的儿子们都跑到山林中去。合撒儿和铁木真做后盾，诃额伦母亲带着几个小孩到山中避难。

塔儿忽台见到前方有营寨，抖身纵马上前。看到铁木真母子向山林奔去，于是拼命在后方追赶。铁木真抱着自己的幼弟幼妹站在石崖上寻找藏身之处，就在此时，诃额伦母亲抱起孩子，对铁木真喊道："吾儿快去迎敌，这里母亲可以照料。"于是铁木真看着家人躲进石缝中，然后骑上战马便欲与泰赤乌死战。合撒儿站在树林角落里，看着塔儿忽台等人止在山林之外不能前进。塔儿忽台大声喝道："山深林茂，我们不便跟进。现在砍些树木做藩篱，不怕捉不住铁木真。"别勒古台用树木编制了一个堡垒，在山林中与泰赤乌人对射。合撒儿在战斗中表现得异常勇猛，将泰赤乌的几次进攻都挡了回去。于是塔儿忽台高声恫吓道："树林中人不必害怕，我只要铁木真，其余人等我一概不杀。"合撒儿听到这样的呼叫之后，马上让铁木真骑马到深山中躲避，如此坚持是不能长久的。铁木真听从合撒儿之言，径直向山林深处奔去。

合撒儿见铁木真已经远去，于是纵马上前，将一个泰赤乌人射倒，大大方方地向山林中走去，寻觅自己的家人去了。塔儿忽台见到铁木真在深山之中，于是命令所有的手下包围了深山，并不停地在山中进行搜寻。此时的铁木真坐在战马上，一步步地向前行走着。直到一个小树下，他才放下手中的武器，安然地坐了下来停歇着。就在铁木真感觉体力恢复大半的时候，突然深山中发出一声巨响，他抬头一看，却什么也没有发现。为了防止万一，铁木真又坐上战马，随时准备迎战。山林中的树木茂密异常，铁木真想看看天色都困难。于是他对自己说："今日泰赤乌人定在山外相候，待三日之后我再出山，必能得脱也。"于是铁木真在山中寻找了一个小小的开阔地，端坐在那里，等待山外敌军撤退的好消息。

就这样，铁木真在山林中整整等待了三日。于是他对自己说："我已等候三日，相信外面已经风平浪静，此时不出更待何时呢！"铁木真牵着战马一步步地向山外走来，就在他快要到山口之时，他身后的战马身上突然"嘣"地响了一声，他急忙转过头来仔细观察。他发现马背上的鞍子滑落了，但又一琢磨，马身上的肚扣还是好好的。于是铁木真心中疑惑："肚扣没有松动，马鞍却怎么滑落了呢？难道我的处境还是很危险吗？可能泰赤乌人还在山外呢！"于是铁木真牵着战马便往回走。他找了一个干净的地面坐了下来，摸摸自己的肚皮，发现已经有两日没有吃东西了，于是铁木真站起身来便在树木上摘下果子来充饥。如此状况又坚持了三日。第三日的晚上铁木真暗暗地对自己说："今日我可以出山了，相信外面已经安稳平定了，泰赤乌人应该早早地离去了吧！"他便牵着战马又一步步地向山外走去。就在他快要出山口的时候，却看到一件怪事。一个如营帐那么大的白石堵住了去路。于是铁木真又在心中打鼓："山上怎么会有如此大石掉下来？前日来还没有。再者如此巨大之石不可能是山上滚落下来的，难道是天人在教导我不要出山。"铁木真挠挠头对自己说："还是再躲避几日，泰赤乌人还没有离去呢！"于是他顺着山路又进入深林之中。

此时铁木真坐在一块草地上，他轻轻地抚摩着草地安静地睡着了。

大约一天一夜的工夫，铁木真才苏醒过来。此时的铁木真已经有好几日没有填饱肚子了。站在软草地上的铁木真心中又思量起来："难道天神是为了让我不被泰赤乌人抓住才让我掩蔽在深山中吗？那今日衣食都无了，不如硬闯一番，免得做一个憋死鬼。"于是铁木真在山中躲避九日之后，决定出山了。当他走到巨石前的时候，他长长地叹了一口气自语道："生死在天，如我真的不能自保，那也是天神的安排，我就随了这天意。"说完就砍断巨石旁边的树木，拉着战马向山外走来。

就在铁木真站在路口的时候，突然闯过来三个骑手，大声地喝叫着："众人快来，铁木真出来也！让我们用利剑将他刺中，然后送给塔儿忽台首领吧！"就在这个喊声之后，大批的泰赤乌人向铁木真奔逃的方向驰来，手中挥舞着马鞭，嘴里不停地呼喊着。铁木真见事情不妙，纵马上前，一阵风地向草原上的驻地奔去。就在铁木真快要奔上草地的时候，塔儿忽台突然出现在铁木真的面前。铁木真眼疾手快，纵马挥刀便向塔儿忽台砍去。但还没有等到铁木真上前，背后的泰赤乌人就已用绳索将他的双手束住。铁木真感到一阵难过，然后就被放倒在地上，塔儿忽台得意地看着铁木真，笑嘻嘻地对他说道："今日我倒要看看你这个自称草原英雄的人能怎样？明年来让你母亲为你祭奠吧！"说完便让大队人马上前，高高地将铁木真举起，向泰赤乌的驻地进发。

站在石缝里的诃额伦母亲看到铁木真被塔儿忽台带走了，心中马上悲叹起来："难道天神真的要亡我乞颜氏吗？铁木真是大福大贵之人，希望他没有什么闪失才好。"当天晚上，诃额伦就带上全家人回到了驻地，并将在山林中藏好的牲畜找了回来。一片狼藉的营地和失去铁木真的心情让诃额伦再也不能矜持了，于是她在众人面前大声地哭泣着。诃额伦的哭声震动了整个营地，于是站在她身边的所有的人都哭了起来。一时间铁木真的家人在一起以泪洗面、哭声震天。

当天晚上，合撒儿跃身上马，对母亲诃额伦喊道："今日我定要去将铁木真追回来，以解母亲心中苦闷。"于是他勒紧缰绳便要出发，但好在诃额伦母亲眼疾手快，一把抓住缰绳厉声喝道："你这个莽夫，难道你也想成为泰赤乌氏的阶下囚吗？此时我们没有那能力与泰赤乌抗衡，你兄长被抓走就是一个证明。"死死揪住合撒儿不放的母亲马上泪流满面。合撒儿为了不让母亲伤心，于是就下了马。合撒儿将母亲轻轻地扶入帐中，同时也让众兄弟与母亲同榻而眠。就这样，诃额伦在无尽的悲哀和伤痛中渐渐地睡去了。加上这一天的劳顿，众人都睡得很实。只有合撒儿在夜里长吁短叹，想着自己的兄长铁木真。

成吉思汗

【第二篇】磨难篇

铁木真的双手双脚都被泰赤乌人牢牢地绑上了。但他坐在囚车上镇定自若，不时地对侍从们使一个冷眼，他的从容和大无畏精神让塔儿忽台感到非常恼火，于是喝道："此人是重要人物，我们不得掉以轻心。抓住此人是全部落的功劳，也是全部落的福气。今日就将铁木真在氏族中轮流看管。每日换一个监所，他日我定当妥善处理此人。"说完，众族人马上哄闹起来，将铁木真举得老高，庆祝他们的凯旋。

铁木真坐在囚车上安定地笑道："那就让你们的诡计见鬼去吧！天神是我的保护神，我有什么闪失，上天会拿你们当罪魁的，你们将会被无尽的罪孽折磨着。"说完便闭上眼睛悠然地假寐起来，任凭那些泰赤乌人在自己的面前大呼小叫。此时塔儿忽台走在队伍的最前列，看到铁木真若无其事，便问道："都说铁木真小儿是个英雄，今日来看，也不过是个平庸之辈。难道你就不敢睁开双眼看着我们威武健壮的勇士吗？"说完便哈哈大笑起来，跟在他后面的人也都笑了起来。

眼看泰赤乌氏的驻地就要到了，铁木真心情既紧张又有些没底。他看着草原上一个个闪亮的火把在他眼前跳跃，但此时他只能是默默地坐在囚车上，因为在众目睽睽之下，他根本无法逃脱。最后的一线希望让他安定了下来，因为他知道泰赤乌人不用专人看管他是不明智的，铁木真觉得每换一个监所之时，他便有一个逃脱的机会。心神渐渐安定的铁木真又轻轻地闭上双眼，任凭泰赤乌人怎么无理、怎么摆弄。泰赤乌人回到自己的营地，将铁木真放在草地中央，尽情地在他周围庆贺着。塔儿忽台大声喝道："今日我们凯旋，仇敌已经抓住，我们日后便可安稳睡觉、安稳享受了！"于是泰赤乌人在一片得意的笑声中结束了一场对铁木真家族的围猎。

逢凶化吉　死里逃生

离开蒙古部族之后的泰赤乌氏在草原上已经是个大部族，而当他们心中的仇敌铁木真被他们抓住之后，他们更加得意忘形起来。坐在中帐中的塔儿忽台兴奋地对众人说道："铁木真已经让我们抓住数日，我们应该怎么来庆贺呢？"旁边的近侍脱朵延吉儿帖又站在塔儿忽台面前恭维道："首领，我见近日天空暗淡，山中常有野狼嗥叫，不如我们找个好时辰，举行典礼来祭奠天神和山神吧！"脱朵延吉儿帖清了清喉咙又道，"我们请萨满教主来举行仪式那是自然，而最好的祭品当数铁木真小儿的人头了。"说完，塔儿忽台抚着胡须，快慰地喊道："如此极是！现正是春暖草生的好季节，我们在祭天祭山之前要在斡难河畔举行一个大宴会，这样才能看出我们蒙古泰赤乌部的威严！"身边的左右听到这里，马上都站出来举手称是。于是一场宴会就在泰赤乌氏的内部准备起来。

在铁木真被关押的日子里，因为每个营寨都要监押一日，于是铁木真认识了不少泰赤乌氏的百姓，其中就有速勒都孙氏的锁儿罕失剌父子。当铁木真来到他家营寨的时候，铁木真见锁儿罕失剌老人面容敦厚，于是便同他攀谈起来。铁木真问道："老者昔日在乞颜部的时候便是个敦厚善良之辈。待我得出虎口、安定事业之时，你再来我身边做我的属民如何？"锁儿罕失剌非常谨慎地喝道："你要想宽解快活，我可以满足你，但你千万不要欺我家人敦厚便加害于我们。"说完，就让自己的两个儿子进来看守铁木真。铁木真看着沉白和赤老温高兴地喊道："两位兄台，我们年龄相仿，但不知你们的力气如何？"两兄弟微笑着对铁木真说："小英雄，待到天黑人散之时我可以解开你的枷锁，到时我们再好好玩耍。"他们晚上卸掉了铁木真的枷锁，所以铁木真才同他们对饮吃肉，于是沉白和赤老温便成为了铁木真推心置腹的好朋友。

但一天时间很快就要过去，在傍晚的时候铁木真对锁儿罕失剌一家说道："明日又不知要往何处受苦，但今日之情我定会永生记得，教授予我子子孙孙也！"说完，铁木真便戴上枷锁坐在营帐中，等待另一个看守者来驱赶他去受苦。但此时赤老温上前叫道："小英雄是个大富大贵之人，他日若能再相见，定要帮助你渡过难关才是。"说完，两兄弟便端上一盏奶酒与铁木真同饮而下。很快，下一个看押者走到锁儿罕失剌面前大摇大摆地将铁木真带走了。就这样，铁木真在监狱中虽然受苦无数，但却认识了一家好心人，并让铁木真真切地感受到生的希望。

塔儿忽台的宴会和祭祀的日子一天一天地逼近了，就在宴会举行的前一天，铁木真被绑在一个小营寨里，主人坐在草地上正在商量着参加宴会的事情。铁木真侧耳倾听才得知自己的生命正在垂危之际。铁木真

【第二篇】磨难篇

用力地挣扎了一下，但那枷锁却依然牢牢地绑着自己的躯干。铁木真心急如焚，暗自在心中盘算："明日如果再不得脱，吾命将休矣！"挣扎了一阵之后，铁木真只觉得浑身酸痛，身体摇摆不定。但为了一线生的机会，他还是努力地保存着体力，他的心中就是绝望到极点，也没有放弃对生的希望。到了天色暗淡时分，铁木真被侍卫送到了另一个营寨。铁木真站在刚刚搭起的帐篷里，拼命地用眼神寻找着逃脱的机会。就在他绝望的时候，外面走进来一个年轻娟秀的小伙子来，他低声下气地对守卫者说道："你们都去准备明日的宴会吧！这里让我来看管吧！"说完，那两个侍卫就将差使交给了这个叫格列不列的年轻人。铁木真仔细地观察着他，没有想到的是，格列不列是个出头嫩笋的孩子，铁木真目不转睛地盯着他，他竟然脸红起来，唯唯诺诺不知如何站立。铁木真不禁心中一震，暗自庆幸道："好了，今日来的侍从是要放我去也！我得慢慢养好体力，冲出泰赤乌营寨。"他一边想着一边佯装着打瞌睡，安静地闭上了双眼。

当天晚上，铁木真就在囚帐中安心地酣睡了一晚。第二天早上，所有的泰赤乌人都坐在斡难河畔的营地上，畅快地吞饮着酒肉，悠然地欣赏着蒙古舞蹈。塔儿忽台站在中央，高声喝道："今日是四月十六日，正是春暖花开的好季节，带着天神和山神的旨意，我们尽情欢乐吧！明日便是祭祀天地的好日子，泰赤乌人的神勇和忠诚将让天神和山神看到，让他们保佑我们吧！"说完就将满满的一盏酒畅饮下肚。众人见到塔儿忽台如此，都站起身来同声喝道："为泰赤乌的未来，我们祈祷天神和山神，我们会勇往直前！"众人也随着塔儿忽台，一口将一盏酒吞饮而下。塔儿忽台得意地欢叫着："前日抓到的铁木真小儿现在就在我营寨之中，明日用他的头颅祭祀天地，神灵们一定会感动的，草原上的生命也会安心的。泰赤乌的雄鹰啊，你飞到远方带着猎物归来，我们的贵气和福气是从神灵那里降来的。"塔儿忽台狂傲放肆的言辞不断地让泰赤乌人感到激动，泰赤乌人此时也忘记了押在囚帐中的铁木真正在酝酿逃跑的计划。

塔儿忽台一族的宴会直到夕阳西下时分才渐渐散去，坐在中央的塔儿忽台醉醺醺地对身边的侍从喊道："今日之事，让全族人都痛快地快乐了一番，果然是双喜临门呀。等祭神之后，天地和顺，仇敌消去，我便可以安心躺在卧榻上看着我的牛羊奔跑，看着我的属民欢笑！"说完，就摇摇摆摆地向中帐走去。此时侍从们都已经将宴席撤下来，去不儿罕山下筹备祭祀的事情去了。塔儿忽台一边大呼小叫，一边转过铁木真所在的营地准备回帐休息了。但在囚帐中的铁木真一直警醒着，他听到塔儿忽台醉酒的声音，心中又笑道："今日必是我行运之日也，等天黑之后我便有机会逃脱了。"心情激动的铁木真依然装作若无其事的样子，轻轻地合上眼睛等待着。格列不列看着铁木真闭上眼睛，于是就羞答答地低头不发出一点儿声响。

黑夜很快就笼罩在柔软的草地上，天空都一片漆黑的时候，铁木真睁开双眼，就着微弱的火光，看到格列不列正看着自己的脸发笑呢。于是铁木真就紧紧地盯着他的眼睛。这年轻人的脸色马上变得通红，默然地低下头儿含羞地笑着。就在此时，铁木真悄悄地站了起来，将手上的木枷高高举起，使尽浑身的力气向格列不列后脑上砸了下去。格列不列眼睛一眨，便倒在草地上了。铁木真爬在地上轻轻窜出囚帐，看到拴在附近石栏上的银合马，于是飞跑过去，纵身上马，拼命地向草原深处奔去。不到片刻的工夫，那年轻人醒了过来，摸着自己的后脑大声地叫喊着："囚犯跑了！铁木真逃跑了！"这样不停地在营寨中叫嚷着，于是整个泰赤乌部都惊动了。塔儿忽台从睡梦中突然惊醒，衣冠不整地牵出战马，带着众人向铁木真奔跑的方向追去。

铁木真径直向草原深处奔去，就在他有些放松警惕的时候，突然听到身后有大队人马奔跑的声音，此时铁木真刚刚跑出不过几里地。他在心中打起鼓来："今日我若奔逃，必定会为众人所擒也，我得另想良方。"情急之下，铁木真站在草原上四处环顾，然后又仰视天空，此时他才觉白月如昼，大地被照得通明。于是他又拼命地向树林中逃去。当他站在深林中之时，心中合计道："在山林中定不是万全之策，泰赤乌人一定会首先搜查深林。"于是他将自己的银合马绑在一棵枯树上，自己却奔到斡难河边，跳进了河中。他泡在水里只感觉浑身透凉，但就着枷锁，他的脸面却可以浮露在水面上。就这样铁木真的鼻子呼吸着空气，身躯沉浸在河水里。一会儿工夫，他便听到无数马蹄声从他身旁经过，却没有一个驻足。铁木真顺着河水不停地漂动着，当他感觉危机已经离他远去的时候，突然他又听到一匹战马踏将而来的声音。于是他便又沉浸在水下。那战马突然在河边停住，看到漂浮在水面上的铁木真，于是他便直起身来大声地喊道："铁木真小儿，还不快快与我现身来，我等寻你多时也！"听到声音的铁木真惊慌中暴露着身躯喊道："你是速勒都孙氏的锁儿罕失剌吗？我在你家住过，难道你就忍心看着一个蒙古贵族的后人就这样被杀害吗？"

锁儿罕失剌小心地指着铁木真的脑袋诡异地说道："泰赤乌人要杀

你，就是因你有如此般之见识，他们嫉妒你这样的贤能之辈也。如果你能让塔儿忽台有你一半的智慧，他就不会干出那么多蠢事了。"铁木真看着锁儿罕失剌没有什么敌意，于是便上了岸，坐在草地上悠然地问道："好恩人，你今日放过我，他日我定当永生不忘您的大恩情。"锁儿罕失剌焦急地喊道："难得你还有如此闲心歇息，还不快快与我逃命去！今日放过你的是天神，不是我，你要将恩情记在天神那里。你快快奔逃去吧！我只当未曾见到你。"说完锁儿罕失剌便牵着战马一步步地向自己的营地走去。

铁木真见到如此善良之人，心中马上滋生感激之情。他在心中不仅仅感激锁儿罕失剌，而且还感激所有帮助他的人，包括他的家人。铁木真一阵激动之后径直向山林中奔去。就在此时，泰赤乌人整整在林中搜寻了一夜却空手而归。于是塔儿忽台惊异道："难道这个铁木真插翅飞了吗？整个山林一处也没有放过，却怎会见不到人呢？"正在苦恼之中，塔儿忽台的近侍们高声呼叫："天明了，我们再去山中搜寻一番，如此心中方能安定啊。"塔儿忽台就着早晨的微光大声喝道："让脱朵延吉儿帖带少数人到深山中搜寻，我去处理祭祀事宜。"塔儿忽台临别之时还号召众人，"我们等着铁木真的人头来祭祀神灵呢，你们一定要凯旋而归，以慰众人之心也！"他一边呼喊一边念念有词地向营地赶去。

就在这天夜里，诃额伦母亲突然从睡梦中惊醒，她做了一个奇怪的梦。于是她连夜将家人召集起来，喃喃地说出了自己的梦境——她看到铁木真浑身泥泞地站在大帐中央，一个人与整个泰赤乌军队对峙，但后来铁木真一箭将塔儿忽台射死，但铁木真在乱军中从此失去了踪迹。众人听完诃额伦母亲的话之后面面相觑，都不知是吉是凶。就在此时，豁阿黑臣安慰众人道："小主人今日一定是逃脱了塔儿忽台的魔掌了。因为塔儿忽台死了，铁木真就没有了追杀他的仇敌了；在乱军中失踪，正说明铁木真现在逃脱了，不知在什么地方避难呢！"听了这一席话，诃额伦长长地叹息道："我儿与我如此心有灵犀，天神一定会保佑他的。"说完就让众人各自归帐，安心地等待铁木真归来的好消息。诃额伦坐在卧榻上用心地为铁木真祈祷着，因为在铁木真身上，她寄托了太多的希望和理想。诃额伦轻轻地合上眼睛，她希望这样能继续给儿子感应，让铁木真逢凶化吉，遇难成福。

识灯下黑　脱虎口险

　　铁木真站在斡难河畔的树林中不停地反问着："我该如何是好？现在四面是敌，如何安身呢？"铁木真坐在战马上踌躇着。突然山间飞过一群野鸟，向泰赤乌营地方向飞去。铁木真目不转睛地看着，于是心中豁然开朗，他对自己说道："前日锁儿罕失剌对我仁厚，今日如能再去相投，他定会挽救我的性命的！"说完，他便长长地叹息一声，顺着太阳升起的方向去寻找速勒都孙氏去了。因为路上可能会有仇敌，于是铁木真横穿山林，绕过大道向速勒都孙氏营地进发。坐在战马上的铁木真看着太阳的光线像羊毛一样柔软地照射在自己身上，他在心中想着："今日我虽狼狈，却坚强果敢，那些泰赤乌的众人们却像是乌合之众，软绵绵的，他们不会抓住我的。"就在此时，铁木真听到一阵喊声，但很快就消失了，于是他马上高兴起来："如此暴露于眼前都不能发现，我命有天神指点呀！"等到树林中悄然无声之时，铁木真又爬上银合战马飞奔起来。顺着前些日子的足迹，铁木真径直向速勒都孙氏的营地奔来。

　　经过两个营地之后，铁木真站在草地上，经过认真观察，前两个营地都不可能是速勒都孙氏营地，因为在营帐旁他看不到挤奶用的马奶桶。他知道锁儿罕失剌家是泰赤乌氏的世袭奴隶，主要就是给泰赤乌贵族捅马乳。所以每到一营，他便寻找帐篷旁边的马乳桶。寻找到晌午时分，铁木真顺着记忆中的路线看到了速勒都孙氏的营地，还没有等铁木真进入营地，他便听到锁儿罕失剌一家人捅马乳的声音。铁木真顿时欢欣起来，举起手中的鞭子在马背上鞭打了几下，于是马儿顺着捅马乳的声音就寻了过来。一眨眼的工夫，铁木真站立在锁儿罕失剌一家人面前。当锁儿罕失剌看到铁木真的时候，心中大为震惊。他连忙大声喊道："你这个不知死活的铁木真，我让你寻你母亲兄弟去，却怎地又回

来了?"铁木真无奈地看着锁儿罕失剌哀求道:"恩人,今日我来去无路,如果不到此处来,我性命定当丢也!"锁儿罕失剌愁苦地看着铁木真一言不发。就在此时他的两个儿子走上前来,同情地对父亲喊道:"雀儿被龙多儿赶到草地上,草地摆弄能救他性命。草地尚且有仁厚救人之心,何况我们是人呢?!我们就冒一次险挽救铁木真兄弟吧!"锁儿罕失剌见孩子们如此同情铁木真,于是便满口答应再冒险挽救铁木真一回。

就在铁木真站在锁儿罕失剌父子面前哀求的时候,塔儿忽台带领着众多泰赤乌氏军将在斡难河的山林中又搜寻了一遍。大约整整三天的时间,他们在山林中都一无所获。当天晚上,塔儿忽台便聚集着所有的泰赤乌贵族商议捉拿铁木真的事情。所有的贵族都坐在塔儿忽台的议事大帐中,有人建议再把斡难河上下彻底搜查一遍,有的却说将树林烧掉,把铁木真烧死在山林之中。但最后塔儿忽台大声喝道:"铁木真身戴枷锁,又多日无食,他能跑到哪去? 会不会是泰赤乌内部营寨将他藏了起来? 如果不是这样,那我就真的相信有天神在保护他。"说完,众人睁大眼睛连连点头称是。但此时脱朵延吉儿帖诡秘地看着众人:"那会是哪家敢如此大胆,私藏重犯呢?"于是塔儿忽台得意地笑道:"这有何难! 等明日我们挨家挨户地搜查便是。"塔儿忽台长长地伸了个懒腰,轻声地对众人喝道:"今日之事,不可走漏风声。现在众人各自归去吧,明日还要忙活呢。"于是议事大帐中的贵族们就一个个地离去,向自己的营寨走去。塔儿忽台让侍从熄灭了篝火和火把,自己也休息去了。

就在锁儿罕失剌决定救助铁木真之后,沉白与赤老温便将他身上那沉重的枷锁卸掉,然后将它放入火堆中烧得灰飞烟灭。锁儿罕失剌小心地在外面打探了一转,气喘吁吁地回来向铁木真和两个儿子说道:"此地不是安全之处,快快躲避起来,塔儿忽台很快就会追来。而且不能让邻近的族人看到,否则会大祸临头的。"沉白机灵地说道:"藏在我兄弟帐中吧! 我们那里没有人出入。"锁儿罕失剌忧郁地摇摇头说道:"不可,那里太危险! 铁木真,你要想活命就得委屈你了。"说完,就将铁木真带到帐房后面的羊毛车旁说道:"你就藏在羊毛车里,我用羊毛覆盖在你身上,让合答安时时在此看守,你就快点进去吧!"还没有等他说完,铁木真便跳进车中,然后合答安将一堆厚厚的羊毛放入车中,就这样,铁木真就在羊毛车上躲避着塔儿忽台的追捕。

到了半夜的时候,铁木真便从羊毛堆里钻了出来,神情不安地看着合答安。合答安问道:"听说你铁木真是个勇士,今日却怎得这样的下场呢?"铁木真淡淡地眨了眨眼睛说道:"你们女孩怎么能知道英雄的苦难呢?英雄都是如我这样的,只是你没听说过而已。"于是合答安便不再追问。但铁木真兴致却来了:"你父亲让我们住在一起,这样的恩情我会一辈子记得的!如果日后你有什么难处,只管呼叫我铁木真的名字,到时我便可以前来保护你。你记住了!"合答安笑嘻嘻地看着铁木真什么也不想说,但心中却充满着快乐和幸福。两人在半夜里聊到天快大亮之时,合答安又让铁木真回到羊毛堆,并不再让他说话。合答安安心地坐在车旁一边捻着羊毛一边看守着铁木真。就在合答安提着一桶羊毛出去的时候,锁儿罕失剌走了进来道:"如果今日铁木真能安然无恙,明日便可以回自家营寨中去了。我儿今日要好生照料也!"合答安轻轻地将羊毛卸掉站在父亲面前道:"我心谨慎着呢!铁木真是个有情有义的男子汉,天神也会保佑他的。"合答安一阵微笑,然后就又坐在原地整理羊毛了。

就在天高日出的时候,塔儿忽台带着大队人马挨营挨寨地一路搜查过来。锁儿罕失剌突然听到一阵嘈杂之声,他探身相望,发现塔儿忽台正在对面的营帐中搜寻着什么。然后又听到一个声音:"好了,这里没有铁木真藏身的痕迹,我们再去下一个营地。"听到这里,锁儿罕失剌惊恐万分,急忙让赤老温告诉铁木真与合答安。于是合答安抱起一堆羊毛顶在铁木真的头上,然后佯装镇定地坐在车旁一点一点地整理着羊毛。沉白和赤老温回到羊群中各自忙去了。就在此时,塔儿忽台的人马陆陆续续地站在锁儿罕失剌家的帐篷外面。还没有等他说话,塔儿忽台便亲自在营帐中搜查了起来。锁儿罕失剌满脸懵懂地看着他们。此时沉白和赤老温也站了过来看着主人们在自己的卧榻下和车帐里乱翻一通。锁儿罕失剌站在一旁无助地问道:"主人是要捉拿铁木真吗?我这里哪还能藏人啊,就是土拨鼠我们也能看到啊!"塔儿忽台谄媚地看了一眼锁儿罕失剌,于是他浑身一阵惊颤。塔儿忽台讪笑道:"今日我要好好搜一搜,难道铁木真会插翅而飞吗?"就在此时,一个侍从从帐房后面喊了一声:"主人,这个羊毛车里似乎有人藏匿。"塔儿忽台眼睛突然一闪,走了过去。

就在此生死攸关之时,锁儿罕失剌在一旁淡淡地笑道:"如此烈炎之天,在羊毛堆里怎么活命?"塔儿忽台听到这样的话,马上放松警惕,用力地将手一挥,于是那个侍从便从羊毛车上跳了下来,停止了在羊毛车上的搜查。塔儿忽台马上和声悦色地对锁儿罕失剌父子说道:"今日让你受惊了,好好做你的事情去吧!我们再到别处搜寻一番。"锁儿罕

失剌道："我家是您的世袭奴隶，决然是不敢有半点叛逆之心的。我的忠诚是世人可以看到的，是上天能够感知的。"他表面上坦然地向塔儿忽台道别着，但他心中却是如发丝上悬着个巨石般惊慌恐惧。锁儿罕失剌站在帐房旁边观望了许久，然后对自己的儿子沉白说道："我儿好好看守着，直到天黑你才可以离开。如果塔儿忽台再回来，那我们的死期便不远也！"说完，又回到羊群中招呼赤老温："你今日给我多做几块大牛干和大桶羊奶来，明日我有用场。"于是赤老温听从父亲的旨意马上就到草场上忙碌起来。但此时他们心中都对刚刚过去的一幕而感到无比的惊异，赤老温摸摸自己的胸膛快慰地说道："今日铁木真兄弟能得平安，却是如在梦境中一般，这个兄弟果然有天神的保佑啊！"说完，长长地嘘了一口气，放松着身心，然后悠然地去干活去了。

锁儿罕失剌又悄悄地转到合答安身边轻轻地说道："今日好险！现在不要让铁木真出来，晚上我们再合计如何让他逃生。你现在一步也不要离开！"合答安默默地对父亲点了点头，但就是一言不发，只是脸上惊恐的神色依然清晰。于是锁儿罕失剌柔柔地抚摩着合答安的头发安慰道："好了！相信我们会平安的，铁木真是个贵人，他也一定会逢凶化吉的。"说完，就回到帐中忙着自己的事情去了。因为这一天里发生了如此惊险而可怕的事情，锁儿罕失剌一家一天都没有平静下来。当天色渐渐暗淡下来之时，锁儿罕失剌全家人的心跳才真正回归正常。点上火把之后，整个草原都沉寂下来了。牧民都坐在帐中畅饮，牲畜也都站在围圈里打鼾。一切都在时间的小溪中安静地流淌着。

铁木真可能是听不到外面有什么响动，于是在车内轻轻地呼唤着合答安的名字，合答安急忙将自己的父亲叫来。锁儿罕失剌也想到铁木真一定是受不了了，于是赶快将羊毛卸掉，让铁木真站在地上。锁儿罕失剌惊慌地对铁木真说道："为了救你，差点儿把我全家性命送掉。今日得脱实属侥幸，此地不是你久留之处，我已经将脚力和干粮都准备妥当，你今夜便向你家营地赶去，否则你就找不到你的亲人了。"说完，他就将铁木真引到帐房中，让赤老温将一只烤羊羔装在皮桶里，然后又拿上满满一壶马奶，交给铁木真。锁儿罕失剌又将铁木真送到帐前，送给他一匹草黄色的母马，马背上没有备鞍，也没有给铁木真火镰，只有一张弓和两支箭。他对铁木真道："我的小英雄，你快快上路吧！"铁木真马上问到主人为何不赠马鞍和火镰，锁儿罕失剌喃喃地答道："没有马鞍别人便不识马主，也就不知道你从何处来；不送你火镰是因为让你日夜兼程，不在路途上逗留半刻。而我只给你两支箭是让你在路上防身之用，却不能多了，免得你在路上惹是生非。这样回答你应该心满意足了吧？能明白我的良苦用心我也便满足了！"

铁木真听完这一席话马上拜在锁儿罕失剌面前，半天不能说出个词来，但他们已经感受到铁木真的诚心感激之情。锁儿罕失剌对铁木真喊道："小英雄，我们后会有期，说不定你哪天称王称汗了，到时你再惦念着这个曾经救助过你的人儿吧！"

铁木真坐在马背上，对恩人大声地喊了一声："恩人，我的性命是你们救的，他日我能成事，你们便是同享富贵之人！"说完，纵马相驰，消失在锁儿罕失剌一家人的视线里。

物是人非　孤胆寻亲

在每一个英雄的身上，世人都能看到不同寻常的品质。当铁木真坐在马背上，在草地上奔驰的时候，他心中却没有像一般人那样悲伤和压抑，他坐在马背上越跑越有劲头。

就在快要奔出泰赤乌营地的时候，铁木真不住地回头观望着泰赤乌人营地的点点篝火，他在心中默默地念叨着："今日我能逃出泰赤乌人的毒手，他日定将以牙还牙，以解吾心头之痛也。"说完，他便在自己的弓箭上摸了摸，然后轻轻地在马儿屁股上拍了几下，于是马儿更加疯狂地奔驰起来。就这样，整个夜晚铁木真都是这样紧迫地赶路，也不知道方向在哪里，他唯一想着的就是尽快逃出泰赤乌人的魔掌，快快回到自己的营地与家人团聚。

整整一夜的奔驰让铁木真有些劳累，再加上多日衣食不周，铁木真感觉心中像装满了污水一样难忍。他四处环视一番，决定在树林中休息片刻，但他刚刚坐定在地上，闭上双眼昏昏欲睡之时，突然山林中窜出一只呼叫的野畜。震惊中的铁木真慌忙拿起身边的弓箭来，就在他打算射死这只野畜之时，身边的箭筒倒在自己的脚上，他低头一看，只见一支箭散落在地上。铁木真心中盘算着："还是留下弓箭吧！如果万一遇

到不测，我还有两支箭相抵呢！"想完，他便放下手中的箭，满满地拉
着空弓，一阵震响，那只野畜惊吓，跑得无影无踪。铁木真眼看着那畜
生向深山中跑去，然后他伸张着四肢躺在树林中，不一会儿的工夫，铁
木真感到饥渴，站起身来走到马儿跟前，拿出一小块羊肉用力地啃了
起来。

　　铁木真仰望着天空，发现太阳已经过了半空，于是他纵马而上，又
开始了自己的寻家之路。照着太阳升起的方向，铁木真马不停蹄地向斡
难河源头赶去。因为路途遥远，所以他想在黑夜的时候能像前些天一
样，白月如昼。一边深深地思念着自己的母亲，一边担心被泰赤乌人追
到的铁木真坐在马背上像个在战场上冲杀的勇士，不停地长啸着，一种
对自己生命的自信和对自己未来的憧憬让他的心旷达而愉悦。天很快黑
了下来，就在他想找个干净的地方休息片刻之时，突然听到身后有几匹
战马奔驰的声音。他坐在战马上悄悄地绕过一片树林，然后在那五个骑
士的后面观望着。只听那一个壮汉大声地喊道："适才我听到山林中有
响动，现在却怎的空空如也呢？"于是另一个尖酸者喝道："今日我们
若能拿住铁木真，回去我们便是个英雄了，塔儿忽台首领一定会重赏我
们的。"那五人马上纵马向前追赶，就在此时，那壮汉大声叫道："如
此你先行，我在林中等等，说不定真能抓到我们的猎物。"那尖酸者见
壮汉想得如此周全，于是放声喝道："也好，可能铁木真人乏马饥还没
有赶上路，你就在此等候也好！"说完尖酸者便挥舞着马鞭，带着身边
的人就向前方追赶而去。

　　铁木真警惕地站在树林背后，心中合计："此人不除，自己便不能
前进一步。"于是他悄悄地将战马牵到一块水泽旁让它饮水吃草，然后
取出弓箭在手，一步步地向山林中走去。就在此时，铁木真看到那个壮
汉正在四处寻看。铁木真心头一震，马上想出一个妙招来。于是铁木真
跑回水泽旁，将马儿牵到树林背后，然后用力地在马儿背后刺了一下，
那马儿疼痛难忍，于是飞一般地向那壮汉的脸面上撞去。还没有等到他
看清楚是什么，就被马儿打翻在地了。就在此时，铁木真飞奔上去，坐
在壮汉的背上便拼命地捶打起来。那壮汉也不知道什么人，拼命地将铁
木真翻过来，然后飞奔向草原深处。就在此时，铁木真弯弓搭箭，使尽
浑身的力气将弓拉满，然后重重地射在那人的脊背上。那人在奔跑中突
然瘫倒下来，在地上一动也不能动。铁木真骑上自己的战马，站在那壮
汉面前想问个虚实，但那壮汉却奄奄一息地死在了树林之中。

　　看到泰赤乌的追兵死在自己的箭下，铁木真的心情马上激动起来，

他对着天空大声地喊道："天神啊，是您的力量让我有杀死泰赤乌人的勇气！我要像杀此人一样杀死所有的泰赤乌人。"说完，就背上弓箭和食物向家人的驻地奔去。因为这样的一件事情，铁木真的疲劳消减了许多。于是他马不停蹄，连夜向斡难河源头赶去。

大约奔驰了一天半的时间，铁木真囊中的食物也吃掉大半。他摸了摸自己的箭筒，发现那唯一的一支箭正在摇晃呢！铁木真心想："还有不远的路途我便到了自家的驻地，现在好好休息片刻，然后再去专心寻找母亲兄弟才是。"铁木真一边想着一边在战马上摇晃着脑袋，因为一天一夜的奔驰让他的眼皮都在打架了。心中直泛慌的铁木真真的想找个安静之地畅快地休息休息。他转过浅浅的水泽，爬过一个小小的高地，站在几棵大树下，感觉异常舒服，于是就着火辣辣的阳光，铁木真便坐在大树下安逸地休息了起来。在这段时间里，铁木真身边的马儿不停地吞食着嫩草。铁木真紧紧地闭着双眼，直到天空中不再有炙热的阳光时，他才从美梦中惊醒过来。当他睁开双眼的时候，发现身边的马儿站在远一点儿的地方不停地躁动着。铁木真心中非常惊异，于是便在四周环视起来，但却没有发现什么。于是他纵身上马，从自己的皮桶里取出一块干肉津津有味地嚼了起来，悠然地在草地上慢行起来。

天色很快就暗淡下来，铁木真想在今夜奔行一阵，然后就能见到自己的营地了。无比激动的铁木真喝了一口马奶就长途奔进而去。但没有多远，铁木真便看到一条小溪，里面有许多的野牲口在饮水，此时铁木真才想起刚才马儿在地上躁动的原因，一定是这群畜生经过时马儿受了惊吓。铁木真此时心中只是想着见到自己的家人，于是他便放过了这群野畜，绕过小溪从山冈上向斡难河的源头进发。铁木真一边行走一边回望着那些野牲口，不经在心中惋惜道："若我母亲兄弟在，我们当生擒几只来自家养活，但今日家人分离，当快快找到家人，团聚了才是正事！"铁木真就这样依依不舍地走上了高坡，让水泽中的畜生消失在自己的视线中。

铁木真行走在茫茫的大草原上，当他感到马儿的身体因为行走而更加瘦弱的时候，铁木真终于到达了三河源头，看到了自己生活过的地方。那里的风景还是像往常一样那么优美，但唯一不同的是此时只有铁木真独自一人，他听不到母亲的呼唤声，看不到兄弟们戏谑的身影。铁木真站在草地上心中悲愤交加，他对自己说道："斡难河是我们的依靠，我只有依靠在斡难河畔才能看到一个清晰的蒙古部族。以后我要依靠斡难河，让蒙古乞颜氏成为万人崇敬的部族。"说完，就向自己家人的驻

地奔驰而去。大约到了晌午时分，铁木真站在他被抓走的营地上，叫道："母亲、合撒儿……"但回答他的，只是自己的回音。铁木真只能看到一块块断裂的石基和被撕烂了的羊皮。很明显，家人早已经从此地迁移了。铁木真站在原地没有马上离去，他拾起一个破败的羊角壶，轻声地自语道："这是合撒儿的东西。我们家现在到底在什么地方？难道家中的财物都丢尽了吗？"说完，就将那个羊角壶在衣服上擦了擦，装进自己的皮桶中，然后纵身上马，想顺着斡难河流水的方向向下寻找。

就在此时，树林里突然蹦出一个矫健的身影将铁木真从马上打了下来，然后拖着铁木真和他的战马向沙地上跑去。在一个凹地上，那人将马儿栓在一块大石上，按住铁木真的头儿趴在沙沟之中。就在此时，山林中纵来一队人马，大声地吆喝着："等到今日铁木真都没有出现，我看他是早有防备了！"一彪人马一阵风地从铁木真家的老驻地上奔驰而去。铁木真见到如此情形大惊失色。然后再看看这个矫健的身影，原来这人就是铁木真从前结拜为安答的札木合。没有见到家人，却能见到好朋友并躲过一场大劫难，铁木真心中当然还是暖洋洋的。于是两又好好地畅叙一番，重申友谊。当天晚上，札木合告诉铁木真他的家人顺着个人乞沐儿合溪而去了。于是铁木真直奔乞沐儿合溪而去。

大约行走了大半日时间，铁木真在乞沐儿合溪畔看到一些营寨的痕迹。他在心中盘算："今日我母亲和弟弟们在乞沐儿合溪的营地也迁走了。难道他们的生活又因为艰苦而不能停驻吗？"铁木真黯然伤怀，情不自禁为家人的苦难而落下泪来。片刻之后，铁木真看到草地上还有些行马的痕迹，他又在心中想道："母亲离开此地时日不长！我再追赶一阵，相信一定能找到家人的！"铁木真顺着行马的痕迹一路从乞沐儿合溪向前走来。

一天的时间对于铁木真来说过得是如此之快。到了半夜的时候，铁木真在一棵大树下安歇了。因为他断定家人就在不远的地方，天明好好寻找一定可以找到。铁木真带着既激动又不安的心情一个人在茫茫的草地上合上了双眼，这一夜对铁木真来说非常地平静，大难之后的坦然也让他对未来充满信心。就在铁木真酣酣地做梦之时，草原上突然刮起了狂风来，一阵慌乱的铁木真马上站起身来，牢牢地抓住自己的战马。但此时他并没有彻底从睡意中苏醒过来，他放在手中的缰绳，猛地倒在草地上，不声不响地熟睡了。就在煞白的月光下，铁木真将双手放在脑后，此时他也没有顾及马儿的情况。到了太阳快要出山之时，铁木真睁开双眼，诧异地看着周围的一切，因为他怎么也想不起昨天夜里他到底做了什么。他挠着头坐在马上慢慢地向母亲离去的方向追去。

又行走了一程之后，铁木真环视四周，发现他已经来到别迭儿山嘴。铁木真站在山前，仔细地寻找着母亲的行踪。就在他犯愁的时候，他在别迭儿山嘴的崖下发现有过生活立帐的痕迹，铁木真带着一线希望走出别迭儿山嘴，飞快地向前方奔去。大约行走了半日时间，铁木真看到远处有个大大的蒙古包，心中马上高兴起来，大声地吆喝着向蒙古包奔去，他对天神说："没想到我会在这里找到我的亲人，就让天神保佑我们全家吧！"喊毕，纵马奔驰起来。就在铁木真见到母亲的时刻，他的眼泪像水珠子一样滚落下来。诃额伦的身影缓慢地从帐篷里转过来，看到是铁木真坐在自己的眼前，她马上大声呼唤家人过来，激动地对铁木真喊道："我的儿，是你吗？我的铁木真，是天神保佑了我的铁木真！"此时铁木真紧紧地抱住诃额伦母亲呜咽地抹着眼泪。合撒儿、合赤温还有别勒古台围在铁木真身旁像迎接英雄一样将他托起。铁木真全家在一片激动和泪水中感谢着天神的保佑。

成吉思汗

【第二篇】磨难篇

婚姻篇

寒微、孤单，
这两个挥之不去的影子困扰着铁木真，
幸好与草原、与仇敌不断斗争的日子
也给了他另一种精神寄托。
当铁木真的第一个红颜知己到来时，
这个活跃在马背上的身影，
再也不能掩饰火热的情感。
如果说铁木真的第一生活是征战，
那么他的第二生活
便是与夫人们在一起的甜蜜日子，
这给他驰骋沙场注入了强大的精神动力。

娶孛儿帖　结世代亲

　　站在不儿罕山下，铁木真凝望着天空，他心中一直在念叨着："今日我已十九岁，这样的年龄是个勇士在战场上冲杀的年龄了，而我铁木真真正的战场是在什么地方呢？"铁木真低下头颅默默地用双手祈祷着，然后揪起一抔土轻轻在放在自己的头上。一连好几天，每当他这样做的时候，心中的感情都会溢于言表。整天靠打猎来维持家庭生活的铁木真知道如此也非长久之计，但现实的无奈让他心生困苦。就在铁木真为现实的生活和心中的仇恨蠢蠢欲动的时候，诃额伦母亲在家人面前做了一个让铁木真欣喜若狂的决定，也就是这个决定，在某种程度上对铁木真的未来产生了不可忽视的巨大影响。

　　就在猪年的春头，铁木真心中因生活和仇恨而压抑的时候，诃额伦母亲将铁木真兄弟叫到身边，目不转睛地盯着铁木真大声地宣布："今日吾子们都已长大成人，各自的生活也能独立，我现在担忧的就是铁木真，因他早年与弘吉剌部孛儿帖的婚事还没有落定。今年是猪年，是娶妻结婚的好年头，我决定让铁木真去弘吉剌部与孛儿帖完婚，如此母亲心中也便了却一桩大事。"说完，她就从火堆前站了起来，拿起一件衣物披在身上。铁木真此时才睁大双眼在心中想："我的孛儿帖已经有十年没有见到我了，我怎么没有想到她呢？"铁木真马上站起身来对母亲说："母亲，我已年壮，也想去完成自己的终生大事，您觉得我何时出发为好呢？"诃额伦母亲端坐在卧榻前轻轻地挥动双手道："越快越好。"铁木真见此状，于是也没有再问，转身回帐去准备行李去了。

　　就在当天晚上，诃额伦来到铁木真的帐房问他："吾儿可将行程安排好了？我看你两天之后就出发吧！明日我准备一些送给德薛阐的见面礼，你带上别勒古台……"说完，就默默地看着铁木真。铁木真握起母亲的双手激动地说道："母亲，我恨不得今日便出发，早早将事情办好，

雕弓天狼——成吉思汗传

这样全家人心中都会踏实自在。"诃额伦见铁木真如此好兴致,于是转过身来说道:"那好,我也回去准备,你两日之后便可以启程!"诃额伦母亲便向自己的帐房中走去。铁木真在自己的帐房中简单地收拾了几件衣物放在皮包里,然后安静地睡去,而诃额伦母亲却在帐中忙到了深夜,因为她实在不知道送什么礼物给德薛阐亲家才好。

两天的时间很快就过去了,就在铁木真出发前的夜晚,诃额伦母亲将全家人都请到一起,郑重地说:"明日铁木真就要去迎亲了,我们没有酒肉相送,没有大队的迎亲队伍,但我们一家人的心意是火热的,明日众人都到帐前给铁木真和别勒古台送行,须早早站在门外候着。"说完就让豁阿黑臣点上一支火把,与众子们愉快地商量着娶亲的事。别勒古台对铁木真叮嘱道:"我的兄长,我们两人同行,经过塔塔儿人营地时须万分警惕才是。"铁木真严肃地点点头道:"起码我不会让父亲的悲剧在我身上重演。"此时合撒儿也说道:"弘吉剌人富庶,住的是板房,希望他们没有迁徙,这样兄长就能顺着记忆中的路线找到了。"铁木真连连点头道:"如若迁徙,也不会离开弘吉剌地界,多找几日还是能找到的。"诃额伦母亲说道:"如此我等便放心了,但你二人在路途上必定要小心谨慎,塔塔儿人是要警惕的。"说完,她便接过豁阿黑臣手中的火把放在火堆里。诃额伦母亲挥挥双手,让众人各自归去安歇。

天色很快就明亮了起来,铁木真早早就坐在卧榻上等待着。当天还没亮时,他便一个人静静地坐着,铁木真看着帐篷的顶角想:"等我亲事办完之后,定要为父亲报仇,重振我蒙古乞颜氏部的威望。到时候孛儿帖给我生孩子,要让乞颜氏的辉煌永远传递下去。"当铁木真能就着天空的微光看到自己的双手的时候,他便从卧榻上站了起来,此时豁阿黑臣已经在外面忙活了。铁木真舒展了筋骨,长长地伸了个懒腰,仰头长啸:"今日便是希望飞扬之日,我的夫人的到来一定会为我带来无尽的福气!"喊完,便轻轻地走出帐房,仰望着天空。此时旁边的几个帐房中也有响动,铁木真呼吸着早晨的空气,在几个帐房之间转悠着,因为此时的铁木真精神异常兴奋。他走到马圈旁看了看银合马,个个都养得肥硕精神,他轻轻地在马背上拍一下,马儿便发出长长的嘶鸣。就在此时,诃额伦母亲的声音从帐篷前传了过来:"铁木真,你的脚力在母亲这里,你不必挑选了。"铁木真猛地一回头,看到诃额伦母亲带着全家人站在帐门前,将一匹载满行李的银合马牵着向草地上走去。铁木真飞快地迎了上去,将马儿接过来,然后纵马而上,带上别勒古台,喊道:"母亲,兄弟们,铁木真今日去遥远的弘吉剌部完婚,请你们和天神保佑我，让我满载而归吧！"说完，饮尽母亲手中的奶酒，扬起马鞭，畅快地向草原深处奔去。诃额伦看着铁木真如此气势，心中由衷地高兴，等到铁木真和别勒古台扬起的尘土消失在她的视野里，她才依依不舍地回到营帐之中。

在路上奔行一天一夜之后，铁木真与别勒古台进入塔塔儿人的地界，他们仔细地环视四周，发现树林中的鸟儿的叫声和水泽中的流水声和谐悦耳，铁木真对别勒古台喊道："杳无声息的草地上，正是赶路的好机会。"二人马不停蹄，直奔弘吉剌部方向而去。又走了两天时间，铁木真站在一条小河旁边叹息道："弘吉剌部就在对岸，十年前是我与父亲同来，今日却是我一人！"别勒古台微笑着连连点头。二人在小溪中奔驰起来，瞬时水花飞溅，草木摇摆。过了小河，铁木真站在草地上观望着路径。看着眼前的那座扯客彻儿山想："我的德薛阐老丈人，你还在山间定住吧！"铁木真轻轻地拨弄马鬃，满怀信心地一步步地向山间中走去。

就在别勒古台要站到山腰，俯瞰地面人家的时候，突然不远处出现了一个帐房，此时铁木真喜出望外，他断定这便是孛儿忽儿氏营地。他飞身下马，徒步向帐房走去。铁木真看见远处走来一个老人，他仔细打量，那人便是德薛阐。看到自己的老丈人，铁木真自然情形激动，但因为事隔多年，铁木真怕德薛阐认不出他，于是他就愣住了。但德薛阐瞟了一眼铁木真便惊恐万分地喊道："我听说泰赤乌人嫉妒你兄弟们，却要除杀你们，我心中好生难过羞恼，没想到今日会在我的营地再见到我的女婿铁木真啊！"说完便哈哈大笑起来。铁木真马上迎上去紧紧握住德薛阐的双手暖暖地问道："时隔十载，没想到老丈人还能认出铁木真来！而十年之间您都没有迁徙，是天神让我兄弟如此顺利就找到了您啊！"德薛阐仔细地看着铁木真，发现他的形象与举止却与他父亲也迷该有几分相似，正因如此，他才断定眼前人便是铁木真。

别勒古台见到兄长正在与人交谈，于是飞奔过来想看个究竟，铁木真转身向德薛阐介绍道："此吾庶弟别勒古台，今日陪我一起前来。"德薛阐激动地将自己的女婿迎入帐中，对自己的妻子搠擅说道："我知铁木真父子不是言而无信之辈。你看，今日女婿终于回到丈人家来了。"搠擅牵着女儿的双手来到后帐高兴地准备晚宴。孛儿帖心中喜悦，所以不时在母亲面前发出笑声。母亲对她说："他日到了铁木真家中，可不要如此才好，否则婆婆就要生烦恼了！"孛儿帖听着就走出了后帐见铁木真。铁木真一边与德薛阐畅饮一边问道："我到来之时，怎没见得孛

儿帖呢？我还真想见见她呢！"就在此时，孛儿帖站在铁木真的身旁暧昧地笑道："我的铁木真大人，孛儿帖便站在你身边，你可还是小时的模样，但你可认出我呢？"铁木真转头相视，发现一个美貌动人的女子站在自己的身旁。铁木真马上站起身来："没想到我的孛儿帖还是如从前那样貌美如花！能见到孛儿帖，我心中便畅快了，你可是我朝思暮想的人啊！"

德薛阐端坐在帐篷中央看着两人如此默契，于是高兴地宣布："等铁木真熟悉了族中长老，我便让你们成亲，早早成亲，早早得福！"此时别勒古台忙站起身来恭敬地道："那就请德薛阐亲家多费心了，我母亲也是这样的意思。"德薛阐夫人搊擅将一桌丰盛的晚宴摆好，一家人坐在一起畅饮尽谈。很快，德薛阐就喝醉了，铁木真两兄弟当下就被安排休息去了。就这样，美好而难忘的一天过去了，铁木真出帐时看了一眼孛儿帖说道："我未来的夫人啊，今日我去休息，你要照顾好你的父亲，不要让他受了风寒！"说完，便同别勒古台转到最后面的一个小帐篷歇息去了。

在以后的几日里，铁木真带着别勒古台在帐中接见了一个又一个孛儿帖的亲戚，铁木真同他们打成了一片。到了第四天，德薛阐对铁木真说道："众亲戚你也都认识了，那明日我就让你与孛儿帖完婚吧！这样我们心中悬着十多年的一块石头也便落定了。"铁木真得到这个消息马上叩拜道："感谢老丈人的心意，感谢天神将孛儿帖赐予铁木真，相信我母亲和家人会因为孛儿帖的到来而高兴的。"德薛阐站在那里抚摩着胡须悠然地笑起来。此时别勒古台正站在草地上放马，铁木真跑过去对他说明了情况，别勒古台便在帐中匆忙地准备起来。当天晚上，别勒古台和铁木真合计："明日便是你成亲之日，你得穿上母亲亲手为你缝制的花皮红袄。"铁木真激动地连连点头。两人说到深夜，然后就各自躺下，等待喜庆日子的到来。

等到天明了，德薛阐夫妇经过一整夜的装扮之后，整个大帐中到处披红戴绿，洋溢着喜气。铁木真在帐外认真地装扮一番之后，牵着孛儿帖新娘的手慢慢地向大帐中走去。坐在高位的德薛阐夫妇在众人的喧闹中大声宣布："今日吾女孛儿帖正式与铁木真完婚，从此我们两家便是一家，你们两人要有福同享，有难同当，不离不弃，白头偕老。"孛儿帖温柔地看着铁木真，两人对天神发誓，正式成为夫妻。当天晚上，铁木真便与孛儿帖同榻而眠，两人从此开始了他们的夫妻生活，孛儿帖也开始了服侍铁木真、做铁木真贤内助的全新生活。

在弘吉剌部居住数月之后，铁木真心情急躁起来，因为他想尽快让母亲和兄弟看到孛儿帖，同享这十年来都不曾有过的喜气。一天晚上，铁木真便向德薛阐说明了回去的想法，德薛阐当下就答应了。第二天早晨，铁木真等人带上孛儿帖就向三河源头赶去了，德薛阐因为有事半路便转回，只有搠擅将孛儿帖送到铁木真家中。得到新媳妇的诃额伦母亲心中一阵激动和欢喜，毕竟这是她们全家十年来少有的喜气，自然全家都畅快地喧闹了一番。

就这样，铁木真有了自己的正妻，铁木真开始了男子汉的生活。

许千金诺　报救命恩

在铁木真的每一个危难的关头，都会有善良的人同情他、帮助他。当他被泰赤乌人追赶的时候，是天神的旨意让他在树林中躲避。当他被泰赤乌人掳去之时，曾经有人为他卸下枷锁，让他安睡，也有善良的老人让他在斡难河水中逃脱，同时也是这个老人，在最后关头收留了他，这个人就是锁儿罕失剌。而让铁木真念念不忘的女孩就是那个温顺、善良、美丽的合答安。合答安像个女神一样在铁木真心目中占据了一席之位。当他躲在羊毛堆里压抑得呼吸都困难的时候，是合答安钻进羊毛堆撑起一块天地来让铁木真呼吸。铁木真的性命得以保存之后，是合答安鼓励他，让他重新燃烧起对尊贵地位追求的欲望。就在铁木真生死未卜的时候，合答安对铁木真说道："小主人，就算我们丢掉性命也要保护你，因为你是尊贵的黄金家族的后裔，而我们只是奴隶。今后只要小主人不要忘记我们便是我至高无上的荣耀了。"铁木真听着合答安真挚的语言，激动地轻声说道："只要我有大成之日，定当回来娶你为妻，我铁木真从不说谎。"两个稚气未脱的孩子就这样在危难的时刻定下海誓山盟。

因为当时铁木真危在旦夕，所以他纵马从速勒都孙氏离开之后，并没有再思念合答安的柔情，但她的感人肺腑的真言却在铁木真的心中萦

绕，而且每当夜深人静的时候铁木真便暗自地伤怀。时间的巨轮转到他娶亲之时，铁木真才对合答安的印象感到模糊，加上现实的残酷无情，铁木真心中时时想到的是怎样打败泰赤乌人，报仇雪恨。当铁木真强大起来并践行着他的誓言的时候，泰赤乌强大的外表马上被铁木真打得千疮百孔。铁木真带着颈脖的箭伤对泰赤乌人发动最后一次冲击的时候，他的心在敌人背信弃义、反目成仇的怒火中燃烧。他纵马追赶塔儿忽台，众将跟随其后，铁木真在昏暗的月光下看到一个身披红衣的女子，坐在木轮车旁大声地喊叫着，铁木真心中很是诧异。就在此时，者勒蔑纵马过来喊道："可汗，那红衣女子在不停地呼唤'铁木真'呢！难道他是可汗的亲人不成？"铁木真听到此处，更加惊奇起来，忙挥鞭驰马上去问道："你这个野妇，为何这般呼我大名？"那女子马上停止哭泣，转过眼睛大声对铁木真说："铁木真是我的大英雄，我只要呼唤他的名字，他便可以挽救我夫君的性命！"铁木真惊愕地问道："你是何人？我便是铁木真，我怎么不认识你？你丈夫被何人捉去？"

那女子揉了揉自己的眼睛，惊异地喊道："我就是合答安，铁木真说过，在危难之时只要呼唤他的名号，他便来救我。今日我丈夫被强兵抓走，我现在不叫他，怕再没有机会了。"铁木真听到此处，心中不禁一震，睁大双眼看着合答安激动地问："原来你是合答安？我的好姑娘，今日你丈夫抓往了何处？我定当将他送回来。铁木真绝无戏言。"合答安大声地告诉铁木真，她的丈夫被塔儿忽台的随将抓去充军了，走的时候还痛打了他一顿。铁木真沿着合答安手指的方向大声喝道："众将继续追击泰赤乌人，我上山去拯救合答安的丈夫。"合答安此时才停止了哭泣，随着铁木真的随从向后方营帐中撤去。

铁木真一边在战马上大声呼唤着，一边用马刀在乱军中挥舞。他一鼓作气便奔上了山冈，就在他看到几个泰赤乌人在一个尸体上乱砍的时候，一个随从喊道："在地上的死人就是合答安之夫！可怜他已命归黄泉了！"那侍从长长地叹息了一声。铁木真正在飞奔之间，听了此话，一不做二不休就将众乱军冲散，裹着合答安丈夫的尸体向后方赶去。

当铁木真拖着尸体站在合答安身前的时候，她又一次失声痛苦起来，并大声叫喊着："我们卑贱的命注定就没有天神保佑吗？如果铁木真能早早被天神派来，你的命就得保全了啊！"说完，就跪在草地上哭得死去活来。铁木真见到这样，不好意思地低下头来，抚摩着合答安的长发说道："都怪我晚来一步，但你丈夫的英灵知道你现在在我的营帐中，他也应该感到满意了。"说完他便让人将合答安的丈夫的尸体裹好，放在一个洼沟里，等待战后为他举行葬礼。但此时合答安只顾在地上痛哭，却没有看一眼铁木真，铁木真心中想："合答安啊，你果然是个超凡女子，不但貌美如花，性格却也是如此贞烈啊！"铁木真命令左右："未等合答安开口，不得随意强迫她离开。如果她愿意，就让她住在我的营地中。"就这样，合答安坐在地上，看着自己的丈夫，足足哭泣了几个时辰。

到晚上天黑的时候，远方奔来几个前哨对铁木真喊道："今日泰赤乌部族中人，死的死，散的散，降的降。多年以来的蒙古劲敌泰赤乌已经失去了生存的能力，蒙古乞颜氏的一个仇敌将不复存在了！"就着这个消息，铁木真站在族人和众将领面前高高地举起苏鲁锭喊道："蒙古乞颜氏又站起来了！我们的父亲和祖先看到了叛徒应该受到的惩罚，天神也会在遥远的天际间保佑我们的。"片刻之间，整个营地便热闹起来。直到深夜的时候，铁木真才带着侍从向自己的中军帐走去。就在此时，者勒蔑上前敬言道："我的可汗啊，我想那个美丽的合答安此刻应该是个泪人了，她心中就一点儿也没有想过我的可汗吗？"铁木真突然止步，举起右手对他说道："她这样是在咒骂我没有时时想着她，这是我能理解的。现在我们去看看她心中是否平静了一些。"于是他掉转方向就向合答安所在的小帐奔来。

铁木真缓缓走了过来，此时的合答安正用衣角轻轻擦拭着身上的泥土。铁木真轻轻地挥了挥手，于是周围的随从马上四散而去。铁木真清了清喉咙，一边走来一边对合答安喊道："我亲爱的合答安，逝夫之痛我能体会，但你得为活着的自己想想，活人不能随死人而去，死人也得安息才好！"合答安听到此处，拭了拭脸上的泪水看了铁木真一眼道："征战之苦，我们尝尽了。今日我丈夫死了，父亲也不知去向，我的生命这般苦痛，不知活着有什么意思！"铁木真搂着合答安的双肩神情凝重地看着她说道："我的恩人，我今日得到你便不会再让你受流离之苦，我曾经对你说过的话会实现的，我铁木真会像你丈夫一样百般呵护你，相信你的美丽和你的坚贞天神可见，这是天神赐给你我的缘分。"说完，铁木真便轻轻地拨弄着合答安的头发笑了起来。

此时合答安也没有挣扎，凝视着铁木真的笑脸，好像是他丈夫的身影又站在她面前一样，合答安矜持地说道："铁木真小主人，你是大福大贵之人，只有孛儿帖夫人那样的贵人才是你的伴侣。我身为奴婢的能让您注目就已经满足了！"合答安小心地挣脱铁木真的双手把身子转了过去，铁木真马上为难地笑着："那你还记得我们在羊毛堆里的誓言吗？

【第三篇】婚姻篇

那是我终生不忘的记忆。"合答安此时将双手摆弄在胸前，大声地喊道："那是小主人的迎合之辞，怎可信以为真呢？你快活了便会忘掉，我也不敢相信。"说完，她脸上悲伤的情思却一消而尽。她转过身来又看着铁木真气定神闲地说道："昔日小主人落难让我们救了，今日你又帮我从苦难中逃脱了出来，这是我小奴婢终生不能相忘的！"她的眼神里充满着一种奇异的希望，让铁木真捉摸不透。铁木真摸着自己的胸口慢慢地说："我不会想那些无关紧要的东西，只要你能安心在我帐中，你父亲和兄弟也会知道的，到时候你们全家便有团聚之日也！"说完，他安抚着合答安的脸，轻轻地将她脸上的最后一道泪痕擦了去。合答安感到铁木真无比纯烈的深情，朝着天空喊道："天神啊！今日我见到的铁木真却是个高高在上的王者，我果真能让铁木真垂青吗？"此时铁木真高兴地说道："我的合答安，天神都这样决定了，你还有什么顾虑呢？我会让你全家在我帐下安宁地生活，无忧无虑，不再受人眼色。"说完就将合答安抱在怀中。

就在铁木真与合答安亲切谈叙之间，远处走来一个将军，跑得急促。铁木真上前便问："又有何事，怎得如此急速？"那人飞身下马叩拜敬言道："泰赤乌的少数人也已经安服，只有塔儿忽台等人不知去向。"铁木真平静地思量一番，然后回答："命令者勒蔑，今夜便收兵，对于塔儿忽台，我自能抓住他！"说完，那人也纵马飞奔而去。铁木真转过身来对合答安道："我的恩人，今日你就在我帐旁的小帐中安歇，明日我再安排你的寝帐。"说完，铁木真便叫来两个身边的侍从让她们服侍合答安。合答安犹豫不决地看着铁木真，但因为侍从的催促，合答安回到小帐中歇息了。铁木真当晚便召集众人在帐中商议捉拿塔儿忽台的战略决策。

当天夜里，铁木真对夫人孛儿帖说明了合答安的情况，于是孛儿帖便说："既然合答安一家有重恩于你，那我也得感激才对。你就让她在我们的帐中同食同饮吧！"铁木真听到此言，心中一阵温暖，连忙对孛儿帖点头称是，就这样，铁木真与孛儿帖一边聊叙着一边听着帐外风吹草动的声音到深夜。

第二天的早晨，铁木真与孛儿帖正靠在卧榻上，只听外面有人争吵，铁木真便让侍从去问个究竟，侍从回来答道："是合答安在同奴隶们抢活干呢！"铁木真马上站了起来，走出帐外喝道："你们怎么能让合答安挤羊奶？她可是我请来的贵人，以后合答安也不可自贱，如此失了规矩可不行！"合答安恭敬地站在一旁，小心地说道："我只有做奴婢的命，不想歇息！今日可汗如此说，我便不做罢了！"说完，就向自己的小帐中走去。铁木真见她走去，于是满心畅快地回到大帐中去了。

到了晌午时分，合答安正坐在大帐中与铁木真、孛儿帖说话，忽然有人来报："帐外有锁儿罕失剌前来投靠。"铁木真马上站起身来，情形激动地拉开大帐帷幕迎接锁儿罕失剌等人。合答安兴奋地站起身来便向外奔去。锁儿罕失剌几步走到铁木真面前深情地叩拜道："老奴锁儿罕失剌今日来到铁木真可汗帐下，请您免我一死啊！"铁木真扶起锁儿罕失剌等人，让他们端坐在帐前。铁木真此时心中疑虑地问到："你却不早早前来，偏要你们灭亡之时才到呢？"锁儿罕失剌叩拜在地激动地说道："只因塔儿忽台对我家已有疑心，我若早早奔来，定要伤及我的妻儿老小，牲畜也会被掠夺的！那样我全家将面临死亡的威胁。"铁木真听完老人的话，心中觉得有理，于是便没有再问。从此，铁木真回报了锁儿罕失剌一家的救命之恩，并得到了合答安做自己家的乳母，她与铁木真亲如一家。

歼灭世仇　娶姐妹花

早在也速该巴特儿在世的时候，塔塔儿人就是蒙古部的强悍敌人之一。与塔塔儿人常年的征战让两个部族之间留下了数不尽的恩怨和说不完的仇恨，特别是在也速该首领被塔塔儿人用毒药毒死之后，蒙古乞颜氏部便与塔塔儿结下了不共戴天之仇。

仇恨在铁木真心中燃烧，父亲的遗嘱像钉子一样钉在铁木真的心中。当铁木真通过两次大的战役将塔塔儿部的势力一扫而尽之后，塔塔儿人才意识到，仇恨的力量是如此之大，仇恨中的弱者会将得意中的强者的领地夷为平地，天下的弱者永远都是暂时的，而真正的强者才会在有生之年保持自己的强盛地位。之前塔塔儿人没有意识到这一点，蒙古大部分氏族也都没有意识到这一点。当铁木真荡平塔塔儿之后，在中帐中商议尽杀塔塔儿男人的时候，没有人怀疑铁木真的铁石心肠，也没有

人怀疑铁木真为部族报仇的决心。

在塔塔儿与蒙古乞颜氏政治决裂的大背景之下，两族的百姓之间却有着良好的、亲近的往来。许多塔塔儿人娶了乞颜氏的姑娘做妻子，自然也有蒙古乞颜氏人迎娶了塔塔儿姑娘，就连铁木真的胞弟合撒儿的妻子也是塔塔儿人。

就在蒙古乞颜氏将塔塔儿的所有贵族抓在手中的时候，铁木真做的第一件事情便是让人在塔塔儿贵族中挑选出一个塔塔儿姑娘做自己的妻子。坐在中军帐中的铁木真悠然地等待着侍从的消息，他一边喝着马奶酒，一边对身边的将领说道："按我父亲的旨意，凡高过车轮的塔塔儿男人都要杀掉。但塔塔儿女人是好东西，我要一个也是合情合理的，相信父亲大人在九泉之下也会感到高兴的。"说完便哈哈大笑起来。众将领上前进言铁木真："塔塔儿人固然可恨，但我们将其尽杀会不会让天神动怒啊?!"合撒儿也上前道："塔塔儿人如果尽杀，那我帐下收养的塔塔儿孤儿也要杀死不成？"铁木真马上愤怒起来，急促地站起身来喝道："你们受了塔塔儿人的膏脂吗？再有人敢在我面前表示对塔塔儿人的同情，便是与我铁木真作对，便是与我蒙古乞颜氏为敌！"说完转身就向帐外走去。众人见铁木真可汗如此果决、如此痛恨塔塔儿人，便再没有在他面前提起维护塔塔儿人的建议了。

过了两日，合撒儿从塔塔儿的营地径直向斡难河奔来，站在铁木真的帐前高兴地向他禀报道："兄长，我已在塔塔儿贵族中物色了一个绝色女子，如果兄长想要，几日之后便可将她牵到你帐下来服侍兄长。"铁木真向合撒儿盘问了一些细节，合撒儿细致入微地将姑娘的名字、家事以及长相都向铁木真说述了一番。铁木真听完之后，心中顿感快慰，于是命令合撒儿："你以我蒙古可汗的名义将这个塔塔儿姑娘取来，只要她好生服侍于我，定能让她享受我族人一样的生活和财富。"说完，他便转身回到中军帐去了，合撒儿也领命驰马而去。当天晚上，铁木真便对孛儿帖说到合撒儿向他提报的那个塔塔儿姑娘也速干，孛儿帖冷漠地说道："塔塔儿人今日为我们尽杀，今日这个也速干心中不要生存嫉恨才好！"铁木真听了马上道："也速干既然为我妃子，那他的家人和父亲也客扯连自然是另当别论了。"铁木真心中的喜悦之情马上打消了孛儿帖夫人的焦虑。

过了两天，铁木真正在帐中对孛儿帖说："近日夫人家事劳顿，我也该找个帮手给你才好。"孛儿帖低头默默无声地微笑着，就在此时，近侍进来禀报："者勒蔑将军一行已赶到帐下。"铁木真慌忙整理衣冠，严肃地喊道："快快随我迎接。"说完，就到帐外迎接新妃去了。铁木真远远便看到一个端庄美貌的女子，他在心中想："塔塔儿人竟然有如此绝色女子，真是我的福分啊！"他对者勒蔑道："果真是个绝色美艳之女也！我当好好赏赐于你！"铁木真便转身站到也速干面前，那也速干也倒是个识大体之人，尊敬地拜倒在铁木真面前怯生生地说："感谢可汗的垂爱，今日能在可汗面前，真乃也速干全家人的福分！"铁木真一把搂住她，痛快地说道："今日塔塔儿人已经末路，你能在我处安生，享受荣华富贵，应当是一种快乐了！"也速干看着铁木真的脸默默无语。此时铁木真更加高兴起来，道："今日迎来也速干别妻，定要欢乐一番。"于是整个营地里马上欢声震天，成了一片喧闹的海洋。

当天晚上也速干在铁木真的卧榻上亲昵地恳求道："我的大可汗啊，今日塔塔儿人大势已去，您能保全我父兄和家人吗？"铁木真抱住也速干懒洋洋地说："今日你能与我同枕，便是我的妻子，丈人也客扎连我自当好生相待，网开一面！"也速干听到这里，心中不胜欢喜，轻轻地将双手搭在铁木真的胸前，悠然地躺在他的宽阔的胸怀之中。从此，铁木真一连十几日都在也速干的帐中玩乐。

也速干不但是个善于迎合之人，而且还能跳舞助兴。正因如此，铁木真在十几天里都没有离开过也速干。铁木真每天与也速干满饮饱食而归，在宴席上，曾经有人对铁木真告诫道："可汗，我们已休整多日，应该考虑消除塔塔儿残部的战争了。"但铁木真轻轻地摇了摇头道："为时尚早，等我尽兴之后定有良策！"说完，就伸手让也速干倒酒。但在席间，也速干马上皱起眉头苦笑着道："我的可汗啊，我们塔塔儿人死的死，离的离，今日我在此享福，却不知我的姐姐现在何处也！"铁木真睁大双眼诘问道："你有姐姐？难道她没有到我帐下吗？她是何等人？"也速干轻轻地瞟了一眼铁木真悲伤地说道："我那姐姐生性温柔，美貌更是天下一绝，胜过我好几倍，她才是真正能配得上可汗的人啊！"铁木真听到此处，马上站起身来，高兴地说道："难道天下竟有如此美貌之人？我定要好好看看。"铁木真马上派人到塔塔儿人逃亡的地方寻去，希望能寻到也速干的姐姐也遂。

也速干看到铁木真下令寻找自己的姐姐，于是将好消息传递给了她的父亲也客扎连。站在帐篷里的也客扎连面庞焦急地祈祷着："天神保佑我家人能安全地活着，团聚在蒙古人的麾下也好！"说完，就为被蒙古人杀害的所有塔塔儿人祈祷。当天晚上，也速干就坐在铁木真的中帐中说道："如我们姐妹能安定地在可汗身前服侍，那我也就没有什么非分之想了。"说完便与铁木真可汗一起畅饮起来。铁木真站起身来大声地对也速干说道："等你姐妹团聚之后，同在我左右，如此我铁木真也就寝食无忧也。"说完，便哈哈大笑起来。就在此时，孛儿帖夫人从帐外走了进来对铁木真喊道："我的大汗，今日你须早早睡去，否则你就再也没有精神理政用兵了。"铁木真慌忙站起身来对也速干别妻说道："我的美人儿，你先等待几日，过几日我便回来继续畅饮享乐。"说完，铁木真便转回孛儿帖的营帐中去了。

也速干一人坐在帐房里，心中暗自合计："不能让铁木真可汗远离我，否则我全家人的富贵便没有着落了。"想着想着，她便在帐外心神不宁地转动着，突然她想起自己美丽的姐姐来，也速干的心情才渐渐平静下来。她知道，如果铁木真可汗不再宠爱自己，那姐姐也遂的到来一定会改变这样的情形，也速干暗自高兴着："我的好姐姐，早早让我听到你的好消息吧！如果你能安然而来，不但是我们家人的福气，更是你我姐妹的享福之时也。"当天夜里也速干就梦见了自己的姐姐，并看到她像个天仙女一样降落在铁木真的营地，也速干心中大喜："看来我们的福气是天神赐予的，姐姐一定会安全来到的。"

过了三天，铁木真正在宴饮之间，突然侍从进来禀报道："别客扯连丈人正带着也速干夫人的姐姐也遂站在麾下准备进见可汗。"铁木真高兴地站起身来，大声喝道："今日能让我一睹绝世美人，真乃人生之痛快也！"说完，就牵上也速干的双手款款地向帐外走去。当铁木真站在帐前女子面前之时，铁木真马上为立在眼前的女人镇住了，只见那女子眼大而水润，身健而匀称，肤白而韵红。铁木真目不转睛锁眉相视，就在铁木真惊异之间，也速干站到姐姐也遂的身边轻轻地抚摩着她脸上的风尘，对铁木真说道："可汗，她便是我常常对您提起的姐姐也遂。"也遂急忙上前，跪拜在地上，虔诚地说："贱妇感激可汗仁爱之恩，小妇人愿意为可汗做牛做马，来生再来做奴婢。"听到也遂的肺腑之言后，铁木真对也速干姐妹更加宠爱，百般呵护。

就在也遂夫人到来之后的几天里，铁木真与也遂姐妹常常在草地上举行宴会，欣赏也遂姐妹的才艺。一个夏日炎烈的晌午，铁木真正坐在草地上与也遂姐妹共饮。也速干对也遂说道："今日姐姐颜色不好，是昨日受了风寒吗？"那也遂却只是摇摇头，后来铁木真也问道："今日夫人饮过了吗？"也遂也是心事重重地摇晃着脑袋。铁木真见如此情景，马上警觉起来。他环视周围，发现一些属民也在一旁乘凉。他细心地查看一番，发现其中有一个相貌俊俏的男子神情可疑。铁木真站在众人面前，大声喝道："你们按部族所属各自站成队列，我要审查。"属民们听到命令马上列成几个小队，但唯有那俊俏男人一人站在队列之外，铁木真马上叫人将他拿下，说他是个外部的奸细。那人被捆绑在树下自知不能活命，于是大声叫喊道："我是来看望我妻子的，坐在宴席之间的也遂便是，请可汗将她还给我。"铁木真听到此处，狠狠地看了一眼也遂，然后愤怒地喝道："快快将这个奸细砍掉，我是容不得塔塔儿人的！"说完，几个刽子手便上前将那男子拖到偏僻之地斩首了。

也遂看到这一幕情景，马上掩上自己的双眼，悄悄地落了几滴眼泪，然后就回到自己的营帐之中。铁木真撤掉宴席也自己回到营帐中去了。从此以后，也遂和也速干便成为铁木真的妃子，她们两人的地位在铁木真的众妻妾中也非常高贵，也速干姐妹忠心耿耿地服侍铁木真，对铁木真以后的生活也产生了巨大的影响。由于也速干姐妹的到来，也客扯连的一家保全了性命，并成为为数不多的幸存的塔塔儿人。

灭太阳汗　得高傲妻

在草原战争中，失败难不住英雄，因为一个强悍的领导者，一个给部族带来希望的草原英雄是不会在失败的面前妥协的。

当铁木真的一个又一个胜利传到后方的时候，他的家人在帐篷里欢欣鼓舞，他的族人在草地上热情歌唱。铁木真的部下，个个都在严阵以待，等待着铁木真可汗的下一个进攻指令。

无论是自不量力的塔塔儿人还是轻敌自大的乃蛮人都在铁木真面前倒下了。而在每一次击败敌人的时候，铁木真都会施展软硬兼施的政策，一边以强兵压进，一边派遣使者进行招降。对于乃蛮部的策略也不例外。正是这样的政策，让乃蛮这个强大的部落很快就在草原上消失了。太阳汗和他的夫人在众人面前大声呼叫："等到我们将野蛮的蒙古人消灭之后，相信草原上的人们会拥戴我为至高无上的王者……"说完，便在大帐中胡说乱谈起来，站在帐下的老臣可克薛心神不宁地向太

阳汗进言道："我敬爱的可汗，今日蒙古乞颜氏兴盛漠北，不是偶然，也非一日两日，我想我们应该谨慎对待乞颜氏的进犯才是！"太阳汗痛快地饮尽杯中奶酒，大声喝道："难道我强大的乃蛮部还在乎一个整日饥不择食的野蛮部落吗？他们如若敢犯我地界，我定让他们有来无回。"老臣可克薛见太阳汗如此妄自尊大，深深地叹息一声后，走出了太阳汗的中军大帐。

很快，乃蛮边陲前哨送来消息，铁木真正在整顿大军，即日将对乃蛮部大举进攻。太阳汗站在深帐中抚摩着夫人古儿别速的双手喝道："小小乞颜氏竟敢如此无理，我定要为所有草原百姓开开眼。"此时古儿别速暧昧地看了一眼太阳汗，若无其事地对太阳汗说道："听说蒙古人常常吃粗食，而且身上也有气味，让我看到蒙古人定不要让他们靠近于我，让那些身上充满牲畜气味的蒙古人见鬼去！"古儿别速轻轻地端起一杯茶，然后又说道，"我看蒙古人也没有什么用处，如果看到几个标致清秀的小童便给我带来，让他们干干净净地洗个澡，穿上像样的衣服，给我们挤马奶也好。"说完，用不在乎的眼神瞥了一眼太阳汗。太阳汗为了让古儿别速开心，马上喊道："野蛮的蒙古人是野种，让他们的小童给古儿别速夫人挤马奶，应该是他们一生的福气了。"古儿别速夫人此时才扬扬得意地笑了起来，而太阳汗也傻呵呵地笑着。

身边的近臣都对太阳汗进言让他好生应对此次战争，但他都如说儿戏般一口带过。老臣可克薛冒犯地强行进言道："我英明的太阳汗啊，你今日怎能如此糊涂呢？草原上的强敌多数都为蒙古乞颜氏所灭，您就这样有把握成为一个意外的生存者吗？"太阳汗听到这里，挥挥手对可克薛喊道："你年老岁高，还是少插手军机大事吧！以后你可以在家中休息，不必来朝拜我。"说完就让可克薛出帐。而古儿别速却在一旁连声说道："如此年老的老臣竟然也长他人之志气，我乃蛮部岂是等闲之辈?!"老臣可克薛马上直言道："我的可汗啊，今日你不能严阵以待，他日你定会为今天的傲慢后悔的！"还没有等可克薛说完，众侍从便将他驱赶出了帐房。

没过几日，太阳汗便召集所有与蒙古乞颜氏为敌的可汗和首领们共商应敌之策。此时札木合上前应道："今日我们若对乞颜氏进攻，一定会胜券在握，因为我们是多部的联合军，而乞颜氏孤军作战。我们就着锐气，一定能打他个措手不及。"说完，用凶狠的双眼凝视着太阳汗。太阳汗举起手中的盏子，大声对众人宣布："明日我们便整军出发，让草原上的恶狼在没有防备的时候被我们抓住，然后杀死他们。"说完，就哈哈大笑起来。此时古儿别速站在帐后高兴地连连点头，说道："等太阳汗打败了蒙古乞颜氏，我便是草原上最高贵、最富有的女主人！"古儿别速抑制不了心中的激动，于是她一边念念有词一边向自己的寝帐走去。

　　但太阳汗的如意算盘并没有像他想象的那样顺利，因为进攻乞颜氏的消息马上被告密者带到乞颜氏的营地。当时乞颜氏的军队正在休整，准备迎接与乃蛮部的战争。得到消息的铁木真也没有想到战争会来得如此之快，蒙古乞颜氏的军队很快进行集结和部署，屯兵纳忽崖。就在此地，乞颜部军队与乃蛮联盟军展开了一定决定乃蛮部生死存亡的战争。战争持续了一天一夜之后，太阳汗所率领的联军被打得落花流水，溃不成军。成吉思汗铁木真很快就攻占了乃蛮部所有的营地，掠夺了他们所有的财富。站在成吉思汗身边的弟弟合赤温畅快了对成吉思汗喊道："我的兄长，今日我们冲散了乃蛮部的营地，看他们还能不能自大了？那个自不量力的太阳汗死在乱军中了，而那个瞧不起蒙古人的古儿别速却还在帐中哭诉呢！兄长可以去看看。"成吉思汗听到此言，纵身上马，向乃蛮部的斡儿朵奔去。还没有等到成吉思汗走到大帐跟前，他便听到一片女人的哭声，在侍从的护卫下，他走到帐前，然后侍从将古儿别速从帐中牵了出来。成吉思汗仔细一看，这个古儿别速也真是个相貌堂堂、美丽标致之人。成吉思汗威吓地问道："今日见到的蒙古人可是你想象的那样野蛮污浊吗？"古儿别速紧张地压着嗓子说道："那都是老东西太阳汗不知天高地厚，让我这个随着他的妇人也小看了强大的蒙古部众，今日乃蛮部落此下场，实属太阳汗之过也！"说完，便低头不语了。

　　铁木真站在古儿别速跟前心想："此女人好干政事，太阳汗因此才视听模糊！而今日我眼前的这个古儿别速却可怜得像只羔羊，实在可怜啊！"铁木真转身过去对众人说道："今日可将古儿别速给我留下，其余人等都要严加处置便是。"合赤温当下就将古儿别速请到一旁，说明了成吉思汗的用意，古儿别速跪在合赤温面前激动地感谢道："今日能让我生存，我定会一心一意服侍大汗，永远做一个妇人应该做的。"合赤温见到古儿别速懂得事理，便大声对她说："服侍成吉思汗与别人不同，他不会让一个女人在他面前指指点点，如果你以后能安心服侍成吉思汗，我保证你可以依然享受荣华富贵。"说完，合赤温便牵来一驾马车，让古儿别速坐在上面，亲自将她送到成吉思汗的营地去了。

　　当天晚上，成吉思汗正在与几个将领用食，侍卫报告说古儿别速夫

人已到。成吉思汗走出大帐，朝古儿别速的马车走去。成吉思汗亲自上前牵引，站地未稳的古儿别速马上跪拜在成吉思汗面前，卑怯地说："今日成吉思汗威名远扬，他日我便死守成吉思汗身边，来感激天主和可汗的放生之恩。"说完便流下眼泪来。成吉思汗看着古儿别速的确是个可爱有理之女，当天晚上便让她在自己的大帐中用食，然后又让她站在自己身边观看族人的欢庆表演。

深夜，古儿别速看着正在兴致上的成吉思汗，于是一个人走到一个小角落里暗自伤神起来。成吉思汗是个精明之人，他马上发现了，轻轻地走到古儿别速身边道："我的新妻，正在快活之际，你怎会伤怀落泪啊？"古儿别速马上卑怯地站起来说道："好在我与那自大的太阳汗也做过夫妻，今日我希望可汗能宽仁待我，让我最后见一眼那不经风雨的太阳汗吧！"

成吉思汗直起身来，轻蔑地看着古儿别速，然后又心平气和地说道："如此也是人之常情，但太阳汗在乱军中已经被杀死了，当时他的部将都在他身边，我们激战了很长时间，可惜没有活捉太阳汗。"成吉思汗无奈地低下头看着手中的马鞭。此时古儿别速抬起头来，深情地看着成吉思汗悲伤地说道："那是太阳汗随天主而去了。那我也没有什么遗憾了，今后只会一心向着可汗您，断然没有二心。"于是古儿别速抚摩着成吉思汗的双手，两人又回到原来的地方观赏族人欢闹的景象了。当天晚上，成吉思汗并没有与古儿别速同榻而眠，因为就在古儿别速向自己的营帐走去的时候，她对成吉思汗说道："今日我得静静地忏悔，这样我方可有与可汗同榻之福也。今日请可汗在深眠之时勿忘我，在睁眼之时看看我睡觉的地方，如此我便有了诚心为您效劳。"说完，就放开成吉思汗的双手轻轻地向寝帐中走去。成吉思汗听了古儿别速的深情话语，心中不觉温暖起来。成吉思汗在心中暗想："此女人果有魅力也，难怪太阳汗那般放纵于她。"当古儿别速完全消失在自己的视线中的时候，成吉思汗撩了撩自己的头发，满心欢喜地回到帐中一个人安静地歇息去了。

这个夜晚，古儿别速并没有像成吉思汗想象的那么伤心，她坐在卧榻上不停地想着以往身居高位、玩弄权势的日子。在古儿别速心中，现在最重要的是迎合成吉思汗，做一个实实在在的蒙古夫人。她的脑子里在想："今后一定要放弃对权势的追求，否则会自身难保。"在这一夜里，她用尽了各种方法让自己像个真正的妇人，然后坐在火炉旁的镜子前对自己说："如此一个妇人，只要可汗快乐我便知足，其余与我无

干。"想着想着,光明便渐渐地从黑夜的尽头撕开一道口子,照亮了整个蒙古草原。当古儿别速听到外面奴隶们捅马乳的声音时,她酣然地入睡了。到太阳露出笑脸时,草地上已经开始沸腾了。就在此时,外面走来一个侍从轻轻地拉开古儿别速的寝帐,小心地唤道:"古儿别速主人,可汗在大帐中等待你去用食呢!"此时古儿别速才慌乱地从睡梦中苏醒过来,睁开双眼坐在卧榻上,马上振作精神,慌忙地向大帐中赶去。

坐在食桌前的古儿别速面对着成吉思汗矜持地吃着食物。此时成吉思汗看到古儿别速神情恍惚,笑问道:"难道你还认为蒙古人身上的气味让你不安吗?"古儿别速慢慢地抬起头局促不安忏悔道:"不是!我昨夜休息得不好,今日我能见到真正的蒙古人才知道什么是英雄,整天睡在温床上的公子们却是那样渺小。"古儿别速想着过去的威严和强势,心中又怀念起在乃蛮威风八面的日子。但在成吉思汗面前,她什么也不敢说,只是默默地在心中怀念着过去。

这餐早饭过后,古儿别速就真正地成为了蒙古部的夫人,这就是从前不可一世、自尊自大的乃蛮部的下场,同时也是专横娇宠的后妃古儿别速最后的命运。成吉思汗得到她之后,一个完整的、文明的、进步的乃蛮部就这样消失在漠北大草原上。在以后的生活中,古儿别速虽然能存命,但从此不再有往日的威严和权势。

威名远震　喜从天降

当成吉思汗的军队还站在三河源头俯瞰草原强敌的时候,所有乞颜氏的仇敌都在想着一个问题:"怎样来迎接这个好战的、如同战神一样的铁木真?"在铁木真尚未成年的时候,泰赤乌人便对他进行了追杀;而在铁木真娶亲成家之时,三姓蔑儿乞人却抢夺了他的新妻孛儿帖。但这一切的困难和险阻都没有让英勇的铁木真和他的家人感到绝望,恰恰相反,铁木真化困难和悲愤为力量,不断地战斗,不断地壮大着自己的队伍。当成吉思汗身边到来第一个那可儿博儿术,第一次与仇敌进行对决的时候，他的目标已经非常明了，他要为蒙古乞颜氏而战，他要为整个蒙古草原的强盛而战。对于有血有肉的成吉思汗来说，事业非常重要，但家庭却也是他生存发展的巨大动力，就在他战胜塔塔儿、蔑儿乞和乃蛮几个强敌之后，他也没有忘记在苦难的战争中慰劳自己。

当他整军等待、击败塔塔儿的时候，也客扯连就通过将自己的女儿也速干献给成吉思汗方法而保全了自家的性命和财产。

在成吉思汗命令众将追击太阳汗之子曲出律的同时，他亲自率领一支军队向合剌答勒忽札兀儿奔去，当铁木真到达目的地的时候，蔑儿乞首领脱脱在合剌答勒忽札兀儿与铁木真的蒙古军展开了激烈的战斗，最后以脱脱惨败而告终。

脱脱父子率领部众窜回撒阿里之野时，又与铁木真军队碰上。于是铁木真军队掳掠了众多蔑儿乞的部众和牲畜。就这样，三姓蔑儿乞人率领残部投靠不亦鲁黑汗。

奔逃了一日一夜之后，脱脱父子让众将领在一个小山冈上安营扎寨。三姓蔑儿乞人开始在中军帐中商议下一步的生存计划。此时，族内却出现了不小的分歧，兀洼思氏蔑儿乞的首领答亦儿兀孙站在帐前大声挑唆道："今日我蔑儿乞人最好的生存方式便是与铁木真联合，在他的麾下我们不但可以保全我们的性命，而且能让我们的牛羊继续在大草原上安然地吃草。"此时身为兀都亦惕氏首领的脱脱却大声漫骂道："如此没有骨气的草包，难道你也是蔑儿乞人的首领吗？真让蔑儿乞人感到丢脸！"说完就转过身去不看答亦儿兀孙。合阿惕氏的合阿台答儿麻剌站起来说道："我反正是顺从脱脱首领的，就是战死，我也没有向世仇投诚的想法的。"他轻轻地拨弄了一下刀鞘，厉声地对答亦儿兀孙说道："如果你想投降，那你就走吧！我们蔑儿乞人都是坚硬的汉子。"说完，他便出了营帐向自己的营地走去。

当天晚上，答亦儿兀孙站在营帐前观看着天空中的繁星点点，心中有一种莫名其妙的感觉。于是他对女儿忽兰喊道："女儿，你出来看看，今日的星辰可真好啊！"答亦儿兀孙用手指着浩如烟渺的天空。女儿忽兰说道："你看这天空的星辰有趣，我倒觉得这是我家的福气了。一定是星辰在告诉我们要早早离开此地，等能在铁木真处找个稳当的地位来，那我们就是真的富贵临门了！"说完，她便将双手抱在胸前虔诚地祈祷着。而此时答亦儿兀孙低头沉吟道："我美丽的女儿啊，我们与蒙古乞颜部是世仇，就怕此去不顺利啊！"忽兰转动着眼睛怯生生地对父亲道："塔塔儿人尚能通过结亲得到安生之策，难道我们就不能吗？"

答亦儿兀孙心中一震，拍着脑袋问道："难道我女儿有献身保全家庭的想法吗？如果真能如此，我们的安定之日就在眼前了。"女儿轻轻地点了点头。当天晚上，答亦儿兀孙就在帐中商议投诚铁木真的事情，第二天，他便准备向成吉思汗的驻地出发。因为当时正是各族纷争的高峰期，所以答亦儿兀孙并没有带太多物品，而是带了十几个侍从从送儿思河出发快马加鞭地向成吉思汗的营地赶来。

在路上，答亦儿兀孙高兴地对忽兰说："你的美貌若能被成吉思汗相中，那你以后的好日子就会像送儿思河河水一样不枯竭，而你的父亲我也将会有一个强大的后盾，我们兀洼思氏也会过上太平安定的日子了。"正在他们父女两边说边赶路的时候，不远处出现了一彪人马。答亦儿兀孙等人驻步观察，发现是蒙古军队。因为还没有见到成吉思汗，所以答亦儿兀孙心中很是紧张。当蒙古首将站在他面前的时候，他急忙上前叩拜道："各位兄弟，我是蔑儿乞兀洼思氏族人，今日特带上小女献给成吉思可汗，想寻个安生之地的。请将军行方便，容我等通行才是。"那首将在忽兰小姐身旁转了转觉得忽兰果然是个美貌女子，于是大声喝道："我是成吉思汗麾下大将纳牙阿，今日你们要见成吉思汗我不阻难，但你们要知道，前方正在征战，如果你们不小心在乱军中被杀死，那我可汗可就失去了一房美妇了。你等现在还是在我帐中安歇几日，等前方战争平定我再亲自送你们前去进见成吉思汗，你们看如何？"答亦儿兀孙牵着忽兰的手双双叩拜在纳牙阿面前大声感激道："将军考虑如此周全，今日遇到纳牙阿将军真是三生有幸也！"说完答亦儿兀孙便扶着忽兰一步一步地向纳牙阿的军营中赶去。

父女俩一边谈话一边向纳牙阿将军的驻地赶去。大约到了天黑时分，纳牙阿大声喝道："我军帐就在前方，快快进营，可能会有乱军要从此经过。"于是答亦儿兀孙等人飞奔向纳牙阿的营地，等他们站到帐篷里之时，只听到外面一阵嘈杂的响动，然后就又恢复平静了。答亦儿兀孙看看环境，马上问道："如果没错的话，此是将军的中军帐吧？今日让与我们，您到何处安生？"纳牙阿不屑地说道："既然是可汗未来的夫人，我怎能怠慢呢？可汗知道我怠慢贵人，必要重罚于我也！"说完就走出了大帐，让忽兰父女安心修养。纳牙阿又亲自在自己的帐房中挑选了三个侍从来服侍忽兰，然后说道："如果有什么不周就说出来，纳牙阿只是个在战场上精明的人，请夫人与老先生在此休息几日，安定之日定会将你们送到可汗帐下。"答亦儿兀孙感谢纳牙阿，轻松地倒吸了一口气，长长地伸了个懒腰，然后对女儿说道："我们终于能过上被

—— 113 ——

保护的日子了，看看那些不知死活的家伙能打出个什么名堂来。"说完，就安抚女儿的头发让女儿安心地睡下了，答亦儿兀孙就在卧榻旁的地板上安睡。

　　大约在纳牙阿的营地里小住了三日之后，答亦儿兀孙站在帐檐下喃喃地对忽兰说道："我想外面的战事应该消停了，纳牙阿将军也应该让我们起程了。"忽兰看着父亲为难的脸色，马上说道："可能纳牙阿将军有他的理由吧！等纳牙阿将军开口我们再动身吧！"父女俩正在议论之间，纳牙阿纵马从远处奔来，下马站在大帐前道："忽兰小姐，前方战事已经平定，让我纳牙阿早早送你们到可汗身边吧，如此也解了我心中的担忧。"忽兰突然从座位上站了起来大声对父亲道："你看，纳牙阿将军是个精明的人，他一定是知道什么时候让我们离开的。"父女俩笑哈哈地走出营帐牵着牲畜，在纳牙阿的护送之下，一步步地向成吉思汗的营地赶来。此时，忽兰在路上没有看到兵荒马乱的情景，但却看到一具具尸体横陈在荒野之中。答亦儿兀孙小心地对忽兰说："如果继续征战、继续对抗，谁会知道明天横尸在原野上的就不是我的尸体啊？"忽兰连连点头道："父亲是宽仁尚礼之人，定不会用马刀来维持自己的生活，我们还是寻个安稳生活才是最自在的。"说完，父女俩都深深地叹了一口气。

　　因为纳牙阿想尽快让成吉思汗见到忽兰，也免得节外生枝，于是他们日夜不停地赶路，大约奔行了一夜加半日的时间，纳牙阿的前哨探马禀报他前方几里地的地方便是成吉思汗的麾下了。纳牙阿让忽兰父女在车上好生地准备了一番。一会儿的工夫，车帐便到达成吉思汗的营寨辕门前，众人见是纳牙阿将军，于是二话没说就让一行人等开了进去。纵马在前的纳牙阿将忽兰父女安顿在一个小帐旁，自己前去大帐向成吉思汗禀报这个好消息去了。当纳牙阿站在成吉思汗的帐中大声向成吉思汗禀报消息之后，成吉思汗马上让纳牙阿将忽兰父女引进大帐中。成吉思汗仔细端详着忽兰不住地点头。嬉笑着的成吉思汗问道："如若早几日来，我还有盛宴款待，可惜今日才到。"于是纳牙阿上前说道："前几日兵荒马乱，我让他们在我的营寨中安歇了三日，如今安定我便亲自将忽兰小姐送上来了。"听到此处，成吉思汗马上疑虑起来，他静静地看着忽兰，然后对纳牙阿诘问道："忽兰在你帐中安歇了三日？难道你是先污她而后让我享用吗？难道你就不知这是何等大罪吗？说完，他的愤怒的眼神就让左右将纳牙阿拿下绑了起来。

　　纳牙阿拼命地站了起来大声嘶叫着："我对可汗忠心耿耿，绝无二心，怎会干出如此勾当？请可汗明查啊！"但此时成吉思汗已经大怒，挥舞着双手要对纳牙阿处以极刑。站在一旁手忙脚乱的答亦儿兀孙跪拜在地上乞求道："可汗明鉴，我与我女儿三日中并未相离半步，纳牙阿将军也日夜忙于军事，不曾过问过我女，说话的机会都没有，更不必说污她身躯了。"忽兰马上泪流满面地跪在地上道："我们从迭儿思河出发不久就遇上军队，幸好是纳牙阿将军，否则我们性命难全也！后纳牙阿将军又让我们躲避乱军，我的命儿才如此保全，纳牙阿将军又千里迢迢将我送到可汗帐前，他忠心耿耿，并未对我半分不敬也！可汗明查啊！"成吉思汗听到此处，心情稍稍好转，但他又怒愤道："那你拿什么来让我相信你们的一面之辞？"忽兰自知这样的事情说不清，于是抬起头道："我愿意让可汗验身，我若还是处女之身，就说明纳牙阿将军是清白，如果不是，我甘愿领死。"成吉思汗听到这样的话，觉得这是唯一查明真相的好方法。于是大声喝道："给我请巫婆来，让她来给忽兰小姐验身。"

巫婆很快就赶到，带上忽兰到侧旁的营帐中验身去了，此时纳牙阿跪在地上委屈地低着头不吭一声，而成吉思汗也是怒目相视，一肚子火气。过了半晌，那巫婆兴冲冲地跑进来禀报成吉思汗道："可汗，此女乃干净之身，从未被污过，还是个黄花闺女呢！"听完这样的话，成吉思汗心中的怒火才平息了下来，他静静地看着忽兰惊恐的脸色，然后又转向纳牙阿，亲自解开他身上的绳索。此时纳牙阿才说："只要美丽动人的女子，我都会进献给可汗，从未有非分之想，今日可汗应该放心才是！"

成吉思汗抚了抚胸口惭愧地对忽兰说道："今日之事，不得再提，如此我们夫妻方能白碧无暇也。"忽兰理好衣服，脸上马上绽放出笑容来。从此以后，忽兰便成为成吉思汗身边的宠妃，地位仅次于孛儿帖夫人。而蔑儿乞人从此没有了尊贵之人，忽兰成为最后一个蔑儿乞人中的女贵人。

成吉思汗

【第三篇】婚姻篇

西夏势微　察合和亲

　　成吉思汗不但使整个漠北草原消除部落林立、各自为政的局面，还让草原上的人们看到了长久和平的希望。

　　成吉思汗在打击逃敌屈出律和脱脱父子之时，突然调转矛头直指西夏的一个边陲小城，表面上看来这是一个多余的举动，但仔细考虑，成吉思汗是有他的用心的，因为王汗的儿子桑昆当时就是在西夏的庇护之下养精蓄锐，根据当时成吉思汗的敕令"敌种不可留"的原则，挥师攻打西夏是一个历史的必然。

　　自从 1205 年成吉思汗第一次用兵西夏之后，西夏就在蒙古大军的攻击下元气大伤，处于摇摇欲坠的状态。而后来的三次攻打西夏，进一步激化了西夏内部的矛盾，让整个西夏朝野一片惊嘘，西夏的国主和臣民终日惶恐，寝食难安。当成吉思汗第六次攻打西夏的时候，国主李安全已经像个惊弓之鸟，在皇宫中长吁短叹起来："我的文臣武将们，我国之巨大、强盛其实在蒙古蛮夷之上，但却看不到一位亲家可以抵敌。"

　　文武众臣在殿下纷纷议论起来，有的面面相觑，有的交头接耳。于是讹答太傅上前进言道："此次战事非同小可，陛下应该谨慎视之。如果我们再败，那整个国基将难保也！"国主李安全沉思良久，威严地对众臣道："今日我让世子李承桢为元帅，高令公为副帅，率领十万大军前去与蒙古兵决一雌雄。"听到这样的指令之后，众臣都没有说什么，只是互相看着，每个人心中都没有底气。高令公上前道："能与世子一同冲杀战场，臣也没有什么顾忌了。战事吃紧，我希望即日便出兵北上。"说完就上殿领取了令牌，去寻找世子李承桢去了。当下整个朝廷就在一片哄哄闹闹的声音中散去。

　　过了几日，成吉思汗的军队在西夏边陲不停攻城略寨，一路势如破竹。当成吉思汗在中军帐中与众将商讨攻占斡罗孩城之时，突然探马来报："可汗大人，西夏世子李承桢进入斡罗孩城，要与我蒙古大军展开决战。"成吉思汗得到消息后闭上帐门对众将喊道："难道西夏军中无人了吗？看我来活捉李承桢做我们的奴隶。"说完，大帐的众人都哈哈大笑起来。

第二天的早晨，太阳刚刚出山，成吉思汗就带上先锋军在城下部署攻城阵地。当下李承桢看到成吉思汗在巡视，于是想带上大军来对蒙古人进行一次突然袭击，活捉成吉思汗。就在成吉思汗要离开的时候，城中突然涌出大队人马，成吉思汗看到这样的情形，飞身上马，直奔自己的中军。此时守卫在斡罗孩城四方的蒙古军像闪电般从四面八方向城墙下冲来。李承桢见势不妙，在众人的护卫下，艰难地奔回斡罗孩城中，而此次袭击却让李承桢损失惨重。刚刚冲下来护卫李承桢进城的副将高令公却被蒙古军生擒而去。吓得一身冷汗的李承桢坐在议事大厅中口口声声地叫嚷着："蒙古军生性野蛮，而战斗却是无比英勇，我副将军被俘，我当如何是好？"一脸狼狈的李承桢失去了再与蒙古军厮杀下去的勇气，在后来的一个月时间里，他任凭蒙古军如何教唆，如何攻打，他都是城门禁闭，逃避不战。

而蒙古军通过几次大规模的攻城之后，发现斡罗孩城的一侧出现了坍塌的决口，于是成吉思汗站在城下大声呵斥道："我的蒙古勇士们，从决口中冲入，看他李承桢小儿能有何反抗的机会？"于是蒙古军士纷纷从决口中涌入城池。当李承桢得到消息的时候，城内外已经乱作一片，在众将的掩护之下，李承桢狼狈向国都中兴府逃窜。蒙古军当天便拿下斡罗孩城池。成吉思汗坐在城楼上，大声喝道："如此城池能为我所有，蒙古人便可以享福了。在城中不必放马、不必养羊，蒙古人还不习惯呢！"说完，就与众将哈哈大笑起来。成吉思汗看着城中百姓都没有什么牲畜，于是下令尽收城中金银财物，统统分给众将士们。就这样，成吉思汗在斡罗孩城中小住了几日，然后就兴兵向西夏国都中兴府长驱而来。

当李承桢站在西夏国主李安全面前的时候，国主正在山野中游猎。听到前线溃败的消息后，他马上赶回皇宫大殿，召集众亲家商讨退兵胜敌之策。嵬名令公感觉事情已经千钧一发，站出来道："老臣愿意担当主帅，来与蒙古军展开殊死之战。"李安全看到如此好情景，于是让嵬名令公接过帅印直奔前线而去。刚刚降临到战场上的嵬名令公在斡罗孩城外与蒙古军在野岭上摆开了战斗的攻势，嵬名令公的军士看起来威严雄壮，蒙古军队却是星罗棋布、漫山遍野地站立着。成吉思汗马上笑道："如此威严之军士我见了多次，但就是经不起我狂风般的冲击。"说完，蒙古军便一阵风地冲向西夏大军，每人骑两匹马的蒙古军士像下山的猛虎一般，冲破西夏军队的阵脚，一路奔杀。嵬名令公经过半日的厮杀之后，发现蒙古军越杀越勇，没有一点儿挫败之势，而自己的军士却在冲杀中损失惨重。嵬名令公急忙收兵，但收兵也没有避免一场失败的到来。等天黑人静之时，嵬名令公的军队剩下不过半数而已，无力再战。嵬名令公也败走在成吉思汗的军麾之下。

战败的消息很快传到中兴府，李安全如中雷击一般坐在朝廷上一言不发。众臣马上上谏道："斡罗孩城失陷，中兴府危在旦夕也！"就在此时，哨探来道："蒙古大军再过一日便可抵达中兴府。"李安全急忙惊呼道："哪位亲家有退敌大策，快快说来。"殿下几个老臣马上进谏道："今日国都告危，我们可前往金国请求增援，如果我们灭亡，金国也不保也！"李安全拍拍脑袋，急切地说到："也只有如此了，我让使者今日便动身，说明要害，金国不会不明智吧？"就这样李安全将使者送出了城，焦急地坐在宫殿里等待着金国援军的到来。但很快，成吉思汗大军便在中兴城下呼叫着："西夏国主快快出城受降，否则攻打城池，破了你们的家业，毁了你们的房屋。"成吉思汗站在城下巡视着战场，发现中兴府果然是个坚固的城池，攻坚将要付出很大代价，于是当天晚上蒙古军士便在军帐中商讨用兵之策。

而李安全的使者说明借兵事宜之后，金国的新国主卫昭王委婉地回绝了，他对众臣高兴地说："蒙古与西夏，都是我金国之大患也，他们能互相争斗对我大金来说是大好事啊！"卫昭王的想法就是隔岸观火、坐山观虎斗的意思。整个金国上下都认为卫昭王的策略是正确的。西夏的使者狼狈不堪地从金国归来，向李安全如实地说明了情况。当时李安全便摔杯大骂："等我退了今日之敌，定要声讨金国之无礼！"说完，他就回到宫廷之上等待城外战斗的好消息。此时嵬名令公当众说道："我中兴之城池高危坚固，就算那蒙古军有万夫之力，也未必能冲破也。时日拖延过长之时，便是我西夏用兵之日也！"李安全听到此处，顿觉眼前一片光亮，于是镇定地大声说道："如若真如此，便是我国之幸事也！"说完，就招令嵬名令公部署一个月内的城防战事。

坐在中军帐中的成吉思汗叹息道："我军已经攻打一月，却不见一丝克敌之迹象！"身旁的大将者别漫不经心地说道："既然我等不能攻克中兴府，倒不如引来黄河之水来灌注其中，不怕城中军士不开门投诚！"成吉思汗犹豫地看着者别，然后拍着桌子狠心地说："也只有这样了，明日就引水灌城。"当天晚上，蒙古军士就开始挖掘黄河决口，让水灌入中兴府中。如此忙了三天三夜，众将士已经将所有的准备工作都完备了，等待着成吉思汗的一声令下。就在此时，者别对成吉思汗道："等到天朗晨曦之时将黄河之水灌入城中，如此必得西夏君王投降也！"于是等到天朗晨曦之时，成吉思汗一声令下，于是黄河之水源源不断地向中兴府的城池中灌入。但让蒙古军万万没有想到的是，黄河之水将护城河灌得满满的，却根本进入不了城内。反而因为大水的奔涌，将自己的城防设备冲得一片狼藉。

经过几日艰苦的挽救行动之后，军中将士心中都产生了厌战情绪，就是成吉思汗本人也对众人说道："近日在水泽中度日，却像在地狱中一般，现在才知道草原生活的美好啊！"不久，成吉思汗便有了撤军回师的想法。当成吉思汗站在土堆上看到军士都在水泽中行走之时，他果决地下令："全军回师，待到有利时机再来攻取中兴府。"于是，在一个多月的攻击之后，终于以成吉思汗的放弃而让摇摇欲坠的西夏苟延一时。消息传到中兴府中，李安全马上精神大振、欢欣鼓舞起来。

在成吉思汗回师的路上，众将纷纷在成吉思汗面前进谏："我们在战斗中所向披靡，今日却怎么对西夏委屈忍让呢？"成吉思汗看着众将只是默默无语，努力地回避着他们的问题。在成吉思汗感到万分为难的时候，身旁的太傅讹答上前说道："今日西夏已是夕阳残日，更是对成吉思汗和蒙古军惊恐万分。不如让小臣前往中兴府一趟，说明利害关系，让他们俯首称臣如何？"成吉思汗马上开口道："如此最好，西夏识相就应该做些让我们蒙古将士高兴的事来。"说完，就安排讹答出发的时日，就这样，讹答带着成吉思汗的要求向中兴府赶来。

当讹答站在殿堂下的时候，李安全心中很是奇异，于是问他，来者何意。讹答马上开门见山地对李安全喝道："今日我来是奉成吉思汗的指令，来招降于你西夏，不知你们可有此意？"李安全马上站了起来，但他心中已经被蒙古人吓怕了，于是问："先生让我降服，理从何来？"讹答道："今日金国已背离你们而去，你西夏孤军与蒙古人作战，蒙古人的实力你也清楚。整个天下属于蒙古，这是早晚的事，你西夏一路战败就是证明了。"说完，他轻轻地闭上双目等待李安全的回音。李安全不得不答应降服蒙古国，带上贵重礼品向成吉思汗进贡。

为了从此不再罹受战争之苦，李安全将自己国中的公主察合献给成吉思汗做妃子，当成吉思汗见到察合公主之时，成吉思汗大呼："有此女子，我便纳了西夏的臣服之辞也！"察合公主站在成吉思汗面前含笑

【第三篇】婚姻篇

地说道："能一见蒙古英雄，是察合的福分，能与草原英雄朝夕相处，是察合前世今生的最大荣耀！"就从察合公主到达的时候开始，成吉思汗征讨西夏的战争告一段落。结果是以成吉思汗迎得察合公主，西夏俯首称臣而平息了。

　　坐在斡儿朵里的察合公主从此就在成吉思汗身边生活，成为可汗众夫人中的一个。因为察合的到来，西夏与蒙古结下了亲缘，察合也便成为了名副其实的和亲夫人。

情义篇

在铁木真的百宝箱里，

最宝贵的珍藏便是情义了。

铁木真是因为仇恨而生，

而他的仇恨却给他带来的无尽的情义，

他因为情义而发展，

依靠情义而解除仇恨。

情义像一阵春风，

吹到草原的每个角落，

让每个人传颂着他的英明，

吸引英雄慕名而来。

当仇恨渐渐淡却的时候，

浓烈的情义

将铁木真的事业推到至高的地位，

情义是铁木真生命的精华。

天意安排 识博儿术

在大草原上，几乎所有的英雄豪杰，在成就大业之前，都会有一段不寻常的经历，他们会借助他人的力量助推自己向胜利攀登，铁木真也不例外。对于铁木真来说，苦难给了他痛苦，但苦难也让他养成驯良大义的秉性。在铁木真与全家人在草原上流浪的时候，世人不会想到铁木真有什么作为，但当他的朋友和亲人被他聚拢起来的时候，他的力量足以强大到让仇敌感到危险。在众多的英雄中，第一个被铁木真收拢的便是博儿术。当世人赞叹成吉思汗英明神武、功盖天下的时候，站在成吉思汗屋檐下的博儿术却在默默地为蒙古乞颜孛儿只斤氏贡献着自己的一切。当铁木真还是个少年，一贫如洗的时候，正是博儿术让他看到了前途和希望。

铁木真母子刚刚从泰赤乌氏的虎口中挣脱了出来，诃额伦母亲为了全家人的安全，将营地牵到合剌只鲁格山前，铁木真坐在马上大喊："母亲，此山下草地肥美，我们的马儿在这里修养一定会壮起来的。"诃额伦看着铁木真连连点头，此时合撒儿从前奔来道："母亲，山前有个小湖，这就是您说的阔阔纳浯儿小湖吧！我们就在此地安营扎寨吧！"说完，合撒儿就将几匹银合马牵住停在原地。诃额伦母亲大声喝道："此处地形偏僻，水草也肥美，让我们在这块草地上生活一阵也好。"说完，众子们便在草地上忙活起来，有的搬石块，有的圈马圈，有的找长杆来撑起帐篷。大约傍晚时分，一家人终于能坐在篝火旁安定地吃起野菜来。铁木真对母亲、兄弟说道："等我们的马养壮了，我再去札木合兄弟那里寻些牲畜来，这样我们就可以壮大自己的实力了。"说到此，全家人都高兴地笑起来。当天晚上，铁木真一家就在一片欢乐声中安歇下去。

一个月的时间里，铁木真一家每天都在阔阔纳浯儿小湖畔忙碌着。

一天，铁木真在湖边摸鱼，别勒古台吃过午饭便到山林中打猎，只有合撒儿坐在八匹银合马旁边轻轻挥舞着马鞭，看着马儿吃草。就在此时，远方一片嘈杂的响动吸引了合撒儿的注意，他仔细观察，发现那些人正是主儿乞的盗马贼，合撒儿在心中打鼓："难道这群畜生不怀好意，我得速速离去才好。"于是他纵身上马，扬起马鞭便将八匹银合马向驻地赶去。但合撒儿毕竟只是个少年，速度并不快。那些盗马贼像野狼一样冲上来大声喝道："留下马来，让你小儿保全性命，否则就用你的头颅来啃烂泥吧！"说完就要扬鞭痛打合撒儿。但合撒儿也是个精明人，发现情况不对，马上向回奔跑寻找兄弟们救援。合撒儿记着盗马贼逃跑的方向，拼命地跑回营寨。就在此时铁木真从湖边赶来问合撒儿发生了什么事，合撒儿一五一十地向铁木真讲述了事情的原委。铁木真穿上梆鞋二话不说就向盗马贼奔跑的方向追去。大约追赶到太阳下山时分，铁木真还是没有发现盗马贼的踪迹，于是他对着太阳长长地叹息一声，就失望地从草地深处走回了驻地。

铁木真刚刚回到营地，就见不远处别勒古台骑着那匹铁木真从锁儿罕失剌处得来的劣黄马向营地走来，于是合撒儿飞奔上去将他满腰间的土拨鼠卸下说道："别勒古台，快快下马，我去将我们晌午丢失的马匹追回来。"别勒古台马上掉转马头，大声喝道："我去赶！"但合撒儿见他一脸疲惫神色，抱下别勒古台便上马要追赶。此时铁木真拦住去路道："盗贼强大，你们太小，还是我前去更好。"合撒儿从马上跳了下来，让铁木真纵马飞驰而去。铁木真一边飞奔一边对合撒儿喊道："我明日若不能归来你们就不要等我，我要与八匹银合马一起归来，我们唯一的财物怎么能丢啊！"说罢，铁木真飞快地向盗马贼奔逃的方向追去。但在这一夜之中，铁木真却没有发现任何蛛丝马迹。等到天明之时，铁木真休息了片刻，又是一阵追赶，但盗马贼是有备而来，而且逃跑的速度之快是铁木真始料未及的。铁木真没有轻易放弃，因为全家唯一的财产被盗贼掠去，他是一定要寻个结果才行的。于是铁木真忍着饥渴向草原深处奔驰而去。

铁木真一口气在草原上奔驰了三天两夜，但就是没有找到盗马贼的一丝踪迹，第三天的晚上，铁木真站在茫茫的草地上对自己说："这些主儿乞小人们，就算今日跨出大草原我也要寻我的八匹银合马来。"舒了几口气之后，铁木真又飞身纵马，向前方追赶而去。大约到了第四天天明时分，铁木真愤怒地在草地上环顾，突然他的眼帘里出现一群牲畜来，他仔细一看，原来是一个少年坐在一匹大白马上悠然地扬动着马

鞭，唱着牧歌。铁木真走近一看，那英俊少年一身好打扮，身边的马群也多得很。就在铁木真靠近的时候，那少年转头相视，看到铁木真一身疲倦憔悴的样子，马上上前问道："小兄弟，你是在寻畜群吧？"铁木真马上纵马上前道："这位兄弟，你看到我被盗的八匹银合马了，是吗？"那少年答道："那群盗马贼已经离开好远了，你这样追下去是追不到的。"他马上扬起双手道，"骑我的马吧，我们一起去追赶盗贼。"铁木真追马心切，便答应与少年一起追赶。铁木真感激道："兄弟如此仗义，我生之罕见也！在下铁木真，请问兄弟尊姓大名？"那少年驱赶着马群飞奔起来，大声喝道："我父亲是纳忽伯颜，我叫博儿术。我家就我一个儿子，所有的家财都属于我。今日见你铁木真追盗贼追得辛苦，我便助你一回。"说完，他便领着铁木真向盗马贼奔驰的方向追赶而去。

铁木真大声呼唤道："博儿术，看你是个小英雄，等我马匹追回，请你到我家做客。"博儿术高兴地笑道："你铁木真的大名草原上谁人不知！你现在艰苦，还是在我家吃顿宴席吧。"说完他便大声吆喝着，带着铁木真继续向前奔驰。大约追赶了两天三夜的时间，博儿术高兴地对铁木真说道："铁木真兄弟，我敢断定盗马贼离我们不远了，最迟明日便可赶上。我们一鼓作气，凯旋了再休息。"博儿术遂将自己的马群放在一个水泽之中，然后与铁木真轻骑而去。当天夜里，铁木真因饥喝难忍，不停地抚摩着自己的肚子，连挥舞马鞭的力气也没有了，博儿术将自己剩下的最后一块牛肉递给铁木真道："好兄弟，明日便追上了，这点干粮你用了吧。"铁木真见到博儿术如此慷慨，马上叩首相谢。就这样，两个少年在草原上又奔行了一夜，直到第六天的傍晚，博儿术指着草地深处的一彪人马小心地喊道："铁木真兄弟，我们的敌人就在眼前了。"铁木真顺着博儿术手指去的方向看去，发现自家的八匹银合马正在草棚中吃草呢。

铁木真和博儿术潜伏在主儿乞盗马贼的营地旁边，小心地计议着："博儿术，我们强抢能夺回我的马匹吗？"博儿术笑道："难道他们能在你那里偷去，我们就不能从他那里将马儿偷回来吗？硬碰硬我们是不行的。"铁木真对博儿术翘起大拇指表示同意。等到天黑的时候，趁着那些盗贼聚在帐篷里大声地叫喊着吃喝时，博儿术对铁木真谋划到："我们的机会来了，你现在转到马棚里去，将马儿全部放出来，我来将它们全部赶走，然后我们在水泽旁会合。"说完，铁木真就钻进马棚中，轻轻地解开缰绳，将马儿一匹匹地牵了出来。站在外面的博儿术飞身上马，将铁木真的马儿尽驱而出。铁木真站在帐篷外骂道："盗马贼也有被盗的时候啊！"说完，大摇大摆地走出了营地，向水泽之地飞奔而去。

天色黑尽的时候，铁木真站在水泽之畔寻找博儿术，他放眼望去，只见博儿术将所有的马匹聚拢在一起，悄无声息地躺在马背上休息。铁木真欢欣地喊道："博儿术兄弟，我们快快动身吧！小心主儿乞盗马贼追上来。"博儿术看到铁木真到来，只轻轻一鞭，整个马群便飞奔起来，像一道美丽的彩虹在草地上划过。铁木真见他早有准备，更是情绪飞扬地带着马群向自己的营地赶去。此时，博儿术大声地对铁木真说道："你铁木真身上还有蒙古人的希望，将来如果要做什么大事，我会全力帮助你的，只要你还当我是好朋友，我就会帮助你。"铁木真一路上感激谢恩的话儿自然说了不少。大约又过了三天三夜，博儿术站在自家的营地上说道："铁木真兄弟，快快到我家中好生修养一番，让我父亲好好看看你这个英雄的儿子。"铁木真盛情难却，加之他心神极度疲劳，便在纳忽伯颜家享受了一顿丰盛的晚宴。当铁木真问到他们怎么如此了解盗马贼的情况的时候，纳忽伯颜微笑着说道："我家长期在草原上牧马，遇到盗马贼是常事，可能接触多了，就了解多了。"说完便哈哈大笑起来。

第二天早晨，铁木真纵身上马大声地对博儿术喊道："博儿术兄弟，我离家人也有几日时间，为了免除家人对我的担心，只得辞别了。如果天神保佑，我们会有重新见面的机会的。"博儿术送给铁木真一大皮包牛肉之后，说道："今日的磨难定会成就你不同一般的事业的，到那时我们再来施展英雄气魄吧！"说完就轻轻拍了下铁木真的马匹，铁木真就这样带着自己的八匹银合马径直向阔阔纳浯儿小湖进发。走在路上，铁木真不停地回想着博儿术的话，他想："将来如要复兴祖业，博儿术是个可以以大事相托之人。"行走了大约三天三夜的时间，铁木真赶着自家的八匹银合马站在了母亲和兄弟们面前，合撒儿飞身上前道："我的铁木真啊，我以为你被盗马贼抓住了呢，好生让我们担心啊！"铁木真此时才大声说道："凭我一人之力，我真的不能找回我们的财产，我在路上遇上一个小英雄，是他帮助了我，才得以找回所有的财物。过些天我定要去好好答谢于他！"说完，将马儿交给别勒古台，稍事休息，就对众人讲述起他这十几日的经历来。诃额伦母亲道："让那个博儿术来我家做客吧，我们会以礼相待的。"合撒儿也喊道："今日能有如此善良之人帮助我们，真乃天神赐福也，以后有什么危难，我们也能有个去处安身了！"说完，全家人都哈哈大笑起来。

　　就这样铁木真在草原上丢失了马群，却认识了一个好朋友，并在他的帮助下找回了马群，正所谓"塞翁失马，焉知非福"。在苦难中与博儿术的交往使铁木真领袖的一面渐渐展露在世人面前，在以后的日子里，正是博儿术的到来让铁木真开始真正地拥有了那可儿，也是从博儿术开始，一个草原英雄的羽翼才日渐丰满。

主仆情深　得者勒蔑

　　当蒙古英雄们都在享受之时，铁木真却在苦难的深渊中苦苦挣扎。对此时的铁木真来说，他的英武虽小有锋芒，但身边的财富也只是八匹银合马而已，诃额伦母亲坐在帐中小心地对自己的儿子安慰道："现在我们一家行路只有影子为伴，除马尾便再没有鞭策。"就在铁木真敬听母亲的话语之时，他也在心中默默地想着："等我身强体壮到猛虎一般时，定要让所有的草原英雄在我面前商讨军事，抓住一切与我为敌之人。"就这样地苦难着、饥寒着，铁木真度过了他一生中最艰难的时期。他常常坐在草地上教育自己的兄弟："我的好弟弟们，家族中我是长子，你们要像我的影子一样追随于我，如此团结我乞颜家族才有光复的日子。"别勒古台小心地将了将头发大声地喊道："难道我们就不能寻几个那可儿吗？等我们强大了，相信所有背离我们的人都会俯首称臣的。"说完，他便用力在地上抽了一鞭。合撒儿也说："等我们发展壮大了，好心人和忠臣的勇士都会到来，铁木真现在也是个大人，孛儿帖的到来让我们家族更加热闹了。"听完，铁木真高兴地对众人说道："我等在此地生活得很久了，水草也不再向往日那般肥美，我们还是换个营地来寻找些新鲜的东西。"合撒儿赞成道："如此也好，母亲大人也早有迁徙之意。"说完，众兄弟就散开各自忙碌去了。当天晚上铁木真对母亲说明了迁徙的意思，诃额伦母亲坐在那里却没有做声，铁木真只当她默认，很快地准备好，打算天明便向怯绿连河源头迁徙。

当一家人在茫茫的大草原上缓慢行走了一段时间以后，铁木真发现不远处便是怯绿连河的发源地不儿吉小河，铁木真飞奔到母亲身旁惊喜地说道："母亲，我们到达不儿吉小河了，此乃怯绿连河的源头，在这里我们一定会得到更多好运的。"诃额伦母亲伸头向四周环视一番之后，宽慰地对铁木真说道："我儿选对地方了，这里比豁儿出恢孤山更美丽怡人，我们就在此地安顿下来吧。"铁木真便欣然止住步伐，同兄弟门一起将一个个白色帐篷撑了起来。就在此时，别勒古台带着一个少年从远处奔驰而来，铁木真抬眼望去，那少年不是别人，正是博儿术。看到博儿术，铁木真心情激动，忙奔跑过去迎接，并将博儿术的坐骑抱住，大声地喊道："今日我博儿术兄弟放弃万贯家财，来与我这穷困潦倒之人相伴，真是我多年修来的福分啊！"博儿术坐在铁木真的帐下道："从此之后我们便是主奴关系，我将用一身的精力来帮助铁木真成就大事业。"铁木真让博儿术坐在帐中，特别煮了一只貂鼠让博儿术享用。

在怯绿连河畔生活了一年时间后，铁木真已长成一个健壮、身高八尺的彪形大汉。而铁木真的故事也像他的成长之路一样在草原上传播着。到铁木真十九岁的时候，他已有了对付一切与他抵抗的人的力量。在这一年里，铁木真的叔叔答里台站在铁木真的营地中，对铁木真的长大成人万分感慨，铁木真非常高兴地迎接了他的叔叔。但在铁木真心中，他们大都是背弃过自己的人，当时心中也有几分不自在。

就在铁木真站在不儿吉小河观看风景的时候，营寨前突然又奔驰来几匹战马，铁木真心中嘀咕："会不会是来投诚的乞颜旧族呢？"就在铁木真思忖之时，旁边的合撒儿大声呼唤道："那是扎亦尔兀歹啊！没有想到我们的世袭奴隶也会回来，他还真有良心啊！"铁木真此时才明白过来，于是大声喝道："合撒儿，你去招呼他们，我去换件衣服。"铁木真转身进帐，此时扎亦尔兀歹带着他的儿子者勒蔑焦急地询问道："小主人呢？我的铁木真小主人呢？我们今日才像大雁一样飞回来，小主人不会加罪于我们吧？"合撒儿挥了挥手得意地笑道："你们找个地方安顿一下，铁木真马上便出来接见你们。"扎亦尔兀歹却不能安定，他正要向营帐走去的时候，铁木真从中走了出来，看到扎亦尔兀歹焦急的面色，高兴地喝道："我的老佣家啊，你怎么会到我这不能再让人依靠的落魄者这里呢？"扎亦尔兀歹马上叩拜在地上泣不成声地对铁木真说道："当日不满泰赤乌等部的叛离想自寻出路，但因泰赤乌势力大，又不想背叛主人，于是便远离了人群，独自在山野部落中以打铁为生。等待小主人羽翼丰满、冲天杀仇之日能早早到来，如此我便可以再回到

小主人身边。如果小主人觉得我对您不忠，那我一家只好任您处置了。"

铁木真见扎亦尔兀歹身后还背着一个风箱，脸色黑中透红，就笑着对他说道："过去的苦难还提它做什么呢？让我们对着太阳向天神祈祷，让我们的族人和奴隶安全地回到我身边来吧！"说完，哈哈大笑。此时扎亦尔兀歹才安定下来恭敬地对铁木真喊道："我的小主人，今日不只我一个人到来，我的儿子者勒蔑我也带来了，我们家是也速该首领的世袭奴隶，在您出生的时候我曾带他来观望过您，那是者勒蔑第一次看到主人家人。我本想让他留在小主人身边，但因为事变，再加者勒蔑尚未成人，我便将他带回抚养。今日他已长大成人，也是我将他交给主人的时候了。"说完，便将者勒蔑推到铁木真面前。者勒蔑马上跪拜在地道："今日者勒蔑前来主人身边，无论以后有什么困难，者勒蔑自当为小主人挡风遮雨，绝无怨言。"铁木真见者勒蔑是个彪形大汉，高兴地说道："做我的奴隶不敢当，只要以后伴随着我料理事情，做我的那可儿，我便满足也！"者勒蔑叩谢道："小主人收留我便是，我愿意为您备鞍子、开门子，做您的得力助手。"铁木真满意地拍着者勒蔑的肩膀高兴地说："好兄弟，日后我们会是并肩作战的好知己的。"铁木真的眼神让者勒蔑的心中充满了光明和勇气。

就在者勒蔑到来之前的日子里，铁木真常常拿出一个黑貂襁褓问诃额仑："母亲，这个襁褓好好致啊，我要留给我的子孙来使用，它是从哪里来的？"诃额仑抖着手中的羊皮布漫不经心地对铁木真说道："我的好儿子，这是我们在迭里温孛勒答合地面时，我们家最忠诚的世袭奴隶扎亦尔兀歹送给你的，那时你刚刚出世，这是他的见面礼。而且带来他的儿子要交于你父亲，但你父亲以孩子尚幼为名让他将孩子带回去了。扎亦尔兀歹却说等待他小儿长大之日便会再送到我家地面。"铁木真听到此处，激动地舞动着黑貂襁褓高声喝道："等那个奴隶到来之时，我便要以兄弟之礼相待。"说完，便将黑貂襁褓妥善地保存在自己的皮箱里。诃额仑母亲常常因此对铁木真微微发笑。

随着铁木真一天天长大，因为生存问题，他皮箱里的那件黑貂襁褓再没有人过问，铁木真也早已将皮箱中的物件忘记，但在铁木真心中，那个美丽的故事和忠心的奴仆一直有着重要的地位。有朝一日，铁木真能够自食其力了，相信整个草原的人们都会传颂着他的故事，到时就不怕家族奴隶和麾下将士不归还了。可能是等待这天太久了，铁木真竟然忘记了扎亦尔兀歹和他的儿子。那时的铁木真终日寅吃卯粮，居无定所，心中自然不敢奢求什么。直到铁木真成为一个有着堂堂品相的小英雄之时，他的人生才有了一定的变化。就在此时，一个个从前的属下和族人纷纷来到不儿吉小河畔寻找铁木真母子。当铁木真的叔伯们都站在铁木真麾下之后，远方飞奔而来的便是者勒蔑父子，作为一个奴隶，者勒蔑像匹战马一样勤勤恳恳；作为一个为铁木真料理家务的左右手，者勒蔑从来不吭一声，不发一句苦怨之声。

就在铁木真收容者勒蔑的那一天，他特别地提起黑貂褥裤的事情，者勒蔑恭维地说道："感激主人多年来还将者勒蔑放在心上，今日到来正是不枉小主人的一片深情啊！"铁木真高兴地转过身来，对者勒蔑说道："你者勒蔑是个情深义重的汉子，能与你伴当将是天下最快慰的事情了。"说完，便牵着者勒蔑的双手向营帐中走去。而就在此时，铁木真的营地已经人头攒动，许多从前的部众都站在铁木真的麾下要追随他，铁木真亲自卸下扎亦尔兀歹背上的风箱道："今后你老人家不必拉风箱生活了，者勒蔑也不必举锤弄铁了，在我营帐中安心放马、安心打猎便是好了。"者勒蔑坐在帐篷中非常激动，摸着胸口对铁木真说道："我们蒙古乞颜氏的希望就在铁木真主人身上了，等我们协助小主人打败泰赤乌，击溃塔塔儿，那时我们再来斡难河畔畅饮作乐也好。"听到此处，铁木真马上严肃起来，深沉地对者勒蔑说道："以后只要战争，者勒蔑便是我帐下冲锋陷阵的将军。要想报仇，但凭现在的实力还不够，我们必须招集人才，就像博儿术的到来和你者勒蔑的到来一样，让所有的英雄勇士都到我们的帐下来。如此我们便可报仇雪恨，称霸草原也！"

者勒蔑马上上前道："现在的草原上，铁木真主人的大名已经无人不知，无人不晓了，要想招集人才不是为难之事也。我者勒蔑有两个伴当，深谙武艺，让他们到来一定会助我主人一臂之力。"铁木真信步上前道："果有勇士？那者勒蔑安答当快快引荐过来才是啊！"者勒蔑马上回答道："我明日便去寻他们，他们也是靠打铁为生，流离无所也！"铁木真接过话来道："如此甚好，有兄弟们的帮助才能有我铁木真成功之日也。到大定之时，便是我们共享富贵之日也。"说完，畅饮三杯酒，然后情不自禁地大笑起来。得到新那可儿的铁木真心中因为欢欣鼓舞而憨笑；而者勒蔑却是因为奴仆找到真正的主人而发出满意之笑。当天晚上铁木真便杀羊宴请了到来的众族人，铁木真站在帐中，大声对众人说道："大苦大难之后，从未想过我铁木真会有重新振作的机会。而这样的机会却真的来了，那我就要对我的那可儿们说，蒙古乞颜氏将会在众部族中间占个位子，向仇敌讨个说法。"说完，他便高高地将双手举起，

与众人一起满饮一杯马奶酒。

者勒蔑父子坐在铁木真身边斟满一盏酒，敬献给铁木真道："今日能看到小主人如此神武，真乃蒙古乞颜氏的兴盛也！站在天神身边的也速该首领也一定会满意的。"铁木真听到扎亦尔兀歹如此美言，便对者勒蔑说道："今日你已不再是奴仆，而是我身边勇敢大义的兄弟，以后我有富贵，你便可以享福，我有苦难你便与我一起渡过。"者勒蔑大声地对着众人说道："我者勒蔑一无所有，能得到小主人如此厚爱，粉身碎骨不能报此礼也！"

当下，众人与宴席中的铁木真畅饮到深夜，最后在诃额伦母亲的催促下众人才渐渐离开。者勒蔑将小主人扶进寝帐，让小主人安歇之后自己才去休息。从此以后，者勒蔑成为铁木真帐下忠心耿耿的那可儿，在以后的征战中发挥了巨大的作用。

两小无猜　一生安答

铁木真从小就是一个让世人感到惧怕之人，当他的身影投放在河水中时，水中的鱼儿都会因为他的到来而沉于水底。当铁木真坐在山石上，仰望天空的太阳散发的光辉的时候，他的眼睛里就充满了杀气和勇力。在铁木真年幼时，斡难河上便遍布了铁木真一家人的足迹。少年的铁木真是悲苦的，是屠弱的。他身边除了几个亲人，什么朋友也没有。直到有一天，十一岁的铁木真带着自己的兄弟们在斡难河上玩耍的时候，一个小小的少年从斡难河的一角突然闪现出来。这个少年就是在铁木真生命中占有重要地位的另一个草原英雄札木合。那一天，铁木真正在用长棍带着弟弟合撒儿在河边钓鱼，札木合站在远远的地方一动不动地看着铁木真。精明聪慧的铁木真马上就发现了他，于是大声地呼喊道："难道钓鱼也要让别人盯视吗？是没有见过世面的孩子让我们的鱼儿沉到水底了。"说完，用力地挥舞着鱼竿让合撒儿去问问那少年到底是什么人。合撒儿很快就站到札木合眼前大声问道："你是何人？在我们的驻地上闲玩，难道就不怕我们兄弟打你吗？"此时札木合轻轻地擦了擦脸上的水珠，大声地喊道："我是札答兰部的札木合，难道你们是铁木真兄弟？"合撒儿得意地点着头道："你还挺识相，铁木真便是坐在河边的那个。你们札答兰人也是我们的亲戚，但你们不是黄金家族的人。"

札木合推开合撒儿站到铁木真面前大声地喝道："大名鼎鼎的铁木真就是你吗？果然能见到你出语不凡之处也！"札木合又走近几步道："今日能在河边相见，真是难得的好机会。"说罢，便要同铁木真一起坐下。铁木真却飞身站起道："札木合，你这个外来种族，难道你就没有感觉到这样是无礼的吗？"札木合昂起头道："每当我遇到英雄的时候，都会有一种莫名其妙的亲切感。今日看到你感觉更加强烈，所以你一定不是个等闲之辈。"听完这样的话，铁木真情不自禁地笑了起来，大声喊道："难道世间竟有这样神奇的事情吗？那就让札木合永远地感觉下去吧，这样我就能成为英雄吗？"说完，铁木真便对札木合展开了笑颜。札木合指着铁木真的鱼竿微笑着说道："你的鱼钩上没有鱼饵，当然钓不到鱼了，我给你找些鱼饵来。"说完便向草地上奔去。铁木真顺着札木合奔跑的方向望去，只见他在草地上不停在挖着，然后从地下拿来一只蚯蚓放在手中跑了回来。他站在铁木真面前托起手中的蚯蚓高兴地对铁木真说道："你看，将蚯蚓放在鱼钩上便能钓到鱼了。"

铁木真不解地看着札木合，心中疑惑这样的做法是否正确。他将蚯蚓钩在鱼钩上，过了一会儿，他便放下手中的鱼竿对合撒儿说道："我去与小兄弟札木合玩耍，你来在此看守鱼竿。"说完，就拖着札木合向草地上奔去。札木合问道："铁木真兄弟今年几何？看来我们是一般大的人呢！"铁木真呼叫道："我生来已经历过十一个春秋，想来也有十几岁了。"札木合连连点头道："果是个小英雄，竟然有如此之大的气力将我左右。"铁木真听到这里，马上放下札木合喊道："那你拖着我，你也会这样有力的。"说完，两人站在草地上哈哈大笑起来。就在此时，别客帖儿带着别勒古台从远处奔来，询问铁木真在与什么朋友说话。札木合马上自报了家门，别客帖儿却不屑一顾地转身跑了，嘴里还嘀嘀咕咕地说着："原来是野孩子，我们家族可没有如此低贱的兄弟。"就这样，别客帖儿就这样跑走了。当天，铁木真就对札木合说："现在是隆冬季节，过几天河面上便有冰冻，到时我们再来相会好了。"说完，铁木真便带上自己的弟弟们回到营地中去了。

当天晚上，铁木真对家人说起了札木合，诃额伦亲切地安慰众子们道："你们不要因为身份的卑微而看不起他，我们现在这样的境地能得到朋友真的很不容易，就让铁木真珍惜这个朋友吧！"别客帖儿不屑一顾地站起身出去了。诃额伦母亲狠狠地对他使了一个眼色，别客帖儿还是倔强地跑走了。铁木真说道："我们形只影单，我觉得札木合是个不同寻常的少年，日后定是个成大器之人。"此时诃额伦母亲才轻轻地点了点头微笑起来。大约是天气过于寒冷，铁木真站在帐篷里不停地跺着脚，合撒儿说道："哥哥，如此寒冷下去，明日你便可以在冰面上见到札木合了。"铁木真紧握着双手道："明日河面一定会被冰封，明日兄弟们一起到冰面上玩耍也是快事。"说完，兄弟俩就钻进暖和的羊皮被里安然地睡去了。

晚上，睡在卧榻上的铁木真突然感觉到被子里袭来一股令他寒颤的冷气，他马上从睡梦中惊醒过来，睁大双眼看看天色，发现天色明亮，但寒气像骨针一样扎在人的身体上。于是铁木真缓缓地穿上衣物，然后等到全家人都坐在大帐里用完了饭，对众人宣布："今日想去斡难河畔玩耍的人都跟我一起去。"说完，他便飞一般地向外奔去，他的身后跟随着所有的弟弟。当铁木真站到河边的时候，他大声喊叫道："天神啊！您终于能让我在冰面上玩耍了，我们感激上天赐予我们的冰雪。"此时别客帖儿带着别勒古台站在冰面上喊道："铁木真，我们能在这里打架吗？"说完，就一脚将合撒儿踢倒在冰面，别客帖儿与别勒古台马上哈哈大笑起来。铁木真见此情景马上飞奔上去要与别客帖儿较量一番，就在此时，铁木真身后传来一个熟悉的声音："铁木真兄弟，不必与他一般见识，都是你们自家兄弟。"铁木真回身一看，原来是札木合站在冰面上大声地呼喊着。

铁木真见到札木合，便放弃教训别客帖儿的想法，径直朝札木合的而来。札木合站在铁木真面前道："你那个别客帖儿兄弟，真如豺虎一般凶恶也！"铁木真愁苦地答道："这样的兄弟，我没有也好，有机会我会找他算账的。"说完，两个少年就在冰面上悠然地闲步叙聊起来。札木合问铁木真："你怎么会抛弃偏见要与我做好朋友呢？"铁木真不紧不慢地说道："天地之间的生物，本来就是一家，现在你我都是站在一片天地之间，不能以鄙视别人的眼光来做人，这样是得不到什么快乐的。"两人在冰面上不停地走着，手牵着手，肩并着肩。札木合见铁木真如此仁义，从口袋中掏出一个公狍子髀石，郑重地对铁木真说道："铁木真兄弟宽仁豪爽，我札木合深敬之也！今日我将我父亲传给我的公狍子髀石相赠于你，我们从此便是志同道合的安答，兄弟你觉得怎么

样?"铁木真睁大双眼看着札木合，于是决然地喊道："那就让天神作证，铁木真与札木合从此就以安答相称，有福同享，有难同当。同生死，不相弃，相依为命。"铁木真接过札木合的信物公狍子髀石在手中，然后又在自己的身上寻找着他随身携带的铜灌髀石，他狠狠地从衣冠上拽了下来，放在札木合胸前道："收了我的信物之后，我们就是同生共死的安答了！札木合安答，我们在冰面上的誓言要让天地知道，要让我们的子子孙孙知道，要让草原上的人们传遍我们的故事。"说完，两人就快乐地在冰面上玩耍了起来。

当下铁木真和札木合就作出约定，等札木合长大成人便来帮助铁木真雪族仇恨，铁木真也决定，只要自己有大成之日，一定要让札木合安答同享富庶，共坐一帐。就在此时，别客帖儿带着兄弟们从冰面另一角走了过来，大声喊道："我的铁木真兄长，你们在乐和什么呢？难道有比所有对手都被打倒的味道更有趣的吗？"说完，便哈哈大笑起来。铁木真狠狠地瞪了一眼别客帖儿，大声骂道："诃额仑母亲的谆谆教导你都拿给狗吃了吗？"铁木真抹了抹嘴唇看着札木合道："今日在我新安答面前不便让你难堪，你还不快快收回你放肆的嘴脸！"别客帖儿拍拍脑袋说："原来是和野种的后代札木合结拜安答呢！看来我们蒙古乞颜氏将会不幸了，怎么能让这样的人做我们家族人的安答呢，铁木真真是有胸襟啊！"说完，就站在札木合面前手舞足蹈起来。但札木合并不是那种冒失无礼之人，他站在冰面上不停地对别客帖儿微笑着，别客帖儿对着他哈了一口气，然后大摇大摆地从铁木真与札木合之间走了过去。此时铁木真强忍着愤怒，面色铁青地对别客帖儿喊道："走了便是，识相的就让我以后不要动怒。"札木合见铁木真如此气愤，于是慰劝道："今日别客帖儿小兄弟说得不知道是否属实，如果真的这样，那铁木真安答不就是个笨拙脑袋了？"说完也自我解嘲地笑了起来。

铁木真轻轻地拍着札木合的肩膀安慰道："就是黑了双眼，我也认这个安答，希望札木合安答不要将别客帖儿的话当真。"别客帖儿见铁木真压抑着怒火，于是带着兄弟喊道："回去喽！晚上还能吃上野味呢！"于是别客帖儿领着众兄弟一溜烟地从冰面上消失了。铁木真将札木合送给他的公狍子髀石使劲地捏了捏，然后在脸上擦了擦；札木合也将铁木真送给他的铜灌髀石在衣服上不停地擦拭着，然后用口气将它哈得暖暖的。两个少年面面相觑着，于是不约而同地仰望天空哈哈大笑起来。当时天色渐渐暗淡下来，铁木真问道："札木合安答，你的营地离这里远吗？不如今日到我帐中安歇一晚，明日再叙友情。"札木合笑了笑说道："等我回到营帐的时候，我家人应该坐在火堆旁焦急地等待我呢！"说完，札木合就向铁木真辞别。铁木真见札木合如此坚持，于是说道："今日之别便是他日重聚的表示，我们未来的日子一定会在天神的保佑下心心相印、身身相近的。"当下铁木真便辞别札木合，一个人一步一跳地向营地赶去。

就在铁木真到达营地的时候，突然发现口袋中什么东西落在地上，他低头一看，原来是札木合安答送给他的那个公狍子髀石落到泥潭里。铁木真马上惊动起来，心想："我们友谊的证物今日怎么能落地呢？但愿我们的感情要像不儿罕山那样坚固。"说完，他便揣上那公狍子髀石坐在营帐中一边吃着野味，一边向家人诉说着札木合安答的情况。诃额伦母亲马上赞许道："众子们，我们要向铁木真这样重情重义，如此我们家族才能从苦难中站立起来，才能从悲弱中强大起来。"但别客帖儿始终是一个大挑唆者，他大声说道："难道我们卑贱到让野种后代来帮助我们吗？难道你们就不觉得这样做很丢脸吗？"说完，就端起食物背对着众人吃起来。铁木真马上喝道："我的安答谁也不能鄙视，包括你别客帖儿在内！"说完，就走出了营帐，坐在卧榻上的铁木真又掏出那个公狍子髀石，心中合计："等札木合安答成为札答兰的首领，我便可以要他帮助我成就我乞颜氏的基业了。"铁木真一边憧憬着两个人之间的友谊，一边用羊皮被捂住自己的身躯，就这样，铁木真在对好安答的回味中安然地睡去了。

山林誓言　安答情深

在铁木真与札木合结为安答之后，他便常常对众人说："我现在的那个安答，无论在武功还是在智慧上都高人一筹，只要同他接触过的人，都会知道札木合是个有血有肉、果敢坚毅之人。"而听他说这样的话的人常常对他说道："不必用天下最强之人与札木合相媲，你铁木真就是能超过他之人。"但铁木真总是皱着眉头憨笑道："那是因为天神的爱护，也是札木合给予我的力量。"就这样，铁木真在斡难河上来回地转悠十几次之后，冬天的寒冷终于越来越远了。天空中开始飘荡着芳草的味道，泥土也变得柔弱多情。就在这些春暖花开的日子中，铁木真为了维持家人的生活，每天要带上兄弟们在山林中打猎。就在两天都没有一只猎物进账的时候，铁木真决定一个人在林中寻找猎物，让兄弟们都回去，等到他打到猎物的时候再来迎接他。晚上，铁木真站在几棵大树旁环视着周围的情况，但看了半天也没有一丝的风吹草动，他便在树荫下休息了一下。眼看天色就要暗淡下来，铁木真心中想着："今日真是奇怪，林中为什么找不到一个鸟巢和洞穴呢？"满心纳闷的铁木真因为没有追到猎物默默地坐在草地上。到了天色深黑的时候，铁木真用木棍支出一个草棚来，在草棚旁边生起一堆篝火，坐在树下悠闲地聆听着树林中风儿吹动树叶的婆婆声。铁木真一直在心中打鼓："如果打不到猎物，明日我得在山林中再呆上一日，希望天神能我满载而归。"篝火的光亮没有将小棚点亮，铁木真等到身心俱惫之时，忍不住睡意，就在草棚安然地躺下睡觉了。

等兄弟们回来告之诃额伦母亲时，母亲的眉毛马上紧锁，呼喊着："汝等小儿，怎能抛弃兄长独自归来呢？铁木真从来没有深夜在外打过猎。"说完，轻轻地将双手举在胸前，不停地祈祷着。就在此时，别勒古台上前道："诃额伦母亲，我知道铁木真兄长的去处，我去唤他归来。"诃额伦马上抓住别勒古台的肩背惊恐地说道："难道你们都想乱成一团吗？好了，我们等铁木真明日归来再说爱护吧！"说完，就打发众子们归帐休息去了。诃额伦心神不宁地在卧榻上为铁木真祈祷着。就这样，诃额伦一夜都没有合眼。到了天色微微亮的时候，豁阿黑臣急切地从外面奔进诃额伦寝帐道："夫人，外面有个高挑俊俏的少年在外面寻觅铁木真呢！"诃额伦马上站起身来，满心惊异地向帐外走来。而此时站在她面前的年轻人相貌堂堂，眼如铜铃。诃额伦母亲马上问道："难道我儿铁木真的好朋友前来看望吗？"札木合立即叩首相礼而说："我是札答兰氏的札木合，是铁木真结交的好安答。"

诃额伦母亲听到此处，马上消解了脸上的阴霾，抚摸着札木合的脑袋轻轻地说到："铁木真昨日上不儿罕山上去打猎，至今还未归来呢！"札木合听到这样的言辞，说道："既然铁木真安答不在，我也不便打搅，我去林中寻他便是。"说完便掉转马头飞驰而去，诃额伦母亲急忙喊道："见到铁木真你要劝他归来。"但还没有等诃额伦的话音落定，札木合的身影就已经消失在众人的视线中了。诃额伦母亲高兴地对众子们喝道：

"你们看看，这个安答来得可真是及时，铁木真能有一个这样的伴当我放心多了。"诃额伦母亲的脸被春风吹得柔美坦荡。合撒儿大声地说道："我看札木合是个超群的人物，将来就与铁木真一起积淀我们蒙古人的地位吧！"诃额伦母亲听完高兴地说道："孩子们听着，等到晌午铁木真还没有归来，你们便去山前迎接他一下。"几个孩子满心自在地答应了。

第二天早晨对铁木真是美好的，他一人拿着弓箭坐在小棚里。突然之间，他发现一群鸟儿从远处飞来。于是铁木真悄悄地站在开阔地上弯弓搭箭，瞄准着最大的一只用力射去。刹那间，只听"嗖"的一声响，那只鸟儿便挣扎起来，腹部带着箭飞了起来，但很快又落了下来。铁木真见此情景，马上欢跳起来，向猎物追去。就在此时札木合骑着劣黄马从远处赶来，而那只惊弓之鸟一下子落在札木合的怀里。大吃一惊的札木合见此状，心想："有如此好箭法的唯我好安答铁木真了。"札木合手中拿着猎物原地等着铁木真来索要猎物。没到半刻，铁木真的身影就出现在札木合面前，没等铁木真开口，札木合便喝道："我的好安答，多日不见，没想到你的箭法如此了得，他日当向你学习才是啊！"札木合将猎物高高地举起。铁木真见此情景惊奇地奔了过来道："去年冰上相交之后，再没有见到安答，今日却如何在此地撞上？真乃天神所赐良辰也！"铁木真一把抓住札木合的双手，领着他走进山林中，两人坐在草棚旁畅快地聊叙着。说完之后，札木合提了提铁木真的皮桶，然后微笑道："两日都没有打到猎物吗？拿弓箭来，看我来寻些野味让你回去交差。"说完拿起箭筒便向远处走去。

铁木真站在札木合身后道："今日札木合安答如此好兴致，那就一起打猎吧！"就这样，两人像原野里的兔一般在山林中飞身舞箭。札木合很快看到一只鸟儿正在老树上搭巢，他二话不说，一箭便将那鸟儿的颈部射穿，鸟儿应声落地。铁木真见他如此箭法，马上赞许称羡。一阵赞许之后，铁木真也弯弓搭箭，将牢固支撑在树岔上的鸟巢一箭射落。此时札木合也拍手表示了他对铁木真箭法的认可。铁木真取来鸟巢对札木合欣然地说道："今日你我兄弟再度相会，没有什么可以纪念的，你收下这个鸟巢吧！"札木合轻轻地摇了摇头道："此等腐烂之物要它做何？还是安答收下我的礼物吧！"说完便从背上抽出一支鸣镝郑重地交给了铁木真，铁木真看着好安答如此慷慨，二话不说从皮桶中掏出自己心爱的柏木顶璞头，果决地放在札木合的胸前道："我们在黑林中再叙安答友情。"铁木真拔出一只箭拿在左手，然后二人双双跪倒在地，札木合右手拿着箭一端，庄重地对着天神发誓："我兄弟二人在黑林中向天神起誓——我们愿意结成永世相依的安答，不离不弃，共享富贵，同担风雨。"说完，两人便站在神圣的太阳之下，击掌为誓，互相交换信物，然后举起双手在黑林中大声呼唤着。虽然这只是两个少年的呼声，但它已经将讯号传到了草原上的每个帐篷。两个少年从此就有了在草原上大兴风浪的前奏。

结拜之后，铁木真坐在札木合身边高兴地喊道："我安答今日能与我在黑林中相遇，定是我们打猎畅谈之快时也。"札木合认真地回答道："今日我们当好好追猎，如此诃额伦母亲便有了欢跃和放心的微笑了。"铁木真拍着自己的脑袋喊道："我的安答啊，我只顾叙情却忘记了家人正在饥渴中等待呢！"说完，他便提着札木合的肩膀在深林中奔跑了起来。两人在深林中不停地欢叫着，就是山林最凶狠的豺虎也要闻风丧胆。突然之间，札木合看到一只小鼠在地上奔窜，他猛地拉开铁木真，用尽浑身力气将弓箭射了出去，当铁木真回头相视的时候，那只小鼠已经在地面上垂死挣扎了。铁木真马上举起双手，大声地向札木合呼唤，称他为天下之勇士，草原之雄鹰。就在此时，札木合又飞身上马，大声疾呼："我的好安答，看我来为你追一只野畜来！"铁木真兴奋地喝道："难道你的勇气就这样强烈吗？让我们好好休息一下吧！"还没有等铁木真说完，札木合哈哈大笑地向深山中奔去。铁木真见他如此之快，不甘落后，也飞身奔驰而去。就在铁木真快要赶上札木合的时候，札木合大声喝道："铁木真勿来，等我射中野狗将它交于你也！"说完，就见札木合射出一支箭，铁木真正在飞奔之时，一支中箭的野狗疯狂地向他的方向奔了过来，情急之间，铁木真弯弓搭箭，狠狠地射了一箭。片刻之后，只见那只身中两箭的野狗摇摇晃晃地跌倒在草丛里。铁木真见札木合将野狗在手中提着，激动之情难以言表。

将猎物载在皮囊中的铁木真盛情邀请札木合到自己的营地做客，但札木合婉言拒绝道："今日我得往回追赶，因为我们的驻地已经陈旧，可能就在这几天我们就要迁徙了，如果不回去，被众人落下就是大问题了。"铁木真见札木合坚持，于是又道："那我们就在山林中多玩片刻，如此安答我便能表达对安答的感激之情了。"札木合马上接受了铁木真的这个要求。于是两个少年背着猎物悠然地在林中信步走开来。铁木真看了看太阳，忧郁地说着："今日我们分别，不知何日再能相见也！安答我只能看着你的鸣镝来对你做思念了。"札木合提了提精神不屑地说道："大丈夫不可如此犹豫才好，要拿得起，放得下。如此我的好安答才能做出一番轰轰烈烈的大事业来！我还等着你召开忽里台来召唤我呢。"说完，便高兴地大笑起来。铁木真拍拍自己的胸脯道："待我铁木真大成之日，便是安答飞达之时也。我可等着安答日后能助我一臂之力呢。"说完，两人就低下头默默地向山林尽头走去。

晌午时分渐渐也要落辉了，就在此时合撒儿带着别勒古台从驻地飞奔至黑林中，合撒儿在林中大声呼唤铁木真的名字。大约过了一程路的时间，合撒儿听到山林中有人大笑的时候，仔细辨认，才知道是札木合的声音。合撒儿带着别勒古台顺着声音一路寻来，只见铁木真和札木合两人正在巨石上仰望天空畅快地叙谈呢。合撒儿飞身上前道："两位哥哥，你们的笑声都已经传遍了整个黑林，难道你们要将你们的喊声传遍整个草原吗？"铁木真见到合撒儿从小径中走来，挥舞着双手道："合撒儿，你说我的安答是不是草原上的雄鹰呢？我们在黑林中结拜的喊声虽然没有被整个草原的人们听到，但永生的天神一定会来为我们作证的。我们的安答之情天地可见。"合撒儿听到这样的喊声马上笑道："那就让天神来告诉草原人你们俩都是我们心目中的英雄，草原人传唱不衰的故事！"札木合此时才站起身来道："如果真有这一天，那也是沾染铁木真安答的贵气使然也。"合撒儿道："札木合兄长如此自谦，此乃众人所不能及也。"铁木真站在一旁激动地连连点头。

合撒儿马上转过身来道："今日札木合兄弟与铁木真一起打猎，劳苦功高，不如回到我们驻地两个安答好好地畅谈。札木合兄弟，请回营地说话吧！"札木合此时才歉意地笑道："不了，我们营地很快就要迁徙，我还要归去追随队伍呢。"说完，札木合便飞身上马，大声地对铁木真兄弟喊道："今日分别，他日定有再叙友情之日。日后铁木真有要求，札木合会不辞万里前来相助的。"说完，便要转身。铁木真见此情景，惊呼道："好安答，我们的友情永生的天神可以见证。你归去当时时记起我们的誓言。"

就这样铁木真将札木合送出山林，然后才依依不舍地与他惜别了。正是因为札木合和铁木真的结拜，才让草原人民永远传颂着两个英雄和一种情仇的神话。

结拜义父　恩重情厚

在一个以战争和强权为生存手段的年代里，从来就没有永远的强者，也没有所谓的永远的弱者。当弱者得到另外一个强者的庇护，得到来自看中情义的人的帮助时，这个弱者很可能就是将来的强者。这样的强者在大草原上可能不多见，但身为蒙古人的铁木真却就是这样的一个天神的宠儿。在铁木真一无所有的时候，是他身边的朋友和一个势力强大的大安答给予了他无限的温暖和希望。而在他羽翼尚未丰满的时候，正是铁木真父辈积下的恩德施展到铁木真的身上。曾经让铁木真流连忘返的黑林在他苦难的时候又一次向他施展了恩德。在铁木真没有出生之前，铁木真的父亲也速该，就是在黑林中与克烈部的首领脱斡邻勒结下了生死之交。

当时的草原是个烽烟四起、战争频繁的乱世，也速该因为常常能在战场上凯旋而归得到"草原英雄"的美名。而此时的克烈部首领脱斡邻勒也是个有名声的人物。自从脱斡邻勒继承克烈部汗位之后，克烈部内部矛盾激化。很快克烈部就分裂成几个派系，而脱斡邻勒对众人的残酷统治和约束让他成为克烈部的众矢之的。有一天，脱斡邻勒的叔叔被逼奋起造反，自立门户，称"古儿汗"。脱斡邻勒率领大军前去征剿，但不幸的是，在山林前的战斗却是以脱斡邻勒的惨败收场，溃不成军的克烈部四散而逃。脱斡邻勒自己也带着几个随从逃到合剌温山隘。但后面古儿汗的军队还在追赶，为了安身，脱斡邻勒汗奔走到也速该帐下，请求也速该施展仁厚之心帮助他从困境中解脱出来。也速该详细地了解了情况之后，马上下令蒙古乞颜氏做好战斗准备，向古儿汗发起最有力的攻势。大约在一个月之后，也速该大军威逼古儿汗在黑林附近与之展开了激烈的战斗，最后也速该将古儿汗击溃，古儿汗投靠西夏。大胜而归的脱斡邻勒在也速该的帮助之下，很快就将失散的克烈部族人收集起来，这样庞大的克烈部就又恢复了元气。脱斡邻勒为了感激也速该，在黑林中大摆宴席为也速该接风洗尘，并当众祭天地与也速该结为安答。

脱斡邻勒为了报恩而同也速该结为安答的事迹在草原上传开了。也速该也更加看重与脱斡邻勒的安答之情。两人在以后的发展中虽然没有像亲兄弟一样守护在一起，但在他们心中这份深厚的情感是无法磨灭的。直到也速该被害之时，脱斡邻勒站在乞颜氏族人面前愤恨地发誓："今日也速该安答无终而果，等他的儿子铁木真担当大事之时，我们便一并荡平塔塔儿，报仇雪恨！"说完，他便安详地俯下身来深深地向也速该的遗体鞠了三躬，然后转身对诃额伦夫人说道："你可以时常让铁木真到我营帐来休息，我与也速该是安答，我也有义务来疼惜铁木真的身子。"说完，便纵马归去了。当时的铁木真一家因为悲伤绝望，没有将脱斡邻勒送出去就让他单独归去了。

当也速该的神威渐渐消散，铁木真的勇气慢慢升腾的时候，众多的乞颜旧部都回到铁木真身边。而刚刚娶妻归来的铁木真和家人正沉浸在无限的欢乐之中的时候，突来的强敌毁坏了他的营帐，抢夺了他的新妻。带着巨大仇恨的铁木真唯一能做的，便是请求情深义重的脱斡邻勒来做自己强大的后盾，并战胜仇敌，抢回自己的新妻。当铁木真面对不可战胜的仇敌的时候，第一个想到的便是自己父亲的好安答脱斡邻勒汗。在铁木真向脱斡邻勒汗说明情况之后，他马上愤怒地诘问道："难道天理就没有教他们'他人之妻不可夺'吗？我定要帮助你讨还孛儿帖，此事不成，定不在草原上立足也！"铁木真听到此言，心中一阵感动，他将脱斡邻勒汗请到自己大帐之中，掀开皮箱，小心翼翼地将一件名贵的宝物敬献到脱斡邻勒汗面前道："在我娶亲之时，丈母送我到家中，将一件黑貂端罩相赠。此物本想在父亲也速该面前收留，但今日父亲仙逝。此物最适合的主人便是脱斡邻勒父亲您了。"说完，铁木真便将端罩平平整整地铺在脱斡邻勒汗面前。脱斡邻勒仔细一瞧，马上惊恐地站起来呼叫道："此乃稀世珍宝，今日却将它赠于我，我怎么能受得起呢？"铁木真马上上前劝慰道："在我眼中，一直有两个父亲，也速该父亲已经离去，现在唯一的父亲便是您脱斡邻勒父亲了。难道你不接受我这个儿子吗？"脱斡邻勒见如此情景，大声喝道："那好，明日我在黑林中举行忽里台，就当是祝福我们父子之情吧！"说完，哈哈大笑起来。铁木真马上领命，激动快慰地走了出去，等待明日的忽里台举行。

早上，脱斡邻勒汗站在土兀剌河的黑林之中兴奋地对所有在场的亲

成吉思汗

族们说道:"今日我在此举行忽里台,一是欢迎远方客人的到来;二是宣布我与铁木真的父子之情将让天神作证,一定会天长地久,至死不渝。"说完,宴会上便欢声喧天,热闹非凡。脱斡邻勒举起手中的盏子向铁木真敬酒道:"今日你失散的族人我帮你完聚,失去的部众我帮你找回。以后我们便亲如一家,互相照顾。"铁木真马上站起痛快地将盏中奶酒一饮而尽。当铁木真说到蔑儿乞人的时候,脱斡邻勒的眼神像仇恨的羔羊一样不能形容,他对众人说道:"早先我年幼时,蔑儿乞便将我和母亲一起掠走,在薛凉格河边舂米,生命好生苦痛,今日连同铁木真的仇恨一并来将仇敌杀个天昏地暗!"说完,就将手中的刀在桌子上斩了下去。铁木真见脱斡邻勒如此坚决,心中也马上快慰起来。当天晚上,铁木真一行便辞别了脱斡邻勒汗,因为等待大军到来之前,驻地上还有很多事情要打理。于是铁木真等人带着希望而去,捧着满意的种子而归,心中自然豁然开朗起来。

就是这次盟誓之后,脱斡邻勒汗与铁木真先后打败了大名鼎鼎的蔑儿乞部,抢回了铁木真的夫人孛儿帖。然后铁木真又将抢夺来的所有财富分毫不动地敬献给了脱斡邻勒汗,就这样脱斡邻勒的势力更加强大起来。但与此同时,脱斡邻勒族人却开始各怀异心,加上脱斡邻勒的残暴和压榨,众族人怨不敢愤,一场酝酿已久的动乱即将在克烈部中展开。王汗(脱斡邻勒)的弟弟额儿客合剌是脱斡邻勒权力的最有力的争夺者,当脱斡邻勒与铁木真、札木合等人兵进东方各部之时,额儿客合剌被王汗赶出营帐,不让他参加中军议事。额儿客合剌心中感到气愤,加上从前的兄弟们都被王汗迫害生杀,忍无可忍,便向乃蛮部求援。此时乃蛮部正在打探东方战事,额儿客合剌详细地说明了情况,并对乃蛮部亦难察汗说道:"如果可汗真的想匡复正义,那就请在王汗出兵、国中空虚之时来打他个措手不及好了。"亦难察汗认真地听完额儿客合剌的言辞之后马上决定:"在王汗没有归来之前,我们让额儿客合剌来成为克烈部的可汗吧!让有悖天理的王汗战死在茫茫的深草地中吧!"于是,亦难察汗第二天率领将士在几日之内便将克烈部的所有抵抗力量消除,然后站在众人面前宣布:"克烈部的族人们,我们罹受王汗的苦难日子就要过去了,现在来确认你们的新可汗额儿客合剌吧!"在一片欢欣鼓舞中,克烈部就换了新可汗了。

王汗率领着凯旋之师在回师的路上,突然得到篡位的消息,义愤填膺的王汗用马刀在自己的手指上割开一道口子,让鲜血从指缝间滴了下来,大声长啸道:"我定要将克烈部的叛徒像宰羔羊一样宰杀在油锅里!"说完就率领军士向额儿客合刺营地长驱而去。双方在额儿客合刺的营寨前激战起来。当王汗看到额儿客合刺的军队时，发现对手是有备而来，王汗军士即使英勇作战，还是没有逃脱惨败的境地，王汗满脸绝望地看着上天却无计可施，于是带着几个随身奴隶向西辽奔驰而去。等到王汗见到西辽末代皇帝直鲁古的时候，西辽也没有什么力量来辅佐他战胜叛敌了。王汗在西辽麾下闷闷不乐、郁郁寡欢。而就在王汗最失意的日子里，他的弟弟扎合敢不投靠了铁木真，并与他结拜为安答。很快西辽的宫廷中也发生了内乱，王汗一气之下便向自己的福地黑林中走去。此时的王汗身边只有五只奶水充足的母羊和两三匹骆驼。王汗靠挤羊奶、刺骆驼血以解饥渴，骑着一匹一只眼睛的黑鬃黄尾马。王汗每天都在回忆从前美好的生活，常常到与也速该称兄道弟的老地方古泄兀儿湖一带。王汗在颠沛流离之后，来到这里，看着从前的风景，不禁潸然泪下。

铁木真得到消息之后，马上带自己的两个亲信塔孩、速客该前来解救王汗，并亲自到克鲁伦河的发源地去迎接他。王汗站在水泽之中看到铁木真人马赶到，马上遮蔽着自己的脸面，但铁木真亲自下马将他搀了起来道："脱斡邻勒父亲，让你受惊了，我这个做儿子来得还不迟啊！我会帮助你重整旗鼓的。"王汗此时才失声说道："难得吾儿铁木真如此有心，他日定要众人归来听命于你。"说完，就着铁木真的双臂，一步一步地向铁木真的营地走去。等王汗到达铁木真的营地之后，铁木真高兴地将王汗的寝帐安排在他的古列延和斡儿朵之间，王汗惭愧地对铁木真说道："我的好儿子铁木真啊，你让我这个老家伙拿什么来报答你啊？今后我如能重整旗鼓，一定将我的所有财产分给你和桑昆两个人也！"铁木真微笑地站在他身旁无比亲昵地抚摩着他的身体。

王汗在铁木真帐下休整了一些日子，一天早晨，王汗走到铁木真帐下道："今日我的锐气也恢复大半，请我的儿子铁木真发话，我们到什么地方去发动战争、抢夺战利品？"铁木真马上上前道："脱斡邻勒父亲如此焦急我能理解，但我们在进攻兀都亦惕蔑儿乞人之前，先在黑林中举行忽里台，重申我们的父子之情。"脱斡邻勒汗听到此处，心中一阵激动说道："如此甚好，我们父子将让永生的天神来见证我们的感情。"说完王汗与铁木真都各自归帐准备宴席去了。

第二天晌午时分，铁木真坐在中军帐中对所有的人说道："今日我与脱斡邻勒父亲在黑林之中再叙父子之情，此天神可以明鉴，世人可以传颂。"说完，铁木真就跪拜在王汗面前深深地三鞠躬。王汗马上站起

来还礼。就这样王汗与铁木真的父子之情得到了延续，而在后来的战争中，铁木真将大量的战利品分毫不动地分配给了王汗，让他真正从孤苦伶仃的绝境中变成一个赫赫有名的草原强部。面对王汗的强大，铁木真在父子情义的名义下，尽量做到了以情义为重、共享富贵的承诺。在铁木真身上，从来就没有背信弃义的狡诈，而他所迎接的，却是利益冲突给他带来的斗争和失望。王汗与铁木真的情谊在很长一段时间里是非常坚固的，无论未来怎么变化，这样的一段重情重义的故事都不会在世人的记忆中磨灭的。

齐心协力　形如手足

　　在草原上，无论你是个大英雄，还是卑贱的奴隶，平时生活中你都可以以慵懒、散漫的身躯在草地上游动。但如果你成为了一个战场上的战士，无论是万人之上的统帅，还是自身难保的小卒，你需要做到的就是唯令是从，不能有推脱之辞。虽然草原人民自古就是以自我为中心，但在讨伐征战的关键时刻却是被统帅严格控制的。友情可以让弱者强大起来，同样也能让绝望中的人儿找到振作的勇气。对于铁木真来说，自己的好安答札木合在一开始就是一个骁勇善战的强者，通过札木合的辅助来成就自己的一番事业是铁木真必然的抉择。当王汗坐在中军帐中郑重地对铁木真提出借助札木合的势力来与蔑儿乞人作战的时候，铁木真的心情是激动的，脸上是火热的。因为两人在结为安答的时候是那样信誓旦旦、斩钉截铁。铁木真慢慢地拿出挂在胸前的髀石轻声地喃喃自语道："我的好安答啊，今日方是天神考验我们之间情谊的时候了。"说完，就转身对王汗说道："脱斡邻勒父亲，我即日便动身，等到札木合的援军与我们会合之日，便是长驱直入蔑儿乞营寨之时也。"就这样铁木真认真地在家中准备着会见札木合的事情，并对自己说："等安答与我合聚，何愁无财无势也。"

　　第二天，铁木真亲自跨马，与众人辞别，然后带着王汗和大队随从飞奔扎答兰部而去。走在路上，王汗对铁木真道："昔日你与札木合在我帐中玩耍，今日却要并肩作战，世事真的是变幻莫测也！"铁木真总马上前道："难道脱斡邻勒父亲不能感受时间的变化吗？我铁木真每日都在慨叹呢！"说完，便哈哈大笑起来，他坦荡的笑声马上在众人心中产生了一种巨大的希望，但又是那么微妙，难以捉摸。几天的跋涉之后，铁木真等人终于站在札答兰部营地前，片刻时间，札木合亲自从深帐中走了出来，远远地便向铁木真安答挥手欢叫道："我的好安答铁木真，为何今日才来我地面与我同叙友情呢？难道脱斡邻勒汗也在天神的保佑下来见证我们的安答之情吗？"铁木真见到札木合，心中欢喜过望，于是敞开胸怀亲切地对札木合说道："今日是天神交给你我的吉日，那就让整个草原来欢呼吧！"两兄弟紧紧地拥抱在一起，举起双手大声地呼喊着，像是两只战斗的雄鹰刚刚胜利归来的样子。

脱斡邻勒马上笑道："难道我们今日的欢笑还不多吗？欢笑之后应该是商讨大事的时候了。"此时铁木真才收敛了自己的笑容很自持地对札木合说明了来意，札木合将他和客人引入大帐中，气愤地说道："蔑儿乞有何气势，敢强抢铁木真安答的夫人？今日我们便组成联军将蔑儿乞人统统杀尽，以绝后患。"铁木真站起感激地说道："如此我对安答的情谊便来生来世也无法忘怀了。今日脱斡邻勒父亲也是此意。那就请札木合安答发号施令吧！"脱斡邻勒举起手中盏子大声说道："札木合首领愿意举兵实在痛快，那就请你发号施令吧！"札木合马上举手示意道："我出两万兵马，脱斡邻勒汗与铁木真各出一万兵马，四万军马定会让蔑儿乞人分崩离析、一蹶不振也！"脱斡邻勒马上喊道："如此甚好，我看札木合首领德高望重、运筹帷幄，那就让札木合统领这四万军马也好，此乃大义之名，相信众人都会拥戴你的。"札木合见此要求，马上当仁不让地领受道："那我札木合就顺应天神的旨意，让蔑儿乞营中的酣睡者都惶惶不可终日吧！"当下，札木合便让人准备盛大的晚宴来欢迎好安答和客人的到来。

当天晚上，札木合便向脱斡邻勒汗和铁木真传达指令道："等我军马整顿完毕之后，便火速前往三河源头与两路军马会合，不知你们何时能及时会合呢？"脱斡邻勒汗马上转动眼珠，然后道："半月之后我们三路大军在三河源头会合，到时再在一起商讨周密作战部署，你们看如何？"札木合马上拍手欢呼道："好，如此甚好，如果铁木真安答没有异议，我们便如此决定了。"铁木真仰着头不住地点头道："我看如此甚好，就让我们的誓言在半个月之后兑现吧！"于是札木合与脱斡邻勒、

铁木真击掌为誓，订立会合之期。

在札木合处小住了一日，因为时间紧急，铁木真等人辞别札木合各自归营准备军马去了。脱斡邻勒在临别之前对铁木真说道："吾儿铁木真，今日短暂的分别将换来长久的幸福，那就让天神保佑我们在这十五天里将军马壮大到足以让蔑儿乞人胆战心惊的地步吧！"铁木真转动马头，深情地道别道："铁木真虽然无能，但十五天的备战还是能做得圆满的，脱斡邻勒父亲安心去便是，铁木真是个能整军的人儿。"说完，两人便分别走去，铁木真直奔不儿吉小河营地而去，脱斡邻勒也独自带人向自己的驻地奔去。走在路上的铁木真不停地回头观望着，不停地在心中计算着时日，因为铁木真觉得十五天的时间非常急促，但挽救正在别人营帐中的孛儿帖却是非常及时。于是铁木真顾不上辛劳和疲惫，马不停蹄地向自己的驻地奔驰而来。一路飞奔而去的铁木真很快就站在营地中，向家人说述着札木合安答作出的决定，诃额伦母亲马上祷拜道："天神保佑了我们，那现在就请您再庇护我儿媳孛儿帖一回吧！"说完，就对着天空膜拜着。铁木真坐在大帐中马上点校兵马，并让自己的两个那可儿和兄弟站在自己面前周密地部署整军。但铁木真在传达命令的时候犯了一个错误，那就是他将军队自由编制，没有以族群为单位来整顿兵马，很快众兵士就混乱起来。于是铁木真就重新整治军马，如此一来就浪费了六七日时间。

脱斡邻勒汗的军队很快就从驻地出发了，走到斡难河附近时，发现一个乞颜氏的奴隶坐在草地上啃山薯，脱斡邻勒汗马上问他铁木真的备战情况，那奴隶实实在在地说明了情况，脱斡邻勒马上慨叹道："我的儿啊，还是让父亲助你一臂之力吧！"说完，就调转马头向不儿吉小河赶去。等到脱斡邻勒站在铁木真营地中的时候，他发现军士们都零零散散地站在帐篷旁边。脱斡邻勒抓住铁木真的肩膀用悲凉的语气对铁木真说道："我的好儿子，你怎么能打破氏族的界限呢？我们都是以氏族为生命啊！"说完，就坐在铁木真的大帐中对铁木真的军事进行了周密部署。脱斡邻勒汗的到来让铁木真的军队马上振作了起来，铁木真服拜在脱斡邻勒面前惭愧地说道："治理军事，我铁木真还有苦学之途也。"就这样脱斡邻勒汗在铁木真军帐中逗留了几日，眼看半个月时间就要过去，此时铁木真才对脱斡邻勒汗说道："我们快快起程吧，否则我的那个安答看到我们迟到会大发雷霆的。"如此，铁木真等人向三河源头出发时已经是合军期限的最后一天。经过三天三夜的赶驱，铁木真与脱斡邻勒站在了札木合面前。但此时札木合严肃地看着铁木真道："我的好安答为何失了军纪，难道是想挑战我治军的威严吗？"铁木真自知惭愧，低头无语。

脱斡邻勒汗忙为难地笑道："今日我们违了军纪，如果札木合首领觉得罪不可恕，那就请军法处置，我等绝无怨言。"铁木真也上前道："我等甘愿接受札木合安答的处置，请发号施令吧。"札木合见铁木真已知触犯军法的后果，便扬起马鞭道："迟到三天是违背军法，但你等都是治军为将之人，那就不容许看到第二次了。"铁木真马上叩首相拜道："难得安答如此宽宏对我，他日在战场上定要让我的军士以您为榜样，而我，也会处处向着你的方向学习治军才好。今日失职我铁木真当长久不忘，以示对安答的敬慕之情。"札木合心中马上豁亮了许多，微笑地看着铁木真道："我深明安答之心情也，初次整治大军能如此规整已经是值得褒扬了，出些错误和失职也是我札木合能理解的，现在你们就不要再责备自己了，还是正视我们共同的敌人——蔑儿乞人的军队吧。为了我们能将孛儿帖夺回来，让蒙古草原上继续飘扬着我安答铁木真的麾旗，我们应该好好地来计议一下作战计划了。"

札木合用力地挥舞着手中的麾旗让两位首领进中军帐商谈攻伐蔑儿乞的作战大计。坐在帐中的札木合很快就在草地上指点着地图，让铁木真等人看到进攻蔑儿乞有两条路径，一条是较远的道路，而且需要经过一条河流，但进攻隐蔽，不容易被敌人发现，可以打他个措手不及；另一条道是较近的道路，但容易被对手发现，这样就会为胜利带来不确定因素。札木合目不转睛地看着铁木真的眼神，而脱斡邻勒汗坐在那里却举棋不定，不停地摇着头。札木合马上说道："脱斡邻勒汗没有什么主意，难道我精明的的安答也没有想法了吗？"铁木真皱着眉头深沉地说道："走远道我们虽然受些周折，但胜券在握，我们还是从远道而上。蔑儿乞人万万不会想到我们驻在南方的军队会从东北杀来。"札木合马上拍手叫道："我的好安答果然没有被迟到三天的阴霾阻碍，作为你的安答，我的想法与你不谋而合，我的想法就是攻他个措手不及，并一举将蔑儿乞人消灭。"

两个安答马上紧紧握住双手用眼神向脱斡邻勒和身边的人传达着一个坚定的信息，那就是在他们两安答齐心协力之下，草原上的一切敌手都将是卑微而可怜的。铁木真激动的神情像火苗一样燃烧在札木合和他自己的心中。札木合大声喊道："永生的天神在上，今日我与铁木真安答夺回孛儿帖之后定要同生死，共命运。让草原人的口碑为我们两安答之情作证明。"说完，脱斡邻勒汗马上憨笑道："我的英雄们啊，难道

你们就没有想过我脱斡邻勒是在心中羡慕你们吗？难得我有如此不可一世的铁木真儿子也。"札木合此时才放下手来安定地对脱斡邻勒汗说道："我们的劲敌能将我们如何？偏只有我们蹂躏他们的份儿。"说完，三人不约而同地哈哈大笑起来。脱斡邻勒站在他们中间用力地端起马奶酒道："等吾儿铁木真的夫人一回斡难河，我们便在铁木真的古列延旁喧闹一番，为我们的神圣同盟满满地画上一个收笔。"就这样，三个头领在大帐中兴奋地畅谈着，一次军事部署会议俨然成了一次别具一格的申述友谊的会议。

　　在这次商议之后，蒙古、克烈联军虽然在后来的战斗中遇到一些困难，但最终的胜利却将小小的瑕疵冲淡在斡难河的河水之中。铁木真与札木合的私交正式演化成政治上的结盟。无论未来的蒙古草原的天空如何变化，此时的铁木真与札木合的友谊是值得世人景仰的，是让所有蒙古草原人永远传颂的不老传说。当草原上的狂风卷起无数仇恨和冷漠的时候，铁木真与札木合两安答却能互相依靠，互相帮助。单单这一点，他们的生活和事业就已经影响着草原百姓，影响着所有的看到他们的和听说过他们的人。

雕弓天狼——成吉思汗传

二虎之争　情义难全

　　自从铁木真听从脱斡邻勒汗的劝告，赡请他的好安答札木合一起同蔑儿乞人作战之后，铁木真心中一直盘算："只要能依靠札木合，自己在利益分配上吃亏或是忍让是应该的。"铁木真认为只要安答之情在，他就可以从有形的利益上让于札木合，唯有如此铁木真才能维系安答的情谊。而事实上，铁木真不仅是对札木合如此，对他的老义父脱斡邻勒汗也是如此。于是一种长久和平的曙光在铁木真的营帐中升腾。就在蔑儿乞人在蒙古、克烈部的合击之下大败而溃之时，铁木真想到的是让自己的坚定盟友们充分享受战利品，自己却分毫不收战利品。如此脱斡邻勒汗马上站在铁木真面前道："难道我儿铁木真的军士都是铁打的吗？

— 148 —

不要战利品怎么来维持生计呢？我儿铁木真还是从我处带些物品归去吧！"铁木真马上推却道："如此我便不敢当了，站战场上冲杀的是众人，而我只是为了夺回我的夫人孛儿帖，我的战利品便是孛儿帖而已，其余我毫不在乎。"脱斡邻勒马上竖起大拇指道："难得你如此想法，以后只要有求于我，定当一呼百应、当仁不让。"铁木真徐徐地看着札木合道："我的好安答劳苦功高，日后我们相处之日多了，现在就让你与脱斡邻勒二人并分财物也好。"说完，铁木真就将所有的战利品拱手相让给安答和义父。

胜利凯旋的英雄们在铁木真的大帐旁设下了酒宴，整个斡难河上的营地都热闹欢腾起来。脱斡邻勒汗端起酒盏对铁木真道："今日我们打败了蔑儿乞，也了却了我多年之恨也，仰仗我儿铁木真今日能得到如此丰厚待遇，我真是万分感激啊！因为我手下部众在营地里传来消息，说我的马群被盗贼赶走了，所以想尽快归去，解决问题。"铁木真马上祝酒道："今日胜利，父汗之功也！既然族中有事，那也不便久留，您明日即可起程归去，如此你族中老小也就安心了。"就这样，脱斡邻勒汗在宴会之后便率领得胜之师涣涣地向西方而去。铁木真让札木合在帐中修养，自己将脱斡邻勒汗送到斡难河尽头便调转马头回来了。坐在营帐中的札木合笑道："你让你的脱斡邻勒父亲如此满载而归，就不怕坏了战场上的规矩吗？"铁木真马上说道："如果真的坏了规矩，那恶果就让我来承担吧！"说完，两人就在大帐中畅饮欢笑起来。铁木真说道："今日札木合兄弟别无他念吧？能一心一意与安答一同放养牲畜吗？"札木合果决地说道："如此甚好，安答此时终于能践行我们发过的誓言了。"铁木真双手搭在札木合的肩上喝道："我们同生死，共患难。如此便别无他求也。"就这样，铁木真就开始了与札木合的同檐而栖。

正在高兴之间，札木合请来侍从道："明日在豁儿豁纳黑川上，我要与铁木真安答再叙友情。"铁木真站起身来道："如此我们便在忽图剌可汗的安身之地盟誓申情吧！"说完，两人都各自归帐安排宴会的事情去了。等到晌午时分，札木合坐在酒席之间，郑重地宣布了宴会的开始。坐在宴席中央的铁木真和札木合双双将右手放在胸前，大声盟誓道："我们兄弟二人在豁儿豁纳黑川向天神和忽图剌可汗宣誓，我们再结安答，同生死，共患难，不离不弃，永不分离。"说完，铁木真便与札木合同饮一盏马奶酒。然后两人大声呼唤着，整个营地因为他们的欢动而显得威严和神圣。铁木真将从脱脱身上抢夺来的金带系在札木合的腰上，又将脱脱的一匹几年不生崽的海骝马送给札木合当坐骑；而札木

【第四篇】情义篇

合则将俘获的歹亦儿兀孙的金带与铁木真系上，并将一匹白马送给铁木真。就这样，铁木真两安答的友谊又一次得到了世人的承认和天神的眷爱。宴会一直持续到深夜才结束，回到帐中的铁木真拉着札木合的双臂要在帐中与他继续叙谈，札木合大声喊道："今日如此快乐，我便与安答同榻抵足而眠也。"就这样，两安答在寝帐中谈笑风生，同被而息。从此铁木真就开始了一段让草原人说也说不完的故事。

时间就这样一点一滴地流逝着，自从铁木真决定从桑沽儿小河迁徙，与札木合一起在豁儿豁纳黑川游牧时起，铁木真就一直沉浸在欢乐之中，不仅自己夺回了妻子，情深义重的好安答札木合也能时刻相伴在左右。铁木真站在夕阳之下常常对自己说："要想在草原的英雄中崛起，不能没有情义，慎重对待自己的好安答，也就是得到了所有草原人的口碑。"在安闲自在的片刻，札木合也常常对铁木真安答说道："等你的队伍比我更强大时，那时我才能真正地说我的好安答站起来了、强大了。"铁木真却不紧不慢地说道："我的部族还都像小民一般，只怕安答的实力是不可逾越的了。"札木合马上疑惑地说道："铁木真安答哪里话，等到你高高在上之日，区区札答兰能算什么呢？"说完，就骑上战马向山下的大群马群中奔去。铁木真追赶上去道："你富庶之族尽是牛马，而我小弱之族，却只能终日放羊为乐也。"说完，就向水泽旁的羊群奔去。每当傍晚时分，札木合都会站在马群中间大声吆喝："将刚刚生下的小马崽放到后棚里去，这样就有地方让成年的马儿休息了。"漫山遍野的马群马上将札木合淹没在众人的视线里。

一天晚上，铁木真同孛儿帖夫人安坐在营帐中，铁木真一口一口地喝着马奶酒，孛儿帖夫人马上说道："铁木真，我们与札木合安答同栖同牧有一年半了，我们是不是应该问问札木合是否想再举行忽里台好好庆贺一番呢？"铁木真马上打断道："我看不了，我近日见札木合安答若有所思，不常开言语呢！"孛儿帖听到此处马上问道："难道札木合安答厌倦了你这个安答了吗？我也觉得他与我们不再亲近。"铁木真只是静静地听着，却什么也没有说。当天晚上，孛儿帖就在铁木真面前说出对札木合的不满，但铁木真没有在意，因为他觉得人生在世是不会没有瑕疵、不让别人指责的。最后孛儿帖说道："我看札木合安答与我们分别的时日也不远了。他现在可能在生我们的气呢，在打败蔑儿乞人之后，他札木合得到的远远不如你铁木真，而你现在身边的众多侍从都是来自他札答兰氏，战争之后你极大地提高了在部族中的威望，而他札木合却依然如故。你想他心中会平静吗？"孛儿帖喝了口马奶又道，"如果你铁木真发展壮大成为可汗，而他札木合战功赫赫却只是个部族首领，他心中会服气吗？有朝一日你能称汗，札木合将第一个站起来讨伐你，铁木真你得做好两手准备。"铁木真依然不发一言，只是静静地坐在那里一口一口地喝着马奶酒。

时间的转轮旋转到了四月十六日，此时正是万物复苏、生机盎然的时节。蒙古部就在这一天决定迁徙。札木合与铁木真站在迁徙的队伍前列，认真地观察着地形。走了一天的时间之后，札木合突然面对铁木真说道："今日我们得寻个好地段，但我心中甚是为难。如果依山傍寨，这样就非常有利于放马，但如果缘河而寨，如此却适合放羊。我心中真是举棋不定了。"铁木真听到此话，顿时没有了言语，他悄悄地从车上转过身来，到诃额伦母亲和孛儿帖夫人面前请问此言为何意思，诃额伦母亲抬头冥思之间，孛儿帖张口便答道："这话不是再明白不过了吗？他札木合是有图谋之意也。是说我们穷养不起牛马，只能放羊，而他们却是牛马丰足，大有与我们分道扬镳的语气啊，难道你铁木真还没有看透这样的花言巧语吗？"铁木真顿时感到一阵惊异，但他却将孛儿帖的话当成了正义之言。就从此时开始，铁木真的心中便埋下了对札木合安答的愤懑之情。

晚上，铁木真就在营帐中不停地想着，但最后还是决定等札木合选好牧场之后，自己带领着族人到别处去寻找出路。而此时的铁木真虽然还不是十分强大，但也有了自食其力的能力，并有随时崛起、称霸草原的实力。铁木真暗自决定："等札木合扎营之时，我便带着我的族人继续前进，免得当面闹误会，这样谁的脸上都没有光彩。"于是铁木真向诃额伦母亲和孛儿帖夫人说明了事情之后，就问她们是否同意，诃额伦母亲说道："我儿自当有主见，札木合未必是你想象得那样险恶，你还是自己决定吧，我们只能跟随于你啊。"说完，就转身回到帐中看豁阿黑臣收拾财物去了。孛儿帖目不转睛地看着铁木真道："你的决定是对的，我早就对札木合有一种说不出的戒备心理，但至今就是说不出个所以然来，今日果然见到其真实面目了。"就这样，铁木真用力在手心拍了一下，果决地走出营帐布置下一步行动目标去了。

天色很快就豁亮了起来，札木合站在先头车帐中继续查看着地形，然后仰望远方，四面环视。过了一个土坡，札木合大声喝令道："停下，我去看看前面的地形，此处是个非常不错的驻足之地。"于是札木合纵身上马在附近巡视了一番，大声地呼唤道："好了，我们就在此地安营扎寨吧！这里不但水草丰美，更能得到旷野之中的景色，与天神共语之

地也。"他一声令下，浩大的队伍陆陆续续地在水草丰美之地安下营寨来。但铁木真站在自己的一彪人马中却劝慰道："此地不是好地，让我们再驱赶一段，一定能找到让我们身体丰足的好地段的。"于是铁木真的部众继续向前进发，径直向泰赤乌人的领地上徙来。此时札木合正坐在战马上，看到铁木真匆忙的样子，便在心中暗自思量："我的好安答，没想到还是你抛弃了我啊！"札木合什么话也没有说就归帐去了。等铁木真的部众全部走尽，他才出来对身边人说："天下没有不散的宴席啊！希望我们天长地久的誓言不要在罪恶面前被撕碎啊！"说完，便冷冷地冲着太阳升起的地方笑了起来。

这一次与札木合的分道扬镳在铁木真的人生中有非常重要的影响。当铁木真的队伍离开大部队的时候，众多的札木合麾下将士投靠了铁木真。一个想从苦难中崛起的英雄就是这样多愁苦，好在他还能得到众人的支持，还能得到那些将他看成英雄的人从四面八方缤纷而至。铁木真的家人也在为铁木真感到担忧，因为在未来的道路上，他又多了一些不确定的生活苦难。但作为一个能担当大事的人，他从来不会因为苦难而唯唯诺诺、固步不前。真正的草原英雄就这样一天天地发展着、壮大着。铁木真的部众很快到达泰赤乌人的境地，慌乱中逃窜的泰赤乌人以为铁木真前来围剿他们，于是大部分都去投靠了札木合。札木合因为泰赤乌人的到来心中而有一些安慰，他对众人说道："今日铁木真安答声势好大啊，泰赤乌人怎么没有尽降铁木真安答呢？"说完，就归到刚刚搭建好的大帐，一言不发地喝起闷酒来。站在帐前的几个泰赤乌人马上在札木合营寨的旁边建立起一个小营地，就这样，残余的泰赤乌人就这样投靠了札木合。

仁者之尊　心怀天下

铁木真在早期的征战中，很多时候都是依靠安答和义父子这样的结交来的感情来战胜敌人。而铁木真后来的战争生活却是非常独立的。自从脱斡邻勒汗与铁木真分别之后的很长一段时间，铁木真都没去惊动这位坚定的、可靠的盟友父亲。而对于铁木真，另一只臂膀札木合却能一直围绕在铁木真左右，让铁木真享受了无比快乐、惬意的一年多的时间。但"天下没有不散的宴席"，当铁木真心中在盘算着未来发展大计之时，他常常想："我的好安答可不要因为小小的利益纷争而让我们的友谊受到打击啊！这是所有的草原情谊不能保全的最危险的因素。"当两安答在一起的美好时光随着小溪中的流水向大草原深处流淌的时候，札木合一直有一个心病，那就是自己无论是实力还是个人威望都远远超过了铁木真，但却因为出身的问题而在蒙古族得不到应有的地位。札木合有时站在夕阳下，用不屑的眼神看着铁木真道："我的好安答，等你实力超群之时，便可蜚声草原了，蒙古族的可汗是为我的好安答准备的。"说完，便发出让铁木真疑惑不解的笑声来。铁木真也常常对札木合说道："今日安答能在身边，身外之物不足道也！你我将来共享草原上的财富，不是更美的事吗？"说完，铁木真便痛快地大笑起来。就这样，两安答在一起共同分享了美好而难忘的一年半时间。

但友情是经不起时间考验的，特别是在两人各自的利益都失衡的时候，友情更显得微不足道。铁木真揣测到札木合的想法之后，便决定不再占据他的财物，自己独自到远处去自谋出路。利益关系的变化直接导致了两个好安答的分离。铁木真离开札木合的营地后，在远处的泰赤乌人的营地安顿下来，坐在大帐中的铁木真轻轻地对亲人说道："今日分别，未来我们的情谊不知是否安全啊？"铁木真常常叹息，心神不宁地看着傍晚昏黄的光线。过了一会儿，铁木真站起身来道："孛儿帖，你快快去安顿一下母亲和孩子们，我去清点部族人口，但愿我的人都归来了才好。"说完，就转身出了大帐去营地中查看民情去了。就在此时，大帐后面传来一个洪亮的声音，铁木真转身相视，那人马上叩首道："我的仁厚宽大之主，今日已带着随从前来投奔您铁木真汗了。"说完，就跪倒在地请求铁木真安排事务于他。铁木真高兴过望，马上喊道："原来是者勒蔑的弟弟速不台啊，难怪你兄长常常在我面前夸赞你，今日能随我，我定当收容你重用你是也。"说完，他便将速不台扶起，让他站在自己的身边，等待营地安顿好了，与他共商治族之计。

铁木真走到营寨的角落中，看到一个奴隶正在向草地上扔石块，铁木真非常不解地上前问道："你为何要在水草之间扔石块呢？你想填充水泽？"那奴隶马上上前说道："今日会有很多札木合麾下的将领随着

铁木真首领一起放牧，我扔石块好让他们方便行走。"铁木真听到此处，马上心血来潮，大声地喝道："难得你有心，那就让那些随我的伴当们快快到来吧。我的队伍是永远向英雄敞开的。"说完，便哈哈大笑地举起手中的马鞭向另外一个营帐走去。就在此时，营帐外奔驰来一群人马，铁木真驻目相视，那群人马马上大喊道："我的铁木真首领，今日忽必来寻你的路来了，请您张开宽宏的双臂来拥抱我的好部下吧！"说完，忽必来就站到铁木真面前叩首道："我见札木合多阴冷诡诈之气，在他身边只会像豺虎一样凶残。而我铁木真主人却宽朗豁达，仁人之主也，我在铁木真首领身边日日开笑颜，时时自由焕发，我等都要做铁木真的伴当。"铁木真接过忽必来的话道："你巴鲁剌思氏是个大部，今日能归我境地，他日定会在光明的照耀下得到永生的天神的保佑的！"铁木真激动之情无法掩饰，绽放在脸上的笑意像太阳的热量一样散发在众人的脸上，传到每个人的心中。铁木真让忽必来等人搭建帐房，他日召开忽里台大会好好庆贺一番。

此时者勒蔑从远处奔驰而来道："铁木真首领，今日到我帐下的随从非常之多，后面陆陆续续的大队人马会全部到达。"铁木真看着正在壮大的营寨，与札木合分别的阴霾马上消逝在眼前。他大声招呼者勒蔑道："你去将投靠我们的勇士统统安排在我大帐，安定下来我要好好与他们叙话。"说完，铁木真又转身到新来的跟随自己的属民中间，挥舞着双手说道："各位属民们，今日我铁木真势弱，但能与我同甘共苦的人我是永远不会忘记的，你们以后一定会比现在更自由、更富有，因为天神一直睁开双眼看着我们的营地呢。"说完，他便让一个奴仆端来一盏马奶酒，放在面前道："你们以后为我捅马乳时自己可可以尝尝，这样来想着我们是一条心。"那些奴仆马上说道："铁木真首领如此仁厚，他日定当为草原之主，天下之尊也！"奴仆们一个个都仰起头来仰望着铁木真离去的身影。铁木真的身影不停地转动在熙熙攘攘的人群之中，而自从他决定在泰赤乌人的领地上安营扎寨之时起，前来投靠的各色人等就络绎不绝，铁木真看着远方的客人一个个慕名而来，站在他的麾下，一种由衷的成就感和满足感充斥着铁木真的身心。

过了半日时间，投靠的人依然不绝于铁木真面前，大约到了天色渐黑的时候，铁木真坐在帐中向众人表达了自己的心情，他大声地说道："今日能得到众人的怜爱，确实是天神所赐之福分也。但我铁木真是有情有义之人，得到众人的怜爱之后，便是我将深情施展于你们的时候，来日在我帐下艰苦奋斗，在战场上英勇杀敌，这样我便可以保证让你们有享受不尽的荣华富贵了。"忽必来叩首呼道："难道我们做将士的还不知自己的本分吗？一个合格的将领是不会在乎艰苦和征战的，首领的话实在是让我们感到惭愧了。"说完，众人都哈哈大笑起来。铁木真合拢着嘴又说道："等到我蒙古乞颜部的势力在草原上足以威慑每一个强敌之时，相信人们的口中会有我们的故事的。"说完，就让众人同饮马奶酒。宴会一直持续到天色尽黑的时候，铁木真站起身来招呼众人道："今日我们的欢乐就此罢住好了，明日会有更多的投诚者前来，我要以最好的精神状态和最尊贵的礼仪来迎接这些远方而来的朋友。"铁木真的言辞已罢，众人也站起身来各自归帐去了。铁木真轻轻地对者勒蔑说道："札木合的勇士尽将投靠于我，不知我的安答会不会对我产生异心呢？"者勒蔑马上果决地说道："天下没有两只老虎占据一个山头，札木合早有对首领戒备之心，我们也应当对他存在防备才好，友谊从来都是跟着利益而动的。首领不必将札木合的感受念念不忘。"说完，者勒蔑也信步走去，归营休息去了。

天明时分，铁木真带着者勒蔑早早站在营地上向远方望去，就在此时，博儿术向铁木真禀报道："铁木真首领，昨夜有许多属民从札木合的营地奔驰了过来，现在刚刚搭好帐篷修养呢！"铁木真马上不解地问道："为何夜间赶来？难道路途不便？"博儿术马上上前道："札木合终日巡视，发现叛逃者便要拖回重罚。"铁木真听到此言马上喃喃自语道："我的好安答心中怎么能宽容呢？可能我们的友谊在经受考验了。"就在此时，远方又有一彪人马从天际之间隐隐而现，者勒蔑马上喊道："首领，又有投诚者来也。"铁木真马上整理衣戴，径直向草原上走去，站在高高的土坡上目视慕名而来的客人。当那群人站在铁木真眼前时，铁木真马上愣住，便问道："你们是哪个氏族的？"那三个头领马上下马叩首道："我们是泰赤乌氏的赤勒古台和塔乞兄弟，今日斗胆前来铁木真帐下，还请铁木真首领宽宏大量容下我们这从前的敌人吧！"

铁木真缓缓地在赤勒古台面前踱了几步，然后深沉地说道："难得你们有如此的胆识和勇气，敢到我铁木真帐下来投诚，你们就没有想到我可能会处死你们吗？"赤勒古台不慌不忙地叩首道："我等都知铁木真是草原上宽仁厚德之主，今日如若因为战场上的仇敌而杀死忠心实意前来投靠的下人，相信以后铁木真首领帐下也便无人敢投靠了。"铁木真看着塔乞兄弟又说道："你们三人是个英雄，如果我能收容你们，那就是说明我铁木真唯才是用，不拘一格降人才。你们三人有勇有谋，应当好生珍惜才是，以后你们就做我形影不离的那可儿吧。"说完，便将一件袍子披在了赤勒古台的肩膀之上。三人马上齐声喝道:"泰赤乌的今天是自找的,塔儿忽台更是狡猾奸诈,他得意一时,却也抱憾终生了。今日弃暗投明方知我等实在幸运,他日定为铁木真首领效犬马之劳。"说完,便领着自己的部众挑选营地去了。者勒蔑切切地对铁木真说道:"今日首领如此英明用人,相信此举蒙古草原上绝无仅有,他日定会有更多英雄豪杰慕名而来,在首领麾下立战功、显赫名的。"铁木真挥舞着右手道:"你过奖了,但如此用人实是形势之趋也。我是个友善之人,远方来的客人怎么能不以礼相待呢?"说完,他便仰着头,任凭炙烈的阳光击打在自己的脸上。

又是一天的忙碌,铁木真不停地说客套话,不停地安顿远方的客人,又不停地迎接下一位客人。几天时间里,铁木真的大帐下并立着四十多位新来的那可儿,铁木真以客人之礼将他们一一款待,坐在帐中的所有那可儿当中,几乎全部都成为铁木真后来争霸天下的功臣,他们中有四十多人成为蒙古汗国的千户和万户。正是铁木真与札木合的分手才导致了他帐下群雄林立,将士众多。铁木真的人格魅力在事实面前又一次发挥了巨大的作用。铁木真在庆贺中说道:"今日能得到众人的友爱,铁木真深明此情弥足珍贵,在我心中,永远记得众人的热情言辞和激昂表情。重情重义的那可儿们,让我以天神的名义来请你们坐下,让你们在战斗中胜利。"说完,就站起来对着一线光亮的天空发誓:"让我们从此团结得像一个人,在大草原上无敌不克,无往不胜。"

众人激动地看着铁木真快要涨红的脸色,激昂陈词道:"我等他日定要辅佐铁木真首领,在大草原上像雄鹰一般飞翔,像天神一般在世人的景仰之下从容而生。"铁木真心神激动地看着众将,将千言万语都融在无限的期望之中。草原上的风雨将对这个刚刚崭露头角的王者做着最贴切、最震撼的诠释,初具规模的蒙古乞颜氏将在铁木真的指挥下创造属于蒙古人的奇迹。一个天神眷爱的仁者之尊站在茫茫的草原上,看着缓缓细流的斡难河水,一步步地向成功的颠峰迈去。铁木真的笑声在众人的拥戴中渐渐安定下来。等待铁木真的,是实现自己理想的战斗,是重情重义的誓言的实践。

危难时刻　大义凛然

　　仇恨总是能让上进的人从内心迸发出惊人的勇气和力量，特别是在大草原上，仇恨一直激励弱者一步步走向强大，从苦难中寻找生存的勇气。当铁木真的军队在战场上被札木合十三翼联军击败之后，他没有像弱者那样自暴自弃、一蹶不振。在铁木真身上，每一次战斗都会给他带来数不清的财富，就算是失败了，铁木真也有足够的魅力将战胜的札木合联军中的贵族吸引到自己身边。铁木真的宽仁之心已经散布在草原的每个角落，世人心中都对铁木真产生了敬畏之情。札木合的无道导致了他的侍从无心相伴，而铁木真的大义却将一个个优秀的人才聚集在身边。正是人才和那可儿们的到来，铁木真才很快地从弱小渐渐成长为一个强大的、能与任何强敌对抗的强者。当铁木真的生命之轮转动到最辉煌的时候，他也没有忘记从前在战场上的悲喜与欢忧，当铁木真冲杀在与泰赤乌人最关键的战斗中时，他的心中却是什么也没有想，他的身躯像铁牛一样撞击在泰赤乌人的营寨之中。王汗与铁木真联军大胜阔亦田，铁木真当仁不让地一马当先，向斡难河沿岸挺进，追击仇敌泰赤乌氏。

　　当铁木真的军队看到阿兀出与塔儿忽台的时候，却发现塔儿忽台等人如惊弓之鸟一般疯狂地向斡难河中跳去。铁木真马上立住，大声呼叫道：“乱军中若将塔儿忽台射杀，可以将他的首级取来在我面前邀功，若活捉他，也务必送到我面前来便是。”说完，高举苏鲁锭并在将士们面前挥舞着。整个大军像潮水一般向塔儿忽台的乱军中冲去。塔儿忽台已知生活无路，于是与铁木真在斡难河畔进行了顽强的抵抗，塔儿忽台大声地呼喊着：“泰赤乌百姓们，铁木真是我们不共戴天的仇敌，反正我们是死，还不如拼死一搏寻个出路呢！”于是泰赤乌人得到首领的鼓动，马上又疯狂地抵抗了一会儿。就是在这个间隙里，塔儿忽台等先头

军队越过了斡难河飞一般地向他们的营地奔驰而去。众人看到塔儿忽台已经奔逃，就放下手中的刀箭一群一群地散去了。而阿兀出见大势已去，于是带上侍从也惶惶向山林中奔逃。就在此时，铁木真军马站在斡难河旁大声喊叫："塔儿忽台留下脑袋来，我们定要让泰赤乌人为他们的背叛付出代价的。"如此，铁木真就在堤岸喝道，"马上渡河，让塔儿忽台的营地埋葬在草地下面吧！"说完，众将一鼓作气，飞渡上岸，径直向泰赤乌营地追赶而来。

面对亡族灭种的威胁，塔儿忽台并没有坐以待毙，而是发出疯狂的喊叫，要与铁木真一同灭亡在大草原上。于是铁木真冒着飞箭如蝗的抵抗，身先士卒，冲杀在队伍的最前列。大约又追赶了半日时间，铁木真站在草地上，郑重地对军士喝令："蒙古乞颜氏的勇士们，让我们怀着对苦难的不屈，对泰赤乌人进行最后一次报仇之战吧！"说完，铁木真便率领着众将领从土坡上冲了下来，直逼泰赤乌营寨。此时塔儿忽台在营寨中周密地部署了防御攻势，所有的百姓都手执弓箭向正在冲锋的乞颜氏射去。就在激战之间，塔儿忽台身边站着一个神箭手，塔儿忽台大声地对他喝道："只儿豁阿歹，等你看到铁木真时，你要用力射箭，将铁木真射倒，你日后要什么我给你什么！"说完，就递给他一张蛇皮仗弓。只儿豁阿歹深邃的眼神里充满了一种冰一样的冷酷。塔儿忽台神情局促地观察着战场上的动向。突然之间，他的视线中出现一队强悍的冲锋军，塔儿忽台仔细端详，马上惊呼道："只儿豁阿歹，看到没有，现在冲锋上来的头领便是铁木真，你给我射箭，狠狠地射到他脑袋上去。"塔儿忽台将只儿豁阿歹推到最前面不停地用手比画着。

铁木真坐在战马上大声吆喝道："今日定要根除泰赤乌此等反复无常的氏族！众军士们，我们快快冲杀进去，活捉塔儿忽台！"就在铁木真飞奔之间，耳边"嗖"的一声烈响，随后铁木真便感到一阵剧痛，紧紧地捂住颈脖，俯首在马上。还没有等众将士转过头来，铁木真就已经痛苦地跌下马来。而冲杀的将士跑了几步之后发现统帅中箭，都停了下来。者勒蔑马上飞身下马，口中不停颤动的铁木真此时已经掩蔽双目，不醒人世了。者勒蔑抱起铁木真放到马背上，大声呼叫道："博儿术，你换上可汗的衣戴继续带领大队冲杀，我去拯救可汗便是。"说完，者勒蔑便在铁木真的颈脖上深深地吸了几口淤血，吐在草地上。此时铁木真急促呼吸了几次，又昏厥了过去。者勒蔑鞭打起战马飞一般地向铁木真的古列延奔驰而来。

惶恐之间，者勒蔑不停地对铁木真呼唤着："可汗，我们都要看着

你战胜仇敌，光复蒙古草原呢！"但此时铁木真中箭已深，怎么也不能开口回答者勒蔑的话。很快，者勒蔑就将铁木真放在营地中央的古列延里，者勒蔑看到他脸上铁青，颈脖上却渐渐发紫。者勒蔑马上解开铁木真的衣戴，一口一口地吸着他颈脖上的淤血，不知道过了多长时间，不知道吸了多少口淤血，也不知道者勒蔑多少次因为吸血过多而将淤血咽入肚中。就在者勒蔑和铁木真长子术赤焦虑不安地在帐中等待铁木真苏醒之时，外面发出嘈杂不定的响声。术赤慌忙站出道："原来是答里台叔叔和堂兄们啊！你们不要怀疑，可汗的危险期已经渡过，过几日便可以与你们商讨征战之计，你们快快归去吧！"但答里台非常想知道铁木真的情况，因为他在心中盘算："如果铁木真死了，真正的乞颜部首领就应该是他了。"于是他站在帐前就是不愿意离开。此时者勒蔑出来道："天晚了，可汗想要休息，如果有事明日可以前来计议。"说完，他便挥舞着铁木真随身佩带的马刀以示众人，就这样，答里台愤愤不平地离开了铁木真的营帐。

到了半夜的时候，躺卧在铁木真帐中的术赤突然听到铁木真急促的呼吸之声，飞身而起睁着双眼看着父亲道："父亲，您醒过来了吗？天神终于让你醒过来了。"听到声音的者勒蔑一下窜到铁木真面前道："可汗，你终于醒了，我们好生担惊呢！"铁木真马上喊道："我走了这么长的路，到处都是沙漠，我好渴啊，快拿水来。"者勒蔑马上皱起眉头道："可汗流血过多，现在不能去峡谷喝水了。"术赤道："那怎么办？兵荒马乱的，寨子里没有水啊！"者勒蔑沉思片刻，一边脱着上衣，一边对术赤说道："你快快随我到泰赤乌人的营寨中取些马奶来便是。让博儿术和别勒古台在此守候便是。"术赤就随着者勒蔑悄然无声地向泰赤乌人营寨中奔来。术赤在一旁不停地追问："如此好生危险，者勒蔑叔叔有这样的本事吗？"者勒蔑趴在泰赤乌营寨前笑着道："我的本事你们还没全领教呢！好了，你在营外接应我，我提它一桶马奶来方归去也。"说完，就轻手轻脚地向泰赤乌营寨中爬去。术赤轻轻地给者勒蔑一个手势，而后者勒蔑就进入了泰赤乌人的营地。

者勒蔑躲在车帐旁，发现泰赤乌人因为几天的激战都昏昏欲睡，有的横躺在马车上，有的坐卧在栅栏下。一个个睡得像死尸一样的人都没有发现身轻如燕的者勒蔑。走过几个帐篷之后，发现军士身上的水壶都是空的。他钻进一个完整的帐篷，发现了一个水桶，打开一看，原来是半桶马奶。心中窃喜的者勒蔑又从车帐下钻了出来，一步一步地向营寨外走去。等走出泰赤乌人的营寨的时候，者勒蔑急忙回头看了一眼动静，发现整个营寨依然无人一样安静。者勒蔑飞快地走到术赤面前道："我的小主人你看，马奶不是到手了吗？"术赤无比景仰地说道："我们为有您这样的有勇有谋的英雄而感激天神！您真是我父亲最得力之战将也！"两个人又轻手轻脚地赶回铁木真的营帐。众人见者勒蔑圆满而归，都长长地舒了一口气，在胸前不停地为铁木真祈祷着。

者勒蔑轻轻地将铁木真从卧榻上扶起，用勺子一点一点地将马奶向他嘴里送去。此时铁木真猛然张开口，但马上又因为剧痛而紧紧地合上。者勒蔑放下手中的盏子，一点一滴向铁木真口中送。就这样，半日时间铁木真才将一盏马奶完全饮尽。大约到了天明时分，铁木真才渐渐张开口道："今日我怎么会睡在此地，难道我的将士还在冲杀吗？"别勒古台马上上前道："我的兄长啊，你好生让我们担心啊，如果不是者勒蔑，后果真是不堪设想了。"铁木真慢慢地坐起，轻轻地拍着脑袋道："我中箭之后是者勒蔑将我挽救的吗？那昨夜又是谁喂我马奶的呢？"术赤马上上前道："这一切都是者勒蔑叔叔做的，我们今天能与父亲说话全仗者勒蔑叔叔了。"铁木真看看地上的一滩污血，问道："难道我身上的血都这样流淌出来的吗？"者勒蔑站起身来道："是我给可汗吸淤血的，都不知我吃下多少可汗身上的淤血了。"说完，笑了起来。

铁木真坐在卧榻上不解地问道："现在军中并无马奶，你是从何处找到这些好东西的？"者勒蔑马上憨笑道："今日实在无计可施，所以我便只身前往泰赤乌营地中寻找去了。"此时铁木真马上大吃一惊，睁大双眼问道："如果被发现，那可是性命攸关的事啊！你是怎么去的？"者勒蔑长长地舒了一口气慢慢地说道："我是光着膀子去的，要是泰赤乌人发现我，我便说我是前来投靠塔儿忽台的，他们见我如此打扮，定会以为我是受过虐待的出逃者，再者塔儿忽台认识我，所以他们一定不会怀疑。当他们能给我时间自持的时候，我便提一桶马奶归营来，如此我的目标就圆满达到了，相信老奸巨滑的塔儿忽台怎么也不会想到他会让我玩耍了一通。"铁木真听到此处，马上惊心道："者勒蔑竟然有如此勇气，实在是我铁木真终身眷爱之忠诚也！当年我被蔑儿乞人围困之时，是你者勒蔑舍死相救，今日却又连救我两次，此恩情重如高山，深如沧海！"说完，铁木真马上黯然伤神，不经意地从眼角中落下几滴眼泪来。者勒蔑站在铁木真面前深情地看着他道："今日可汗脱险，他日必定会有更残酷的战争，者勒蔑愿为您消灾解难的臣属，一心一意为可汗，绝无半点私念。"说完，铁木真就用双手抱住者勒蔑的肩膀，惬意满怀地笑着："者勒蔑不是一般的英雄，你的大义能让天地伤怀，能让

世人仰首相视也。”

　　就这样铁木真裹着金疮向众人说道：“我们的锐气要像雄鹰一样，骁勇和忠臣一定要学者勒蔑。”一个英雄般的人物就这样成为叱咤风云的悍将，在蒙古草原的神武之中，天地让者勒蔑得到了应有的世人尊敬。者勒蔑的大义让铁木真的生命燃烧得更加辉煌，铁木真的心中却雕刻着一句话，那就是“者勒蔑有义，对主人来说更是有大义”。

再见三雄　泪洒衣襟

　　面对友谊的时候，成吉思汗铁木真像个多情的孩子一样纯真无忌地对待它，但当友谊受到巨大打击的时候，成吉思汗还是能显出宽宏大量、仁礼相待的气魄。从前的成吉思汗身边有札木合的笑声，有王汗的谆谆教导之声。但随着时间的流逝，随着友谊之箭的磨砺，成吉思汗渐渐感到情义是那么的捉摸不定，难以把握。就这样札木合在利益的驱动之下与成吉思汗的感情遭到沉重打击，最终分道扬镳；王汗口口声声叫喊着的“儿子”，也因为他的反复无常而与他彻底断绝了盟友之情。在后来的反复较量中，成吉思汗都百般自屈，渴望和睦，但王汗还是用他的小人之心度君子之腹，最终让成吉思汗在战场上与王汗父子相见。

　　在哈兰真沙陀战场上，成吉思汗与强大的克烈部展开了激烈的战斗。当王汗站在军中大声呼叫：“克烈部的勇士们，我的好儿子铁木真要杀父亲了，你们要替天行道啊！”喊完，便举起马刀站在军前不停地挥舞着。成吉思汗坐在马上看着王汗先头军向阵地冲杀而来，二话没说，便挥舞着战刀向战场上冲去。两军在哈兰真沙陀激烈地战斗着。虽然成吉思汗在军事上不占上风，但因为成吉思汗身先士卒，带头冲杀在队伍前，所以很快，蒙古军便将冲杀上来的克烈军队杀了回去。王汗军队纷纷向后方奔逃而去，但强大的克烈军并没有真的被削弱，稍稍整顿之后，王汗又将大军整备在哈兰真沙陀战场。此时成吉思汗得胜而还，他仰望天空，看着挂落到山腰的太阳对将士喊道：“天色渐晚，我们且收兵整顿，他日再来与我的老父亲厮杀一场也好。"说完成吉思汗下令全线收兵，等到天明再战。王汗看到成吉思汗军队陆陆续续地后撤，他也望了望天空，然后大声喝令道："今日可罢兵也，我们归去好好休整，定要大胜一场而归也。"喊毕，王汗军也渐渐地从哈兰真沙陀地面上撤退到后方去了。

双方天黑时分都各自罢兵了，王汗的儿子桑昆被蒙古军射伤，而成吉思汗也有数百人伤亡。成吉思汗在月朗星稀的夜晚向草原深处奔走之时便大声喝道："众人必须马不停蹄地撤退，如果王汗军队追赶上来，我们便有全军覆没之险也。"在最危急的关头，成吉思汗军个个如猛虎一般有劲，如天马一般地飞奔着。足足奔逃了一夜，成吉思汗才站在山冈上，长长地疏了一口气道："好了，我们的危险已经过去，就让我们的军士在此安营扎寨吧！"说完，全军就停顿下来，各自忙碌着去安营扎寨了。此时成吉思汗马上警觉地问别勒古台道："军中可有人落下？快快清点人马，而后报到我面前来。"别勒古台马上将所有部众集结起来，一个一个地清点人马。成吉思汗将所有将领汇集到身前大声问道："众将士都安在吗？"者勒蔑马上回答道："我们都安在，唯有您的三子窝阔台，四杰中博儿术、博儿忽三人不见踪影。"听到这样的消息之后，成吉思汗马上叫喊他们的名字，半天过去却没有一个回音。成吉思汗紧握着双手心神不宁地低头自语道："我儿窝阔台是我亲生，我知他是军中一勇将，必定不会弃父亲而去的；博儿术却是我军前第一猛士，与博儿忽勇冠三军，正是见奇功之时，他们也定然不会将我相弃。但他们三人现在下落不明，却是在何处呢？"成吉思汗马上下令道："将士们，做好战斗准备，我们要等待三员虎将的归来，这样我们才能心安理得地分享胜利啊！"说完，军士们驾弓举箭，严阵以待。

大约过了半晌的工夫，坐在营帐中的成吉思汗突然接到探报道："前方有一匹硕大的马儿奔来，不知是不是三位将军。"成吉思汗心神激动地走出营帐，站在高处远远望去，却发现坐在马上的正是博儿术。成吉思汗迎下博儿术迫不及待地问道："我的好伴当啊，此时才归来，好生让我担忧啊！和你同冲杀的窝阔台和博儿忽没有同你归来吗？"博儿术解下身上的背带慢慢地对成吉思汗说道："昨日我是与窝阔台和博儿忽在一起，但在保护三公子在克烈军队中冲杀的时候，我的战马忽然被射中倒在地上，我也不能再战，就在生死危急关头，窝阔台用弓箭射中桑昆，于是敌军大部分拥到桑昆身边，我才保全性命。就在此时，我又看到一匹驮马驮着摇摇欲坠的口袋，于是我斩断绳索，飞身上了这匹光板鞍马，拼命地向大军后撤的方向奔来，窝阔台与博儿忽就与我失去了联系。我现在能站在可汗面前实乃九死一生也。"成吉思汗听到此处，马上黯然地慰藉道："果然是我的勇士和那可儿啊！你能如此我铁木真心中甚是敬佩，若是天神保佑，就让博儿术的福气也降临在窝阔台和博儿忽身上吧！让他们快快归来与我完聚，如此我铁木真当日日依念着我的天神也。"说完，心中的难过马上让他的脸色变得阴晦。

坐在营帐中一直聆听着博儿术在战场上的故事的成吉思汗轻轻地站起身来，拉开帐门目不转睛地看着草原深处，他的眼睛里充满着对自己爱将的怜惜和牵挂。博儿术上前安慰道："我临走之时，克烈部军马已无心恋战，很多奔逃而去，相信两位勇敢的将军会吉人天相、万全而归的。"成吉思汗低下头默默地点头道："但愿如此。"说完，就在营帐中四处走动着。就在此时，帐外又有哨兵慌慌张张地跑进来道："可汗，远方又有一匹战马奔驰而来，很可能是哪位将军归来了。"成吉思汗心中激动起来道："难道只有一人归来吗？难道我的主将就不能全然而聚吗？"此时的成吉思汗意识到归来的只是一个人，而正是如此，那另外一员大将归来的希望就微乎其微了。成吉思汗站在高坡上凝视着远处奔驰而来的战马。当那马儿临近时，众人发现马背上垂下两只脚来，成吉思汗大呼："原来马上有两人也，看来天神真的看到了，让我蒙古大军能完聚也！"欢呼声马上让众将士欢欣起来，一边上前迎接归来的将军，一边互相慰藉着。

当战马站在成吉思汗面前时，只见博儿忽口带鲜血，左臂包着伤口，后面卧下的却是三公子窝阔台。成吉思汗亲自将博儿忽从战马上扶了下来，然后紧紧地握住他的肩膀激动地说道："我的英雄啊，今日能安全归来实乃我蒙古部之大幸也！"博儿忽拖着疲惫的身躯叩首道："今日能再见可汗，博儿忽便感激天神了。能将窝阔台安全带回到可汗身边是我义不容辞的责任。"侍从们小心地将窝阔台扶下马来，轻轻地将他放在成吉思汗的古列延之中卧下。博儿忽抹了抹自己口中的鲜血，坐定在成吉思汗的大帐中，长长地吸了一口气道："我今日能夺命而归实乃天神保佑，而可汗的希望却是我征战的无穷动力，窝阔台小主人已顺利归来，我心中的重任也就卸了。"成吉思汗欣慰地问道："你们是怎么逃出来的？"博儿忽站起身一字一句地说道："我在随从窝阔台作战的时候，冲进了克烈部重重的包围圈之后，拼死地在战场上保护窝阔台，但很快，克烈部的军士又冲了上来，我将窝阔台的战马狠狠地打了一下，于是他的战马带着三公子飞一般向保卫圈外奔驰而去。我见窝阔

【第四篇】情义篇

台已经冲出包围圈，于是挥刀苦战，将敌人的冲锋阻挡了回去。就这样，我冲了出来向窝阔台追去。等我看到他的时候，却发现他颈脖上中了一支箭。危急关头，我将他伤口上的淤血吸干净，将他放在我的马背上向隐蔽的树林中奔逃。找到一个安全的地方休息了一夜，天刚刚亮的时候，我又驮上窝阔台向我军撤退的方向奔驰而来，直到现在才赶上大队人马，实在是失职，还请可汗体罚。"说完，博儿忽就暗自伤感起来。

成吉思汗见博儿忽如此动情地讲述了一段故事之后，情不自禁地落下眼泪来。他狠狠地拔出自己的宝剑，在火堆上烧红之后，亲自将窝阔台的金疮烫烙了起来，然后对博儿忽说道："今日你能如此英勇地作战，是你的忠心使然，而你能平安归来却是天神的保佑，以后你处处要以榜样示人，以威武示你虎将之风范也。"说完，成吉思汗轻轻地在脸上擦拭着眼泪，众将见如此情景，马上立身叩首道："可汗的英明和博爱是天神可见的，将来铁木真将是天下之主，众人之长是不可磨灭的，不可让人改变的。"此时者勒蔑上前进言道："我的可汗啊，今日克烈部的动向我们还不明了，为了摆脱危险境地，我们现在应该继续潜行，以绝后患才是。"成吉思汗马上振了振精神，用洪亮的声音说道："今日我得力战将和好儿子都已经安全归来，但我们的备战攻势不可懈怠一刻，者勒蔑说得对，我们要警惕突然袭击的到来，但此时我们不能前行，让军士们好好休息三天，三天之后，我定会率领部众撤回的。"说完，众将就各自归帐安顿自己的部下去了。但心事重重的成吉思汗叫住博儿忽道："你归来时是否发现王汗军队的最新动向？"博儿忽叩首说道："可汗，我离开克烈部包围的时候听到有人口中叫喊，说桑昆中箭，马上归去保护桑昆和王汗。"成吉思汗又问："难道王汗就没有进攻的意图了吗？"博儿忽马上说道："我觉得克烈部已经撤军，看他们行走的痕迹便能看出蛛丝马迹来。"成吉思汗依然犹豫不决地低头沉思。就在此时，博儿忽睁大双眼看着成吉思汗道："我在战斗中见到一个勇士，当我声嘶力竭的时候，他吆喝着大队人马向另外一个方向奔驰而去，我觉得此人定是我军的默契友人。如果此人能前来归降，相信我们定能掌握克烈部之动向也。"就在成吉思汗追问之际，外面传来争吵的声音，成吉思汗便出来探望，站在身边的博儿忽一眼便看出那人就是战场上相救之人。成吉思汗将他请入帐中问道："英雄报个名来！你是从克烈部大营中而来，可知现在克烈部军队的情况？"那人叩首回答："我是合答安，早前就曾投靠成吉思汗。我现在从克烈部营帐中来，克烈部已经撤回老营了，老脱斡邻勒现在正抱着桑昆大声哭泣呢！"听完，成吉思汗不禁

笑了起来。而得到克烈部退出战场的消息后，成吉思汗的心中马上豁亮起来，他脸上的愁苦也随着一阵欢笑而散尽。

成吉思汗快慰地在帐前向众人宣布道："今日我众将能完聚而来，实属不易！我要用兄弟般的情义来向你们宣布，我们是战争的胜利者，无论以后我们的强敌多么凶煞，天神都会保佑我们，因为我们经过几天的等待之后，终于看到窝阔台、博儿术还有博儿忽归来，这是一个非常吉祥的讯号，它让我们整个蒙古军队感到幸运。"说完，便高高地举起手中的利剑对着太阳虔诚地祈祷着。博儿忽站在军中马上叩首道："蒙古勇士们作证，今日我们要在铁木真可汗的领导下像猛虎一样冲杀在战场上。"说完，整个蒙古部都鼓动起激昂的斗志来。面对巨大的困难，成吉思汗已经从内心深处对自己的勇将赞叹不已。

伴当仙逝　英雄泣血

在战斗中的成吉思汗是最勇武的，在军帐中的成吉思汗是最明智的。当他在从哈兰真沙陀战场上激战的时候，他在心中便盘算着："战斗如此激烈，我军中将士多有伤亡，我当身先士卒、视死如归地战斗方能对得住我拼死苦战之军士也。"于是在战场上，成吉思汗在阵地上发起了无数次的冲锋，在箭矢如蝗的天地之间杀出一道血路来。成吉思汗稳稳地站在阵脚之间喊道："我的勇士们，你们冲锋如此飞速，让天神保佑那些强悍而锐利的氏族杀尽克烈部的污首吧！"正在此时，忙忽惕首领畏答儿飞身上前道："今日我带领族人横断敌阵，将秃黑旗插到对面的山冈上，鼓舞我军士之士气来。"成吉思汗见畏答儿如此坚定自信，挥舞着手中的麾旗，命令畏答儿马上冲锋，占据战场上的主动权。畏答儿领命而去。一时间，战场上的厮杀声震动草原地面。畏答儿正在冲杀之时，忽然兀鲁兀惕首领术赤台站在畏答儿身边道："功劳不能让你畏答儿一人占据，看我兀鲁兀惕厮杀的劲头吧！"说完，术赤台冲杀在了最前头。但不久畏答儿上来道："功劳全凭天神安排，我是得了可汗的旨意的，就让天神作证，看看我们的勇力如何。"说完，畏答儿又冲杀到了前头。

王汗站在军中只见两路人马交替而进，像是深山中放出的猛虎一般。王汗看着畏答儿横立在他的军阵之中，却不敢放箭，只是目瞪口呆地坐在原地看着他一步步地冲杀到阙奕坛山冈上。当畏答儿将秃黑军旗插上去的时候，成吉思汗的大队人马马上就在哈兰真沙陀战场上横荡起来。就在此时，王汗的第二梯队土棉土别干氏又迎面冲杀了过来，畏答儿纵马而上，与其主将阿失黑失仑交战起来。就在畏答儿掉转马头向王汗处厮杀之时，阿失黑失仑一刀刺中了畏答儿的要害，畏答儿应声倒地。忙忽惕人马上围在畏答儿落马处与王汗苦战，大约经过半日的厮杀，畏答儿被成功地营救了出来。躺在卧榻上的畏答儿口中不停地喊着："快快去厮杀，不要管我！"刚刚安顿好战后事宜的成吉思汗马上奔至畏答儿的帐中来探望他，说道："我的英雄啊，今日之伤重也，你要好生注意身体啊！"畏答儿道："可汗正在用人之际，我却受伤拖累众人，实在是畏答儿之无能也。"说完，就从口角之中流出鲜血来。成吉思汗见状，马上出去让他静静地修养。

在哈兰真沙陀战场上撤下两日过后，成吉思汗才知道王汗大军已经向远处奔走，他长长地舒了一口气道："今日方才感到心中的巨石落地了，现在我得好好整顿慰劳我的军马了。"说完，成吉思汗便命令各部缓缓向达答兰捏木儿格思草原撤退。大约行走了一日一夜后，成吉思汗坐在帐中对众将说道："我们已经进入达答兰捏木儿格思草原，一路上也将部众收回了不少，明日我亲自去清点人数，如果没有意外，我们就在此地逗留片刻也好。"博儿术听到此言马上上前道："我们刚刚在战斗中退下来，如果马不停蹄地继续前进，还可以多走一阵，如果忽然停顿，我怕军中会滋生怠惰心理，我们还是继续前行为好。"此时别勒古台也上前表示了同样的想法："我们继续前行，说不定还能多收集些部众，壮大自己的实力。"成吉思汗听了他们的进言之后觉得颇有道理，于是下令军士踏过达答兰捏木儿格思地界，继续前行。当成吉思汗正要结束会议的时候，者勒蔑进言道："如今我们军力浩大，行动多有不便，军队可以分为两彪人马沿合勒合河前行，如此也能更快找到一个好驻地。"成吉思汗听到这样的建议马上拍手称赞道："如此甚好！这样不但有利行军速度，又能很好地分散风险。那明日点校军马之后，我带一彪人马沿合勒合河西岸而行，畏答儿率领另一彪人马沿河东岸而行。"说完，畏答儿就立身在可汗面前，叩首道："得可汗信任，定当以大局为重，守护蒙古大军向后方转移。"说完，众将便各自辞别，归帐休息去了。

天色渐渐微亮起来，成吉思汗早早站在三军阵前，博儿术大声喝令道："现在点校人数，各军快快将准确人数报与可汗。"就这样半日时间过去了，成吉思汗手中得到的人数是四千六百余人，他对畏答儿喝道："你自带上你的人马从合勒合河东岸而行，我领另外一半人马沿河西岸而行。"说完，军队就被分开成两个方阵，畏答儿抚着胸前的伤口高声地喝道："即时启程，让我们在合勒合河源头与可汗再相会吧！"说完，便纵身上马举起手中的麾旗走动了起来。但此时成吉思汗看着畏答儿忍痛说话的样子，转到他面前道："你的金疮还没有痊愈，不能长期在战马上颠簸，如果你军中没有了粮草，你也只能让你的部下去林中围猎，切不要将我的话忘怀，此事关系到你的生命安全，一定要记住。"畏答儿听到此番真言马上微笑道："感激可汗对我的垂爱，畏答儿会自重的。"说完，挥舞着长鞭便向大队人马中奔驰而去。成吉思汗目送着他好长一段路程才安心地回到军帐中休息去了。

两路大军在合勒合河畔安闲地前行着，成吉思汗的生活也因为迁徙的快乐而变得不再那么繁重，不再那么压抑。每天与众将士们在深林中追逐野兽的滋味让他真正地飘逸起来，每当围猎归来的时候，他都会对自己的近臣说道："虽然生活多磨难，但我们的快乐却就是在这样的苦难中寻得的。"众将上前道："正是可汗以苦为甘的精神才让大草原上的人们都对您敬慕不已呢！"说完，众人在一片欢笑之中结束了一天的围猎劳顿。而在东边的畏答儿看着自己的将士每日提着野味来自己营帐中供奉，他果决地站起来道："快快把我的战马牵来，今日我要与众人同围猎，共享乐。"小奴仆们见畏答儿这样不敢劝阻，就将一匹刚刚吃饱的黄膘马牵到畏答儿面前。畏答儿带上自己的随将便如出笼之鹄一般飞奔起来。

站在山林中的畏答儿开始还是心有余悸，但当他看到一只野鹿从他面前奔驰而来的时候，他却再也忍不住寂寞了，高高地扬起马鞭，让马儿飞驰了起来，当他坐在剧烈颠簸的战马上拿出弓箭，用力施射的时候，他忽然感觉心角中一阵剧痛，双手开始不停地抖动，他手中的弓箭也落在了地上。剧痛中的畏答儿捂着伤口弯下腰来。当马儿停立在一棵大树下时，畏答儿痛苦地嘶叫一声，落在草地上。此时术赤台飞奔过来，抱起畏答儿便向军帐中跑去。当畏答儿被放在卧榻上安歇的时候，他口角中不停地涌出鲜血来。术赤台轻轻地对他说："我的好伴当，你

现在能说话吗？你快说话啊！"焦急担忧的将士们不停地鼓励着畏答儿，让他睁开双眼。但时间不长，畏答儿的脸色已经惨白，喉咙已经发硬，而他的双眼也渐渐地合上了。就在此时，众人马上大声呼唤道："天神，畏答儿还没有在铁木真汗面前尽献勇力，你不应该无情地将他带走。"说完，众人都低下头默默地抹着眼泪。

就在成吉思汗在帐中与将士们饮酒的时候，帐外忽然传来了畏答儿仙逝的消息。当时成吉思汗就在原地惊呆了，情不自禁地说道："我日夜担心的畏答儿是如此无情，竟然不愿意与我铁木真汗并肩作战了。"说完，他呆直的双目仰望着天空，任凭自己的眼泪从眼角滑落下来。过了好长一段时间之后，成吉思汗又转过身大声喝道："下令三军马上停止前进，坐下来好好为我的好伴当畏答儿祭奠。"就这样，两路军马双双停留在合勒合河畔等待成吉思汗来祭奠畏答儿。成吉思汗站在畏答儿面前，轻轻地抚摩着他的头道："难道畏答儿仙逝之时就没有对我铁木真留下一句话吗？"众人轻轻地摇了摇头。成吉思汗又问："难道畏答儿临终前就不想看我一眼再走吗？"术赤台马上道："畏答儿走得如此突然，可能这就是天神的旨意吧！"众人都默默无语地低着头。成吉思汗失望地看着畏答儿道："我的好那可儿舍我而去，但我们的友谊如兄弟一般，我定要好好将完葬，如此我方能心安理得也。"说完，他便转过身去，沉默不语。

当天晚上，成吉思汗坐在大帐中问众将道："今日畏答儿仙逝，你们觉得应该怎么将他埋葬呢？"术赤台站起身来道："畏答儿是在斡儿纳兀山上金疮复发而终的，我看就将他葬在此山之中一定好。"成吉思汗看了看别人的眼神，各个都有一种默认的意思，成吉思汗便下令道："今日我的那可儿失了性命，我决定就在斡儿纳兀山腰将他埋葬，明日举行葬礼和祭奠仪式，请众人为畏答儿缅怀。"当下，众人就各自到营帐中忙碌去了，成吉思汗坐在大帐中不停地回忆着畏答儿在战场上的一幕幕，切切地对自己说："生命中能有如此能征善战之勇者相伴，人生当无缺憾也！"说完，便面对长空长叹一声。

天明时分，成吉思汗亲自带领着众人站在斡儿纳兀山上选定了安葬之地，转身告知众人道："今日你们一定要牢牢记住这个世间之英雄，他日我能大成，定会记得这只雄鹰的功劳的。"在斡儿纳兀山上，成吉思汗举行着众人心中难以忘怀的葬礼，他果决地对众人说道："我们要为我们的英雄而守侯，虽然时间是短暂的，但相信天神是可以感知我们的诚心的。"说完，盛大而隆重的葬礼就开始了，众位那可儿们都在畏答儿的陵下深深地鞠躬，缅怀着这位昔日战场上的英雄。祭奠仪式持续了三天时间，最后众人在依依不舍的情结中骑上了战马，大声呼唤道："让畏答儿在此安歇，等我们胜利的捷报传到这里的时候，相信畏答儿一定心存安乐的。"成吉思汗坐在战马上，行走几步便回回头仰望着畏答儿的陵墓，等到大军走出合勒合河之时，成吉思汗还是沉默寡言，深思着刚刚逝去的畏答儿。就在此时，畏答儿的贴身奴仆们跑到成吉思汗面前道："能让我们归去永远守候在畏答儿的陵墓旁吗？我们愿意终身相守。"成吉思汗见他们一片真情，于是下令分给他们一些财物，让他们世世代代守候在畏答儿的陵墓旁。

成吉思汗是个言而有信之人，当他说出一句话之后便会矢志不渝地践行它。对于畏答儿，他也没有食言过，当他建立蒙古汗国，大封群臣的时候，他也没有忘记畏答儿，他郑重地对自己的亲信说道："昔日畏答儿有万夫不当之勇，在我帐前为征战之王牌。今日我已大成，畏答儿当是封分第二十一千户，其子子孙孙享受不绝。"而在成吉思汗老迈时，他还亲自前往畏答儿的葬身之处斡儿纳兀山前来看望他。后人又给畏答儿的陵墓命名为喀儿喀王墓，在喀儿喀王墓中，畏答儿的亡灵升腾灵现，让蒙古草原上又有了一个长传不衰的故事。

畏答儿的仙逝对成吉思汗的触动非常之大，在很长一段时间里，整个蒙古包都被悲伤的气氛笼罩着，而在成吉思汗大成之日追封畏答儿，却能看出畏答儿在成吉思汗的心目中有着举足轻重的地位。

深思旧恶　安答情断

当成吉思汗的眼神沉淀在清澈的斡难河中时，草原上的每个角落里都在传颂着他与札木合的故事。作为一个有情有义的蒙古人，作为一个热衷于战争的英雄来说，友情固然是生命中不可缺少的一部分，但也是一种让现实情况变得更加残酷的东西。当札木合站在成吉思汗面前毅然决然地说道："铁木真，我们安答之情依然在天地之间，但我们的身躯却要在战场上说话，你要做好正反两面的准备。"成吉思汗在与札木合分道扬镳的时候，在心中思想："安答不容我，但到底是为何呢？难道天下就真的没有纯真的感情吗？"铁木真在面对安答之情时，很多时候都在扪心自问，而札木合却是在不停地挑唆着，像只桀骜不驯的羔羊一般在成吉思汗的胸口猛撞着。两小无猜的安答之情在不断成长的眼神中迸发出可怕的怨愤之声，札木合看着成吉思汗的势力一天天强大，并一步步向可汗的宝座迈进的时候，他的心中充满了愤恨和嫉妒。两个形影不离的少年就这样变成了草原上一对最大的敌人。在风云变幻的草原大地上，成吉思汗与札木合这一对冤家导演了一场场壮烈而骇人的战争故事。直到成吉思汗横扫大草原，将整个草原统一起来的时候，札木合才真正地败倒在成吉思汗面前。其中的坎坷，却是成吉思汗大义和责任的表示。

当札木合在阔亦田之战中败北之后，他就一直是成吉思汗战场上的最大敌人。而在后来的哈兰真沙陀和纳忽崖大战中的临阵脱逃，更能看出札木合的阴险狡诈，他像一条毒蛇一样伺机想一口将成吉思汗咬死，但在草原的风雨之中，札木合却从来没有看到成吉思汗的半分破绽，在一次又一次的失望之后，札木合的本来面目终于示人了。一步步走向末路的草原旧贵族们的势力都归降了成吉思汗之后，札木合也成了真正的孤家寡人，他带着自己的五个那可儿不停地在草原上奔逃，为了躲避成吉思汗的攻势，奔逃入狩猎部落聚居的倘鲁山地区，终日以打猎抢劫为生。有一天，札木合带着众人在倘鲁山寻找猎物，身边人说道："我们已经三天没有猎物了，我们的肚皮都已经空荡荡的了。"札木合马上道："那你们先归去烧火，我来寻一会儿，或许有发现。"就这样，几个随从便转回营帐休息。但此时五人已经饥饿得难受起来，其中一个人说道："札木合首领到什么时候才能回来？我们都要饿死了，还不如将这只仅有的羱羊宰了，相信札木合首领不会说什么的。"说完，五人便将羱羊宰掉在火堆上烤了起来。

五人正在享受美味佳肴之时，身后响起了抽打马鞭的声音，五人吃惊地望去，却是札木合站在后面怒目相视，那五人马上说道："札木合首领，一起吃吧！"但札木合马上破口大骂道："你们这些崽子，是谁的后代？竟然敢将羱羊也煮着吃了，难道你们就不怕吃了会长脓包让他们生死不能吗？"札木合不停地谩骂着。但很快，他也被羊肉的香味吸引了，于是拿起羊肉一边撕咬着一边破口大骂。五人心中义愤地喊道："难道我们就如此卑贱吗？不如抓住札木合去晋见铁木真。"说完，五人便提着绳索站到札木合面前道："你这么毒蝎心肠的人，我们要让你知道谩骂的后果。"五人当下就将札木合绑了起来。札木合口口声声地叫道："难道你们还想吃我的肉吗？"但他的叫喊没有了丝毫的威望，五人将札木合放到马上，奔向成吉思汗的营地而来。五人在一起合计道："弃了札木合的人不是一两个，我们去投诚也是人之常情也！"说完，就站在成吉思汗的大帐前说有重要人物要见成吉思汗。

札木合睁开双眼，发现自己站在蒙古人的营地之中，大声地喊道："你们快快去禀报我的好安答铁木真，今日乌鸦捉住了紫鸳鸯，贱奴抓住了本汗；低贱的黑超抓住了蒲鸭，奴仆竟敢围擒本主，我圣明的安答可汗你应该如何处理呢？"但那些监押他的人已经换成了成吉思汗的部下，那五人心中觉得在成吉思汗处立了大功，坐在草地上就美美地享受了军士赐给他们的食物。但很快，札木合一行人等就站到成吉思汗的行军大帐前，成吉思汗的侍从马上确认被捆绑的就是札木合，于是请成吉思汗定夺。侍从马上对他说道："今日可汗的劲敌札木合终于被拿下了，正在辕门外听候处置呢！"当下成吉思汗非常震惊，亲自走到辕门外前来探视，那五人马上将札木合的头儿提起道："我敬爱的铁木真汗，我现在将札木合送到您帐下，我们任凭您处置了。"成吉思汗马上微笑地面对着札木合，表示出朋友一样的敬意对札木合说道："难道我的昔日好安答就这样狼狈地前来见我吗？你我战场上多有相见，今日却非同小可。"札木合听出此话是脸面之耻，于是轻轻地说道："今日我落在安答手中，并没有半分意外，此我命定也，不能左右。"

成吉思汗见札木合言中有话，问侍从："札木合安答被抓来之时可曾说过什么？"几个侍从马上说出札木合的那段言辞。成吉思汗沉默了一会儿，果决地喝道："如此不忠不孝之徒实在是可恨，今日竟将其主背叛，那他们还有什么事情不敢做呢？"成吉思汗马上喝令道："将那五个背信弃义的小人全部斩杀，尽绝其后也！"那五个札木合的随从族人尽被斩首。成吉思汗背过身去又说道："札木合，我们曾经是三度向天神盟誓的生死安答，今日你落到如此地步我应当同情和理解，但战场上的敌人之间从来就没有心慈手软之说。今日我看到安答如此境况心中着实难过，只要安答日后安稳，我可以让安答性命留存也。"但札木合坐在地上却不发一言，用凶狠的眼神看着铁木真。成吉思汗见札木合心情激动，不再说话，喝令道："将札木合带回营帐中好生相待，我自会对他进行定夺。"说完，合撒儿提起札木合的双肩，便将他领了出去。此时成吉思汗心中既高兴又苦恼，他对自己说道："情谊是我的立身之

本，但前途却是我生命之意义也。"成吉思汗长长地叹息一声，然后就去孛儿帖夫人那里向她说明这个好消息了。

孛儿帖马上站起身来道："我的可汗，现在正是我们消除仇敌的机会，切不可对札木合心慈手软，否则会遗憾终生。"成吉思汗连连点头，却没有发出一点声音来。回到大帐中后，成吉思汗经过深思熟虑让合撒儿到札木合处传达他的消息。合撒儿到札木合的帐房倒上一杯马奶酒放在札木合面前道："昔日安答与我同栖而生，如车之有辕，你我各一也。后来我们又分别，好在今日我们能重新团聚，希望你能像我们的誓言里所说的：假如我们谁把谁相忘了，那就用鞭打的声音来提醒一下；假如谁睡得太死了，那就让清醒者揪住他的头发将他叫醒。虽然我们在战场上是劲敌是对头，但在生活中我们毕竟是亲同手足的安答，如果你能不记前嫌，安心地呆在我身边，我们依然可以享受从前不能继续的天伦之乐。"札木合马上道："我只是在利用我的铁木真安答啊，战场上才是真正的札木合。"合撒儿又道："当我们面对王汗的威胁时，是你札木合安答在哈兰真沙陀之地偷偷将王汗的打算告诉我们；在纳忽崖之战中，也是你札木合安答在太阳汗面前吹嘘，让我蒙古大军能长驱直入，乘胜而归。此等都是札木合安答看重兄弟情谊啊！"

札木合听到此处，马上紧咬牙关惭愧而愤懑地大声喝道："昔日在豁儿豁纳黑川时，我们好兄弟形影不离，畅谈通宵。可怜的是，我听从奸人挑唆，将安答视为仇敌，今日铸成不可挽回之遗憾，我札木合生当有愧我好安答，现在安答大事安定就在眼前，如果放过札木合，只会让好安答寝食难安，危机丛生。今日只求安答能赐我一死，如此才能顺应天神的旨意。铁木真是天神的使者，我若再反抗，只怕会罪孽更加深重。等我死后，请安答将我葬在高处，我便可日日保佑安答国富民强，昌盛兴旺。如果我的家人能得到安答的恩惠，那就让他们永远守候安答，为安答出一份微薄之力，如此札木合虽死而无憾也。最后我只想安答成全我一个愿望，那便是让我全身不出血而死，只要如此，我便心安理得地去见天神了。"合撒儿见札木合死心已铁，站起身来道："如果安答真的觉得死是最好的示好的方式，那我们也不会违背安答的意愿的。如果铁木真汗同意，你就已经安歇长眠了。"说完，合撒儿便转身出了营帐向成吉思汗禀报实情去了。

合撒儿详尽地将札木合的意思说了一遍，成吉思汗低头不语，马上陷入深深的思索之中。过了半日，成吉思汗轻声地对众人说道："我这个安答虽落到此处，但也是草原上的一代英杰。他既然如此求死我也只能在心中怀念了。多年以来，我们之间的恩恩怨怨今日也可做个了结了。合撒儿，你去宣布他的罪状，然后施以绞刑，我等会将他厚葬于高山之上，对于他的家人和财产，请他放心，我会好生安排下去。等明日天明时分，合撒儿便可对札木合行刑了。"说完，他便转身到帐外默不作声地仰望着天空，情不自己地慨叹着世事的变化和无情。当天晚上，孛儿帖夫人就对成吉思汗说道："可汗不必将札木合放在心上，他对你薄情，你又何必伤神呢？我们身边的英雄如蝼蚁之众，不吊在一棵枯树上才是英雄所为呢！"说完，她便安抚着铁木真的胸襟安定地睡去了。

天明时分终于到了，合撒儿站在札木合面前厉声地喊道："札木合，可汗发令，让你快快到天堂上说话去，但在你临终之前，我也要让你死得瞑目。"札木合马上拜谢道："恳请提说，札木合将用死来赎罪，恳请天神能看到我安答的威严。"合撒儿马上张开大口一字一句地说道："当初你我手下军将在抢夺财产时发生了争执，给察儿在争斗中被误杀，而你却因此与我兵戎相见，败我于答兰巴勒渚惕之地，实在是有背同生死的安答誓言。我不念你旧恶，让你做我伴当，你却不肯，我惜你性命，你却要死亡来逃脱友情。那我就满足你的愿望，让你不流血而死，以后的事情你就放心吧，我们会厚葬于你的。"说完，合撒儿的侍从取来一张牛皮，将札木合裹在其中。没有片刻的工夫，札木合便停止了挣扎，就这样，一个草原上的雄鹰就这样为世人所遗忘。成吉思汗在札木合的祭礼上说道："英雄之身濡染是天神的爱物，如果天神开眼，札木合也应该感到他身上的勇气和力量一直是那样地让每个人震撼。"说完，便默默地站在原地，回想着从前的美好记忆，在事实面前，成吉思汗毅然决然地将札木合处决，实在是迫于形势的压力，也是为整个蒙古国的安危作出的最好的选择。

札木合的死，为成吉思汗统一蒙古草原扫清了一个巨大的障碍，而对他以礼相待，却能看出成吉思汗情深义重。

【第四篇】情义篇

征战篇

战马、苏鲁锭，
它们是成吉思汗生命中最重要的东西。
作为一个世界征服者，
在战场上拼杀的乐趣对他来说胜过一切。
马刀上的鲜血像兴奋剂一样
让成吉思汗的心加速地跳动着。
只有战争才能让这个英雄得到世人的景仰。
成吉思汗用马蹄和刀尖
书写着蒙古人的历史，
一幅幅波澜壮阔的画卷
生动地展现在我们面前。

营寨被袭　夫人被掳

　　广阔的大草原上，自从蒙古人的老祖先朵奔抢来一个夫人阿兰豁阿之后，就一直流传着一个传统，那就是在别人的营帐中抢掠的女子一定要娶做自己的老婆，这样的传统在整个大草原盛行不衰。"强占"对于强者来说是莫大的享受，而对于弱者来说，却是天大的不幸。当蒙古部发展到也速该时代时，抢掠夫人像一阵飓风一样在草原上刮起来，也速该本人也是靠抢来的夫人来完成传宗接代的任务的。但抢劫是残暴的行为，它会带来一系列的格斗和报复。就在也速该春风得意之后，巨大的不幸又一次降临到他的儿子铁木真身上。在铁木真眼里，任何仇敌都会让他感到不安，而这样的不安也能激起他无限的勇气和愤怒。

　　当铁木真带着全家人的希望来到弘吉剌部将自己美丽温柔的夫人孛儿帖娶回家的时候，整个蒙古草原都在传颂着铁木真的故事。而摆在铁木真面前的，却是隐隐约约的酸楚和伤神。铁木真对自己的母亲说："今日孛儿帖已经到来，我们家十多年来的第一次欢乐让我感到有些无所适从。"诃额伦马上笑道："难道我儿还想瘫在苦难的生活中不起来吗？"说完，铁木真无所适从地微笑起来。孛儿帖上前道："今日我们能团聚，是天神的旨意。将来我们的生活也要靠天神的保佑了。"说完她就在胸前不停地比画着、祈祷着。别勒古台站在嫂子面前道："这里不比弘吉剌部富庶，嫂子先委屈一些，等我们发展壮大了，那时您再享受荣华富贵也好。"就这样一家人在无比热闹的气氛中过完了一天。

　　就在孛儿帖来到铁木真家的当天晚上，几个蔑儿乞部的哨兵向他们的主人也客赤列都说："也客赤列都大人，今日我们看到蒙古部的铁木真拉着车队迎亲归来了，难道您就没有什么想法吗？"站在帐中的脱脱马上问道："难道就是那个被塔塔儿用毒酒毒死的也速该的儿子铁木真？"那小卒连连点头称是。也客赤列都睁大双眼说道："也速该抢我夫人诃额伦，让我带着一件衫子归来，让我蔑儿乞人好生丢脸，现在正是我们报仇雪恨的好机会。"脱脱也喊道："极是，今日我们将铁木真的夫人抢来做也客赤列都的妻子方能解我等之愤恨也。"说完，脱脱便在营帐中对袭击铁木真一家进行了周密的部署。脱脱诡秘地对众人说："我们就在雨季到来之时对铁木真一家进行大扫荡，将孛儿帖掠到帐下来。"众人离开了营帐，在军士中挑选出几个勇武的随时准备进攻铁木真一家。

雨季渐近，铁木真几日之间都守候在孛儿帖夫人身边，孛儿帖抚摩着铁木真的面庞道："我的好丈夫，你明日还是带着兄弟们打猎去吧！我一个人和母亲在家很安全的。"铁木真亲切地说道："如此也好，那我就不日日守护在夫人面前了，一切你自己忙碌吧。"说罢，两人便合上衣戴安然在卧榻上躺下入睡。可能因为白天天色阴柔之故，铁木真夫妻睡得非常沉，一夜动也没有动。天色微亮的时候，豁阿黑臣就起来准备食物了。就在她弯腰捅马乳的时候，发现地面上有些晃动，机警的豁阿黑臣马上将脑袋贴在地面上聆听，顿时感觉马蹄声震耳欲聋，豁阿黑臣心中一片麻乱，急忙跑到帐前大声呼叫道："诃额伦母亲，不好了，有骏马向我们杀来了！"一连大声了几声，诃额伦母亲匆忙奔出营帐，大声呼唤自己的儿子，让他们快快起床。豁阿黑臣在每个帐篷前都呼喊着，铁木真马上穿好衣戴站了出来，而此时马蹄声已经震动了整个营地。诃额伦母子六人坐上马，诃额伦母亲抱着帖木伦，大声喝道："快快向不儿罕山奔逃吧！"铁木真挥舞着马刀率领着博儿术、者勒蔑和兄弟们一起向山林中奔去。

很快蔑儿乞人就站到铁木真家的营地里，他们大声吆喝："擒拿铁木真夫人孛儿帖！"孛儿帖此时正站在营帐背后呼唤铁木真。可能是心有灵犀之故，铁木真大叫道："孛儿帖和二母还在帐中，我得去与泰赤乌人死战才是。"说完，掉转马头飞身向营帐中赶来。就在此时，孛儿帖在豁阿黑臣的帮助下，上了一辆黑篷牛车，正要逃跑之际，蔑儿乞人飞奔而来要拿下豁阿黑臣。铁木真出现在蔑儿乞人面前道："你们是何处而来？又为何要下如此毒手于手无寸铁的妇人？"脱脱上前道："你铁木真不认识我，但我却认识你父亲。他抢夺我族弟也客赤列都的夫人时可曾说过他以强欺弱？"没等铁木真再开口，也客赤列都便劈头一刀砍来，铁木真从容地弯腰躲闪而过。铁木真与蔑儿乞人展开了殊死的搏斗。战斗之间，铁木真发现豁阿黑臣等人已经不在营帐之中，马上一阵狂砍，将脱脱等人打退，掉转马头便向诃额伦母亲奔逃的方向追去。此

时脱脱等人着急追赶那驾黑蓬牛车，因此放过了铁木真。

　　奔跑在路上的铁木真心中盘算着："他们是蔑儿乞人，是我父亲当年抢亲的那个族人，今日他们定要将孛儿帖抓去了。"他狠狠地在自己的手心攥了一拳，满心担忧地保卫母亲的安危去了。而此时，豁阿黑臣赶着牛车在草地上慢慢地前进着，后面的追兵像猎狗一样地搜查着。那些军马很快站在豁阿黑臣面前问道："你是什么人，怎么在此时赶路？"豁阿黑臣不慌不忙地回答道："我刚刚给铁木真家剪羊毛，现在剪完了，我得带上羊毛归家了。"那些军士又问道："你知道铁木真一家常常在什么地方走动？"豁阿黑臣答道："他们就在斡难河上下游走，并没有什么其他去处。"那些军士见豁阿黑臣一副懵懂的样子，便没有再问什么，掉转马头便向铁木真等人奔跑的方向追去。豁阿黑臣见此情景，马上大舒一口气，拼命地驱赶着牛车。但牛车忽然陷了下去，豁阿黑臣奋力地抽打着牛背，牛儿拼命上前，却只听"嘣"的一声响，车轴被拧断了。豁阿黑臣只好让孛儿帖下车步行，向山林中奔跑，如此或许能逃脱蔑儿乞人的追捕。

　　正在奔跑时，追赶来的脱脱等人大声地叫嚷道："这个女人是铁木真的二母，相信孛儿帖就在附近。"豁阿黑臣回头一看，别勒古台的母亲已经被脱脱抓住了。豁阿黑臣自知夫人不保，大声喊道："你们抓女人做什么？难道你们蔑儿乞人就只有抓女人的气魄吗？"但此时孛儿帖已经被也客赤列都等人发现，飞身而上将她揽在怀里，大声地呼叫道："我的蔑儿乞属民们，我们终于将二十几年的仇恨在铁木真的身上消解了。"抓住孛儿帖等人的蔑儿乞人边吆喝边向他们的营地飞奔。站在山林中的铁木真等人在一起默默地看着自己的亲人被蔑儿乞人掠走。诃额伦母亲痛恨地说道："也客赤列都这个没有男人味的羊羔，今日却发威了，我诃额伦真感到意外，但愿日后不要让蒙古人生擒，否则我们一定不会善罢甘休的。"诃额伦的话语里带着无奈，但也充满着愤恨。在山上整整躲避了一天的铁木真一家站在山间上不敢下山，他们不清楚蔑儿乞人的动向，危险还是存在的。

　　孛儿帖坐在一匹瘦弱的战马上，听到了掠夺者的对话才知道他们是蔑儿乞人，也知道他们是为了报二十年前的抢妇之仇才对铁木真一家下毒手的。豁阿黑臣不安地对孛儿帖安慰道："铁木真是个英雄，过几天他就会带人来救您的，我们现在且顺从着，报仇之日会到来的。"听到这样的话，孛儿帖才有了一丝精神，轻轻地擦着眼泪点点头。

　　站在深山中的诃额伦母亲几次愤愤不平地喊叫："如果我们能从苦

难中解脱，请天神将所有的罪责都交给蔑儿乞人，铁木真将会在天神的保佑下将蔑儿乞部中没有骨气的男子都拉来做奴隶。"铁木真对母亲道："虽然现在我们还弱小，相信母亲会看到儿子振兴祖业的一天的。"博儿术走上前："山下的情况到底如何我们都不清楚，还是打探虚实之后再回营寨吧。"就这样，铁木真带着两个那可儿和兄弟们悄悄地回到山下，寻找蔑儿乞人的行踪。经过大约三天的周密侦察，铁木真等人才确定蔑儿乞人已经远离桑沽儿小河。铁木真带着全家人从不儿罕山走了出来。站在桑沽儿小河旁的铁木真看着狼藉一片的营地，痛苦地低下头："我的祖先啊，让我们记住这样的仇恨，一直到我能将蔑儿乞打成一盘散沙为止。"

　　铁木真又将头转向不儿罕山主峰，捶胸顿足地喊："我的天神啊，多亏豁阿黑臣像金鼠一样警觉，像银鼠一样眼明，才让我母子保全了性命。今日我要对不儿罕山发誓，如果我铁木真不能挽救孛儿帖，就让我夜晚睡觉的时候被毒蛇咬死，奔驰在草原的时候让雄鹰啄死。是你不儿罕山让我们避难，才得以保全我们如蝼蚁一般的生命，虽有千言万语也不能说明我对您的深情。如果山神开眼，我将在您的佑护之下，与敌人殊死一战，唯有如此方能还我孛儿帖夫人一个完人也。"他抖抖身上的泥土又道，"不儿罕山就是我祖祖辈辈的神灵，今后我要常常祭拜不儿罕山，如此世世代代继承下去，如斡难河的流水一般永远长存。"说完，铁木真又面对太阳，解开腰带左手举着帽子，右手捶胸，仰头道，"今日我将所有的马奶酒供奉在太阳神面前，请太阳神同饮此珍贵的奶酒也。"铁木真将一盏马奶酒高高地举起，撒在草地上，表示对太阳神的无比崇敬之情。

　　悲愤的铁木真朝着太阳升起的地方重重地九叩首，又拿着利剑狠狠地在草地上刺了一下。铁木真正在悲伤之时，合撒儿跑过来道："我的兄长啊，孛儿帖等人已经被押进蔑儿乞的营地上，我们人单势微，定要好好谋划挽救孛儿帖嫂嫂的计策啊。"铁木真心中沉寂下来道："我心已决，誓死救回孛儿帖！"说完，便又跪倒在地道，"天神保佑善良的人，山神是眷爱我的。"此时的蔑儿乞人坐在帐篷里挑衅地狂言："我们的冤仇今日终于可以了结，他日将孛儿帖放到众人身边，好好地让他的丈夫忧伤一番。"说完，便在大帐哄笑起来。笑声过后，脱脱说道："那个铁木真好生勇武，差点儿让他把我们的势头压下去。"也客赤列都笑道："铁木真再强也只是个没有羽翼的鹏鸟，在大军面前，他还能有什么作为吗？"又一阵得意的笑声回荡在脱脱的营帐之中。

过了几日时间，孛儿帖坐在赤勒格尔的营帐道："难道我苦心相恋的铁木真没有征杀蔑儿乞人的勇气吗？希望我的苦难能让天神感到哀怜。"说完，孛儿帖就轻轻在胸前比画双手，企求平安。

仇恨燃烧 战蔑儿乞

蔑儿乞人将孛儿帖等人从桑沽儿小河掠走之后，一直小心戒备着，他们在领地四面设防，连东北方的勒勒豁儿河流域也没有放过。蔑儿乞有很多渔者和猎者，这些人终日在蔑儿乞地面上巡视。当铁木真等联军从东北方进攻的时候，警觉的蔑儿乞也及时发现了，脱脱得到战报时，马上站起身来道："快快让我去探个虚实。"脱脱带着众人飞快地向勒勒豁儿河奔驰而去。当他站在山冈上远眺草原深处的时候，也客赤列都喊道："首领，你看山下，有蒙古人的营寨了。"也客赤列都睁大双眼惊恐万分地看着地面。脱脱喝令："不可慌乱，此次铁木真的人马不多，我们先不要贸然行事，等我整顿军马，好好地与他铁木真交战一番。"说完，脱脱便纵马向营帐跑去。身后的也客赤列都喊道："首领，不如一鼓作气，将身心疲惫的蒙古军打个措手不及也好。"言罢，就慌忙吆喝着奔驰在后面。脱脱喊道："我们要避掉蒙古人的锐气，过几日我们再交战，这几天严加戒备，防止蒙古人突然袭击。"就这样，脱脱身边的人就奔到各自的营地等待战斗的命令去了。

时间只过了一天，脱脱等人正坐在营帐中饮酒，突然探马飞报道："铁木真大军已经站在几里地之外的水泽之畔，望请首领快快做出决断。"脱脱站起身来大声喝道："没有想到蒙古人如此神速，快快上马，让我们蔑儿乞军队将可恶的蒙古人杀个干净。"脱脱带着身边人迅速地集结军马，站在帐前道："让天神保佑我们，让蒙古人的血来扫除我们心中的不安吧！"脱脱领着几千人的军队向蒙古军奔驰而去。坐在战马上的铁木真心情激动，因为他知道，早一分看到孛儿帖，就能早一分安定。正在铁木真率领大军准备跟蔑儿乞交战的时候，远处奔驰来一彪人

雕弓天狼——成吉思汗传

马，札木合喊道："是脱脱前来迎战来了。"而此时，脱脱也看到了立马站在中军的札木合，惊呼："不好，铁木真联合了札木合，看来我们的如意算盘打错了。"当时脱脱便心生奔逃之意，于是对众将道："原来蒙古军如此之众，今日我等非奔逃而不能保全性命也。"也客赤列都呼喊道："堂兄请看，克烈部的脱斡邻勒也在阵前。"脱脱马上睁大双目犹豫不决地喊道："我看蒙古军声势浩大，我们还是躲避一下方可生存也。"就在脱脱等人准备转身的时候，铁木真已经挥舞着马刀径直向脱脱等人奔驰而来："脱脱小贼，快快还我孛儿帖，否则我让你们蔑儿乞永远在我们的马蹄的践踏声中惶惶不可终日也。"

札木合率领的联军的先头已经在不兀剌厮杀起来，心生愁苦的脱脱看着身边人大喊："我们不能坐以待毙，快快冲杀出去，保全性命才是上策啊！"就这样脱脱等人在军士的护卫下，在铁木真的军阵中厮杀起来。铁木真挥舞着马刀大声叫道："快快将也客赤列都等人砍成烂泥，我要让蔑儿乞人知道什么是仇恨。"言罢，铁木真便飞一样闪现在脱脱面前，高举马刀向他砍去。就在脱脱招架不住的时候，他身后的合阿台劈头向铁木真砍来，铁木真慌忙招架，向后连退几步。脱脱等人趁此机会，掉转马头向薛凉格河而去，答亦儿兀孙也随着脱脱逃跑的方向而去。铁木真看脱脱等人向东北方奔逃，大声喊道："合撒儿，快快追赶脱脱等人，我与别勒古台去不兀剌营寨中寻找孛儿帖。"喊毕，铁木真便带着一队人马向蔑儿乞大营奔来。站在营地上的时候已是深夜，但天空中月光皎洁，照亮了整个营地。铁木真看着乱成一团的营地却不知从何处寻找孛儿帖。别勒古台坐在大声地呼唤道："母亲，母亲你在什么地方？快快回答我。"铁木真马上也喊道："孛儿帖，快快回答我，我的好夫人孛儿帖！"心情激动的铁木真不停地在营地中走动，但过了好长一段时间都没有听到孛儿帖的回音。

铁木真正在呼叫时，月影中忽然闪现一个老妇，铁木真以为是豁阿黑臣，慌忙走上前激动地问道："豁阿黑臣，你可看到孛儿帖夫人？"那老妇抬头道："你要找孛儿帖，她刚刚从赤勒格尔的帐中跑出来，就在那边。"铁木真看清此人不是豁阿黑臣，没有多想，顺着老妇手指的方向便奔驰了过去，不停地大声呼唤孛儿帖的名字。乱军中铁木真隐隐约约地听到回答的声音，心情激动的他飞身下马寻找了起来。声音越来越近，铁木真的心跳也越来越快。就在铁木真四处张望的时候，旁边一个马车一步一步地前行着，他紧紧地盯着马车，发现里面跳出一个老妇来，他确定这个老妇就是豁阿黑臣，于是大声喊道："豁阿黑臣！"很

【第五篇】征战篇

快，马车上又跳出另外一个女子，当她抬起头颅呼唤亲人的时候，铁木真一把抓住她的胳膊大声喝道："孛儿帖，我亲爱的孛儿帖，我终于找到你了！"说完，就紧紧地将她搂在自己的怀里。看到铁木真的孛儿帖马上涕泪交加地在铁木真怀里大喊大叫道："难道我的大英雄真的在我面前了吗？我好生痛惜啊，我好生愁苦啊！"孛儿帖一边抹着眼泪一边呼唤着铁木真，心情复杂到极点。她没有想到在受尽凌辱之后能重新见到自己心爱的人，更没有想到铁木真会率领大军扫荡蔑儿乞部。心神豁亮起来的孛儿帖不停地在铁木真的怀中捶打着。

见到孛儿帖的铁木真喜悦地对她窃语道："我的孛儿帖，让你受苦了，我保证以后要做个让你感到安全的大男人。"铁木真轻轻地将孛儿帖脸上的泪痕抹去，然后双双坐定在战马上，一边奔驰一边对身边人喊道："快快通知脱斡邻勒父亲和札木合安答，我已将孛儿帖找到，可以停止厮杀，收兵回营了。"就这样，整个大军在札木合的喝令之下，停止了厮杀，并在蔑儿乞人的残营上安营扎寨。当天夜里，所有的蒙古联军就在河边、路旁建立起一个个军帐，而此时，蔑儿乞人也停止了奔逃，就在蒙古联军的空地上安歇了。但蒙古联军并没有对他们下毒手，因为一天的长途跋涉和一夜的艰苦拼杀让他们已经很疲惫，等到下半夜的时候，辛苦劳顿的众军士都沉沉地酣睡了。坐在营帐中的铁木真欢喜得像个孩子一样，他不停地说着："你们看，孛儿帖圣洁的灵魂和洁白的身躯还是那样有魅力，相信以后像蔑儿乞这样的贼军再也不敢如此对待我们蒙古人和孛儿帖了。"刚刚洗浴完毕的孛儿帖也高兴地说道："不是看你铁木真是个大英雄，我才不会受尽凌辱而后伤怀呢，如此这几个月的苦难就没有白受。"铁木真精神振奋地问道："你们这几个月在蔑儿乞人的营帐中是怎么度过的？"豁阿黑臣上前对众人叙述起来。

豁阿黑臣轻轻地捋了捋头发道："我们刚到蔑儿乞营地时，看到他们人丁不多，觉得他们一定会让我们做奴隶。但事实是，他们将孛儿帖夫人送给了也客赤列都的弟弟赤勒格尔，他们逼迫孛儿帖与他成亲。这个赤勒格尔开始倒还老实，对孛儿帖夫人不敢有非分之想，但有一天在孛儿帖夫人睡觉的时候，他在家人的唆使之下，对孛儿帖做了不轨之事，我们就这样痛苦地忍受着，我一直安慰孛儿帖夫人，一定要忍耐，铁木真小主人会为我们报仇的。就这样孛儿帖夫人才勇敢地活下来。"博儿术追问道："那后来呢？"孛儿帖安定地说道："后来就听到蒙古大军的马蹄声在蔑儿乞人的营地上不停地震动着，我便看到了铁木真，我们一家人便重新团聚了。"就在此时，别勒古台飞快地从外面冲进来道：

【第五篇】征战篇

"铁木真兄长，我的母亲不见了。"豁阿黑臣马上喊道："小主人，二夫人在合阿台营中，我们至今都不曾相见呢。"铁木真拉住别勒古台道："快！我们一定要寻找你的生母来！"说完，铁木真便带上众人向合阿台的营帐赶去。

到了营帐，铁木真看到木桩上绑着几个人，他走近一看，原来此人正是蔑儿乞部的另外一个首领合阿台，别勒古台狠狠地在他身上鞭打并问道："你可是将我母亲监押在你营帐中？快快还我母亲，否则我让你们蔑儿乞人统统消失。"合阿台唯唯诺诺地说道："你母亲换上一件破羊皮衫疯疯癫癫地出了北门，向山林中奔去了。"别勒古台继续在合阿台身上抽打着，他疼痛难忍，又说道："她奔跑的时候在营中看到路人就说'我儿子当上可汗了，他母亲却配给了歹人，我还有什么颜面再见我的孩子们'，说完就走了。"听到此处，别勒古台涕泪交加，在合阿台身上狠狠地砍了一刀，然后大呼道："蔑儿乞人，还我母亲来！"别勒古台和铁木真在蔑儿乞营地里将大部分蔑儿乞俘虏砍死。

铁木真想寻到赤勒格尔好好同他算算账，于是他抓住一个赤勒格尔的奴隶大声诘问："快快将赤勒格尔的行踪报告于我，否则难免皮肉之苦。"那奴隶早已吓得泣不成声，指着峡谷道："他向峡谷中奔跑而去，并没有留下什么痕迹。"铁木真放下那奴隶，狠狠地一刀将他性命断绝了。铁木真充满仇恨的眼光马上放在赤勒格尔的帐篷上，狠狠地扔了一只火把到他的营帐顶上，赤勒格尔所有的财富就这样被烧尽。别勒古台在蔑儿乞人的营地中一阵大喊大叫之后，跪倒在母亲奔走的方向哭泣："是儿子无能，没能保护好自己的母亲，如果有来生，希望天神能将别勒古台再放到母亲身边，永远地保护母亲。"说完，便在地上九叩首。

别勒古台因为母亲的离去而心神恍惚，他坐在战马上耷拉着眼皮一步一步地向自己的营帐中走去。豁阿黑臣走过去安慰："别勒古台小主人，可怜的夫人一定是心生愧疚才去的。我们还是祈祷天神能睁开双眼看到她吧！"她轻轻地用手在胸前比画着，以此来减弱对二夫人的思念。别勒古台哭得像个泪人儿一般。铁木真走到面前道："我的好弟弟，今日你母亲不在了，以后我们要更团结，让她的心灵感到宽慰。"别勒古台轻轻地将眼角的泪水抹去，与铁木真一起回到大帐之中。

抢夺夫人孛儿帖的战争以铁木真的全胜而告终，在此次战争中，脱脱等人第一次感到一个弱小者的打击，大败而逃的蔑儿乞人从此开始了与铁木真战争。经过这次战争，铁木真也意识到，如果不想被别人欺压，唯一的办法就是让自己的势力强大起来，尽量做到最好，强大到足

雕弓天狼——成吉思汗传

以威胁任何一个草原上的敌人。在以后的日子中，铁木真不断地迎接战争，又不停地挑起战争。他唯一的目标就是：成为王者，成为永远不被欺压、不被征服的天下至尊。

荣登大宝　首尝败绩

忽图剌可汗以后的几十年里，蒙古部一直处于群龙无首的状态，在蒙古人眼中，可汗的位置是每个人都不敢妄想的。英勇善战的也速该统领蒙古部时，也没有称汗的想法。谁要想成为蒙古部可汗，就必须让所有的蒙古人来评判，如果有谁不满意，这个可汗就会非常危险，因为在整个蒙古部中英雄和猛士多如牛毛。当铁木真带领着将士和族人在草原上建立起一个个奇功的时候，阿勒坛在帐中悄悄地对忽察儿说道："我们好伴当，蒙古部能有今日的势力，实在是铁木真的年轻有为所致，如果我们能就此敬奉铁木真为蒙古部新可汗，那我们蒙古人的未来就会更加光明兴盛了。"忽察儿马上说道："难道我们俩的心思是相通的吗？我也早有这样的打算，只是苦于奸人当道不敢开口也！今日既然说出来了，那我们事不宜迟，找个机会在众人面前说出便是了。"说完，两人就站了起来向铁木真的帐房中走去。

当他们两人站到铁木真面前时，发现众贵族都在，阿勒坛直言不讳地说道："各位族人都在，我今日向大家提个事情，那就是选封我蒙古部新任可汗，你们有什么意见吗？"众人马上被阿勒坛的言语所左右，没有一个人说话。铁木真轻轻地拨动着火苗镇定地说道："我蒙古部中真有如此能人那实在是草原之幸事也。"忽察儿道："怎么没有？现在蒙古部中谁建立的功勋最高，谁就是蒙古可汗。"撒察别乞马上道："对，是应该这样，答里台你说呢？"神情恍惚的答里台含糊地说道："是啊，我看非铁木真莫属了，谁的功勋能高得过铁木真呢？"众人马上面面相觑，过了一会儿阿勒坛笑道："也只有如此了，让铁木真称汗是众望所归、顺应天意的。"就这样蒙古部乞颜氏的各大贵族都在铁木真的帐中滴血盟誓起来。铁木真却再三推托，他说："我铁木真上有长辈，就怕我资力尚浅，不能服众也。"忽察儿站起来："难道在战场上是用年龄说话的吗？拥有财富是不问长幼的。"说完，众人就跪拜在铁木真面前大声呼唤道："请可汗放心，我等今日已在您和天神面前盟誓，誓死效忠铁木真汗，如有半点推诿，他日定死无葬身之地也。"就这样，众人拥戴了铁木真，铁木真见事情已定，对众人喝道："今日只要你们顺从于我，保证你们有与我同享的荣华富贵。"铁木真于是成为众人拥戴的蒙古可汗。

　　铁木真刚刚登临尊位的第二天，就命令合撒儿为使者，向草原上的各大部落传递这一消息。来到脱斡邻勒汗的帐前时，脱斡邻勒便笑脸相迎道："我的好儿子今日是向我报喜来了，铁木真能成为蒙古部可汗实在是众望所归啊！"说完，他便请人将合撒儿等人带来的好消息传播在整个克烈部当中。王汗设宴将合撒儿等人好好地款待了一番。第二天早晨，合撒儿辞别了王汗，向札答兰部奔驰而去。站在札木合营地中的合撒儿感觉到一种不和谐的气氛，于是急匆匆地走到札木合面前，高声说道："我今日是来向札木合首领报喜来了，铁木真刚刚登临蒙古部可汗宝座，特来传讯于札木合首领。"札木合听完合撒儿的一阵说辞之后，表示了不满，说道："难道我的好安答就没有选定一个好日子吗？请你们转告阿勒坛和忽察儿，为什么他们像两只公羊一样在安答与我之间作梗，在我与安答一起驻营的时候，他们怎么不作出这样的决定？偏偏在我们各执一方的时候传出这个不合时宜的消息呢？希望他们能践行诺言，这样才能让我的好安答安心登位也。"说完，提起自己的马刀向后帐走去，对坐在帐中的合撒儿等人不闻不问。合撒儿见札木合心生嫉恨，忍着羞辱就向斡难河畔驻地奔去了。

　　当时，札木合的弟弟给察儿正在牧地上奔驰，看到不远处有一个马群在吃草，他大声问到左右："那是什么人的马群，如此彪悍？"旁边的脱朵延吉儿帖马上说道："是铁木真部下拙赤答儿马剌的畜群，听说铁木真称汗了，膘肥的牲畜也越来越多了。"给察儿气愤地说："他铁木真今日能有这等财富，当初与我们在一起时，穷得可怜，今日我来夺他的马匹，让我的哥哥高兴高兴。"说完，带着一班人马就冲向马群。此时的拙赤答儿马剌见势不妙，纵身上马，提起马刀准备迎战。给察儿仗着人多势重，一下子将马群掳了过去。拙赤答儿马剌举着马刀便追赶上去与给察儿厮杀。他口中不停地叫喊着："还我马来，便让你们归去。"给察儿回应着："你们乞颜氏哪能有如此财物，一定是在别处偷抢来的吧。"拙赤答儿马剌愤怒起来，狠狠地在给察儿腰间砍了一刀，给察儿应声落马，就在他要张口的时候，拙赤答儿马剌又是一刀，将他的椎骨砍断，夺回了自己的马匹。

事情很快传到札木合耳中，他飞奔上马一边惊呼一边咬牙切齿地思量："定要将铁木真族人尽斩以儆效尤也。"当札木合看到给察儿时，他已经断气。札木合捶胸顿足地发誓道："我定要在战场上与乞颜一决雌雄。"就这样，给察儿的被杀直接导致了札木合对铁木真及其部族的巨大仇恨。札木合站在弟弟面前泪流满面、泣不成声。当天晚上，札木合便在军帐中与众人计议道："今日铁木真部下敢斩杀我亲弟弟，我对这个安答还有什么顾忌？现在整个草原都知道铁木真是他们潜在的敌人，那就让我来领个头，用众人的力量来替天行道吧！"说完，他就以身边的人为使节，号召草原上的主要部落都来征讨这个潜在的敌人。

大约过了三个月的时间，札木合的使者陆陆续续从草原的各个角落里奔了回来，他们见到札木合的时候，都面带微笑，窃喜道："札木合首领，有十几个部落都答应组成联军对铁木真进行攻伐了。"札木合在营地中对各部落带来的联络人员进行了周密的部署，准备以十三路大军从十三翼向蒙古乞颜发出突然袭击。札木合站在营帐中大声地对泰赤乌的奴仆捏群说道："你快快让塔儿忽台准备宴席，我要与他举行出征前的盛会。"捏群得到旨意就出去了。走在路上的捏群暗自思量："铁木真汗危在旦夕也，我的儿子孛秃要是能回来一趟就好了。"正在焦虑之时，赤剌思的军将木勒客与脱塔里走过来问道："我们赤剌思人都在备战，你怎么闲逛呢？"捏群转身说道："你们是不是要出行？如果我没有说错的话，你们对铁木真还有仰慕之情吧？"他们马上说道："铁木真是明主，世人皆知。"听到这样的话语，捏群马上将札木合的作战计划告诉了他们，两人上马道："你快快去做你的事，不要打草惊蛇，我们现在就去铁木真处通报，事毕，我们赤剌思人是大功一件也。"两个军将像离弦的箭一般向草原深处奔去。

艳阳高照的晌午时分，铁木真正带着随从在古连勒古山前放牧，忽然木勒客和脱塔里跪拜在铁木真面前道："我的铁木真可汗啊，札木合已经集结十三部，共四万骑兵要从十三路向乞颜氏攻伐而来，您怎么还在此地闲游呢？"铁木真听到这个消息如同晴空炸雷一般，半天没有言语。铁木真将两个赤剌思勇士带回帐中仔细地聆听了他们带来的消息。之后，铁木真站起身大声喝道："没想到札木合会如此之快地与我决裂，如此我们只能在战场上兵戎相见了。"铁木真马上召集军将，认真部署

应对札木合十三路联军的对策。博儿术上前道："集结所有拥护我们的部落，我们的军力有三万多，这是一场势均力敌的苦战啊！"铁木真将大军集合在草原上，并分别设立十三个古列延，也就是十三路大军，正好迎接札木合的十三路大军。

　　军马分布主要是：第一路为铁木真母亲诃额伦率领的亲族、属民、养子、奴婢和属于她个人所有的人们；第二路是铁木真直属部众，包括他的那可儿和护卫军，是全军的主力；第三路至第十一路都是乞颜氏各贵族率领的族人和属民，其首领是萨察别乞、泰出、答里台、忽察儿、株赤罕、阿勒坛等人；第十二路和第十三路由来附的旁支尼伦氏族人组成。铁木真大声在军前喊道："今日是我们同札木合的生死之战，虽然我们的人马在数量上不占优势，但我们是勇敢的黄金家族，我们会在天神的保佑下所向披靡的。只要我们勇敢的心还在，札木合就是人再多，也只是乌合之众，不堪一击。"站在阵地上的士兵高声呼叫道："乞颜必胜！我们顺应天意，消灭札木合联军！"就这样，在实力上并不占优的蒙古乞颜氏充满信心地准备着一场生死未卜的战争。

　　一个月朗星稀的晚上，铁木真正在军帐中等待博儿术从前方送信归来，忽然一个侍从慌忙跪拜在地喊道："我的可汗啊，札木合联军已经在前方发现博儿术，并拼命地向我们追赶，现在在答兰版朱思附近安营扎寨，明日定要向我军攻杀而来了。"铁木真披上战袍，气定神闲地说道："快快整顿军马，随时准备迎战。"说这样，铁木真夜间点校好军马，整夜站在营地中认真思考着怎么应对即将到来的战争。大约到了可见我影之时，铁木真便率领军队缓缓向前线进发。大约半日工夫，铁木真大军在答兰版朱思地面与札木合联军对峙。就在此时，冈岗上一支军马像野兽般冲着蒙古乞颜氏军队而来，铁木真见势马上让第一路军马迎战，好在诃额伦是个巾帼英雄，在战场上未见胜负。很快塔塔儿人率领的第二路军马又从草原深处冲出来，铁木真见其气势凶狠，举起苏鲁锭，飞奔在前，带着乞颜军的主力向塔塔儿人冲杀而去。札木合看到铁木真军将冲杀在前，挥舞着军旗，让第三路和自己的部众也冲了上去，就这样，第二路军在札木合面前大败而归。札木合见势马上向乞颜部大举进攻，结果铁木真的十三路迎战的军队纷纷败北。

　　奔逃在路途上的铁木真痛苦地呼叫着："我的天神啊，我在行军之前都会祭拜您，您为什么不保佑我们呢？难道你是让我尝尽人间苦水再让我强大吗？"说完，他就趁着黑夜向山林中奔跑而去。就这样，在与札木合的十三翼之战中，铁木真刚刚兴盛起来的家业遭到了沉重的打

击。札木合的名字像锥子一样刺在人们心中，特别是乞颜氏的族人心中。战败的铁木真部众不停地向后方撤退，到桑沽儿小河畔他才缓缓地张开疲惫的双眼面向不儿罕山大声呼唤道："今日之败，实在是我实力不如，请神灵保佑我，等我实力过人之时，定要将整个草原上的敌人掳掠来做我的奴隶。"铁木真的心中充满了惆怅和痛惜，站在营地中的铁木真不停地回忆着刚刚过去的那场惊心动魄的战争，喃喃自语道："生来最大的一场战斗就这样败北了，今后当自立图强也。"就完，他便轻轻地合上双目，倚靠在卧榻之上。

平塔塔儿　扫清宿敌

　　面对草原上的劲敌，铁木真常常对部众说道："我们在草原上的敌人很多，但我都不放在眼中，唯有塔塔儿不仅是我祖祖辈辈的仇敌，也是我铁木真心中一个最大的隐患。"塔塔儿在铁木真出生前的几代人中都与蒙古部进行着激烈的战争，他们不仅做金国的犬牙，而且打着草原之尊的旗号到处烧杀抢掠。在铁木真这里，因多次与塔塔儿人作战，也让他感到极大的愁苦。就在山只昆部和合达斤部强大起来的时候，塔塔儿曾对他们进行过残酷的围杀。当金国的君臣感到来自山只昆和合达斤的威胁时，夹谷清臣奉金章宗之命于明昌六年开始了北伐。就在夹谷清臣站在草原上的时候，他暗自思量："此等蛮夷之地，应让他们自相残杀。"于是他命令臣下召集塔塔儿人对两个小部落进行全面绞杀。很快，塔塔儿部配合金军在塔塔儿边境上将两个小部落彻底击败，夹谷清臣率领着得胜之师向朝廷奔驰而去。就在此时，塔塔儿首领蔑兀真笑里徒阻挡着去路大声喝道："将军大胜而归实在可喜，但带着如此沉重的财物我怕夹谷清臣将军行动不便啊！"说完，命令下手将金军的财物抢夺了过去。就这样，塔塔儿人将金军的所有战利品全部抢走。夹谷清臣命令蔑兀真笑里徒马上归还战利品，并向金军认罪。蔑兀真笑里徒却口出狂言道："金军在战斗中胆小如鼠，依靠的是我塔塔儿军将在战斗中的拼死搏杀，战利品本应当属于我们。"后来，夹谷清臣试图强行将战利品抢回来，但此时的塔塔儿已经不耐烦了，马上对金军进行了猛烈的攻击。就这样，一场金军与塔塔儿联合围剿山只昆、合达斤的战争又演变成塔塔儿人与金军的财物争夺战了。

经过几日的战争，金军感到边疆隐患更大，马上上报金廷。金章宗大兴问罪之师，命丞相完颜襄率领大军前往漠北征讨塔塔儿人。金军在完颜襄的领导下，从临潢出发，兵分两路对塔塔儿人进行围剿。一个部落对于一个国家来说毕竟是渺小的，塔塔儿人经不住金军的围剿，很快溃不成军。蔑兀真笑里徒仓皇向浯勒扎河方向奔逃。但金军大将完颜安国率领轻骑，紧追不舍。就在此时，完颜襄坐在军中不慌不忙地对众将说道："我们天国将士，不可在草地上长久而战，今听说草原上的铁木真是个英雄，我们可以将剿灭塔塔儿人的任务交给他们，也可让他们为朝廷效命，如此漠北便无大忧也。"说完，完颜襄的使者便来到铁木真处说明了招讨的意思。

坐在大帐中的铁木真听到这个消息先是愣住，然后展开笑脸道："好，让使者先到帐外休息，明日我来给使者一个满意的答复。"侍从遂将完颜襄的使者送到帐外安歇去了。铁木真马上召集众人到帐下："今日完颜襄要我们联合攻打塔塔儿，众人有什么意见吗？"答里台马上说道："不可，我们不能做金廷的鹰犬，尽管塔塔儿也太可恨了，如今我们要联合塔塔儿对付金人才好。"阿勒坛愤怒地反对到："难道你想成为塔塔儿人的刀下鬼吗？我们现在应该放下对金廷的仇恨，来对付我们最大的仇敌，如此才是上策。"铁木真连连点头道："是啊，我们不能伸出两个拳头同时打人，那就让我们暂且放下对金廷的仇恨，全力以赴消灭塔塔儿这个世世代代的敌人。"坐在大帐中的众将都微笑从容地看着铁木真，就这样铁木真决定联合金朝与塔塔儿人作战。

作为铁木真的坚定盟友，脱斡邻勒自然成为他第一个要考虑参战的朋友，当铁木真的使者将征战塔塔儿的消息传到脱斡邻勒耳朵里时，他高兴地说道："今日我儿铁木真要攻伐塔塔儿人，实在是让人欢欣鼓舞啊！我马上整顿军马，去与我儿子会师也。"说完，就让使者将好消息传递给了铁木真。坐在营帐中的铁木真道："我们的祖先俺巴孩汗和主儿乞人的祖先斡勤巴儿合黑都被塔塔儿人出卖，今日既然我们高举兴兵之师，那就让主儿乞人也来分享报仇的快乐吧！"于是铁木真的使者又向主儿乞氏通报了战争的消息。心中感到无比激动的铁木真张开笑脸对孛儿帖说道："他日我们战胜了塔塔儿，一定要好好地感激天神，是天神的眷爱才让我们有解除世代仇恨的机会。"孛儿帖看着铁木真高兴的样子，说道："你不要忘记，塔塔儿人狡猾而诡计多端，你在战斗中要切忌浮躁，而金廷也不是什么好东西，我们也要有防备之心才是。"铁木真此时果断地在案几上拍了一下道："夫人果然是贤惠之人，不是你时时提醒我，我当真掉以轻心了。"说完，他便躺在孛儿帖面前看着她轻轻笑起来。

当铁木真整顿好军马，站在大帐前等待出征时机的时候，外面飞马来报说脱斡邻勒汗的几万大军已经在营寨外等待铁木真的调遣，铁木真马上站起身喊道："父汗如此神速，只三天时间便将军马安排到我帐前，如此好开端，我们定会旗开得胜、所向披靡的。"他呼喊着向营地赶去。坐在战马上的脱斡邻勒微笑着说道："我的主能保佑我的好儿子去征讨塔塔儿，想必你是胸有成竹了。"就这样，两人哈哈大笑地走进了营帐。脱斡邻勒汗说道："事不宜迟，我们快快整备军马向神圣的战场进发吧！"铁木真却挥挥手道："我们再等三日，我邀请了主儿乞人也来参战。"脱斡邻勒抬起头来道："你们刚刚因为豁里真妃的问题而大动干戈，我想他们参战的机会不大。"铁木真听到这样的话也没有当真，因为他觉得蒙古部的共同敌人是塔塔儿人，主儿乞人会放下小嫌而顾大义的，随后便让脱斡邻勒父亲设下军帐安歇去了。

铁木真坐在营帐中苦苦等待了三天，正在郁闷之时，脱斡邻勒汗走进来："我的铁木真汗啊，还是不要等了，主儿乞人就是这样鼠目寸光啊！"铁木真认真沉思了片刻，大声喝令道："我们不能再等了，即时发兵，向浯勒扎河进军。"一声令下，两路大军缓缓地从斡难河畔向东而进。走在路上脱斡邻勒汗问铁木真："浯勒扎河上有金人修筑的堡垒和营寨，我们的进攻会有困难吗？"铁木真不屑地摇摇头道："难道那些好看而舒适的营寨能经得起我们战马的践踏吗？我军锐气正胜，杀敌夺寨会势如破竹，无往不胜。"两位可汗一边说着一边看着前方的河流。身旁的将士喊道："铁木真可汗，浯勒扎河就在眼前，我们先安营扎寨，明日便可攻城略寨了！"站在队伍最前面的铁木真连声说道："找个开阔地扎营，等我军战略部署完毕之后再投入战斗，现在快快休整，等待进攻的命令吧！"

当天晚上，铁木真与脱斡邻勒汗等人在浯勒扎河漫步，脱斡邻勒站在高坡上眺望着对面的阵地，然后对众人说道："明日我们可以突然袭击，趁塔塔儿人没有防备的时候将他们的营寨、堡垒摧毁，这样我们就胜券在握了。"铁木真却轻轻地摇了摇头："我们必须准备与塔塔儿死

战，因为他们被惊动之后一定会钻入堡垒之中，我们要做好充分准备才好。"此时，合撒儿上前道："塔塔儿很是狡猾，让我今夜到他军中去探个虚实也好。"他正要扬鞭而去，铁木真呵斥道："回来，你还是个小孩子吗？你去了性命定当不保也！"合撒儿才止住心中熊熊燃烧的火焰。脱斡邻勒汗安闲地笑道："塔塔儿狡诈而机警，这样的行动是不明智的，等我们将塔塔儿人消灭之后，合撒儿再将胸中的烈火燃烧到每个塔塔儿人中去吧。"就这样，铁木真一行又缓缓从前方的地面上走了回来。坐在大帐中的铁木真对众将说道："明日清晨我们便大举对塔塔儿人发动攻击，尽量在一天的时间里将这个我们胸中燃烧不停的怒火彻底熄灭。"众人得令之后，个个精神振作地喊道："请可汗放心，塔塔儿人的终了之日已近，我们会像猛虎一般让塔塔儿失去生的希望。"喊毕，众人便叩首而出，各自归帐准备明日的战争。

经过一夜的休整，铁木真站在军前大声喝令："蒙古部的英雄们，我们世世代代的仇敌就在眼前，快快让我们冲杀上去，用塔塔儿人的鲜血来洗清我们心中的伤痕吧！"说完，蒙古大军首先向塔塔儿人的阵地上冲了去。蔑兀真笑里徒站在堡垒中观看着战场上的动向。当铁木真的大军将塔塔儿人营地洗劫一空的时候，蔑兀真笑里徒马上举起大旗向后方奔逃。就在铁木真追赶不上的时候，脱斡邻勒汗飞马上来道："现在让我来好好表现一番，我儿铁木真片刻之后再上来助我一臂之力。"说完，脱斡邻勒汗便向塔塔儿人的头颅上砍去。蔑兀真笑里徒叫喊道："快快向边堡中撤退，看看他蒙古人能怎么样？"但塔塔儿人根本没有想到，此时冲上来的是脱斡邻勒汗的军队，刚刚冲上战场的他像猛虎一样将站脚未稳的塔塔儿围困在两个堡垒——松树堡和枫树堡之中。克烈部正在厮杀之中，铁木真的军队又奔驰而来，于是两股势力合并在一起，用了半日工夫便将两个最坚固的堡垒冲破了。

在乱军之中，脱斡邻勒汗冲进堡垒就要进行厮杀，但铁木真喊道："父亲，你可以将两个堡垒摧毁，我来寻找蔑兀真笑里徒便是。"脱斡邻勒汗急忙点头表示同意。就这样，塔塔儿人坚固的堡垒被冲破了，众多的军士也倒戈投降了。铁木真一把抓住一个士兵问道："你们的首领现在何处？"那小卒胆战心惊地指着蔑兀真笑里徒奔逃的方向喊道："首领一个人向那边奔驰而去。"铁木真放下那个小卒飞向浯勒扎河的山林奔去。大约行进了一程，铁木真看到前面有人马跑动，于是快马加鞭地追赶。此时身后又出现了脱斡邻勒汗的声音："铁木真，前面那人便是蔑兀真笑里徒，快快将他拿下！"铁木真又追赶了一程，蔑兀真笑

里徒回头一看，铁木真已经同他并驾齐驱了。心生绝望的他马上跌倒在地，睁大着双眼看着铁木真。铁木真驻马问道："你就是蔑兀真笑里徒？"他坐在地上连连点头，刚要开口，铁木真横扫一枪，将蔑兀真笑里徒的腰椎刺穿，结果了他的性命。

一场对塔塔儿人的大战就这样结束了，而作为一个草原上的英雄，铁木真真正肃清了他世世代代的仇敌，也让这个称霸草原的塔塔儿部从此走向了衰败。战胜塔塔儿人是铁木真称霸草原的重要一步，正因为战胜了塔塔儿人，草原上的其他部落才真正地见识到一个强大的蒙古部将领导整个大草原。高举"为祖报仇"旗帜的铁木真的形象又一次得到草原人民的敬慕，他的伟大人格魅力在一点一点地丰满和充实。

成为金国的属臣，又让铁木真师出有名，他名正言顺地得到了赏赐，从此铁木真的战争生涯中又多了一种身份，那就是金国副招讨使。在金国朝廷中，便有了铁木真的名号，这也让草原之外的国家也渐渐地了解到铁木真，铁木真的威名正在四海之内传播着。

战阔亦田　奠定大局

在成吉思汗的军事生涯中，曾经有过无数的荣耀和光辉。特别是在与塔塔儿的战斗胜利之后，他几乎就没有停止过战争。摆在成吉思汗面前的是来自四面八方的威胁，就蒙古部内部来说，泰赤乌部随时准备用他残暴的魔爪将乞颜氏的财富抢夺干净，而山只昆部和合达斤部却像野狼一般不停地在乞颜部面前嘶叫着；在蒙古部之外，更大更强的敌人也对成吉思汗的强大发出可怕的叫喊声。当这些草原上的大部都感到成吉思汗是他们的敌人的时候，整个草原上正在经历一次深刻的变化，这样的变化让旧贵族与新势力之间产生了不可调和的矛盾。但草原人没有像往常一样频繁抢占地盘，因为在这个时候，金廷三天两头地对整个漠北进行残酷的镇压。当东方各部都在忙着与金国战争的时候，铁木真却在斡难河上短暂休整之后，带着族人到处游猎。金国对东方各部的征讨让成吉思汗想道："如果我们草原上的敌人能像我一样精明，他们就不会受金国的压迫了。如果金国让他们元气大伤，那草原上的纷争就会因为蒙古乞颜氏的到来而简单多了。"气定神闲的成吉思汗像只猎鹰一样观察着草原上的一举一动。

在金国的三次北征之后，塔塔儿、山只昆、合达斤、弘吉剌等部的实力都遭到极大的削弱，而金国在得胜之后也不能很好地巩固自己的地位，在金国内部，也出现了财富真空的现象。于是金国在胜利的情况下将设在临潢边壕的堡垒向内地迁移。在这样的大环境之下，草原上的英雄们都看到唯一能领导整个大草原的，只有成吉思汗了。而在成吉思汗的营帐中，每天都会传来各个部落战败的消息，当成吉思汗再次与草原上的强部作战时，他的军队已经所向披靡、战无不胜了。而铁木真最辉煌的战绩便是战胜乃蛮部和仇敌泰赤乌部了。这个消息很快在草原上传播开来，山只昆部、合达斤部、塔塔儿部和弘吉剌的首领们纷纷震惊："大草原上的可汗们，我们应当合在一起来商量解决我们眼前的强大敌人铁木真了。"就这样，众多草原首领都会聚在阿雷泉对天神起誓，斩杀白马，表示要与成吉思汗及王汗决一死战。成吉思汗得到消息后，马上派人去与山只昆、合达斤联系，表示对他们的友好，但这两支部落却不领情，将成吉思汗的使者羞辱了一番然后将他放回去通报成吉思汗，他们会在战场上与成吉思汗对话。从此，山只昆、合达斤就与成吉思汗结下了冤仇，可能是害怕成吉思汗报复，后来他们双双投靠了泰赤乌氏。

当泰赤乌人被成吉思汗打败疲于奔命的时候，塔塔儿传来一个好消息，要塔儿忽台到弘吉剌部来结盟与成吉思汗决战。当天晚上，塔儿忽台便与众首领站在营地中砍杀牛马，并立下最重的誓言道："我们此次结盟，天地之主可以见证也，如果我们谁有背誓言，让我们和这些畜生的下场一样。"就这样，他们又发誓要在战场上与成吉思汗一决高下。但此事很快传到德薛阐耳中，他震惊地喊道："如果不早早通知铁木真，蒙古部便危在旦夕了。"他一边叫嚷一边让搠擅准备马匹，然后画了张地图放在怀中，飞快地将消息传给了成吉思汗。成吉思汗得到情报之后，很快就与王汗会合于虎图泽，并挥师进发，进至贝尔湖时，蒙古军与合达斤等部进行了激烈的战斗，因为刚刚与金国交战结束，元气大伤，所以他们很快便被成吉思汗与王汗的大军打得溃不成军，大部分财物被抢夺。成吉思汗等人乘胜追击，到金国边陲的彻彻儿山时，又与塔塔儿人交战起来，其部长阿剌兀都儿领军与成吉思汗激战一阵之后，带领着自己的部众向草原深处奔逃而去，就这样，成吉思汗与王汗得到老丈人的情报之后，大举将心中的大隐患打了个措手不及。成吉思汗又从塔塔儿人手中掳掠一些财物，在彻彻儿山停止了前进。

走投无路的反蒙联军马上失去了信心，他们坐在营帐中面面相觑，弘吉剌部首领迭夷站起身来走了出去，他正在信步散望时，看到一个破败的帐篷旁坐着巴牙兀惕的"贤明老人"，便坐下与他攀谈，那老人笑道："今草原英雄众多，我却发现各个都是争夺霸主的好手——萨察别乞想登临大位，但却没有这个福分；札木合有这个实力，但他的手段和诡计让他不得人心，众叛亲离，他在事业的半途便失去了光明；合撒儿也有这样的野心，但他在战场上的勇武和马背上的骑射能力却不能使他登临高位；蔑儿乞部的阿剌黑兀都儿有谋取大权的智慧和勇气，但一番努力之后却一无所获；唯有现在这个铁木真，仪表堂堂、智勇双全，大有称霸称汗的实力，相信草原上的新霸主非铁木真汗莫属了。"他一边说着一边用手轻轻地在迭夷臂膀上拍打着，迭夷马上道："难道我们草原众英雄也不能左右铁木真的强大吗？"说完，便气愤地离开了。

时间到了公元 1201 年，草原各部聚集在额尔古纳河、根河、得尔木尔河汇流处的忽兰也儿吉举行了一次重要的会议。草原十二部首领站在三河交汇处发誓道："额尔古纳河、根河、得尔木尔河作证，如果不将铁木真、王汗联军消灭在草原上，就让三条河的水神们将我们的性命带走。"就这样，十二部首领在忽兰也儿吉结盟，准备随时与成吉思汗大军进行殊死搏斗。就是在这次会议上，他们选出了十二部盟主，札木合在众人一致同意之下顺理成章地做了盟主，并称"古儿汗"。很快，札木合就作出了战争计划，众人都在他的叙述之下觉得此次战争古儿汗必胜，就这样，一场残酷的、艰苦的战争即将降临在蒙古大草原上。

当下弘吉剌部首领迭夷就在心中疑惑道："前次结盟战争铁木真将塔塔儿打了个措手不及，此次未必胜券在握。"迭夷与人商量之后决定投靠成吉思汗。于是在一个夜晚，弘吉剌部便向成吉思汗的营寨奔去。但走到半路上，却让合撒儿遇见，合撒儿以为来者不善，率领众人袭击了他们。弘吉剌人苦水往肚子里咽，他们又跑回札木合帐下发誓要与成吉思汗决一死战。札木合坐在帐中道："难道铁木真想成为魔王吗？我们定要夺回属于我们的尊严，抢回我们的财物。"此时的十二部联军首领都在对成吉思汗的财物垂涎欲滴、各怀鬼胎。每个首领心中都在合计如何将所有的财物占为己有。豁罗剌思首领豁里歹坐在营帐中偷偷地看着札木合，而札木合却滔滔不绝地部署着战争的事宜。等札木合说完，

豁里歹站起身，在众首领的议论声中退出了会议。走在草地上的豁里歹急切地自语道："赶快将战争的消息传给铁木真，否则蒙古部将大祸临头也。"走进帐篷中的豁里歹叫进一个贴身奴隶，认真地向他交代情况，这个奴隶便飞身上马，狂奔向成吉思汗驻地。

成吉思汗坐在战马上大声喊道："古连勒古山啊，我们在您的抚育下，已经兵强马壮，我当用肥美的羊肉和香醇的奶酒来向您祭奠了。"成吉思汗率领着众将像闪电一般奔驰在古连勒古山下。就在此时，豁里歹的消息传到成吉思汗耳中，他飞身下马，走回帐中与众将领共商治敌之策。就在铁木真出兵之前，他的使者也到达了王汗处，王汗第一时间将军士整顿完备，来与成吉思汗会师。三天之后，成吉思汗与王汗的军马在怯绿连河会面，然后他们顺河而下，准备与札木合联军正面相迎，迎头痛击他们。行军之前，成吉思汗与王汗对战争进行了周密的部署。成吉思汗先锋军正要在兀惕乞牙地面扎营时，前方哨望所汇报说前方敌军将至。很快，成吉思汗的先锋将阿勒坛、忽察儿和答里台等人率领军士前去迎战，在一片开阔地遇到札木合的先头部队。正要激战之间，王汗下令归营，等天明再战。于是双方约定天明厮杀。

第二天清晨，阿勒坛便带领将士向札木合军猛烈冲杀过来。很快，他们便占领了阿兰塞阵地，与札木合联军对阵阔亦田。成吉思汗大声喝令军士："依高地傍寨，以逸待劳，让札木合联军看看我们的阵势。"于是成吉思汗军在阿兰塞阵地上扎营，札木合的军队却是在山下地面上。在地形上，成吉思汗军马占据了非常有利的地位。札木合站在军前大声喊道："我的先锋丢了阵地，我要你们明日将功补过，在战场上厮杀才好。"札木合心中对成吉思汗占据有利地形非常嫉恨。在军帐中，有人上前向札木合进言道："可汗，我们虽然没有有利地形，但我们可以在'天时'上做文章，我听说不亦鲁黑汗和忽都合别乞会'札答'之术，能呼风唤雨，我们就让他们来向天神借西风，这样我们就能在阔亦田战场上稳操胜券了。"札木合听后大笑起来："如此甚好，那就请他们明日清晨冲锋之前行动吧！"说完，札木合便心情宽慰地笑了起来。

站在阵前的札木合将胜利的希望都放在了不亦鲁黑汗的巫法上。坐在圣坛中的两位法师不慌不忙地开始了他们的法术。他们一边向水盆中扔石子，一边在口中念念有词："让天神保佑我们，借来西风将逆天而行的恶人铲除。"不知道是真有天意，还是事出巧合，不一会儿的工夫，天空中白云飘移，草木皆动，一阵强烈的大风从天而降。札木合等人正在得意之时，旁边人惊恐地呼叫道："风向不对，这是东风啊，风应该向铁木真那边才对啊!"此时札木合才收回自己的笑脸,惊呼道:"怎么会这样?"此时风声鹤唳,而札木合的军队却只能逆风前进,札木合抓住不亦鲁黑汗的衣领道:"你是在帮助铁木真吗?难道你就不怕死吗?"不亦鲁黑汗长长地出着气说道:"我也不知道,难道这是天意?"札木合放下不亦鲁黑汗,挥舞着马刀,大声喝道:"快快给我冲杀上去,让铁木真的野心啃泥去吧!"札木合的军队顶着风在战场上向成吉思汗军队冲来。蒙古与克烈大军就着风势弯弓搭箭,将札木合联军射杀了无数。札木合见大势已去,顾不上并肩作战的部落,独自带上族人向西方奔逃而去。他的四路先锋军却在札木合逃跑之前就逃之夭夭了。札木合将弱小的部落的财物和畜群抢了大半,然后仓皇而去。

站在高地上的成吉思汗笑道:"难道他们所说的'札答'之术没有帮助他们吗?"王汗又接过话锋道:"看来天神的旨意是让他们自取灭亡啊!"说完,阔亦田战场上的厮杀声也渐渐散去。在成吉思汗心中,阔亦田之战像生命中的另一次重生一样,它让整个草原都认识到,只有成吉思汗才是顺应天命、替天行道的一代骄子。

阔亦田之战是草原新旧贵族之间的一次转折之战。成吉思汗大一统的伟业又坚实地向前迈进了一步。而此时的草原上,成吉思汗的劲敌们都看到了一个成吉思汗势力的壮大。他们唯一能做的只有顺从和忍让。

围猎困兽 灭泰赤乌

阔亦田战场上的厮杀之声还没有彻底消散,王汗便率领军士追赶主要敌手札木合与蔑儿乞部,大约走到额尔古纳河下游时,王汗身边的将士对王汗说道:"今日铁木真还在与残余的泰赤乌人进行苦战,我们是不是要帮助他们一下?"王汗微笑地说道:"是应该去帮助他的,但追击札木合与蔑儿乞人是重要任务,我们也不能耽搁啊!"此时桑昆上前道:"如果父汗还有仁慈之心就不要让我们的军队分散了,这样会疏远我们的亲族的。"王汗看了看桑昆道:"桑昆爱惜军将,那就按照桑昆的意见行事吧！仁慈的主会保佑铁木真的，他是只草原上的雄鹰啊！"
就这样，王汗军马继续沿额尔古纳河向下游追赶札木合与蔑儿乞部。坐在战马上的王汗远远地看到一彪人马在前面缓缓地向他奔来，王汗站定举目相望，心中想道："难道是蔑儿乞人杀回来了吗？"桑昆驱马上前准备战斗，就在此时，对面的人马大声疾呼道："不要打杀，我们是前来投靠王汗的。"听到这样的话，王汗展开笑脸道："原来是投诚之众啊，快快与我上前接应。"王汗让桑昆走在前面，自己紧随其后。桑昆见战马上坐的是札木合，兴奋地呼喊道："我的父汗啊，是札木合前来投诚啊！"王汗睁大双眼高兴地喊道："我们的敌人就这样轻易地被我们征服了，感谢我的主啊！"他刚刚说完，札木合便在马上叩首道："手下败将，今日愿意成为王汗帐下的一名小卒，像奴隶一样地为王汗服务。"就这样，札木合等人就归顺了王汗。

成吉思汗得到这个消息后大笑起来："我脱斡邻勒父亲招降了札木合，当记头功也！"成吉思汗一边顺着斡难河向泰赤乌氏逼近，一边让人向王汗报信："等到大军将泰赤乌氏消灭殆尽，定要让脱斡邻勒父亲好好地享受一番。"成吉思汗大军像猛虎一样在草原上寻觅着每一个泰赤乌人的踪迹。阿兀出与塔儿忽台慌忙逃窜，昼夜兼程。等到达斡难河畔的营地时，成吉思汗大军已经站在他们身后了。塔儿忽台钻进营寨，大声喝令道："众人不得休息，随时准备迎战。"塔儿忽台的身边马上闪现出两个将领，塔儿忽台惊恐地对他们说："你们现在是我的得力战将，等铁木真的大军冲杀上来时，你们要像银鼠一样地警觉，这样我们泰赤乌部才能躲过亡族灭种的危机也！"那两个将士连连点头，他们就是不久之后投靠成吉思汗的只儿豁阿歹和纳牙阿。只儿豁阿歹举着手中的弓箭冷静地说道："只要是能让我看到的东西，我就能射中它，走动的人儿也是一样。"塔儿忽台站在帐中又大声呼叫道："铁木真的人马就在眼前，让泰赤乌的勇士们用马刀砍向他的头颅吧！"正在喊叫时，成吉思汗的先头部队就已经向泰赤乌营地冲杀而来。

合撒儿的军队在飞箭如蝗的阵地上冲杀着，濒临灭亡的泰赤乌像打急了的野狗一样，疯狂地在阵地上与合撒儿的军士厮杀着。合撒儿冲在阵前挥舞着明晃晃的战刀向泰赤乌人的身上砍去。就在他们快要冲进敌营的时候，一阵如飞雨般的弓箭将合撒儿的大队人马赶了回来。合撒儿用战刀拨过身旁的两支箭后，大声苦喊道："今日塔儿忽台有如此气力来反抗，难道他就没有想到反抗的后果吗？"大声呼喊之后，合撒儿的先锋队就这样撤下阵来。合撒儿刚刚下来，阿勒坛、忽察儿和答里台的人马又冲杀而来，成吉思汗站在军前说道："合撒儿撒下也好，让阿勒坛等人将他们的弓矢全部折断。"成吉思汗举起手中的苏鲁锭大喊："下一路冲锋的便是我们了，大家要做好战斗到底的准备，这个泰赤乌的命运会掌握在我们手上。"阿勒坛等人的军队也并不比合撒儿差，他们个个都是战场上冲杀的好手。不一会儿的工夫，他们便站在高地上对塔儿忽台射着箭。

此时塔儿忽台像惊弓之鸟一般站在帐篷底下大声地呵斥着："我们占据有利位置，我们只要拼死相抵，一定会把铁木真军队撵走的。"受到塔儿忽台的鼓舞之后，泰赤乌人又像野狼一般疯狂地反击着。阿勒坛等人在一阵激战之后，长驱而至。但不妙的是，此时的泰赤乌营寨中又跳出一批健步如飞的勇士。阿勒坛等人与他们进行了艰苦的战斗。就在此时，成吉思汗站在军中大声喝令道："时机已经成熟，我们快快冲锋，将阿勒坛伯父的战果夺回来。"就这样，成吉思汗的大队人马飞一般地从高坡上冲杀了下来。此时的塔儿忽台与阿勒坛等人厮杀正酣。塔儿忽台看到自己的军将处于优势，于是大声呼叫道："我们守着阵地，只要将铁木真大军赶回去便是，不必追击。"大约半日的厮杀，塔儿忽台将成吉思汗的第二路军赶了回去。

成吉思汗的军队刚到，三路军马同时向塔儿忽台的营寨冲杀了过来。塔儿忽台看到成吉思汗的主力终于到来，下令道："全部撤回营寨，准备与铁木真决一死战。"整个泰赤乌部的营寨马上就变成了一个小小的战场。塔儿忽台在寨中指挥着军士对成吉思汗大军进行射杀。他想通过骑射将成吉思汗打败，得到这样的消息之后，成吉思汗不禁笑起来："难道弓箭能射死骆驼吗？"说完，率领着众将，直奔泰赤乌营地而来。就在成吉思汗的军队逼近泰赤乌营地的时候，塔儿忽台惊恐地呼叫道："将士们，现在冲在前头的就是铁木真，你们要是能伤到他，我保证你们会大吉大利一辈子的。"塔儿忽台不停地在四处张望着，像是一只迷失了方向的骆驼。此时，只儿豁阿歹气定神闲地站在塔儿忽台面前道："哪个是铁木真？我来射他。"塔儿忽台慌乱地指着冲上来的人马道："领头的便是铁木真，只儿豁阿歹，你是神箭手，今日就看你的表现了。"只儿豁阿歹马上扬弓搭箭，稳稳地抓住箭尾，瞄准成吉思汗便是一箭。

成吉思汗正在呼叫时，忽然感觉一阵疾风，然后自己便倒在地上。正在冲锋中的军士见到主帅被射倒在地，有一部分人马上退了下来。好在成吉思汗身边的者勒蔑将他抱起并挽救了他的性命。此时后面还有梯队在冲锋，别勒古台穿上成吉思汗的战袍又向泰赤乌营寨冲杀而来。众人看到成吉思汗的衣带，认定可汗一直在冲锋，于是又一轮的大冲击向泰赤乌人袭来。站在营寨中的塔儿忽台看到成吉思汗被他射倒在地，马上像三岁小童一般在军士们面前欢叫起来。纳牙阿喊道："现在是我纳牙阿表现的时候了。"说完，他便率领着一彪人马冲出营寨，对成吉思汗的大军进行最后的反击。别勒古台怕泰赤乌发现成吉思汗受伤，于是避开纳牙阿的军队，从另外一个方向对泰赤乌营地进行了攻击。很快，整个泰赤乌营地就被铁木真大军夷为平地。而在战斗中的纳牙阿此时也顾不上战斗，向营地奔驰而来。但当他到来时，整个营地上已经没有一个泰赤乌人了。

塔儿忽台看到大势已去，就带上几个随从向斡难河的深林中逃命去了。就在塔儿忽台为自己的命运悲叹的时候，山林中忽然闪现出一个人，塔儿忽台忙上前笑问道："失儿吉额秃，难道你们巴阿邻氏的人都背弃你了吗？那就让我们做伴当吧！"还没有等塔儿忽台说完，失儿吉额秃就说道："你这个吃里爬外的东西，我们真不应该有你这样的首领。"说完，纳牙阿和他的哥哥阿剌黑就将他绑上。大吃一惊的塔儿忽台大声问道："纳牙阿，你不是为我立功去了吗？今日怎么听你父亲之言，抓我呢？"失儿吉额秃冷笑一声，就将塔儿忽台载入车中，说道："我带你去见明主铁木真汗。"塔儿忽台狂躁地喊道："我的属民们会来救我的。"就在此时，后面响起了一阵呼喊，纳牙阿等人知道是塔儿忽台的救兵，于是逼迫他命令他们归去。就这样，失儿吉额秃等人带着塔儿忽台一步一步地向成吉思汗的营地奔驰而来。后来纳牙阿等人又将塔儿忽台放走了，纳牙阿想让成吉思汗知道，他们对主人是绝对敬重的，也不会因为现实的变化而背弃主人。而事实说明，纳牙阿这样的决定是非常正确的，也得到了成吉思汗的赞扬。

裹创上阵的成吉思汗站在秃黑军旗下，厉声呵斥道："今日将可恶至极的泰赤乌人消灭，我要尽剿其众，尽掠其财也！只要是泰赤乌氏贵族统统杀掉，无论妇女儿童。"与泰赤乌人的战斗很快就结束了，但成吉思汗仇恨却在他心头不停翻滚，当天晚上，成吉思汗跪拜在母亲诃额伦面前道："我的好母亲，今日泰赤乌这个心头刺已经铲除，你心中的创伤也会慢慢抚平了。"诃额伦母亲站起身来道："世间的恩恩怨怨就是这样了结的，希望我们蒙古人还能像也速该首领健在那样称世之雄也。"孛儿帖上前道："铁木真，母亲是高兴呢！而你铁木真不能像女人一样多愁善感，你继续做你的事情去吧！"成吉思汗轻轻地对着孛儿帖吹了口气，然后就出帐部署对泰赤乌人的屠杀计划去了。

成吉思汗坐在帐中大声地对众将士说道："今日才将顽抗的泰赤乌人拿下，实在是大家之功劳啊！今日我们要将泰赤乌人彻底消灭，让纯洁的蒙古草原上再也没有叛逆的歹徒，你们说对吗？"众人之长者勒蔑马上上前道："泰赤乌人着实可恨，我们损失那么多气力，今日定要将他们的阿兀出、豁敦斡儿张和忽都等首领一一问罪，然后将他们斩杀了才好。"成吉思汗喊道："还是众人之长说到我心里了，如果大家都没有异议，那就让我们的诺言去实践吧！"成吉思汗大手一挥，几个侍从便将外面捆绑起来的三个泰赤乌部的首领拖了进来。他们都跪在地上哭喊道："铁木真，我们本是一家，难道你就忍心看着同胞离开人世吗？"成吉思汗狠狠地将他们抓在手中，气愤地喊道："难道见棺材的时候你们才能看到情义吗？难道你们在没有奶酒时才想到养羊吗？"三个首领狼狈地坐在地上，都一言不发地看着成吉思汗。

正当帐篷里被愤怒和仇恨的气氛包围的时候，忽然传来失儿吉额秃到来的好消息。成吉思汗马上下令："将泰赤乌的首领统统押下去，明日我们在圣洁的不儿罕山下将他们斩首，再好好祭拜祖先和神灵。"此时的阿兀出站起身来道："我大感今日便要寻死，请可汗让我们安心地去为俺巴孩汗和合不勒汗效命去吧！"成吉思汗听到这样的话，转身道："你们如此寻死，我偏偏要明日处决你们。"说完，成吉思汗便让人将他们拖到帐后等待行刑去了。

泰赤乌部从此之后便在草原上消失了，而战胜他的成吉思汗将心中的头等大敌消灭之后，一场更大更强的战斗又在他胸中酝酿。因为他知道，在草原上只有强者才能高高在上，只有胜利才能让一个个阴冷在心中埋葬。泰赤乌的灭亡让成吉思汗又一次看到自己的实力，奔驰在草原上的勇士在不停地书写着自己的神话。

战纳忽崖　乃蛮末路

当克烈部这个草原上最有实力的敌人被成吉思汗消灭之后，摆在蒙古人面前的唯一的草原敌人就是乃蛮部了。乃蛮这个西方强部的文明程度比蒙古部要高，但作为草原上的一部分，它时时刻刻都在成吉思汗的作战计划之中。当整个草原的旧势力都聚集在乃蛮部的时候，成吉思汗很坦然地对众那可儿说道："乃蛮部现在因为草原残余势力的到来变得更加强大了，为了我们自身的安全，我们之间的战争在不远的将来一定会发生的。"而坐在大帐中的太阳汗正在对札木合喊道："蒙古人只能吓唬像王汗这样的老人，等我们的时机成熟，定会让你们的属民和牧场重新归到你们身边。"札木合冷冷地笑着道："我们草原上的英杰都在您身边，时机已经摆在我们面前了。"太阳汗看看身边的夫人古儿别速，笑道："那好，我现在去通知盟友汪古部部长阿剌忽失的斤，我们强强联合，必定能将铁木真一举歼灭。"太阳汗又喊道，"卓忽难，快快带上草原众英雄的意思，去请汪古部协同我们作战。"就这样，乃蛮部决定同成吉思汗进行一场生死大战。

当卓忽难站在阿剌忽失的斤面前时，阿剌忽失的斤便问道："你们是要我同你们一起去打仗吧？"卓忽难马上说出他们的意思，阿剌忽失的斤想了想，然后严肃地对使者说道："你先回去，我们很多族人都在远方围猎，等他们全都归来我们再商量吧。"就这样，卓忽难带着模棱两可的答复回到了太阳汗处。札木合进言道："这个汪古部的意思很明显，他们是不想协同我们作战。"太阳汗长长地叹息一声，然后说道："我的亲戚竟然如此，难道他们不是仁义之师吗？"此时古儿别速笑了起来道："汪古部能有多大力量，我们还是不要企求他们了，我们的力量对付蒙古人足够了。"太阳汗马上笑道："如此也好，我们不必耿耿于怀，消灭一个小小的蒙古部哪要那么多人呢！"说完，太阳汗就对着古儿别速高兴地笑了起来。札木合冷冷地看着太阳汗什么话也没说。

汪古部部长马上派遣下将秃里必答思向成吉思汗报告乃蛮部要攻打蒙古部的消息。当时成吉思汗正在帖麦该川围猎，者勒蔑上前进言道："远方有战报前来上奏。"成吉思汗坐在战马上精神一阵，纵马归帐了解详情。汪古部的秃里必答思叩首在成吉思汗面前将乃蛮部攻打蒙古部的实情报奏了成吉思汗。成吉思汗站起身来道："难道草原上就没有一个真正的英雄吗？只有伪君子才会不停地向我攻击，既然这样我只有迎接战争了。"当下成吉思汗款待了使者，并将骏马两千踢和奶羊两千角赠给汪古部，并说道："汪古部对我仁慈，我愿意与汪古部一起讨伐不义之师。"就这样，汪古部成为成吉思汗的盟友，一起征讨乃蛮大军。

1204 年，成吉思汗率领众将士在帖麦该川的秃勒古勒地面举行了声势浩大的忽里台大会。在大会上，成吉思汗宣布了对乃蛮进行大举进攻的战略部署，虽然在大会上有不少将士表示了反对，但最后还是决定在春天时向乃蛮部进军。蒙古纪年子年鼠儿年夏四月十六日，成吉思汗大军祭旗出军。大军先锋是以者别与忽必来为统帅的尖锐部队。大军浩浩荡荡，径直向西方乃蛮部进军。大约前进了几个月时间，蒙古大军才到达乃蛮边境撒阿里一带。成吉思汗仰望着天空说道："西方境地有好风景啊，难怪乃蛮部如此富庶，今日我们到达此地却是要让乃蛮人的富庶变成我们的一部分。"说完，他便痛快地笑起来。就在此时，前哨来报："哨望队与乃蛮人发生角逐，现在都各自撤退了。"成吉思汗马上下令道："一定要占据要冲，不可让步于乃蛮也。"于是蒙古军又向前冲了一段，但此时的乃蛮军已经撤远了。正在蒙古军为胜利而庆幸的时候，一只从战场上冲散了的战马飞快地奔进了乃蛮人的军帐中。乃蛮军士认真地观察后报告太阳汗道："蒙古军实力削弱，战马瘦得连马鞍子都驮不住。"太阳汗笑道："那我们胜利的日期又要提前几天了，蒙古人竟然也是如此孱弱啊！我以为他们是马背上的枭雄呢，可怜可怜啊！"此时，整个乃蛮军营中都肯定蒙古人是可以打败的。

大约在乃蛮边境过了几天，成吉思汗率领军将来到前线，坐在者别的军帐中大声地喝令道："今日我们必须制定出战胜敌军的方略来，否则我们的境地将变得越来越危险。"众人此时坐在军帐中面面相觑，一言不发。成吉思汗见状，焦急地说道："难道我们的将军们现在都像士兵一样不能指挥吗？"成吉思汗身边的朵歹扯儿必抬起头说道："我们现在无论是在人数上还是实力上都弱于乃蛮军，我们现在还是使用缓兵之计，让我们的军马都强壮起来，那才是稳操胜券的时候。"众人马上

目不转睛地看着朵歹扯儿必，期待的神情不言而喻。朵歹扯儿必转了转眼睛又说道："我们可以使用疑兵之计。天黑时，让我们的军士每人点五堆火，这样乃蛮人一定会以为我们的兵数甚巨，他们就才不敢对我们贸然行事了。"成吉思汗展开愁眉，悠然地笑道："今日朵歹扯儿必的智慧像明星一样闪烁在我们心中，他日胜利之后，定要好好赏赐于你。"说完，成吉思汗便下令依计行事，让乃蛮人尝尝虚张声势的苦味。

两天的疑兵之计施展之后，乃蛮人震惊起来，太阳汗派使者去见儿子屈出律："蒙古军虽然孱弱，但兵数却远远在乃蛮军之上，所以请屈出律王子以斗狗的方法，且战且退，诱敌深入，瞅准时机，突然袭击，等到阿尔泰山时，蒙古军疲惫，正好是击败他们的好时机。"但屈出律不屑地反驳道："难道太阳汗又心怯了，只能让女人的声音左右的父汗今日又要以妇人之言来指挥战斗吗？蒙古人都随札木合投靠我们了，哪里来的增兵？你们太女人气了！"那使者听得这样的话，头也不敢抬就向回奔去，把实情一五一十地向太阳汗说明了。失望惊诧的太阳汗喊道："有勇无谋的屈出律定要坏我国之威严了。"说完，就带着古儿别速回到后帐中去了。此时，站在帐下的大将豁里速别赤也大声喊道："难道我的太阳汗就这样女人气吗？想当年我在亦难察必勒格帐下时是何等威武，何等不可一世！难道今天的太阳汗只能留着威名在女人堆中发号施令吗？你今日如此怯懦，还不如让古儿别速统领军队呢。太可惜了，可克薛已经老了。看来是蒙古人时来运转了，如今乃蛮部已经大势已去，那我留在这里还有什么意思呢？"说完，他长长地叹了一口气，骑上自己的战马，摇晃着箭筒就走了。

太阳汗得到这个消息很是愤怒："难道我乃蛮是弱小的吗？我今天就要证明一下。"太阳汗一声令下，三军马上整备完毕，等待与蒙古军交战的命令。乃蛮军队全部会聚于杭爱山，太阳汗下令渡过鄂尔浑河，驻军于纳忽崖。前察乞儿马兀惕看着面前的蒙古大军，太阳汗分兵列阵，准备与蒙古军决一死战。消息很快传到成吉思汗军帐之中，成吉思汗谨慎地下令："我们蒙古军要发扬传统，拼死苦战，一定要以少胜多，打一场漂亮的仗。前进要像山桃皮丛一样，分小队低姿势连续前进；摆出大海一样的阵势，从四面八方进行包围；要像凿子攻木材一样，长驱直入，直逼其中军。"成吉思汗亲自率领先锋军站在前头喊道："将士们，让我们为和平、为明日的幸福而战吧！"就这样，蒙古大军一步步地向纳忽崖挺进。合撒儿所率领的中军像一只刚刚从山林中饮足吃饱的猛虎一样等待着战斗的到来，斡赤斤的后卫军更是像个饿鹰一样等待着

雕弓天狼——成吉思汗传

增援的命令。

成吉思汗的哨望兵与太阳汗的兵士遭遇，拼死以战的蒙古兵将乃蛮兵赶到中军帐前才罢手，太阳汗站在军前大呼道："蒙古军将怎如此猛烈，将我哨望兵逼到此处！"太阳汗率领军士飞奔到阵前叫喊着，"快快将野蛮的蒙古人统统抓来做奴隶吧！"于是，蒙古先锋军就与乃蛮部激烈地战斗起来。但没有半晌的工夫，乃蛮部军士便一路败亡下来。太阳汗见势不妙，马上将札木合找到身边问道："你可知道蒙古将士实力？"札木合睁大眼睛果断地说道："对蒙古军的每个将士我都了如指掌。"太阳汗惊呼道："你快快看看那几个如狼似虎的是什么人？"札木合挑起眉毛说道："这四人是我铁木真安答以人肉喂养成长起来、用铁索束缚的四狗也，他们能征善战，无往不胜。驱我哨望兵的就是此四人也。如今放了铁索，正要过来吃人肉呢！"太阳汗心中一震，大声喊道："我们还是离这样的人远点，免得受他们欺辱。"乃蛮军马上从纳忽崖前退至山坡上。过了一会儿，太阳汗又发现有一群人从他们背后结阵绕行而来，又问："那些是什么人？好像清晨放出来的小马，吃过马乳之后在四周环绕。他们大队人马，群奔而扬尘，摆开圆阵，团团急行，他们究竟是哪个氏族的？"札木合轻轻地转过眼睛，仰望旗帜，回答道："他们是专抢富人财物的好汉，今日如此严整地奔驰而来，可能是他们心生义愤了。他们的威名便是兀鲁兀惕和忙忽惕也。"太阳汗震惊地喊道："那我们更不能受这些人的凌辱。"于是大手一挥，整个乃蛮军又向另一个山头撤退了。

太阳汗率领的军队不能很好地与成吉思汗交战，却是节节败退。在山头立足未稳之时，太阳汗又问道："后边冲杀上来的是什么人？怎么像只饿鹰一般凶猛？"札木合不经意地笑起来道："那便是我的好安答铁木真。他浑身如铜铸一般，千人不能擒住他，万人不能刺伤他。"太阳汗害怕得目瞪口呆，下令道："军士们将营寨再向高山上移动。"于是，乃蛮部的军队又向高处走了一程。此时太阳汗像惊弓之鸟一般，看到一个蒙古军士就向札木合询问，札木合也如实回答，而太阳汗已将自己的军队撤到山之巅了，成吉思汗的军士也将山巅团团围住。札木合见乃蛮军士如此萎靡，早就带上自己的部众逃之夭夭了。他还安排随从到成吉思汗帐前禀报说："乃蛮部并不是老虎，只是孱弱的羔羊，我已将安答的实力向他们吹嘘了一番，太阳汗已经惊恐万分，安答可以即时消灭他们，请安答谨慎行事。"得到消息的成吉思汗马上对乃蛮部进行了大举进攻。经过一天一夜的战斗，乃蛮部被蒙古部彻底消灭，太阳汗也

【第五篇】征战篇

在乱军中被射死，就是专横的古儿别速也成了成吉思汗的夫人。

一天一夜的战争，强大的乃蛮部被蒙古部消灭了。整个大草原真正地得到了统一，这样的功绩是任何一个蒙古英雄都无法企及的。成吉思汗的威名和功绩得到了来自华夏大地的认可，也是在成吉思汗的统治下，蒙古草原真正成为一个完整的国家。

降林木中　平定后方

1206年对于成吉思汗来说，是一个非常有意义的年份，就在这一年，他在众人的拥戴之下成为了蒙古草原上的可汗，同样是在这一年，整个草原上的百姓都在为一件事欢呼，那就是草原上唯一的真主铁木真即位。对于草原人来说，这是开天辟地以来从来没有过的事情，而铁木真却是这个史无前例的事实的缔造者。坐在金帐中的成吉思汗微笑地对众人说道："在我生命中，唯一能感到心悦的事情便是能与将士们在战场上厮杀，这样的快乐却让我铁木真得到了至高无上的尊敬，所以我要感激天神，感激在我身边的每一个那可儿们，是你们成就了这样的帝业。"叩拜在金帐下的众将马上喊道："如果没有成吉思汗的威名，再多的将士也是无用武之地也，请可汗站在国之高位上来看待臣下们，能在成吉思汗帐下做事实在是天下之美事也。"说完，众人便恭敬地在成吉思汗面前鞠躬敬礼起来。

成吉思汗享受着整个蒙古草原百姓给他带来的快乐，这样的快乐一直让成吉思汗微笑地看着自己的群臣。有一天，豁儿赤上前向成吉思汗进言道："如今草原上一切都已经安定，但那些生活在北方林木中的百姓着实让我们感到忧虑啊。"成吉思汗收起笑脸严肃地说道："难道就是那个协同札木合、王汗和太阳汗作战的斡亦剌部吗？我也觉得我们的军马休整的时间够长了，应该是出兵征战的时候了。"群臣都上言道："在漠北生活着两种人，一种是毡房中人，另一种就是林木中人。看来想让漠北是块纯洁的天地，只有进攻林木中百姓。"成吉思汗马上喝令道："我们不能因为有功劳就忘记自己的安危，那林木中部落曾经是那样凶悍地射杀过我们，我们现在一定要处理好他们与毡房中百姓的关系。"于是成吉思汗下令道，"我令术赤为主将，不合驸马为先锋军，向林木中进发。"第二天早晨，两位将领就辞别了众人，率领着大军向林木中奔驰而去。

就在术赤大军站在德勒格尔河岸旁的时候，斡亦刺部部长忽都合别乞就带领着族人站在山口等待着术赤等人的到来。术赤上前问道："难道你们斡亦刺部想与我们交战吗？"忽都合别乞马上上前参拜道："我斡亦刺部从前虽有过荒唐的行为，但现在知道错了，我们现在来向强大蒙古部投诚。请成吉思汗能接受我们奴仆一样的诚心。"术赤上前审查了一番，高兴地说道："你们既然投降了，以后就得听从于我，我明日要在山林中收服百姓，你们要给我带路。"忽都合别乞拜谢道："斡亦刺人愿效犬马之劳。"就这样，术赤没有花一兵一卒便将最大的敌手斡亦刺部征服了。当天晚上，忽都合别乞对术赤说道："明日我可以带蒙古军去失思失河、八河地区和贝加尔湖一带招降我们的同胞和邻人，到时候大军不费吹灰之力便可尽降其众也。"术赤听到这样的话，高兴地笑道："若能如此，我们回师之后必有你大功一件也。"忽都合别乞详尽地向术赤说明了行走路径，并让军士做好了攀登高山的准备。

经过几天的长途跋涉，忽都合别乞带着蒙古军先后降服了秃万斡亦刺、不里牙惕、巴儿忽惕、秃马惕等部落。术赤很高兴，大声对忽都合别乞喊道："你果然是个讲信用之人，你一定会成为能担当大事的人，以后我一定会让你看到我们蒙古人是怎样善待他的友人的。"忽都合别乞惊喜道："只要我们的可汗能不怪罪我们从前的过失，我们就非常感激了。"坐在营帐中的术赤伸出双手，轻轻地在他的肩膀上拍着道："你现在的功劳是非常大的，相信我父汗也不会再怪罪于你了。"此时的忽都合别乞忙站起身回答道："这样我们斡亦刺部真的是太荣幸了，希望天神能保佑我们的成吉思汗的心之光能永远照耀在我们的草原和林木中。"术赤坐在帐中笑道："那我们将会是永远的朋友，以后你们就是林木中的长者了。"术赤又说道，"等我们军士归去后，一定会让父汗好好嘉奖于你的。"就在此时，一个哨兵带来信道："可汗闻术赤小将军已经将林木中平定，现在请你即刻起兵归国，并带上新首领一起朝见。"术赤马上叫道："怎么样？我父汗要我招你归国呢！"说完，站起来道，"快快准备吧！明日我们便可以过去为你表功了。"忽都合别乞等人马上回到营帐中，准备向草原深处的斡难河奔去了。

过了一个月，术赤带着众首领站在大帐下叩拜，情形激动的成吉思汗问道："我儿术赤今日何能率领如此之众前来请功？我当重重赏赐于你也。"成吉思汗将大量百姓赏给了术赤，高兴异常的术赤大声说道："儿臣能不费一兵一卒而平定林木中，全是仰仗斡亦剌部首领忽都合别乞也，请父王好好嘉奖忽都合别乞才是。"当下，成吉思汗就封忽都合别乞为林木中部落之长，统领林木中，并正式宣布：他的二女儿扯扯亦干嫁给忽都合别乞的儿子脱劣勒赤；将术赤的女儿豁雷罕嫁给忽都合别乞的另一个儿子亦纳勒赤哈答。成吉思汗同时还宣布，将公主阿剌海别乞嫁给汪古部首领。一阵庆祝过去之后，成吉思汗对豁儿赤说道："我的忠臣豁儿赤听令，早前我曾答应你统领林木中百姓的承诺现在就兑现给你，你快快准备动身，统辖你的林木中百姓去吧，你还可以在秃马惕部挑选三十个美女做你的妻子。"豁儿赤听到这里马上叩首拜谢道："可汗圣明，我豁儿赤明日便动身启程。感谢可汗能如此仁厚对我，封我为万户。"说完，豁儿赤便出去准备行程去了。

时间过去不久，成吉思汗就集结大部分军力南征金国，草原上只留下两千军马镇守。但在此时林木中百姓心中却滋生了反叛之心，加上豁儿赤在百姓中不停地强抢民女，闹得林木中百姓的怨愤非常大。后来，秃马惕部的女酋长孛脱灰塔儿浑将豁儿赤监押在囚笼之中。成吉思汗得到情报之后，马上下令道："快快营救豁儿赤，我的亲家公忽都合别乞是秃马惕人的邻居，相信我的亲家公能解决此事。"就这样，忽都合别乞等人来到秃马惕部帐中恭敬地说道："今日我们的到来是想秃马惕部释放豁儿赤将军，并献上三十个美女来，这样我们在成吉思汗面前都好说话啊！"孛脱灰塔儿浑站起身来大声地叫嚷道："难道你们就是要让我们秃马惕人受尽凌辱才肯和解吗？那就让天神来说话吧，我们秃马惕人做的是不是对的！"说完，孛脱灰塔儿浑就让身边人将忽都合别乞抓了起来。将忽都合别乞抓起来之后，林木中百姓呼喊道："我们就地起义，不再服从成吉思汗的管制。"

成吉思汗在前线得到这样的消息很愤怒："难道边远小部就敢如此无视我的威严吗？"当天成吉思汗就命令身边人请纳牙阿去平息事端，纳牙阿得到消息，想："豁儿赤做的本来就不是什么正义之事，我不能违背正理。"于是对使者推托道："近日身体疼痛得厉害，打仗可能不方便。"就这样纳牙阿推辞了此次任务。成吉思汗坐在帐中冥想了半晌才对侍从说道："那就只好请我的义弟博儿忽临战了。"使者将命令传到博儿忽帐下，博儿忽皱着眉头问使者："是你们在主上面前提到我的吗？"使者回答是主上自己想到他的。博儿忽放下手中的盏子，对家人说道："我是去为成吉思汗谋取幸福，但我是替别人去的。"就这样，博儿忽带领着军士将向林木中挺进。

1217年的某一天，博儿忽率领军士向秃马惕部冲击，就在他们看到眼前没有路径的时候，博儿忽大声喊道："山中路险，大队人马且断后，容我亲自去探路来。"说完，博儿忽带着三个骑兵就将深山中寻路而去。博儿忽一边行走一边对身边人说："小小秃马惕能怎样？看我不动兵卒便将他们拿下。"经过几天几夜的探寻，博儿忽心中有些着急，对身边人说道："这山中能有大军吗？最多只是几十个人而已。"就在此时，博儿忽身后忽然响起人群的呼声。他转身一看，原来是几百个秃马惕人断绝了他们的归路。就在他们拔刀迎战的时候，四面八方的刀剑径直向他们砍来，博儿忽拼死战斗了一会儿，终因声嘶力竭而倒下，被这群秃马惕人砍死在树林之中。当蒙古军前来增援的时候，埋伏在山中的秃马惕人早已跑得无影无踪了。众军士马上将博儿忽的尸体抬回营帐，然后在营中祭奠了三天。消息传到了成吉思汗的耳中，此时的他正在帐中安置攻城战略。消息像是个雷霆一样重重地击打在成吉思汗的胸口，他捶胸顿足对天发誓要为年轻的将军博儿忽报仇。

成吉思汗大声喝令道："快快整顿军马，我要亲征秃马惕。"此时众将惊恐起来，博儿术叩拜在前道："我军正在与金国热战，如果撤军，将对大局不利也。"木华黎也上前道："我们可以先派遣一员勇将前去征讨秃马惕部，如果不行，我们再从长计议。"成吉思汗听到众将的劝阻，冷冷地说了一声："那我就此罢兵，回师草原。"众将领纷纷表示反对，但成吉思汗的坚持已经没有人能说服了，在某个晴朗的清晨，蒙古大军缓缓而行，从金国的边陲向蒙古草原徐徐而来。在回师的路上，成吉思汗问使者道："博儿忽在临死之前有没有说什么？"使者说道："因为我军赶到时秃马惕人已经将博儿忽将军砍倒，那时博儿忽将军已经断气了。"成吉思汗悲叹道："难得博儿忽勇敢啊，此次我们一定要消灭林木中势力，如此博儿忽的性命才去得值得啊！"成吉思汗坐在军帐中对众将说道："此次我来让朵儿伯多黑申率兵前往，你们觉得怎么样？"木华黎说道："可汗的英明是我等所不及也，你的决定就是最圣明的决定，我等没有异议。"成吉思汗马上将手一挥，大声说道："那就这样决定，朵儿伯多黑申率领大队人马即日就向林木中进发，定要平定林木中，为博儿忽将军报仇。"朵儿伯多黑申得令马上出帐整顿军马去了。

【第五篇】征战篇

朵儿伯多黑申站在树林中间，下令道："不能轻敌冒进，打探道路的去向之后才可分兵而进。"朵儿伯多黑申还虚张声势要沿博儿忽的路径前进，但事实上却是顺着"忽剌安不合"小径，向山后爬去。军士们带着荷重工具在山上开凿路径，不到一个月的时间，蒙古军就登上了山顶。当时秃马惕人正在举行宴会，蒙古军出其不意地对他们进行了围剿，很快，整个林木中的联军都被蒙古军消灭殆尽，所有的酋长和部长都被蒙古军抓了起来。豁儿赤和忽都合别乞看到蒙古军到来欢笑起来。

就这样，林木中百姓被成吉思汗彻底征服了，整个漠北都成为成吉思汗的领地，一个泱泱大国的轮廓渐渐浮现在蒙古大草原上。

首次远征　凯歌高奏

因为林木中百姓的反叛，成吉思汗决定率领正在伐金的蒙古将士撤回大草原。一路上，博儿术对成吉思汗叹息道："可汗啊，这一撤回，我们何日再来攻伐啊！"术赤也惋惜地说道："父汗，我们正欲将金国精力消耗殆尽，在这个时候回军，将士们实在于心不忍啊！"听着这些哀怨之词，成吉思汗不发一语，只是不停地向前赶路，他急切的心情催促他快回大草原，将林木中百姓平定下来。过了好长时间，成吉思汗才开口道："能在战场上取得胜利是很重要，但我们不能因为争夺了金国的城池而后援起火，这是多么危险的事情啊！我需要的是一个安定的像夜晚的星空一样的北部边疆。"但众人还是很惋惜地摇摇头，不情愿地走在撤回的路途上。

当成吉思汗大军回到大草原时，世人给予了他至高的礼仪，在一片歌声和舞影中，成吉思汗回到了阔别多年的汗廷大帐之中，他的心情非常愉快，但摆在他眼前的军情也让他不能偷闲。成吉思汗让博儿忽率领蒙古军前去征讨林木中，众人都以为胜券在握的时候，前方突然传来消息："博儿忽将军被林木中百姓杀死，现在他们都奔跑在北方，而蒙古大军群龙无首了。"成吉思汗得到这个消息后，伤心万分，他痛苦地说道："博儿忽，你虽然战功赫赫，但你这一次却临战轻敌了，我一定要亲率大军，将林木中地面踏平。"者勒蔑马上警觉，上前道："可汗不能亲征，这样会国力不济的，而可汗的安全也是一个考验。"别勒古台也大声喝叫阻止成吉思汗亲征林木中，经过反复权衡，成吉思汗决定派遣朵儿伯多黑申前去，朵儿伯多黑申听从成吉思汗的教导，接受博儿忽的教训，一举将林木中百姓降服，胜利而归。

成吉思汗亲自迎接了朵儿伯多黑申的军队，胜利的喜讯让成吉思汗消减了对博儿忽战死的悲伤。成吉思汗大声宣布："林木中百姓现在已经全部降服，让我们快乐地欢呼吧！让我们在蓝天下的大草原上尽情跳舞唱歌吧！"众人欢呼起来，俨然一个小小的忽里台。别勒古台高兴地喊道："今日我们为博儿忽报了仇，林木中又降服了，看来我们要举行个忽里台才好啊！"成吉思汗接受了别勒古台的意见，决定庆祝林木中降服，在土拉河畔的黑林举行忽里台，参会各路将士。由此，奴仆和侍从们开始为忽里台大会忙碌起来，坐在大帐中的成吉思汗笑道："在伐金的几年里，风餐露宿，今日回到家园才感觉温暖、快乐啊！"也遂深情地说道："大汗一路征战至今，我们每天祈祷，希望天神能保佑你，让你得胜而归。"孛儿帖看了一眼也遂然后说道："我们蒙古人惯于战射，相信可汗会将那些柔弱的身躯压服的。"成吉思汗听，哈哈大笑起来，说道："我好久没有听到这样温暖的话语了，看来我成吉思汗归来的想法还是对的，不但将士们想家，就是我也是这样啊！"诃额伦喃喃地说道："都是父母生的，谁都有家小，我儿如此爱惜军将，是非常可贵的。"就这样，一家人在一起畅谈到深夜，然后才各自安歇去了。

忽里台大会很快就在黑林中铺开了，带领众人走入席间的成吉思汗心情非常愉悦，他大声地对众人说："几年的伐金征战，让将士们的脸上长出皱纹了。"博儿术说道："我们发动的战争会让我们的心更加年轻，脸上有皱纹算个什么呢？"木华黎也镇定地说道："看来我们的心还不够年轻啊，我们要回到战场上，找回我们青春来。"成吉思汗赞许道："好！这样才是我手下的得力干将，有这样的精神，我的疆土何愁不广啊！"此时塔塔统阿说道："可汗，凡事都能用战争来解决，我们草原人应该向中原人一样，以文治国，以武治蛮也。"成吉思汗连连点头道："是啊，我见识过你们文人的厉害，我在进攻金国时，也听说到几位高人，他们都有治国之才，有朝一日，我定要会会他们啊！"者勒蔑激动道："可汗的天下是我们武将夺来的，难道你要我们也舞文弄墨不成？"众人哈哈大笑起来。木华黎说："要想见到高人，那我们还是

要打进中原才可。"成吉思汗镇定地说道："是啊，但我们需要一个稳定的后方，我听说脱脱的儿子们和屈出律正在乃蛮边境活动啊！"

众人听到成吉思汗这样的话语，停止了谈说，过了一会儿，速不台上前请命道："可汗的忧虑实在是一种远见，如果可汗能信任，速不台愿意率领雄武之师，将草原旧势力扫净，让草原上的蓝天永远没有瑕疵，没有乱党。"成吉思汗神情一愣，然后果断地说道："速不台将来以勇敢机智著称，今日讨伐草原残余势力一定会胜利而归，你可以为讨伐军统帅，一举歼灭仇敌。"速不台站起身来，大声喝道："速不台领命，不日我便整军出发。"成吉思汗沉思片刻说道："为了战争的万无一失，我让工匠们连夜赶造铁车，让速不台将军远征时用，这样既保证了行军速度，也能在战场上快速取得胜利。等铁车做好之后，我来为速不台壮行。"就这样，清剿屈出律等人的人选就这样确定了，成吉思汗决定给他配备铁车军，这就是著名的"铁车敕令"发布的前奏。

经过几个月的修养，速不台的军马已经士气大振，而成吉思汗日夜赶造的铁车也已经造完。1217 年春天，成吉思汗亲自将打造好的铁车交给了速不台，并在三军前郑重地发布了"铁车敕令"。成吉思汗对速不台说道："早年孛儿帖夫人被蔑儿乞人掠去，我们便有了仇怨，后来我报了仇，将蔑儿乞消灭。但脱脱的儿子忽都、合勒、赤刺温等人还在边疆蠢蠢欲动。他们现在像带着套的野马，中箭而伤的鹿，要是找到他们的下落，抓住他们并不困难。为此我特别打造了铁车给你，让你去为我远征。我相信你一定会克服艰难险阻，将穷寇尽绝的。"速不台郑重答应道："请可汗放心，我定会将忽都、合勒等人清除干净，不然速不台定然不会归来。"成吉思汗听到这里高兴地点了点头。过了一会儿，成吉思汗又说道："速不台将军，这是你第一次独自率军远征，我要教授你几点意见，你一定要牢牢地记在心头。"速不台叩首上前道："速不台领命，洗耳恭听。"成吉思汗镇定了一下，然后一字一句地开始对速不台讲授：

"第一，在行军中，一定要注意节省粮草，这样面临高山大河时，就有足够的食物保存战马和士兵的力量。你初次独自远征，这个一定要多加注意。第二，在路上不要随便围猎，一定要猎物做粮食时，那也要仔细斟酌，然后才能做决定。如果战士们无节制地打猎，会大大影响行军速度，贻误了战机，这是行军之大忌。第三，在行军路上，不准士兵套鞍鞯闸环而行，辔头也不能搭闸口，这样就能避免士兵纵马奔驰的现象。这也是让你爱惜将士，保存马力的好方法。"速不台听到这里，果断地喊道："可汗的用兵方法我一定会遵照的。"成吉思汗站起来语重心长地说道："我之所以任命你为统帅去远征，是因为当初我小时，被蔑儿乞人追杀，让我绕不儿罕山奔跑了三圈。这样的仇恨是我永远也忘不了的，一想到他们，我的心头就隐隐作痛。为了让你能顺利地完成作战任务，将我几十年的仇恨洗刷，我才打造了铁车，希望你能理解我的心情。如果上天保佑，你们将忽都、合勒、赤剌温等人抓住，那就在当地处死，这样也少了些风险，你只要将捷报传来就好。"

速不台将成吉思汗的话全部记下，说道："可汗的仇恨相信会在天神的保佑下让速不台来清除的。"成吉思汗又说道："如果你觉得行军遥远而艰苦，那你就常常想可汗吧！虽然你在遥远的边疆，但我的心时时与你在一起。如果你觉得孤单，那就想想坐在大帐的我正在看着你的行军方向。"成吉思汗慢慢地走到高坡，眼睛直视远方。速不台一声喝令道："将士们，带着成吉思汗吉庆的嘱托，我们出发吧！"就这样，速不台的铁车徐徐地向西方边陲挺进。

就在速不台走后的第二天，成吉思汗依然心有余虑，谨慎地问道："脱忽察儿，我伐金时，你在西方边境驻守过一段时间，你对那里的地形和敌情都很熟悉吗？"脱忽察儿直言道："我在保护辎重和斡儿朵时，对当地的情况了解了一些。"成吉思汗大声喝令道："你率领一支军马接应速不台。"熟悉当地情况的脱忽察儿就带着军队奔跑上前追赶速不台的铁车军。

很快，脱忽察儿赶上速不台，了解情况之后，速不台让裨将阿里出带领一百人为先锋，装做逃难的百姓。为了万无一失，他们带着几个婴儿在队中，看到忽都等人时，将婴儿抛弃。这样蔑儿乞人必定不会怀疑。当阿里出等人进入崭河一带，忽都等人发现了阿里出，看到他们仓皇而奔，又把婴儿扔在地上，忽都等人笑道："不知道又是哪里来的败亡者啊！看来我的情况比他们要好多了。"说完，就没有再去侦察这群人。阿里出等人坐在河畔的树林之中，等待大军的到来。喝了一舀子水的工夫，铁车大军像暴风一样冲杀了过来。此时忽都的军队闲散没有防备，速不台一鼓作气，将整个蔑儿乞军队团团围住，忽都等飞身上马，但此时铁车军已经在眼前，速不台一声长啸，忽都被一刀砍下马来。不到半日工夫，忽都、合勒、赤剌温等一个个死在铁车军的刀箭之下。只有脱脱的幼子蔑儿干跪在地上乞求饶命，此时身边人都对速不台说蔑儿干神射，速不台大声喝道："那就先饶了他性命，如果真是神射，将他送给术赤处理吧！"很快，铁车大军带着胜利的快乐一步一步地向蒙古国的大本营呼伦贝尔大草原赶来。

当铁车军经过术赤大营时，还没有等速不台开口，术赤便将蔑儿干要了去。众人坐在围场上，观看蔑儿干的射箭能力。但让他们没有想到的是，蔑儿干在射箭时，不仅能百发百中靶心，他还能用后一支箭射中前一支箭的箭尾，一起穿过靶心。术赤惊异地喊道："我来请求父汗，将蔑儿干赏给我，这小子天下难找。"过了几天成吉思汗听到术赤的要求后，果决地回答道："不能赦免，区区一个射箭手，我这里多得是，留下敌种将是最大的灾难。"说完，使者就狼狈地跑了回去，回报了情况。术赤不敢违背父亲的指令，将蔑儿干处死了。就这样，蔑儿乞的族种全部被消灭了。而就在此时，远方又传来捷报："者别的大军将屈出律处死在垂河之中。"

铁车军胜利了，者别大军也凯旋了，草原换上从此没有了互相杀伐的局面。

三征西夏　摧枯拉朽

在人类的文明发展史上，党项人在 11 世纪初建立起来的西夏王朝可以说是辉煌一时，他们使用汉人的封建制治理国家，西夏国文化非常发达，他们不但袭用汉字，而且创造了他们特有的西夏文。正是因为有着这样的文化氛围，在二百多的时间里，西夏一直是繁荣昌盛的国家，在河西地区的地位举足轻重，西夏有大量的书籍传入中原的大地，给中原文化带来了新鲜的空气，西夏文明在中国历史上有着不可小视的地位。对一个文化程度很高的国家来说，最容易失去对苦难的认同，奢华的生活可以消磨掉一个人的坚毅，也可以让一个国家在应对苦难时变得盲目、变得庸庸碌碌。这是每一个强国走向衰退的导火索，也是历史赋予人类无穷变化的潮流。在潮流中，"顺者昌、逆者亡"。成吉思汗似乎看透了这一点，他的判断像圣明的天神一样准确。在他的汗廷上，战将是他全部的精神力量，而战争则是锻炼性情、克服奢靡的最好手段，

雕弓天狼——成吉思汗传

— 214 —

在他那个年代，在他那样的环境下，成吉思汗别无选择，顺应"天时"、占据"地利"、把握"人和"，这是每个英雄和伟人都必须做到的。而成吉思汗将它做到了最完美、最有效。

在成吉思汗建国后一年的时间里，就驻军金山之阳（金山南面）。他的一支军队正在乃蛮边境追击脱脱父子和屈出律等人。就在此时，有侍从飞马来报道："王汗之子桑昆一路西逃，已经到达西夏国境内。"成吉思汗坐在帐中与众人开始认真讨议起来："我们的仇敌桑昆已经在西夏国中，我们是不是应该进攻西夏呢？"耶律楚材叩拜道："成吉思汗，我觉得西夏是我们迟早要袭击的对象，如果我们现在以追拿桑昆之名，来对西夏进行试探性的打击，相信这是非常有必要的。"成吉思汗认真地听完耶律楚材的分析，沉思了片刻，下令道："为了消灭敌种，我们对西夏开战吧！"于是，他清点人马，部署好军队。几天之后，蒙古军越过漠北沙漠，径直向西夏边境挺进。

等蒙古大军来到西夏边陲时，当地的顺民向蒙古军报告说："从前是有个草原人在力吉里寨落草为寇，但这已经是几年前的事情了。"但成吉思汗大军商议道："看来力吉里寨是桑昆逗留过的地方，那就让我们攻破它，追赶桑昆的脚步。"于是，蒙古大军在西夏的边陲小寨力吉里寨与西夏守军展开了战斗。也许是西夏王朝国势衰弱，蒙古军经过简单的冲杀，很快就将力吉里寨攻克，他们在寨中将西夏守军的财物和马匹全部掠走。当几个蒙古士兵牵着几头骆驼走到统帅面前的时候，蒙古军大为欢喜，所有的人都围在骆驼身边观看，一个士兵大声地喊道："难道骆驼比马儿的脚力还强吗？看来这是个有用的家伙啊！"此时主帅纳牙阿说道："骆驼是新奇的牲畜，我们带回去献给成吉思汗吧！"于是他下达一道旨意，只要是看到骆驼，军士就要毫不留情地将它抢过来，带回到蒙古草原上去，献给成吉思汗。心中揣着抢骆驼的想法的将士们非常渴望打仗，因为这样他们就能抢夺大量的骆驼回去。

坐在力吉里寨的纳牙阿没有停止搜寻，他的探路队一拨一拨地被派出去。过了几天，一个小队回来说道："我们四处打听了，许多人说桑昆在力吉里寨做过强盗，但当地人将他打跑，向西域奔逃而去了。"纳牙阿认真思量之后，下令道："继续向西夏腹地进攻，一定要将桑昆消灭在西域的土地上。"蒙古大军马不停蹄，离开力吉里寨，一路向西南方向杀来。当大军站在广袤的沙漠上时，眼前忽然出现一座高大的城池，纳牙阿问道："那是什么城市，为什么有那么高的城墙？"探路哨兵答道："那是落思城，是西夏最富裕的城市之一。"纳牙阿听到这里，激动地喊道："相信里面的财物不少，骆驼也应该多吧！"说完，全军将士就高声呼喊道："占领落思城！占领落思城！"就在此时，城中跑出许多百姓，带着牲畜和财产，还有许多骆驼。纳牙阿笑道："看来城门不攻自破了。"说完，众军士便一拥而上，什么也不抢，单单将他们的骆驼一抢而空。坐在战马上的纳牙阿高兴地喊道："回去吧！带着这么多骆驼回去，成吉思汗会好好赏我们的！"蒙古国对西夏的第一次进攻就这样结束了。这是一次抄掠性的战争，它让成吉思汗初步了解到了西夏的国势和军力情况，这为他以后攻打西夏打下了基础。

蒙古大军洗劫西夏边陲的消息传到兴庆府时，夏桓宗大为震惊，他坐在朝廷上半日无语。李安全等人觐见道："蒙古国渐渐强大，为了避开他们的骚扰，我们已经联合金国抵抗蒙古。"但此时朝廷却出现了截然相反的一派，他们主张联蒙抗金。一时间，很难达成一致的意见。而这两股势力的斗争却越来越尖锐。1206 年，在夏桓宗李纯佑刚刚将"兴庆府"改为"中兴府"之后，李安全与罗太后等人因为不满李纯佑的政治主张，公然发动了宫廷政变。李安全成了皇帝，很快施行"联金抗蒙"的政策。在罗太后的强烈要求之下，金国国主封李安全的"夏国王"，承认了李安全的合法地位。

消息传到蒙古草原上的时候，成吉思汗马上召集臣子商讨军机大事。耶律楚材站起身来说道："金国是个强大的国家，西夏现在与它联合，这样对我们非常不利。西夏东邻金国，我们不能成为夹缝中生存的人。今日我们要全力对抗西夏，将金国的这只右臂断掉，这样金国就孤掌难鸣了。"成吉思汗高兴地笑道："耶律楚材先生的大智真的能抵上千军万马啊！你正好说到我的心坎里去了，我要让我的世仇金国皇帝在等待西夏军队与他会合之前，将西夏消灭，然后再安安稳稳与金国大战一场。"说完，成吉思汗便部署军马，开始了第二次对西夏的进攻。

坐在中军帐中的成吉思汗一刻不停地与众将士们商讨着进攻的计划，最后术赤说道："听说西夏有座斡罗孩城，就在我们前方，如果我们攻打这个城池，相信西夏国主会感到危机的。"耶律楚材马上上前说道："斡罗孩是重镇，如果能打下它，那西夏的灭亡之日就不远了。"成吉思汗笑道："耶律先生一直不说斡罗孩城是怕我攻不破吗？"耶律楚材惊慌道："我觉得蒙古军都擅长运动战，而没有打过攻坚战，所以先让将士们攻打一座小城池，然后有经验了，再做大图。"成吉思汗沉思地说道："先生说得有理啊！我现在就去请畏兀儿的将领来，让他们传授我攻坚的方法。"就这样，成吉思汗决定首先对斡罗孩城进攻，动摇西夏国的根基。

在进攻之前，郭宝玉建议成吉思汗带上云梯和炮石，这样可以大幅度地提高作战效率。成吉思汗很快采纳了他的意见。蒙古军带着大量攻城器具一路向斡罗孩城挺进。很快，成吉思汗大军便到达斡罗孩城下，守卫在城池中的将领紧闭城门。蒙古军队看着高高的城墙，担忧地喊道："这么高的城池，我们的战马都没用了，单靠双脚又怎么能爬上城楼呢？"成吉思汗知道将士有畏惧情绪，对郭宝玉说道："我们蒙古人向来都是野战，今日士兵没有信心，我很担忧啊！"郭宝玉笑道："攻打斡罗孩城是很难，但我觉得在城池攻不下来的时候，只能选择持久战。只要城中粮绝，不怕城池攻不下来。"成吉思汗听到此处，点头道："说得是啊！我要让我的将士在此次战斗中积累经验，这样以后攻城就不会如此吃力了。"于是蒙古大军一边攻打城池，一边向畏兀儿、契丹将领讨教攻城良方。过了几个月，坐在大帐中的成吉思汗果断决定，将战马放在旷野上，士兵推着火炮、架着云梯向斡罗孩城进行总攻。正是这一次的攻坚，斡罗孩城被攻破了，所有的国民和百姓都闻风而逃。成吉思汗在城中进行了一次大扫荡。

站在城楼上的成吉思汗欣喜若狂地对将士们说："城池可真是好东西啊！既能囤积财富，又能保护百姓，实在是好啊！"就这样，他在城中居住了五个月。别勒古台上前道："成吉思汗，我们的粮草已经用尽，我们还要向西夏腹地挺进吗？"成吉思汗惊愕了一下，然后说道："那好吧，我们让夏襄宗多睡几天安稳觉吧！能得到这么多战利品，我也感到满足了。"就这样，蒙古大军二征西夏结束了，是以成吉思汗攻占斡罗孩城池而结束。当这个好消息传到大草原时，所有的人都在欢呼，因为他们期待成吉思汗能将西夏消灭掉。而坐在回师大帐中的成吉思汗高兴地笑道："我大军抢夺西夏的城池可是件大事啊！但昏庸的李氏家族却没有反应，这让我们蒙古军感到无比畅快啊！"此次攻夏让成吉思汗感觉有些疲惫，但他回到大草原之后并没有闲着，而是在酝酿对西夏的第三次征讨。

成吉思汗的前两次征讨西夏的胜利让西夏新皇帝非常震惊，李安全马上与众臣商讨起军机大事来。高令公献策道："如果蒙古军像豺狼一样对我们进行战争，那我愿意拼上这条命，来护卫国家；但如果蒙古军将我们打败，那我们只有献出财宝和美女向他们求和了。"李安全不高兴地说道："我西夏虽然小，但我们的意志力坚强，我们的军士强大，虽然不能取胜，但蒙古军想战胜我们也不容易。"就这样，众人便不再

说话了。满心烦忧的李安全一个人在朝廷踱来踱去。

1209 年的秋天，草原上的人们正在为丰收而庆贺的时候，成吉思汗郑重宣布，在金秋时节，向西夏进攻。就这样，成吉思汗第三次征讨西夏在金秋时节开始了。当蒙古大军奔驰在西夏边境线上时，西夏朝廷让世子李承桢率军前去克敌，但很快，西夏军就被打得四散而逃。后来一身精湛武艺的高令公向蒙古军挺进，他企图用野战的形式将蒙古军彻底击溃。但因为西夏军已经长久没有严格的训练和锻炼，蒙古军很快将西夏军击败，统帅高令公被俘虏，全军处于群龙无首的状态。冲破斡罗孩城的重防之后，蒙古军在西夏疆土上横扫千钧，一直逼近中兴府外围的要塞克夷门。当成吉思汗对中兴府攻打的时候，坐在朝廷上的李安全却无计可施。就在此时，蒙古使者讹答带着成吉思汗的旨意招降西夏国主。李安全见到使者非常欣喜，于是西夏决定与蒙古国和解，李安全献上自己的女儿察合，希望能与成吉思汗世代友好。

就这样，三征西夏结束了，成吉思汗坐在大帐中畅快地对众人说道："西夏表面上看很强盛，终究抵挡不了我蒙古大军的铁骑……"经过三征西夏，成吉思汗得到了大量的财物和骆驼等牲畜。而西夏国主所遵从的"联金抗蒙"的策略也彻底破产，这是个重大的胜利，对成吉思汗以后南征都有举足轻重的作用。

兴师伐金　战野狐岭

在蒙古人心中，金国一直是个可恨而强悍的巨人，世代草原百姓都受到金国的压制和剥削。而对成吉思汗来说，攻打金国，是为父祖做的一件非常有意义的事情，这样不仅可以一雪仇恨和耻辱，而且还可以壮大自己的国家，让蒙古国成为有世界影响力的国家。正是出于这样的考虑，成吉思汗心中酝酿多年的"伐金"计划慢慢地提上了议事日程。1210 年的秋天，成吉思汗坐在汗廷上对众人提到伐金的事情，众人的态度也非常明确，他们要求倾国之兵，对金国进行一次全面的进攻。成吉思汗谨慎地说："如果天神允许，我将在有生之年目睹金国的灭亡，但现在我有很多忧虑啊！"耶律楚材进见道："我觉得金国并不可怕，如果我们能将所有的军队团结在一起，然后再让一员得力大将镇守草原大后方，伐金是可以进行的。"成吉思汗听着耶律楚材的话，连连点头，说道："好啊！看来我的将士们又要像初年那样，群聚而战了！"成吉思汗果断地下令："整顿军马，在来年春初对金国发动大规模的战争。"得到指令的众将士纷纷归营，准备这场少数对多数的战争。

1211年2月，成吉思汗在克鲁伦河畔举行誓师大会，在大会上，除了留草原上的旧贵族守卫国土外，几乎所有的得力干将都参加了伐金的战争。站在军中的成吉思汗大声地喝令："为了我们蒙古人的明天，为了雪族仇恨，让所有的草原英雄都想着一个目标吧，那就是战胜金国人，让他们的财物和城池都归我们所有，这样草原人的心才会感到安稳踏实。"誓师大会结束之后，蒙古大军就徐徐地南下，直奔金国边境而来。而对于蒙古大军即将侵略金国的局面，金国国主却毫不知情，新皇帝永济坐在朝廷上不动笑颜地说道："听说蒙古人打败了西夏，看来这些不开化的野蛮人有些实力了。"站在廷下的完颜胡沙说道："区区一个蒙古部落能有什么作为？我大金国随时可以扼断他们的喉咙。"永济皇帝得意起来道："如果蒙古人敢扰我边境，那个汪古部可不是好对付的啊！"蒙在鼓里的皇帝还不知道蒙古军正在逼近，更不知道汪古部在几年前就已经投靠了成吉思汗。金国君臣竟然糊涂到如此地步，他们的结局是可想而知的。

蒙古军很快就到达了汪古部驻地，其部长阿剌兀思见到成吉思汗，马上成为蒙古军的向导，整个金国边陲失去了一道天堑般的屏障，蒙古军在汪古部的帮助下，轻松越过边境，在金国的土地上长驱直入。直到成吉思汗大军在金国的土地上大肆抢掠的时候，金国国主才接到战报，说蒙古军已经越过边境，在金国土地上安营扎寨了。此时永济皇帝才不慌不忙地下令道："思忠与完颜胡沙二人为中央尚书省特派代表，立行省于宣德，驻兵抚州。"永济想了想之后，又说道，"我们的乌沙堡非常坚固，可以派一支军队在乌月营驻守，这样蒙古军就是再强，我想他们也会归去的。"此时完颜胡沙又道："西方边陲不容忽视，我们应该重兵把守才是。"永济皇上下令道："令西京留守胡沙虎为行枢密院长官，负责据守大同。"就这样，金国开始了与蒙古军的正面交锋。

1211年7月，蒙古大军休整了几个月，将士都对金国的城池跃跃欲试的时候，成吉思汗下令："立即上马，将眼前的大金国的财富和宝贝全部抢夺过来，让他们的皇帝成为我们的刀下鬼。"喊完，蒙古大军就开始了对金国的大规模进攻。在成吉思汗的指挥下，者别和耶律阿海为先锋，攻打乌沙堡。而此时思忠等人正在修葺乌沙堡，听到蒙古军到来，他们马上派兵布阵，但还没有等金国军立足，者别等人就冲杀上来，将思忠等人赶到乌月营中。蒙古军紧追不放，一举攻破了乌月营。思忠与完颜胡沙慌忙逃跑，最后思忠被免职。蒙古军初战便旗开得胜，这让成吉思汗非常高兴，他对者别等人说道："今天的胜利说明我们以后的胜利也在眼前了。"成吉思汗又分兵两路向金国腹地挺进。第一路大军由成吉思汗的少子拖雷率领，他们分别占领了昌州、桓州和抚州。每当拖雷兵临城下，城中就会乱作一团，即使最简单的防御也组织不起来，拖雷一鼓作气，胜利夺取了这些城池。第二路军马由术赤、察合台、窝阔台三人率领，他们也像拖雷一样，接连攻取了武州、宣州，宁州诸城，带着胜利的锋芒，他们又向西京挺进，驻守在西京城中的胡沙虎惊恐万分，带着自己的军队便向城外逃窜，术赤等人首先占领了云内、东胜两个城池，然后轻松取得西京。耶律秃花带着小队人马对胡沙虎紧追不舍，在定安之北，胡沙虎摆开阵势，决定与蒙古军展开战斗。此时胡沙虎如惊弓之鸟一般，远远地看到耶律秃花的军队奔驰而来，便在心中合计："敌人足足有七千人，我还是且战且退的好。"一心想着逃跑的胡沙虎，还没有真正地厮杀，就想着撤退了。薄暮时分，他偃旗息鼓，向后方逃窜，金军大败。这样，耶律秃花出人意料地取得了胜利。

永济皇帝得到连连失城的消息，心中大为震惊，他与众臣子反复商讨之后，决定集中大部分军力，在野狐岭与蒙古军进行一场决定性的战争。永济皇帝下令："完颜九斤为招讨将军，思忠为监军，统领四十万大军，与蒙古军作战，完颜胡沙率领其十万大军做后应，务必一举歼灭蒙古军主力，让他们安安稳稳地回到草原上去。"九斤等人领命而去。坐镇在野狐岭有利地形上的金军马上召开了作战会议。此时契丹军师桑臣说道："成吉思汗的军队洗劫了抚州城，瓜分了战利品，他们漫不经心地牧马于山麓之下，消息不灵。如果我们突然向他们发动进攻，就可以把他们击溃。"但九斤却摇摇头说道："不行，他们那里城防很坚固，我们还是等完颜胡沙将军的后援部队到来，然后一起向敌人发动总攻吧！"就这样，一个最佳的战机被九斤错过了，这个错误使得野狐岭之战的胜券握在了成吉思汗手中。而九斤作出错误决定之后，又犯下了另一个愚蠢的错误，那就是他派遣明安将军前去问成吉思汗为什么发兵攻

打金国，并说出了要在野狐岭与之决一死战的战略意图来。成吉思汗认真分析了消息的真实性，下令道："让明安先在牢房里过几天，等我们胜利归来了，我再来处治他。"成吉思汗放下手中的酒盏，马上开始了备战。

蒙古军快马加鞭向野狐岭奔去，成吉思汗观察着地形说："我们在背面山口下营，扼住隘口，有利于我军冲锋。"木华黎上前道："金兵四十万，我们只有拼死力战才能有希望啊！"成吉思汗沉着地点了点头，下令道："众将士听令，今木华黎为先锋，率领将士先冲杀，然后我主军并进而上，其他将士准备战斗吧！"蒙古军的军事部署完成了，等待他们的，将是一场生死未卜的对抗。两军很快对阵起来，成吉思汗一声令下，木华黎大军首先冲锋，此时金军也顽强抵抗起来。但当成吉思汗大军主力向他们杀过来的时候，完颜九斤惊呼道："这是一阵狂风，还是一支军队啊！"经过蒙古军的拼死冲杀，金军、哈剌契丹军和女真军很快就败下阵来。蒙古军越打越起劲，到黄昏的时候，四十万的金军彻底崩溃了，完颜九斤带着将士奔逃而去。

而负责后援的完颜胡沙得到四十万大军战败的消息后，没有与蒙古军照面便带着自己的军队逃到宣德城中。蒙古军在城下不停地冲杀，城中土豪对完颜胡沙说道："我们愿意以土兵为先锋，再与蒙古军展开决战，请元帅发令吧！"完颜胡沙惊恐地说道："我的正规军都被打败了，你们去了只能是送死啊！我们还是从长计议才好。"土豪们见他如此怯懦，呵斥道："战争到今日是谁的过错，我们都知道。没有想到完颜胡沙元帅今日只想着逃跑，难怪会败呢！"他什么也不想听，放弃了有利地形和顺服的民心，趁着夜晚，率军向南逃奔，但守在城外的蒙古军早就发现了他们，激烈的战斗后，完颜胡沙军队继续奔逃，蒙古军紧追不舍。天明时分，两军在会河川摆开阵势，厮杀起来。完颜胡沙已经无心恋战，加上士气萎靡，金军很快就溃不成军，死伤无数，尸横遍野。完颜胡沙只身一人从乱军中逃出，向宣德府奔驰而去。

完颜胡沙的大军被消灭了，正在回师的路上，胡沙虎的十几万援军又出现在蒙古军眼前。两军在会合堡展开激战。蒙古军士气高昂，每个人心中都有必胜的把握，而胡沙虎的军队虽然完整，但早已为蒙古军的威名所吓倒。经过拼死的征杀，胡沙虎的十几万援军也被消灭了，整个战争的形势急转而下，绝对的优势已经转移到蒙古军手中。成吉思汗得到情报，说完颜胡沙正在宣德府苟延残喘，他果断下令："围攻宣德府，将完颜胡沙抓到可汗中军帐中来。"就这样蒙古大军又集中力量，向宣德府攻打而来。

坐在宣德府门前的完颜胡沙惊恐地说道："快快让人坚守此城，如果这座城池也被蒙古军洗劫了，那我更加没有颜面去觐见皇上了。"就在他说话时，侍从前来禀报道："蒙古军已经兵临城下，全城将士和百姓都在全力抵敌。"完颜胡沙不安地说道："不能懈怠，这些蒙古军像一群恶狼一般，常人实在是难以驯服他们啊！如果先皇当日能将蒙古人除尽，今日我们就不会有亡国的危机了。"说完，便靠在长椅上，睁着双眼等待胜利的消息。

站在城下的蒙古军此时已经将云梯、炮石全部运到宣德城下，他们放开胯下的战马，徒步走近城墙，架云梯、发炮石。这样的攻坚持续了几天时间，宣德府内传出声音："城墙就要打倒了，蒙古军快要杀进来了。"完颜胡沙捶胸顿足道："难道我完颜胡沙的性命就葬送在这里吗？"还没有等他喊完，外面已是一片混乱，蒙古将士抓住完颜胡沙，大声喊道："完颜胡沙已经抓到，我们可以回成吉思汗处了。"宣德府被蒙古军占领了，而金国的北部边疆基本上都落到了成吉思汗手中。

野狐岭之战是一次重要的战役，它对蒙古军覆灭金国起了关键性的作用。正是这场战役，使得金国国势一落千丈，而金国的主要将领和人物也在这一次战争中被消灭，金国从前的盛世不复存在，金国岌岌可危。经过野狐岭之战，金国内部的矛盾更加尖锐，这为成吉思汗的胜利创造了非常有利的条件。

初战野狐岭让蒙古军的威望提高了，金国国主不得不慎重地处理蒙古入侵的问题，而金国的软弱无能却表现在国主的身上。轻敌、优柔寡断、昏庸，这些都使得金国走上了一条不归路，而且一去不复返。

势如破竹　中都陷落

经过初步战争，成吉思汗对金国的军事实力和国家整体素质有了更明确的了解。卫绍王永济正在烦恼时，突然听到蒙古军撤退的消息，卫绍王遂自我安慰道："虽然我国力大伤，但气力尚存，我们现在一定要好好计议对付蒙古军的策略才是。"此时，侍从惊喜地向卫绍王说道："中都外有徒单镒率领两万人马前来护卫中都。"听到这样的好消息，整个朝廷都兴奋起来，刚刚还在绝望中的众臣，此时又对金国燃烧起希望来。老臣徒单镒本是金国的进士，"颖悟绝伦"，以才力智谋著称于世。就是他建议卫绍王合军而发，在野狐岭与蒙古军展开决战，但卫绍王用人不当导致了金国军力的大削减。徒单镒不止一次对卫绍王建议，但他都没有好好地执行，直接导致蒙古军在大金国的土地上横冲直撞，无人可挡。经受巨大损失的金国国力已经不济，此时徒单镒率领大军前来保护中都，当然让卫绍王感到高兴。徒单镒道："辽东为我大金国之根本，如果蒙古人胆敢再次侵扰辽东边疆，那国家真的是岌岌可危了，我们应该加强守卫辽东地区。"卫绍王轻轻地点头道："是啊！是啊！看来你的建议是对的，但辽东偏远，我已经鞭长莫及了。"徒单镒谨慎地说道："辽东虽远，但我们可以在那里设立行省掌事，这样就不会出现首尾不能相顾的局面，也可以很好地打击蒙古军队。"卫绍王深深地叹息道："你的建议不妥当啊！随意地设立行省，这样会使人心动摇的。"就这样，徒单镒的一个好建议又没有在卫绍王那里得到采纳。而事实证明，徒单镒的决策是英明的，而卫绍王的决定却是愚蠢的、荒谬的。

1211年农历十二月，成吉思汗重将者别率领大军对辽东地区进行了大规模的侵略。者别知道城池坚固，于是攻城一日之后，便佯装撤退，一直退到抚州之外五百里，金国人笑道："蒙古军不会攻坚，看来辽东城池他们再也攻不破了。"金国军士马上懈怠下来，一个个闲游在城池四周。就在此时，者别大军人人骑两匹马，飞奔向抚州、昌州、桓州等城池而来。结果大败金军，一路攻城略地，整个辽东地区被洗劫一空。带着胜利的果实，者别继续向中都挺进，打算乘势将中都拿下。卫绍王听到辽东大部失守的消息之后，捶胸顿足道："我好糊涂啊！当初要是施用徒单镒的计谋，今日就不会让中都危急了。"但此时摆在金国君主眼前的，是怎么样来保卫中都，怎么样让金国不再失城池。但很快，远方又传来好消息，说蒙古军洗劫了城池之后就离开了，金军通过零星的战斗又将城池夺回来了。卫绍王震惊地说道："好啊！虽然百姓吃了苦，但我们的领土还在，这也是一大幸事了。"使者说道："蒙古大部分军队现在在阴山脚下放牧。"卫绍王听到者别攻破东昌城之后，便再没有听到坏消息了。卫绍王欣喜地说道："我们下一步应该认真计

划应敌之策，不能坐以待毙了。"于是卫绍王天天坐在朝廷上聆听各路臣子的谏言，这样一直持续到1212年秋天。

秋高气爽的季节，成吉思汗在阴山脚下郑重地宣布："向金国进攻，占领他们的西京城，夺走他们的妻女和财物。"一股更强烈的寒流又冲向了金国腹地——西京。卫绍王马上调遣奥屯襄为元帅，支援西京城。站在阵脚上的成吉思汗谨慎地说道："西京布防缜密，我们要智取，不得强攻。"蒙古大军在荒野上与敌军交战，佯装战败，向密谷口撤退，等金军追来时，成吉思汗军猛地回头，迎头痛击金军，金军很快就全军覆没。但在战斗中成吉思汗被一支流矢打重，流出鲜血。蒙古军的最高统帅受了伤，大军攻克西京之后，马上就撤回阴山脚下，让成吉思汗安心疗伤。但这次攻克西京的意义是重大的，它直接导致了金廷内部矛盾的加剧，导致了民族之间的仇恨更加明显。正是这场国内种族斗争，让郭宝玉、明安、移剌捏儿、夹谷长哥和刘伯林等人对成吉思汗的降服。特别是郭宝玉，他初见成吉思汗，便向他说明了天下形势，并给了成吉思汗一套争夺天下的方案。成吉思汗欣喜若狂，将这样的人才当成至宝，并对蒙古将士说："以后有像郭宝玉这样的人才，都要带到成吉思汗面前来。"而刘伯林也得到成吉思汗的重视，他马上就被派往前线征战，降服阴山以北的几个城池，后来成为著名的汗军十大万户之一。后来，以史秉直、史天倪父子为代表的另一批金国将领也投靠了成吉思汗，他们在灭金的战争中发挥了特殊的作用，也正是他们的到来，加速了金国走向覆灭的步伐。

就在成吉思汗攻打金国时，契丹人耶律留哥不满金国的统治，很快就起来造反。1212年，耶律留哥与耶的合势募兵，不到一年时间，他们的军队就扩大到十余万人，耶律留哥被推举为三军统帅，耶的为副将，在辽东大地上公开与金人对抗。经过几次攻城略寨之后，耶律留哥的威名震慑整个辽东。但为了得到强大的成吉思汗的保护，耶律留哥带着所有财物前往蒙古军中，向成吉思汗表示臣子对君主的臣服。在以后的对金战争中，成吉思汗常给予耶律留哥无私的支援。耶律留哥在蒙古军的配合之下，先后征剿四十万金军，得到胜利的消息后，成吉思汗欣喜若狂地笑道："辽东大大牵制住了金国的兵力，我们攻克中都之日快要来临了。"就在这一年，北方发生了天灾，农民寅吃卯粮，而国库却是积余腐烂。在民不聊生的情况下，河东、陕西境内发生了多次农民起义，金朝手忙脚乱，加上蒙古入侵，卫绍王只得听之任之。与此同时，金国与西夏八十多年的同盟被打破。而且在完颜胡沙力战野狐岭和会合

雕弓天狼——成吉思汗传

堡时，西夏乘机袭击了金国，由此开始，金夏两国正式开始敌对。西夏进攻金国边境，金国也常常骚扰西夏的边城。

面对当时的形势，成吉思汗在等待时机，想对金国进行一次毁灭性的打击。坐在中军帐中酝酿战事的成吉思汗怎么也没有想到，金朝的宫廷危机四伏，一场无道的、衰败的政变正在酝酿。

作为西京留守、枢密院长官兼安抚使的胡沙虎在前线没有与蒙古军交战便逃窜，在回金的路上抢夺百姓财物，这让群臣感到不满。当胡沙虎站在朝廷上，左谏议大夫张行信要求卫绍王严惩胡沙虎，徒单镒等也同意张行信的提议，于是绍王撤销了胡沙虎的职位。以后卫绍王又对他有所原谅，但还是因为群臣的反对而罢免了他。1213 年，蒙古军再次发动进攻，卫绍王任命完颜纲和术虎高琪为帅，在居庸关与蒙古军展开周旋。虽然金军优势明显，但蒙古军从居庸关侧面的小道进攻，金军猝不及防，大败而还。蒙古军再次打开通往中都的通道。卫绍王无计可施，便再一次对胡沙虎寄了希望。胡沙虎重新掌握兵权，得到权力之后，胡沙虎马上发动政变。他带领军士闯进皇宫，将昏庸的卫绍王抓了起来，又杀死了尚书左丞完颜纲。胡沙虎自称"监国都元帅"。9 月，胡沙虎在众人的逼迫之下，迎立完颜珣为帝，杀死了卫绍王。此时蒙古军已经攻到中都城北，胡沙虎令术虎高琪为统帅，与蒙古军作战。但时间不长，高琪残败。于是他一不做、二不休，带领一支军队包围了胡沙虎的宅地，杀死了胡沙虎，向宣宗请罪。宣宗任命术虎高琪为左副元帅。在国家安危的紧要关头，金国不是同仇敌忾，而是互相争夺，这直接导致了金国的灭亡。

术虎高琪在国中威望高，但他却是个忌贤妒能、无才无德之人。他对进献忠言的人大加残害，重用他的死党，而且在皇帝面前常误导朝纲。术虎高琪让整个金廷出现更加混乱的局面。忠臣没有容身之处，贤良没有了施展抱负的机会，大量金国名将和贤才都投靠了成吉思汗。成吉思汗对他们说："你们到我帐下来，便是我的将领。我会让你们发挥最大的用途，现在就让我们向金国腹地进攻吧！"很快，这些降将就与蒙古军一起，被分为三路大军，向辽东中原地区冲杀而来。一年时间，蒙古军几乎占领了黄河以北的所有郡县。1214 年，蒙古军会聚于中都城下，众将士请命攻克中都，但成吉思汗轻轻地摇头："不急，留着中都，来消耗金国国力，这样他们会不攻自亡的。"根据成吉思汗的意图，让金国自己消耗殆尽，自然就会分崩离析。此时，金宣宗让人向成吉思汗议和，献上岐国公主给成吉思汗，然后臣服，成吉思汗大悦，

成吉思汗

于是撤军。

1214年6月，成吉思汗在鱼儿泊避暑，突然听到金宣宗将国都南迁的消息，他大发雷霆："既然与我和好，为什么还要迁都，这是与我作对的表现！"他又派遣一支以三木合拔都为主帅的军队围攻中都。金宣宗得到消息后，马上将皇太子召到汴京。人心惶惶的中都处在风雨飘摇的状态之中。在辽东战场上，木华黎更是所向披靡，他先切断了东北支援中都的线路，然后攻打金北京，大败金北京守将银青的二十万大军。离开中都的金宣宗已经无力挽回败局，他已经将黄河以北的大好江山拱手让给了成吉思汗，而中都成为孤岛，随时有失陷的危险。金国覆灭成为必然。

1214年10月，辽东张鲸反蒙，被成吉思汗诛杀，后张鲸之弟张致在锦州自立为王，国号兴龙。这样，东北宣布独立。三木合拔都等人猛烈地攻打中都，就在此时，金宣宗任命李英为将军，前往中都救急，但李英是个科班出身，对军事更是一知半解，在他的军队还没有到达衷渡境内时，蒙古军骑兵就已经将他们消灭掉了，李英的三路大军一支也没有到达中都城下。眼见中都的粮草就要断绝了，坐在中军帐中的明安笑道："我们立功的机会到了。"说完，蒙古大军就开始了冲杀，整个中都城民争先恐后地奔逃，但大部分都死在了护城河之中。见到这样的情形，守将完颜承辉大声喊道："国将破，我只有以死殉国了。"说完他就辞别家眷，饮药而死。就在这一天，城中的妃嫔知道尽忠将军要弃城逃跑的消息，她们想和他一起出城。尽忠欺骗妃嫔道："我先去探探路，回来再带上妃嫔们离开。"尽忠带着家人出了城，但他再也没有回来。等明安将军冲进中都时，所有的妃嫔也成了蒙古军的俘虏。中都陷落了，远在桓州避暑的成吉思汗得到消息，马上派遣失吉忽秃忽为使，前往中都清点财物和府库。与此同时，成吉思汗一面兵分几路继续攻城略地，一面派使者招降金主。其西路军由三木合拔都率领一万蒙古骑兵，经过西夏地区攻克潼关、京兆、汝州等地，直达金朝的南京地区，大掠河南，前锋到达开封附近的杏花营。

在短短的几个月内，整个黄河以北之地都归蒙古人所有，上百座城池都蒙古军掠夺，金国的势力像寒冷的秋风一样，一去不复返。

面对挑衅　首度西征

　　面对花刺子模的无礼挑衅，成吉思汗忍了很长时间，但新派去的使者又被花刺子模无端杀害，这就成为成吉思汗发兵西征的直接原因。在他心中的义愤还没有平息之前，蒙古国的忽里台大会在克鲁伦河畔召开了，其中最主要的事情就是商讨"西征"的相关事宜，当成吉思汗正式宣布西征的时候，众臣子们各个跃跃欲试，心潮澎湃。成吉思汗郑重地宣布了作战军纪和自己的领导规则，最后说道："在我西征路上，请忽兰妃与我同行，安排本汗的起居，慰劳全军将士，这个重担请忽兰妃一定要兢兢业业地完成。"忽兰欣然接受了任务。就在此时，也遂妃上前直言道："可汗的大事都已经安排好了，容臣妾说明一件大事，关系到蒙古国生死存亡的大事。"成吉思汗马上谨慎地问道："你有什么大事，快快说给本汗听？"也遂叩拜道："可汗不日就要西征，但一件重大的事情你却从来没有考虑过，你觉得你的身体还能经受剧烈的冲杀吗？如果可汗哪天回到太阳神身边，那您辛辛苦苦建立的基业由谁来继承呢？这个问题是非常重要的。"此时众人纷纷指责也遂大逆不道，诅咒成吉思汗，也遂又道，"自古天下有生命的东西都不能长生，这是自然规律，可汗也应该认真考虑选一个接班人的问题了。"成吉思汗听到此处，冥思了片刻大声说道："虽然也遂妃的话不中听，但却是事实，我的头发都白了，也不再年轻了，我应该选个继承人才是啊！"这时群臣才安定下来。

　　成吉思汗问术赤道："你是长子，你想说些什么？"术赤刚要开口，二子察合台就抢先站出来说道："父亲想把汗位传授给术赤，他是蔑儿乞种带来的，我们如何教他管?!"察合台话音刚落，术赤便暴跳起来道："你有什么根据说我是异族血统？父母从来没有这样说，你凭什么捏造事实，让父母感到悲伤呢？你今天得给我一个说法。""你有什么

能力，你能战胜我吗？你只不过是性情暴烈、行为专横略胜我一筹罢了。假如我们比射箭，你若胜了我我就把拇指砍下来，如果我们决斗，如果我输了，我便永远躺在地上不起来。"察合台马上揪住术赤的衣服，两人纠缠在一起。成吉思汗见状，心中气愤难忍，可能气愤来得太突然，他只是坐在那里，一动也不动。此时作为元老的博儿术和木华黎只能上前劝阻，他们将两个王爷拉开了，但两个人还是拼命挣扎。阔阔搠思上前严厉地呵斥道："察合台，你太无理了！你想让你的父母伤心吗？你父汗本来对你有巨大的希望，当你还没有出生时，你母亲就被蔑儿乞人掠走，但这是战争强加在她头上的遗憾，并不是你母亲有意这样做，你刚才的说辞是多么地愚蠢啊！"阔阔搠思不停地指责着察合台。两个人的怒火才渐渐消散。察合台低下头，术赤也安定下来。此时成吉思汗才大声说道："你们怎么能这样说术赤呢?！他是我最年长、最有威望的儿子，以后谁也不要再说这样大逆不道的话！"

察合台听到成吉思汗的话语后，微笑道："我以后不再说这样的话了，我觉得术赤的勇气和智慧都在我之上，他是一个很好的将才，而我也没有什么可以与他比试的。不如让窝阔台来继承汗位，我与术赤定当竭力为他效命，在战场上打破逃避者的脑袋，砍断那些落后者的脚跟，而且窝阔台仁厚，他是最适合的继承人选。"术赤也表示了同意。成吉思汗笑道："我不会让你们成为下人的，天下地面广阔，叫你们各守封国。但你们现在说的话一定不能反悔，像先人阿勒坛、忽察儿那样，让世人耻笑就不好了。"术赤与察合台果决地说道："我们的誓言由各位蒙古忠臣们作证，如果我们违背誓言，将不得善终。"成吉思汗满意地点着头，然后问窝阔台道："你怎么看？愿意接受这样的封赏吗？"窝阔台不慌不忙地说道："父汗降恩让我说话，我能说些什么呢？难道说我不行吗？今后尽我的能力去做吧！"成吉思汗不住地点头。但窝阔台又担心道："如果以后我的子孙中出现了无能之辈，不能担当大事，那我该怎么办呢？"成吉思汗马上笑道："你的子孙失去了威望，那亲族中还是有能人的，你可以任命他们。"窝阔台得到指点后，自信地说道："那我就再没有什么可以担心的了。"就这样，在西征之前，成吉思汗又作了一个影响蒙古国安危的重大决定，这也让即将西进的成吉思汗放下了一些包袱。

1219年农历四月，成吉思汗站在克鲁伦河畔，举头目视绵延几十里的蒙古大军，深深地呼吸，虔诚地对天神祈祷，然后一声令下，整个蒙古大军浩浩荡荡地向西方进发。一路坎坷之后，大军在金山下的也儿的石河小住，成吉思汗让使者向花剌子模国王摩柯末通报：蒙古大军已经出征，要对犯下罪孽的古儿汗和不知死活的花剌子模算端进行报复。蒙古军所经过地方的人们纷纷以奴隶朝见主人的礼仪接待成吉思汗，等到天山脚下时，成吉思汗问耶律楚材道："六月天竟然下雪，这会不会是天神在警告我们啊？"耶律楚材马上说道："大雪乃胜利之预兆也，这是天神在暗示我们一定会凯旋啊！"成吉思汗马上释怀，下令大军翻越天山。经过艰苦的跋涉，蒙古军走出天山，来到西域名城阿力麻里，斡匝儿之子昔格纳黑的斤以臣子之礼相迎，他的军马很快也成为成吉思汗西征的一支力量。此时，除西夏之外，西方的国家纷纷参加到西征的队伍中来。而此时西征军人数猛增到二十多万，而真正的蒙古军只有十几万的样子。但西方的算端摩柯末得到的情报却是六十万，算端坐在朝廷上惊呼道："看来东方的蒙古异教徒来者不善啊！我们要重新认真考虑作战计划了。"就在他盘算的时候，因为一路上几乎没有敌军抵抗，蒙古军经过几个月的艰难跋涉，于当年九月便到达花剌子模的边境。面对眼前的讹答剌城，成吉思汗愤怒地喊道："在城外开阔地上安营扎寨，将讹答剌城团团包围起来。"成吉思汗之所以会如此气愤，是因为蒙古五百人的商队就是在这座城中被杀害的。讹答剌城马上变得岌岌可危，随时有被蒙古军攻进来的危险。面对蒙古军的包围，摩柯末也早有准备。讹答剌城中有两万军马把守，还有一万哈剌察的增援部队随时听从亦纳勒术古儿汗调遣。而在整个花剌子模的军事部署上，摩柯末采取"分兵把守，城自为战"的策略，成吉思汗得到这个消息后，谨慎地说道："看来这个摩柯末不是一个好啃的骨头啊！"耶律楚材笑道："成吉思汗怎么心焦起来了，从前攻打金国也是这样部署，我们不是也轻松拿下了吗？我看这个花剌子模并不是别人想象的那样强大，只要我们战术得当，一定会将这块骨头啃掉。"大异密们对此也表示了同样的观点。此时成吉思汗才松了一口气道："看来我是多虑了，那就让我们快快将讹答剌城拿下吧！"耶律楚材又说道："今大军不能攻打一座城，我们应该分兵进攻花剌子模边城，然后占领不花剌城，切断新都撒麻耳干与旧都玉龙杰赤的联系，这样摩柯末就是瓮中之鳖了。"成吉思汗接受了耶律楚材的建议，他分兵四路，分别攻打讹答剌、毡的和养吉干、忽毡和别纳客忒，最后一路由成吉思汗亲自率领，攻打不花剌城。

察合台率领的大军从四面八方冲向讹答剌城，守军古儿汗坐在城中无心应战，可能是对生的希望，他们还是坚决地固守了五个月之久。最后城中弹尽粮绝，讹答剌守将请古儿汗献出城池，表示臣服。但古儿汗知道死在眼前，不肯投降。哈剌察见生死无望，连夜弃城而去，被察合台抓住，他说出了城中的布防情况。得到这样的消息，蒙古军很快就将讹答剌攻下。但古儿汗的两万好汉和勇士依然在内堡中与蒙古军展开残酷的战斗。经过一个月的战斗，讹答剌城中的武装全部剿灭，但古儿汗依然战斗，察合台下令活捉古儿汗，古儿汗没有了刀箭，就用石块与蒙古军作战，最后还是被蒙古军活捉。古儿汗被送到成吉思汗处，可汗用银水灌入古儿汗的眼睛，处死了这个屠杀500名蒙古商人的凶手。

第二路大军由术赤率领，一路向毡的、养吉干奔驰而来。术赤首先让哈散哈只去招降昔格纳黑城民，但昔格纳黑城民却将哈散哈只杀死了，术赤大动肝火，命令将士强攻昔格纳黑城池，七天之后，昔格纳黑被蒙古军攻破，术赤对城中平民进行了残酷的屠杀。而后，蒙古军又先后占领了毡的附近的几座城池。毡的守将听到术赤胜利的消息，如惊弓之鸟般逃出毡的，越过锡儿河向玉龙杰赤奔去。兵临城下，术赤让成帖木儿招降毡的城民。但这里的百姓反对异教徒，术赤只好向毡的这座民防城市进行攻击，很快，在双方都没有重大损失的情况下，毡的告破。术赤在城中抢掠九天九夜，然后让阿里火者驻守毡的。同时，术赤的偏将也攻下养吉干。后来术赤麾下将领台纳勒那颜军中发生叛乱，当台纳勒那颜带领先锋军回头围剿，大部分造反的突厥兵被杀死，其余人则向阿母牙、马鲁方向逃去，在那里与蒙古军战斗。

第三路五千人的大军由阿剌黑、速客秃和塔孩三员战将率领，进攻费纳客忒。守将亦列惕古灭里带着一支突厥、康里军在忽毡与蒙古军激战了三天，僵持下来。但第四天，城民因为害怕继续战争而将城门打开放蒙古军进来了。抵抗者都被分配为哈沙儿队，替蒙古军作战，别纳客忒被攻下来了。阿剌黑乘胜攻击忽毡，守将帖木儿灭里带着几千勇士固守城堡，让蒙古军吃了不小的苦头。因为忽毡城在锡儿河中央，蒙军难以接近，于是使用火炮向城中射击。很快，帖木儿灭里就造好了十几艘战船，清晨时对岸上的蒙军发动攻击，搞得他们疲惫不堪。经过几天的强攻，帖木儿灭里渐渐不支，于夜间带着七十只船向锡儿河下游奔逃，但蒙军紧追不舍，最后帖木儿灭里奔上岸，想摆脱蒙军的夹击，很快，蒙军将他的军队消灭干净，帖木儿灭里逃走。对帖木儿灭里的战争是蒙军遇到的最顽强的抵抗，最终还是以蒙军胜利告终。

就在此时，成吉思汗的第四路大军一路向不花剌杀来，除了几个小城池与之抗衡了一段时间外，成吉思汗几乎没有花多大力气就进入的不花剌城，当地的学者表示了对成吉思汗的臣服，坐在城中的他亲自接见

了城中主要人物，然后让塔兀沙担任不花剌的守将。破落的不花剌城经几年的治理和修缮之后，渐渐恢复了往日的繁荣。但成吉思汗攻克不花剌之后，下一个目标就是新旧二都了。此时的摩柯末才意识道，成吉思汗是不好惹的，他心中似乎有了一些不安和担心，但自己种下的苦果，只有自己去品尝。

蒙古大军在花剌子模边疆节节胜利，整个花剌子模的威胁渐渐显露出来。

乘胜追击　战摩柯末

不花剌城被攻占了，坐在撒麻耳干宫廷上的摩柯末下令道："命六万突厥军队和五万大食军来担任撒麻耳干的防卫工作。"就这样一场保卫新都的战争即将开始。胸有成竹的成吉思汗坐在大帐中认真地对众臣子说道："看来我西征的决定是得到天神认同的，现在我们就要去攻打新都撒麻耳干了，这个不知死活的摩柯末现在应该感到后悔了吧！"纳牙阿道："那个可恨的摩柯末应该是寝食难安了。"说完，众臣子们都高兴起来。术赤激动地道："撒麻耳干虽然城大，但我们也要将摩柯末活捉过来，让他领教一下蒙古人的威风。"成吉思汗听了不停地点着头，就这样，成吉思汗大军离开不花剌，徐徐地向新都撒麻耳干进发。

撒麻耳干的布防很快就开始了，摩柯末胸有成竹地对众臣子说道："现在我们的防守应该是固若金汤了，蒙古军再强也不能轻易动摇我。"相国上前道："我们的军队现在都是各自为战，这样让成吉思汗有了可乘之机，他的大军正是利用这样的机会才将我们的边疆搅得不得安宁，现在我们应该集中全国精锐，在野外与成吉思汗决一死战。"摩柯末听到这里，马上皱着眉头，轻轻地挥着手道："你是不是老糊涂了，蒙古军最擅长的就是野战，我在边疆就已经领教到，今日以城固守，才是万全之计。"此时殿下的臣子纷纷议论起来，然后都摇摇头出了宫廷。他们多数都认为摩柯末是无礼在先，成吉思汗先礼后兵，这是人之常情，众臣子都悄悄地说："摩柯末母家犯下的罪，实在是安拉不会保佑的，我们这些臣子又能怎么样呢？"由此可见，摩柯末发动的战争一开始就没有人支持他，只是他一意孤行，现在面对国之危难时，众人也不想打仗，只是在听从摩柯末的麾令，所以许多军队将领，包括士兵都无心恋战，不想为这场失礼节的战争卖命。

而摩柯末接到一个个前线的战败消息后，他的信心也受到极大的打击。他张开口角轻轻地说道："难道安拉没有保佑我吗？难道我的决定真的是个天大的错误吗？在厄运星没有离开之前，为了谨慎起见，不宜对敌人采取任何行动。"就这样，摩柯末的心神不安宁了。正是在这种情况之下，摩柯末依然采取城自为战的方针，这种消极防御的方针使蒙古军可以对各个城市分割包围，各个击破，摩柯末一开始就摆出了一副被动挨打的架势。摩柯末对臣子说道："我们的城池都有重兵把守，蒙古军是不可能全部攻下的，因为城池永远是我最坚固的堡垒。"相国说道："蒙古军实力小，只要我们用兵得当，一定会在安拉的庇护之下将他们赶回东方的大草原上去的。"但此时摩柯末心中已经没有了底，他早已经被蒙古军的强悍所动摇了。有一天，他在视察撒麻耳干城防时，看到护城河与河水相接，摩柯末不但不感到高兴，反而说道："前来攻打我们的蒙古军如果兵临城下，相信他们一人扔一根鞭子就能将壕沟填平，哪里还用出大气力啊?!"众士兵听了这样的话，情绪一落千丈，纷纷议论道："国王竟然如此畏惧蒙古军，那我们再英勇拼杀，最后也是不能胜利的。"摩柯末在军士面前丧气和动摇军心实在是一个错误，这说明摩柯末对胜利没有了信心，他们正在面对被动挨打局面。

当成吉思汗大军进入河中地区之后，摩柯末再也不能平静了，他惊慌失措地大声说道："看来撒麻耳干也不是最安全的地方，我的臣民们，你们在这里抵抗大敌，我先找个安全的地方休息，我会记着你们的。"就这样，摩柯末在面临大敌来监之前，竟然率领一支军队慌慌张张地逃跑了，这样对整个军队的士气产生了巨大的消极影响。一路奔逃的摩柯末竟然还对沿途守将说道："你们快快想个保全之策吧！蒙古军是不可抵抗的！"整个花剌子模国中都动摇了，对蒙古军产生了巨大的恐惧感。当摩柯末走到玉龙杰赤附近时，他将自己的嫔妃的母亲秃儿罕哈敦也接走了。摩柯末不停地问身边的臣子道："我们能有什么办法让这场灾难过去呢？"臣子们一筹莫展，一个国家最高统治者和军队最高指挥官怎么能这样狼狈呢？摩柯末的表现让臣子们哭笑不得。

此时，成吉思汗的大军以"哈沙儿"为先锋，几个月时间，就将撒麻耳干附近的路线全部切断，整个蒙古大军一拥到撒麻耳干城下。成吉思汗在城外巡视了两天，在第三天的清晨与撒麻耳干守将阿勒巴儿汗在野外展开了一场激烈的战斗。其中突厥军与蒙古军厮杀多次，互相都有不小的伤亡，直到天黑之前，双方才各自收兵，准备再战。天明时分，成吉思汗挥师全力攻城，城中的守将又拼死力战。不一会儿的工夫，蒙古军堵住撒麻耳干四个城门，城中守军成为瓮中之鳖，多次冲锋失败之后，花剌子模人放出大象助战，但它却没有发挥什么作用。蒙古军将大象射伤，解除了大象对蒙古军的威胁，当大象跑回城时，许多花剌子模军士被踩死。当太阳消失在黑暗中时，花剌子模军才关闭城门，归去休息了。经过四天的战斗，城中的守将纷纷产生了厌战情绪，统帅阿勒巴儿汗身边的人说道："我们不能再为阿勒巴儿汗卖命了，我看蒙古军英勇无敌，抵抗只是无谓的牺牲，突厥人与蒙古人本是同族，我们出去投降可能会得到蒙古人的优待呢！"就这样，城中的权贵和教长打开门，让蒙古军进了城。成吉思汗的军队抢掠了撒麻耳干城，但大部分城民都得到了保护。

第六天夜里，蒙古军退出城镇，退守在内堡中的阿勒巴儿汗手下将领各个畏敌不敢上前，只有阿勒巴儿汗自己率领一支千人军队与蒙古军死战，最后杀出一条血路逃了出去，打算与算端会合。第七天，蒙古军又包围了城堡，城中百姓多有反抗，但蒙古军用石油喷火，将城中清真寺烧毁，百姓和军队死伤无数。蒙古军进入城池。他们将突厥军安定下来，然后将三万康里与突厥混合一起的军队全部杀死，其中花剌子模的二十多位重臣都死在这次战斗中，花剌子模的国家重要官员几乎被杀尽。撒麻耳干被彻底征服了，将战后事宜安排停当之后，成吉思汗在境内度过了夏天和秋天。

摩柯末坐在阿姆河西南岸的营地上对众人说道："我们现在要好好布置下一步作战计划了，不能坐以待毙啊！"就在此时，又传来不花剌和撒麻耳干失陷的消息，花剌子模的宿将建议：河中地区已无法挽救，应以全力防守呼罗珊、伊拉克，召集各处之兵，合成一军，并招回教徒入伍，共同据守阿姆河一线，但摩柯末不以为然地否决了。又有人说道："我们可以将军队撤到哥疾宁抵抗蒙古，如形势不利，可以合议逃到印度。"摩柯末马上接受了这个比较软弱的建议。而扎兰丁却对这两个建议都不满意，他主张立即回师与蒙古军展开战斗，但摩柯末没有理睬这个建议。就在摩柯末喘息时，者别率领的大军已从般扎卜渡过了阿姆河，进入摩柯末的驻地，诸臣子、王子为了保护君父安全，与者别发

生激烈战斗，者别初战不利。就在此时，速不台的后卫军赶到阿姆河岸边。当时天色已晚，速不台下令军士每人点三支火把，在阿姆河上下游走。顿时星火如昼，摩柯末大声惊呼道："蒙古大军将至，我们还是快快撤退吧！"就这样，摩柯末的军队进入巴里黑地区。

摩柯末进入巴里黑后，他的手下却没有与他同仇敌忾，而是想将算端杀死，当天晚上，摩柯末得到消息，于是换了个睡处，躲过了被杀死的命运。此时的摩柯末更加提心吊胆，他重新组织了一队护卫人员，径直向呼罗珊进发。此时的者别、速不台大军站在阿姆河畔，准备用蒙古军的皮筏顺阿姆河而下，进攻呼罗珊。坐在皮筏上的蒙古军很快就突破了阿姆河上的防线。者别、速不台到达巴里黑后不费一兵一枪就降服了这座城市。安排守城任务之后，者别选派了一个当地的向导，在他们搜寻摩柯末的时候给他们带路。途中他们抢掠了咱维县，屠杀了县民。蒙军渐渐逼近你沙不儿，此时摩柯末借口出城打猎想离开你沙不儿，到伊拉克去避难。就在此时，探马飞报说蒙军到来了。于是摩柯末回到了哥疾宁，但将他的嫔妃、子女和母亲都送到了哈伦堡安身，想得到伊拉克守将的保护。摩柯末部署城防结束后，藏到一个深山中去，企图在那里召集军队，与蒙古军展开周旋。但者别、速不台大军在一路西进的路上并没有遇到巨大的抵抗，当他们每到一座城市时，都在当地得到许多的财物和粮草。所以蒙古军也没有对他们进行杀戮，只有徒思城对蒙古军表示了敌对，者别攻下了它，并对那里的城民进行了无情的杀戮。

当者别与速不台分兵追进时，摩柯末的王侯、大臣已经在可疾云聚集了三万人的军队，摩柯末决定在伊拉克与蒙古军顽抗。就在摩柯末重新找到自信的时候，者别等人一举攻下了剌夷城。剌夷城被攻破的消息传到了摩柯末君臣的耳中时，摩柯末震惊地喊道："难道安拉就不爱护他的孩子了吗？为什么蒙古人在你的土地上会所向无敌呢？"整个军队的士气马上跌到了谷底。当他们听到蒙古军到来的消息后，纷纷逃跑，刚刚聚集起来的军队失散了一半，军不成军。摩柯末也带着亲信跑到哈伦堡避难去了。者别大军听说摩柯末在哈伦堡中，在那里与花剌子模军大战，还没有分出胜负，者别得到消息说算端离开了，者别马不停蹄，跟踪而去。经过无数次的颠沛流离，摩柯末来到额别思宽的一个岛上躲避了一段时间。在当地的礼拜寺里虔诚地祷告了几天，然后在教长诵读《古兰经》的声音中，摩柯末又向另一个远岛上出发。摩柯末在小岛上已经过着提心吊胆的生活了。

后来，在"叛徒"的带领下，者别、速不台大军来到海边搜寻摩柯末的下落，但事情未果，于是回师攻克哈伦堡，将摩柯末的亲族全部抓住。摩柯末得到消息后，垂泪喊道："待我复兴之日，定要遵照正义之礼，报仇雪恨。"顿时头晕目眩的摩柯末在卧榻上躺了几天。后来他又得了肋膜炎，弥留之际，他将几个儿子叫到身边道："非扎兰丁不足以光复故国。"于是摩柯末废掉了秃儿罕哈敦意图确立的太子斡思剌黑，扎兰丁重新成为了太子。他亲自给扎兰丁戴上配刀，命诸子发誓，保证今后守忠不贰。一转眼，时间到了 1220 年 12 月，摩柯末死在了小岛之上。

摩柯末放弃首都，放弃天险，放弃一路上所有的城堡，祈灵于神灵与天意，只知道率众逃跑，从未发起过一次像样的抵抗。由这样一个人充当抗战时的领袖，这个国家焉能不亡国灭种、生民涂炭呢？摩柯末本人被困死岛，幼子被杀，嫔妃、母后被掳，这也是罪有应得，是历史对他的无情惩罚。正是摩柯末的死亡，使得整个花剌子模强盛不再，蒙古军的全面胜利就在眼前。

清剿残部　版图剧增

摩柯末在小岛上病死了，而整个花剌子模并没有因为他的离去而伤感，相反众多的贵族觉得他的辞世能给花剌子模带来不一样的未来，他们觉得新算端扎兰丁能带领他们收复河山。扎兰丁正在伊拉克境内等待时机，等待他认为好的时候来对付成吉思汗大军。但在花剌子模腹地，蒙古军不停地攻城略寨，花剌子模剩下的最重要的城市——玉龙杰赤成为成吉思汗新的目标。撒麻耳干被蒙古军占领后，河中诸州和边疆诸城纷纷被成吉思汗霸占，而玉龙杰赤真正地成为了一个孤城，蒙古军从四面八方的城池中奔驰而来，玉龙杰赤坐落在中央，像"绳子被割断后倒塌下来的帐幕"。在攻打撒麻耳干之前，有人对成吉思汗进言道："算端因为爱护长子扎兰丁常遭到秃儿罕哈敦的冷眼相对，母子俩也经常发生争执，因为他们的明争暗斗积攒了很多怨愤和不满。"成吉思汗利用

这样的契机，派近臣答失蛮为使者前往玉龙杰赤向秃儿罕哈敦游说。答失蛮站在皇宫上对秃儿罕哈敦说道："我们本想与花剌子模世代友好，但没有想到你的儿子算端心怀歹意，不得已攻打花剌子模，算端已经胆战心惊了，而他们的将校大部分投靠了蒙古国。如果哈敦明智，应当配合蒙古军，等大战结束之后，成吉思汗愿意将花剌子模的呼罗珊献给秃儿罕哈敦，成吉思汗愿意对哈敦表示朋友般的友好。"秃儿罕哈敦马上冷笑道："难道成吉思汗只知道他自己是强者？摩柯末也是一个战无不胜的君主，相信你们不会得意太久的。"就这样，答失蛮含着几分怨愤回到成吉思汗处。很快，算端逃出撒麻耳干，秃儿罕哈敦得到消息后，依然自我安慰道："相信蒙古人饱掠之后会离开花剌子模的，我们追赶摩柯末去吧！"就在此时，秃儿罕哈敦依然没有背叛摩柯末算端。

撒麻耳干被攻克之后，成吉思汗的三个儿子向玉龙杰赤进发。此时扎兰丁兄弟从小岛上跑了出来，回到玉龙杰赤，众人见到新算端，个个欢欣鼓舞。当时玉龙杰赤已经汇聚了九万突厥、康里大军。但这支军队掌握在前王储斡思剌黑及其母舅不只别黑列汪等突厥、康里将领手中。扎兰丁面对大权失控，心中自然感到不安，他便酝酿着夺取兵权。就在此时，秃儿罕哈敦派的王储们开始坐卧不安，他们都畏惧扎兰丁的勇气和胆识。于是秘密谋和，决定将扎兰丁秘密杀死。但消息却传到扎兰丁耳中，他认真权衡利弊之后，果断地决定避开突厥、康里人的锋芒，逃往呼罗珊地区避难。在扎兰丁离开之后，帖木儿灭里因为对突厥、康里人的行为非常不满，便独自带上自己的三百名骑兵追随扎兰丁去了。他们用十六天时间横穿花剌子模、呼罗珊两地的沙漠，到达奈撒一地。正在此时，沙漠上奔驰来一彪七百人的蒙古军队。扎兰丁和帖木儿灭里与他们进行了激烈的战斗，最后蒙古军败逃。就在他们奔跑的时候，遇到扎兰丁的两个弟弟从玉龙杰赤方向奔来，蒙古军不知道他们是王子，于是将扎兰丁的两个弟弟斡思剌黑算端和阿里算端双双杀害。扎兰丁三兄弟离开了，玉龙杰赤虽然声势浩大，但却群龙无首，城中依然人心惶惶。许多绅士和贵族建议道："王储们都不在了，我们不能没有掌事的首领啊！"在所有城民的一致同意下，在穆斯林的传统节日春分节的诺鲁思大会上推举了一位诺鲁思王，让这个人暂时掌管战时事务。最后秃儿罕哈敦的亲族忽马儿异密担当此重任。

有一天，一小队蒙古军跑到玉龙杰赤城下抢掠牲畜，玉龙杰赤人大声地叫喝："这一队不怕死的蒙古人，难道欺侮我们花剌子模没有强兵吗？"守将打开一扇城门，部分军队和百姓，一窝蜂地奔了出来，企图将这队蒙古人杀死。蒙古人见追兵来，飞身上马，像兔子一般飞跑起来。玉龙杰赤人却紧追不舍，一直追到几十里之外的城郊宴游花园附近，蒙古大军发现了敌人，他们马上从四面八方杀了出来，经过半天的厮杀，玉龙杰赤人死伤无数，蒙古军攻进玉龙杰赤的城楼上，但因天色已晚，蒙古军于是从城中撤了出来。第二天，蒙古军对玉龙杰赤发动了大规模进攻，城中守将弗里敦古里将蒙古军一次又一次的猛烈冲锋打了回去。到天黑时分，双方还在僵持。不久，术赤、察合台、窝阔台大军兵临城下，术赤让使者进城招降百姓，他说："前日我们已经攻占大部分花剌子模疆土，现在不想破坏玉龙杰赤这座城市，请城民们自动纳降吧！"这个消息在玉龙杰赤百姓中掀起了巨大的波澜，许多人拿出摩柯末算端的手谕道："如果你们到了心力都不能抗敌的时候，最好还是投诚，这样能保全性命，而且可以保护自己的财产。"但经过激烈的争吵，百姓们还是否定了摩柯末算端的旨意，他们很快又投入到对蒙古军的战斗中。

同时，经过十天的准备，哈沙儿也全部到齐，术赤站在城下，高声呐喊："蒙古军的勇士们，向玉龙杰赤的城墙上冲杀吧！天神保佑我们正义之师。"就这样，对玉龙杰赤的总攻开始了。一时间，投掷器和箭矢像雹子一般倾泄而出。军队不断向前移动，将玉龙杰赤包围得水泄不通。正在喝酒作乐的假算端和军队统帅忽马儿看到蒙古军一拨又一拨猛烈的进攻，大惊失色地喊道："让蒙古人进来吧！这样真主会让我们的罪孽少一些。我会更加虔诚地为玉龙杰赤祈祷的。"就这样，假算端带着将士走到城楼下，打开城门，将整个城池献给了蒙古军。但百姓马上发动骚乱，当蒙古军进城后，百姓在街头巷尾、在能展开搏斗的地方与蒙古军战斗起来。这样残酷的战斗，一直持续到深夜，但此时玉龙杰赤已经被摧毁大半，城中的金银财宝也都化作了一堆堆黄土，整个局面变得非常惨淡、凄凉。虽然蒙古军进入了城中，但他们并没有真正占领它，他们损失惨重，然后退出城池。

术赤等人在研究作战计划的时候，发现玉龙杰赤中央被阿姆河横穿，上面有一座桥，百姓的生活用水都从这座桥上取用。众人一致决定，攻下阿姆河上的桥。蒙古军很快就发动了攻击，经过一天英勇奋战，三千蒙古军占领了桥梁，玉龙杰赤百姓哭喊道："我们的生命桥不能被蒙古人占领，上去和他们拼了！"玉龙杰赤的百姓蜂拥而上，将大桥团团包围起来，与蒙古军展开了白刃战。蒙古军轻敌情绪高涨，经过一段时间的战斗，三千蒙古军竟全部被玉龙杰赤人杀死。得到胜利消息

的城内居民亢奋地喊道："蒙古军战败了，是我们将他们赶出花剌子模的疆土的时候了。"回到营地中的蒙古军开始认真地思考他们过失，最后使者将消息传给了成吉思汗，可汗大怒道："军将意见不统一、各执一词是军家大忌。现在我让窝阔台为统帅，他的话就是我的命令，众将领必须服从。"成吉思汗的决定很快见效，窝阔台在几天的时间里就攻进了城池，并在城中大肆杀掠，用石油将一条条街道烧毁。百姓听说蒙古军进城的消息后，纷纷与蒙古军短兵相接，他们在巷子和院子里对蒙古军展开肉搏战，激烈程度世所罕见。

蒙古军在城中一个院子一个院子地攻打，百姓却没有一点儿妥协的意思，拿着木棍、菜刀与蒙古军坚持战斗。最终居民退守到三个居民区中，此时才出来请降，但术赤大发雷霆，表示了蒙古军的不妥协，此后，蒙古军攻下整个城池，对玉龙杰赤居民大加杀戮，每个蒙古士兵分到二十四个俘虏，这些俘虏全部被杀死。但在这一次战斗中，三个王爷都抢掠了大量金银财宝，他们却没有拿出来平均分配给众军将们，成吉思汗非常愤怒，他三天不见众子，后来在博儿术和众臣子的劝阻下，成吉思汗原谅了他们，希望他们能戴罪立功，引以为戒。

成吉思汗攻下撒麻耳干之后，屯兵于撒麻耳干、那黑沙不两城之间。1220年，成吉思汗与拖雷离开撒麻耳干，到达那黑沙不的草地和矮树林之后，他下令拖雷向呼罗珊进发。一路顺风的成吉思汗大军在忒耳迷遭到了顽抗，蒙古军一鼓作气，拿下了这座城郭，并对当地人进行了大屠杀。1221年，呼罗珊城民和军将对成吉思汗臣服。成吉思汗在攻打哥疾宁之前，对巴里黑进行了彻底的清剿，整个城市被毁灭，百姓全部被杀，然后在呼罗珊地区大肆攻杀。经过对马鲁的反复争夺之后，马鲁得而复失。后来拖雷大军将马鲁城团团包围，城中一支部队企图出城奔逃，但被蒙古军打了回去，面对蒙古军的强攻，马鲁人一筹莫展。城中教主和贵族带着金银财宝出城，投降了拖雷。拖雷将战斗事宜安排好之后，离开了马鲁城，后百姓造反，蒙古军返回力战，在城池大肆烧杀，整个城池几乎毁灭。1221年4月，拖雷围攻你沙不儿，城中教主敞开城门表示臣服，但拖雷为了给妹夫脱忽察儿报仇，拒绝了百姓的投诚。在拖雷大军攻进你沙不儿城中，照例对你沙不儿人进行了大规模的屠杀。离开你沙不儿城池之后，拖雷来到也里城，两次遣使者纳降，最后也里城守将投降，他赦免了城中的百姓，并留下一个守臣。此时，成吉思汗攻克纳思来忒忽城堡。在1221年春夏之间，蒙古军几乎荡平了呼罗珊地区。后来成吉思汗令失吉忽秃忽为将率三万骑兵攻打呼罗珊顽抗者，而成吉思汗亲率大军去攻打塔里寒城堡。失吉忽秃忽很快就与刚刚纠集的扎兰丁十几万大军遭遇，在八鲁弯展开了激烈的战斗，蒙古军被打败了，成为蒙古军西征以来最大的一场失败。成吉思汗得到消息后，马上率大军追赶扎兰丁，攻克范延堡，后将整个城池毁灭，范延堡成为死城。过了几天，成吉思汗大军与察合台、窝阔台军会师，蒙古大部分军队集中在一起，对扎兰丁产生了巨大的威胁。

刚刚胜利的扎兰丁军中很快发生了内讧，许多军将因为抢夺战利品而争斗不下，最后古儿部军队和赛甫丁自寻出路去了。很快，扎兰丁大军分崩离析，扎兰丁又陷入孤军奋战的危险境地。面对蒙古军的到来，他返回哥疾宁，想越过申河，逃到印度去。成吉思汗得到消息后，飞奔向申河而来。蒙古军以迅雷不及掩耳之势蜂拥到申河两岸，等扎兰丁睁开双眼看的时候，他已经处于水火之中。成吉思汗下令："活捉算端！"就这样扎兰丁在战场上左右拼杀，最后骑着战马跳进申河，向对岸奔逃而去。这样，花剌子模的军队基本上被蒙古军消灭了，花剌子模辽阔的疆土成为蒙古人的天下。

摩柯末已死，扎兰丁孤身奔逃，可以说蒙古人的仇恨已经洗刷了。蒙古军纷纷将动乱地区安定了下来。此时在远征路上的速不台请命道："今日我与者别已经将摩柯末迫死，但我得到情报，蔑儿乞的忽都和赤剌温藏身钦察之地，对成吉思汗的新疆土可能会产生威胁，我请命进攻钦察，让成吉思汗高枕无忧。"成吉思汗非常高兴地答应了速不台的要求，并在群臣面前大加赞赏了他。就这样，一场横扫欧亚大陆的血腥战争以者别、速不台的远征拉开序幕。者别、速不台先占领了剌夷城，然后又攻克下忽木这座著名的城市，在回教徒的怂恿下，者别将城中的男子全部杀光，尽虏妇孺。正在忽木城逗留的者别、速不台突然得到情报，说扎兰丁算端在速扎思集合大军，有行动的迹象。于是者别、速不台率将来到赞章这个速扎思的北部重镇。在赞章城中，蒙古军将城中百姓全部屠杀，然后向哥疾宁进攻，在城中与哥疾宁军民展开了巷战，双方共死伤五万人。伊拉克基本上被蒙古军征服，对伊拉克的战争也渐渐平定。

者别、速不台的下一个目标便是阿塞拜疆的阿答毕地方王朝。当者别、速不台的大军到来时，阿塞拜疆的国王月即伯便带着家人出城避难去了，命他的大臣与蒙古人议和，大臣们在城中抢夺了大量财物和牲畜，将财物、牲畜和帖必力思城全部献给了蒙古军，俯首称臣。者别、速不台安排好事宜，就出城到木干之原过冬去了。就在蒙古人向木干挺

【第五篇】征战篇

进时，路上遇到谷儿只的军队对他们进行狙击，双方展开激战，一万名谷儿只军士被蒙古军消灭，谷儿只很快就被蒙军控制。在一年时间里，者别、速不台就将伊拉克、阿塞拜疆、谷儿只全部降服，这为他们进攻钦察扫清了巨大的障碍。

1221年10月，蒙古军进攻阿儿兰地区，在这里谷儿只人与他们展开了周旋，者别使用埋伏的方式将谷儿只军队击败，于是继续北进。在进攻钦察之前，者别、速不台发现眼前无路，有人进言说在太和岭和里海之间有座打耳班城，攻下这座城池，就得到了进入钦察的通道。者别、速不台巧妙地施展计谋，顺利通过了打耳班，越过太和岭，进入阿速与钦察部驻地。在阿速，蒙古军遭到阿速和钦察等高加索各部的联合抵抗，双方激烈战斗了很长时间，僵持不下。者别、速不台决定智取，他们派人到钦察军中游说，钦察人表示了友好。趁此机会，蒙古军将阿速军打败，然后又将得意扬扬的钦察军全部消灭了。蒙古军进入了钦察地区，钦察人被迫迁徙。1223年春，蒙古军继续追击钦察人，进军到克里米亚半岛，占领了萨波罗什城，钦察军队也被蒙古军打败。钦察草原上的权贵忽滩汗决定鼓动斡罗思王侯，在基辅聚军，与蒙古军进行决战。但当时斡罗思王侯割据，他们对内部的政治纠纷更感兴趣，许多王侯不愿意接受忽滩汗的邀请，只有与钦察接壤的一些斡罗思王侯赞成抗蒙。就在此时，者别、速不台又对斡罗思这个强大的敌人展开了政治攻势，他们重新使用了对付阿速和钦察的故伎，派人游说斡罗思诸大公说："我们没有冒犯斡罗思的意图，我们想平定钦察，相信这个强悍的敌人也给斡罗思带来过不小的痛苦吧！"但此时的斡罗思人非常警觉，没有相信蒙古使者的话，而是将他们全部杀死，向蒙古军攻打而来。

浩浩荡荡的斡罗思大军来了，蒙古军主动撤退到后方，而斡罗思与钦察联军连续追击了十二天。就在此时，斡罗思军事集团中出现了一次大分裂，三军统帅基辅侯与加里奇勇侯姆斯梯斯拉夫互相争夺权利，最后加里奇勇侯与钦察人的军队独自去追赶蒙古军，而基辅侯屯兵山冈上，按兵不动。加里奇勇侯、钦察联军在伽勒伽河与蒙古军对阵，经过一场激烈而残酷的战斗后，加里奇勇侯乱了阵脚，有六位大公在战斗中死去，钦察军也撤退了，斡罗思大军的营地被冲破。蒙古军通过惨烈的战斗，将斡罗思联军的主力打得溃不成军。蒙古军乘胜而进，将自以为是的基辅侯团团包围，激战三天后，基辅侯败局已定，于是请降，蒙古军接受了他们，但最后还是将斡罗思的大公们全部杀死。从此，蒙古军在斡罗思的土地上所向无敌，所到之处，没有丝毫的抵抗，而者别、速不台也对斡罗思进行了大屠杀，当地百姓死伤无数。蒙古军从斡罗思南部进军，自第聂伯河进至黑海北岸，一直进军到克里米亚半岛。1223年底，他们又经过伏尔加河，进入不里阿耳境内，然后经过里海、咸海北部，东归与成吉思汗会师。

坐在大帐中的成吉思汗高兴地对归来的者别、速不台说道："你们的重任圆满完成了，天神让我们蒙古人长盛不衰，这是多么大的幸福啊！"耶律楚材道："天下之地已经尽归成吉思汗，西域也平定了，我们可以安享太平了。"成吉思汗笑道："好啊！我们征战了这么多年，也应该休整一下了。"成吉思汗便有回师的想法了，加上在外征战，瘟疫折磨军士，最后于1223年底，成吉思汗大军班师，经过两年时间的长途跋涉，成吉思汗站在了克鲁伦河畔的营地上，他满心感慨，心情激动地说："神圣的大草原给予了蒙古人力量，天神永远让他的儿子们感到骄傲，我们用胜利来祭奠你。"就这样，漫长的西征之路结束了。

征战大事年表

年　份	主　要　战　况
1180 年	孛儿帖夫人被三姓蔑儿乞人掠走。
1181 年	铁木真联合克烈部的脱斡邻勒汗和札答兰部首领札木合，打败蔑儿乞人，夺回孛儿帖。
1195 年	铁木真称汗之后，与札木合发生分歧，当时爆发十三翼之战，铁木真败下战场，但实力却得到了巩固。
1196 年	铁木真与王汗（脱斡邻勒）配合金军扫荡塔塔儿，草原上两个世仇的实力对比发生了变化，形势对铁木真越来越有利。同时铁木真汗得到正式的金廷官爵。
1201 年	蒙古纪年开始，草原十二部联合对铁木真发动进攻，在阔亦田之地，铁木真大胜十二部联军，著名的阔亦田之战以铁木真全胜结束，草原旧贵族纷纷向西方逃窜。
1201 年	阔亦田之战之后不久，铁木真追击泰赤乌部，泰赤乌灭亡了，塔儿忽台逃向乃蛮部。
1204 年	铁木真征讨乃蛮部，在纳忽崖与乃蛮部决战，三天三夜时间将庞大的乃蛮兀鲁思消灭，草原旧势力一夜之间崩溃。
1205 年	成吉思汗发动对西夏的战争，到他去世之时，共对西夏进行了六次毁灭性的打击。

年 份	主 要 战 况
1207 年	成吉思汗以长子术赤率右手军，木华黎的弟弟不合驸马为先锋，北进林木中。林木中不战而降，豁儿赤统领林木中百姓，后来部落叛变，囚禁豁儿赤。
1211 年	成吉思汗南下伐金，发动野狐岭之战，金军元气大伤。蒙古军入居庸关，横扫北疆。
1214 年	中都告破，蒙古军士气大振，金国江山完全掌握在成吉思汗手中。
1217 年	成吉思汗从伐金征程上返回，令博儿忽平定林木中百姓，博儿忽战死，成吉思汗威颜大怒，同年，林木中百姓彻底降服。同年，速不台率铁车军西进，追剿屈出律。
1218 年	者别率领追剿屈出律。同年，花剌子模将领古儿汗杀死蒙古军 500 人商队，成吉思汗派人前往交涉，花剌子模无礼，成吉思汗准备西征。
1219 年	蒙古军大军从克鲁伦河出发，向花剌子模进军。
1220 年 – 1222 年	蒙古军占领大部分花剌子模城池，西方强国基本瓦解，蒙古人大胜。
1223 年	成吉思汗完成西征任务，带着胜利的心情东归。
1224 年	成吉思汗大军回到大草原，成吉思汗驻牧克鲁伦河畔。

方略篇

一说起成吉思汗，
很快会使人联想到"只识弯弓射大雕"。
一个庞大帝国的建立，
难道只是匹夫之勇？
在成吉思汗经略天下的过程中，
他的智慧和方略得到了淋漓尽致的发挥。
武力只是他外表强悍的表现方式，
而智慧与方略却谙熟于他的心中。
战争制疆土，方略制战争，
成吉思汗用方略赢得了战争，
赢得了帝国的崛起。

仁义聚众　恩施天下

在蒙古草原上，英雄很多，枭雄很少。在成吉思汗身上，世人能看到的，永远是蒙古人身上最精华的部分，而对于一个草原人来说，智勇兼备可望而不可及。作为一代枭雄，成吉思汗像个草原上的神灵，拥有着超人的智慧，拥有着不同寻常的勇气，他的完美形象永远是草原人追逐的一个梦。

成吉思汗在战场上能威慑强敌，在帷幄中能决胜千里，这不仅仅是他的勇武，更能让世人看到他非同凡响的智慧。

在铁木真还是个形单影只的穷苦人时，仇恨点燃他对未来的希望。在铁木真称汗之时，札木合就已经将矛头指向了铁木真。札木合嫉妒铁木真的才干和勇气，像个野狼一样在寻找着与铁木真一决高下的机会。妒火中烧的札木合不止一次对天发誓："我们蒙古人最有实力的领袖不是铁木真，我们要用武力来对铁木真说不。"就这样，现实的残酷和内心的不满导致了札木合集结十三路大军对刚刚称汗的铁木真发动突然袭击。

十三翼之战的大胜让札木合仰天长啸，让札木合像个英雄一样得到不少草原人的赞赏。在喜庆之余，草原人又都像惊弓之鸟一样害怕看到札木合阴冷的笑脸。札木合从答兰版朱思之地撤下来时，札木合大声呼喊道："我们胜利之师今日要好好惩罚那些不服从我们的人，我们把从铁木真那里抓来的贵族统统砍了！"说完，一个个乞颜氏勇士倒在了他的刀下。此时忙忽惕的畏答儿小心地对部众说道："札木合如此凶残，我们都有点胆战心惊了。"兀鲁兀惕首领术赤台也低下头喃喃自语道："如此残暴怎能服众啊？我还是小心谨慎的好。"札木合此时大笑道："好了，我们胜利之师能凯旋，全是将士们的努力，今日我们准备了美酒和肥羊，将士们可以大吃大喝……"说完，挥舞着旗帜奔驰而去。札木合看到塔儿忽台已经将七十口大锅摆在草地上，于是喝令道："我们席地而坐，好好庆祝庆祝。"整个军队马上围坐在七十口大锅旁，等待札木合分给他们奶酒和食物。

札木合坐在中央，对着塔儿忽台点了点头，于是塔儿忽台大声地喝道："快快将肥羊抬上来，放入锅中，煮熟了让将士们好好尝尝。"大约等到晌午时分，塔儿忽台大声喊道："今日我们战胜了铁木真，整个草原都知道了这个好消息，全草原的百姓都在庆贺，让我们好好地敬札木合首领一杯。"就这样，所有的与席者都端起酒盏向札木合敬酒。札木合站起身来喝道："我们的大敌还在我们眼前跳动，我们要将敌人打倒，让他在我们眼前再也跳不起来，这样才是英雄所为啊！"说完，他便高兴地饮了一盏酒。就在此时，旁边的侍从轻轻地走到札木合身边道："我的首领，将士们刚刚从战场上抓住几十个赤刺思人，怎么处置才好呢？"札木合听到这样的消息，紧紧地咬住嘴唇看着塔儿忽台，塔儿忽台慢慢地走到札木合面前询问究竟。札木合说出了情况，塔儿忽台眼珠一动，马上喊道："快快将他们活埋了，如此方能解你我心头之恨也。"札木合冷冷地笑道："活埋？那也就便宜他们了，我要将他们全部扔到锅里，煮熟了给众军士们下酒才好。"塔儿忽台连连点头道："如此甚好，我们的仇恨就让这些赤刺思人带走一些吧！"说完，两人便互相冷视，然后又情不自禁地大笑起来。

众将士此时又站起来向札木合敬酒道："今日能在札木合首领处吃肉喝酒，实属难得，我们愿意将札木合首领视为我们的统帅，永不叛离。"札木合此时马上憨笑起来道："我今日还想请众将士吃一道罕见的名菜，你们想吃吗？"此时军士们面面相觑起来，都不知道札木合所说的名菜是什么。札木合冷冷地看着众人道："我要请众人吃人肉大餐，现在有几十名让我们恨之入骨的赤刺思贵族在我帐下，我要用他们的肉来抚慰我们心中的仇恨。"正在众人目瞪口呆的时候，只见几十个赤刺思勇士和贵族被抛进了滚烫的油锅之中。札木合听到声嘶力竭的哭叫之声，马上像个怪兽一样冷笑起来。坐在宴会上的将士和百姓都不敢睁开双眼。畏答儿看着身边的术赤台道："如此残忍之人，我可从未遇见过啊，札木合的心肠怎么就像野狼一般呢?!"术赤台轻轻地摇了摇头，不发一言。札木合此时目光投向了畏答儿，并问道："畏答儿首领觉得如此是否大快人心呢？"畏答儿马上苦笑道："如此惩治，只怕日后再无敢叛离者也。"札木合笑道："我的目的就是在此也，看来畏答儿首领不只是战功卓著，就是治事管人也有很高明嘛！"札木合此时又问道：

"人肉熟了没有，快快与我们将士们分享了吧！"旁边的侍从马上上前道："快了，札木合首领可以先尝尝鲜。"札木合马上端起一碗汤，浅浅地喝了一口道："如此美味，简直是天下绝品啊！"众将士一人盛上一碗都喝了起来。

畏答儿坐在宴会上，将一碗人肉倒在地上，不情愿地看着札木合，心中想着："你札木合要是有铁木真一半仁善，今日就应该登临大位了。看来天下真正的明主非铁木真莫属了。"当下他便辞别了札木合说身心疲倦，要好好休息一下。而术赤台也站起身来说自己的家庭有事，要回去处理事情，也离开了宴会。当夜幕降临的时候，这个宴会才渐次散去。但此时札木合身边的人都感到心神不宁，对他的残暴的行为感到震惊。晃豁坛氏的蒙力克惊异地对身边人说："札木合如此残暴，我等还是归到铁木真身边才是上策啊！"当天晚上，蒙力克就让一个侍从到成吉思汗处报信，说出了札木合的残暴和再次投靠成吉思汗的想法。坐在军帐中的成吉思汗听到消息之后，马上惊呼道："札木合惨无人道，谁敢保证在他手下的侍从不遭他的毒手啊！"说完，成吉思汗让侍从带回了他的意思，并说道："虽然我在战场上失败了，但我的心中依然是胜利的，因为我的仁义战胜了敌人的残暴，我的顺天之心得到了世人的认同。有善良和正义之心的人们就请到我这里来吧，我会像亲人一样呵护他，像亲兄弟一般看重他。"就这样蒙力克的侍从很快回到营地向蒙力克如实回报了情况。蒙力克向天祈拜，道："天神护爱仁慈的主，我们也会投靠仁慈的铁木真。"

正在犯愁中的畏答儿一个人在帐中暗暗思考："我在札木合帐下如此狼狈，还不如早早离去才好。"就在此时，忽然帐外有人在呼喊，于是他便出来看个究竟。他发现蒙力克正在找自己的儿子，畏答儿问道："蒙力克先生，你这般着急，是要到什么地方去吗？"蒙力克马上向他说明了情况，畏答儿轻声地问道："铁木真会收下他的敌人吗？"蒙力克悠然地说道："铁木真不比札木合残暴，他的为人你也应该知道。"畏答儿马上笑道："那就让我们一起前去投靠铁木真吧！"蒙力克高兴地答道："如此甚好，我将兀鲁兀惕也叫上，我们一起投奔铁木真便好。"畏答儿马上有了主意，欣然地去通告术赤台去了。术赤台欣喜若狂地对畏答儿说道："我早有此意，只是苦于言语，今日你既然说了，那我们就行动吧！"当天晚上，三个首领就商量好天明时分便向铁木真营地开进。

天微微亮时，蒙力克就来到畏答儿帐前等待他们，大约到了太阳出山的时候，蒙力克等人就纷纷离开了札木合的营地。过了几天，蒙力克等人站到成吉思汗的帐下，成吉思汗马上大摆宴席，将蒙力克、畏答儿和术赤台视为贵客。坐在席间的成吉思汗高兴地说道："我蒙古部能有今日，全是因为互相猜忌所致，如果我们的札木合能少些猜忌和残暴，我想他的部众就不会像飞燕一样分飞了。"畏答儿马上接过话茬道："札木合残暴无方，气量狭小，我等实在是忍之久矣！"此时术赤台马上说道："你要是经历过强迫你吃人肉的事情，你就知道为什么札木合不得人心了。"成吉思汗十分痛惜地说道："赤剌思人都是我的功臣，我对他们的悲惨命运感到非常悲伤，我以后会尽力让我身边的人快快乐乐地活着。"成吉思汗低下头难过地看着手中的酒杯。

因为畏答儿和术赤台的到来，成吉思汗的实力马上有了一个非常大的提高，但成吉思汗没有因此而收回自己的大义之旗。

成吉思汗在草场上围猎的时候，泰赤乌部族照烈氏正好集体围猎。当两个部落都来到札勒马黑山岭同时围猎的时候，成吉思汗的人马很快向照烈部靠拢，照烈部见成吉思汗部众靠近自己，于是也向成吉思汗部众靠拢，很快，两支人马便聚集在一起。当夜幕降临的时候，照烈氏首领要求道："我们与成吉思汗部落合营而宿吧！"成吉思汗见他们都没有带锅和粮食，于是令手下分给他们一些锅和粮食。照烈氏的首领马上笑脸相迎道："我的仁慈可汗啊，我们以为天下没有您这样的好人了，今日能相见，实在是天神赐福啊！"

第二天早上，两个部落又开始围猎，一天下来，围猎进行得非常顺利。到了晚上成吉思汗将大部分猎物都分给了照烈氏，此时照烈氏族长玉律上前道："我等在塔儿忽台帐下多年都不曾得到这样的恩惠，没有想到成吉思汗竟然如此宽宏大量，让我们享受如此之大的恩惠，我们怎么才能报答这样的恩情呢？"说完，众人便叩拜在成吉思汗面前道："如果铁木真不嫌弃我等的卑贱身份，照烈部愿意在成吉思汗麾下效犬马之劳。"从此，照烈部首领玉律带着照烈氏就投靠了成吉思汗。

十三翼之战成吉思汗虽然战败，但它并没有让成吉思汗倒下，相反，它让成吉思汗的军事实力得到了一定程度的提升。札木合因为他的暴政而让身边的亲信一个个地离开，札木合的鼠目寸光只是看到了一时的辉煌。

【第六篇】方略篇

项庄舞剑　先礼后兵

无论是自己的敌人，还是自己的亲族，成吉思汗都是施展了两只手的政策。当对手诚服的时候，成吉思汗总是笑脸相迎，用香醇的马奶酒来迎接他们；当对手是桀骜不驯的顽石时，他也从来不吝啬自己的武力。当成吉思汗的一生被战争包裹起来的时候，我们能看到的成吉思汗的宽仁的一面到底有多少呢？其实只要注意一下草原人的生活和成吉思汗的处世之道，还是能看到他用和平方式解决问题的贤德的。在面对长支贵族主儿乞人的时候，成吉思汗真正地做到了一个贤明君主应该做到的一切。

在成吉思汗为蒙力克、畏答儿和术赤台的到来而高兴时，孛儿帖夫人当天晚上就对成吉思汗说道："既然可汗如此好兴致，那么就举行宴会来庆祝他们的到来吧！"成吉思汗马上欢笑道："好！如此甚好，明日我们就在大帐前举行宴会。"就这样，成吉思汗吩咐下去让侍从准备一次喜庆、丰盛的宴会。

天色很快就明亮起来，成吉思汗在大帐中左右徘徊着，就在此时，别勒古台走进来报道："今日的宴会到中午时分便可以开始了，请可汗亲自去看看。"成吉思汗看了宴会的布置情况，满意地点了点头。此时别勒古台喊道："汗兄还是在帐中坐等宴会的开始吧！"成吉思汗马上答道："今日你当将所有的长支贵族都请来。"别勒古台连连点头。成吉思汗这才回到帐中端起马奶酒，会心而悠然地喝起来了。

宴会终于开始了，各位亲族和客人也陆陆续续坐在席间，成吉思汗宣布："快快斟上一盏酒来。"侍从马上给客人和成吉思汗斟上满满的马奶酒，就在此时，坐在一旁的两位老夫人豁里真妃和忽兀儿臣妃马上表示了不满，豁里真妃大声地呵斥道："难道你们心中就没有长次之别吗？我们主儿乞人的长者可是我和忽儿兀臣妃啊，你们怎么能无视我

— 248 —

们?"此时侍从连忙解释:"我们只是按顺序斟酒,无意损害大妃的地位。"忽兀儿臣妃马上破口大骂道:"你这样的贱奴都敢这样,我们还有什么尊卑可言?你们这些目无长尊的贱人,堂堂的主儿乞贵族怎得你来侮辱?"一时间,整个宴会上的气氛变得非常紧张。豁里真从席座上下来用鞭子抽打成吉思汗的侍从,侍者于是跪在宴席中间大声地喊道:"是也速该首领和捏坤太师二人不在了,你们才敢这样无法无天了!在宴会上大打出手,这成什么体统?"成吉思汗看着这样的局面,马上想道:"这些不知死活的人儿,今日我若不忍耐,可就不知道有什么事情发生了。"他就这样坐在宴席间不做声。

　　就这样侍从被赶出了宴席,此时的豁里真妃才大声地对成吉思汗说道:"以后这样的侍从最好不要,要是没有,我给你。"成吉思汗笑道:"两位长辈受气了,下人的一点儿过失还是不要耿耿于怀才好啊!"就这样,这件事情就告一段落了。孛儿只斤氏后勤长官别勒古台走到成吉思汗身边说道:"我到帐外去巡视一番,免得又有什么事端。"别勒古台轻捷地走出了大帐。就在此时,别勒古台发现马棚里有人影闪动,他悄悄地靠在角落里窥视着,他看到一个小偷正在偷辔头。别勒古台等到小偷走出来的时候,一把抓住他大声喝道:"你是何人,敢在可汗马棚里偷辔头?"那人马上惊叫道:"我是看看,我不是偷。"此时主儿乞氏的后勤长官不里孛阔走过来,大声地喊道:"合答吉歹,你怎么在马棚里走动呢?"别勒古台马上向不里孛阔说明了情况。不里孛阔喊道:"合答吉歹,你快快将那辔头还给他们,当面赔礼。"别勒古台紧紧地抓住小偷道:"不行,我要交给可汗亲自处置。"不里孛阔马上上前道:"偷辔头的事情都要交给可汗,那可汗一天的事情不是忙都忙不过来吗?还是就此了结了最好。"别勒古台马上回答道:"你想袒护他,他偷的是可汗的辔头,你还是识相点为好。"说完,别勒古台便要拖着合答吉歹向宴会上走去。就在此时,不里孛阔拦住了别勒古台的去路。别勒古台大动肝火地喊道:"你要是想袒护偷盗者,那就把我砍倒在地上。"说完,别勒古台就与不里孛阔在宴席外动起手来。别勒古台狠狠地向不里孛阔砍去,情急之下,不里孛阔挥起马刀向别勒古台砍去。没有想到的是,不里孛阔的刀竟砍伤了别勒古台的右臂。别勒古台看着右臂鲜血直流,于是"哼"了一声便回到宴会上去了。

　　坐在宴席上的成吉思汗一眼就看到了别勒古台,并发现他右臂上鲜血直流,成吉思汗盯着他问道:"你的伤口是怎么来的?快快与我说来!"别勒古台见成吉思汗坚持的样子,向他说明了事情的原委。此时

成吉思汗的怒火在心头燃烧起来。别勒古台劝阻道："汗兄不必为了小事而伤了与亲族的和气。"但年轻气盛的成吉思汗已经压抑不住心中的气愤，一声令下，宴会便变成了打斗场。经过半天的争斗，孛而只斤氏取得了胜利。成吉思汗将豁里真妃和忽兀儿臣妃扣押了下来，主儿乞人狼狈地回到驻地。

事后，成吉思汗也觉得在宴会上争斗有失可汗的风范，在双方的几次交涉之后，成吉思汗将两位大妃送还给了主儿乞人。不久，金国使者前来邀请蒙古部攻击塔塔儿人，但主儿乞人不但没有为蒙古人报仇雪恨，反而在成吉思汗与塔塔儿部杀得难解难分时，袭击了蒙古人的营地。对此，成吉思汗恨之入骨地说道："我对主儿乞人百般忍让，他却视我为仇敌，他日定要征服主儿乞人，解我心头之恨。"随后，成吉思汗就下令："全军向主儿乞进攻，让主儿乞再不能有反抗的机会。"义愤填膺的成吉思汗大军很快就冲杀到主儿乞人的驻地，但此时大部分主儿乞人都不在营中，于是成吉思汗大军顺着他们奔走的方向一路追赶。成吉思汗挥舞着苏鲁锭在战场上长驱直入，很快就将主儿乞军士打得落花流水。经过不到半日的战斗，整个主儿乞大部被消灭，他们的首领撒察别乞和泰出带着妻小狂奔逃命；在帖列秃之口便被成吉思汗大军追上，被押解了回去。成吉思汗站在他们面前厉声责问道："当日拥立我为可汗时，你们是怎么发誓的？"撒察别乞和泰出自知有罪，于是大声喊道："就请可汗赐我们一死吧！我们罪孽深重，无颜立于可汗帐下……"说完，双双自刎在成吉思汗的帐前。此时，成吉思汗才长长地舒了一口气道："汝等还是有良知的。"

主儿乞的首领被处死了，而他们的百姓却归顺了成吉思汗，他们当中后来涌现出不少英雄，如"四杰"中的木华黎和博儿忽就是出自主儿乞。主儿乞人是善战的，但也是不驯的。在撒察别乞和泰出死后，一个新的权威和首领又在主儿乞人当中崛起，他就是不里孛阔。这个被主儿乞人称为"国之力士"的人是合不勒汗第三子的后代，与也速该是同辈人，他也是成吉思汗的堂叔。在此时的主儿乞人眼中，不里孛阔是一个众望所归的首领，但在成吉思汗眼中，他却是一个潜在的政治隐患。

一天晚上，不里孛阔坐在营帐中喊道："主儿乞的勇士们，今天我们能这样自在地生活，是天神的保佑，但我们也不能忘记我们刚刚逝去的首领撒察别乞和泰出啊！"这话很快传到成吉思汗耳中，成吉思汗轻轻地对别勒古台说道："我看这个不里孛阔与撒察别乞是同路人啊！"

雕弓天狼——成吉思汗传

别勒古台上前说道："这个不里孛阔倒是个勇士，如果汗兄想让他顺从，那你就让我来解决这件事吧！"成吉思汗马上盯着别勒古台说道："难道你还想与不里孛阔决斗一次？"别勒古台点了点头。此时合撒儿说道："不里孛阔力大无穷，而且他的武艺也一定在你我之上，我看别勒古台还是不要去决斗的好。"成吉思汗微笑道："这个不必担心，只要别勒古台有胆识，我们便能稳操胜券。"就这样，成吉思汗在大帐中精心策划了一场决斗好戏。

某天晌午时分，成吉思汗请来众人在大帐中进食。不里孛阔坐在帐前高兴地说道："当天与别勒古台在帐外决斗，万万没有想到别勒古台谦让，我却不知好歹将他伤了，今日定要请别勒古台痛饮一杯。"别勒古台马上站起来说道："那日是我先失礼，今日众人好兴致，让我们再来决斗一次，让众人欢乐欢乐怎么样？"此时成吉思汗马上说道："你二人今日在我面前比试一下，看到底谁的勇力更胜一筹。"不里孛阔再三推辞，但别勒古台跃跃欲试地站在不里孛阔面前挑战叫嚣着，于是不里孛阔勉强地喊道："那好，我就来比试一番吧！"说完，就站起身来与别勒古台搏斗起来。

别勒古台狠狠地对不里孛阔施展了连环招，但不里孛阔轻松地就闪躲过去，别勒古台情急之下，又用脚向他脸上踢去，但不里孛阔将别勒古台的腿抓住又放下，因为不里孛阔心想："此时已不是往日，主儿乞再不能与孛儿只斤分庭抗礼，我们现在只能寄人篱下，还是佯装着败下阵才是上策。"于是不里孛阔连续左右躲闪之后，只是招架，没有还手的想法。最后，别勒古台抓住机会将不里孛阔按倒在地。别勒古台马上给了成吉思汗一个眼神，于是成吉思汗紧紧地咬合着嘴唇，双目凝视着他。别勒古台心领神会，用右手摁住不里孛阔的喉咙，用尽全身力气摁了下去。此时的不里孛阔大声呼喊道："别勒古台本不是我的对手，我佯装战败是想迎合可汗，没想到致我性命无存也。"说完，不里孛阔便被拧断了脖颈。

作为一个有实力的力士，不里孛阔也曾经与成吉思汗斗争过。现在成为一个氏族的首领，成吉思汗自然不会等闲视之。不里孛阔虽然是一个能干有智慧的人，但与成吉思汗的对抗导致了他的死亡。不里孛阔的死使得主儿乞的嚣张气焰也受到了前所未有的打击，这为成吉思汗进一步巩固自己的汗权作了极为有利的铺垫。

恩怨分明　放施有度

　　一向以大义示人的铁木真从来不吝啬自己的情谊，当札木合与他结营而牧的时候，他没有说过一点儿激亢之辞，就是札木合说出分开设营的想法时，铁木真也是毫不隐晦地表示着他们之间的安答之情。虽然他们最后分开了，但铁木真心中对安答的友爱之情，却丝毫没有减弱。在铁木真离开札木合之后，他常常对身边人说道："我的好安答与我分别实在是有理的，但愿我们的情感不要因为空间的分开而疏远啊！"念念不忘情谊的铁木真在面对脱斡邻勒汗时，更是情深意浓，他也常常对将士们说："虽然我亲生父亲已经离去，但我的义父脱斡邻勒汗却像亲生父亲一样照顾我，我此生遇到脱斡邻勒父亲实在是三生有幸也。"而脱斡邻勒王汗也对铁木真说道："我的亲生儿子虽然不能称英雄，但铁木真儿却弥补了我的遗憾，有铁木真儿是我前世修来的福气，感谢主啊！"在铁木真的发家、发展、壮大这一过程中，脱斡邻勒汗在其中都起到了举足轻重的作用。在多次战斗中，都是铁木真与脱斡邻勒王汗的并肩作战才赢得最终的胜利。但世上没有永远的朋友，当眼前的利益将友好的双眼蒙蔽的时候，仇恨和不满就会在彼此的心中滋生。脱斡邻勒王汗与铁木真的友谊也逃不了这样的劫难。

　　在面对脱斡邻勒王汗的时候，成吉思汗也真正做到了施放有度，这也让脱斡邻勒王汗与成吉思汗之间的感情发生着戏剧性的变化。其实在一开始，成吉思汗在利益上就对脱斡邻勒王汗一再地谦让和妥协，他的唯一目的就是要得到战场上的同盟来壮大自己的实力，把仇敌一个一个剪灭。

　　在挽救铁木真夫人孛儿帖的战争中，脱斡邻勒王汗大军协同札木合和铁木真，将鼎鼎大名的兀都亦惕蔑儿乞打败了，脱斡邻勒王汗大军将敌人赶到了草原的尽头。铁木真的军队在战争中得到了大量的战利品，满载而归。铁木真坐在战马上大声喊道："今日能将孛儿帖等人抢回来便是我的最大收获，明日我与札木合安答商量，将分给我的战利品全部赠给我的脱斡邻勒父亲。"脱斡邻勒王汗马上微笑道："今日我儿铁木真刚刚兴师，当好生壮大自己的势力，现却要将战利品分给我，我真是

太意外了，怎么来报答我的好儿子呢?"铁木真大声说道："哪有儿子送礼物给父亲还索要报答啊?"说完，就哈哈大笑起来。此时札木合说道："铁木真安答如此慷慨实在难得，脱斡邻勒汗应该够荣耀了。"就这样，脱斡邻勒王汗心满意足地得到了铁木真赠送给他的全部战利品。脱斡邻勒王汗看到自己的队伍，高兴地喊道："克烈部能有今日之实力，实属不易，我会企求主来保佑让我发展壮大的人，特别是铁木真，我将终生铭记和铁木真的情谊。"就这样，脱斡邻勒王汗率领着自己的部众高歌而去。

事后，坐在帐中的札木合马上问道："安答不应该如此地慷慨，脱斡邻勒王汗可是只老狐狸啊!"铁木真马上说道："只要我们仁至义尽，相信脱斡邻勒王汗会成为我们最坚定的盟友的。"札木合轻轻地摇了摇头就走出了大帐，向自己的营帐去了。铁木真看着札木合走去，于是心中马上想道："希望我的未来有这两位朋友的笑声充斥我耳畔，不要有哀怨之声让我悲切啊!"就在此时，孛儿帖夫人走过来说道："我看他们两家都不是长久的朋友，我看你还是要为自己多想一些，免得以后哀求别人。"铁木真笑了笑道："我们男人之间的关系可不比你们女人，有太多的东西你是体会不到的。"说完，铁木真站起身来，舒展了筋骨，然后慢慢地走出了营帐，看落日的风景去了。

在铁木真的势力一点一点地壮大的时候，札木合对铁木真说道："我的好安答，多日没有脱斡邻勒王汗的消息，难道他是想另起炉灶了吗?"铁木真笑道："不会吧，在我麾下他屡打胜仗，他的部众正在发展呢!"札木合听到这样的话，马上站起来就出去了。就在此时，忽然帐外驰来一使者，铁木真坐在正座上。那使者马上说道："铁木真，脱斡邻勒父亲要在萨里河的原野上举行宴会，请铁木真儿子前往赴宴。"铁木真得到消息马上说道："好的，难得父亲有这片心，我即日便去萨里河赴宴。"那使者得到消息后，纵马而归。铁木真正在高兴之间，八邻部的阿速那颜上前说道："我看那脱斡邻勒汗阴险狡诈，他会不会另有图谋啊，小心点为是!"铁木真马上说道："我们同盟如此默契，他怎么会暗算我呢?"阿速那颜说道："那脱斡邻勒汗心胸狭窄，他一定不满意寄人篱下的生活，迟早会反了主子的。"成吉思汗笑着说："如果你觉得有问题，那你就随我一起前去好了。"就这样，成吉思汗准备带上几个随从明日就向萨里河奔去。

坐在金帐中的脱斡邻勒王汗诡秘地对部下说道："我们明日要在席间将铁木真抓住，然后将他杀掉，这样我脱斡邻勒汗便是天下之主也，你们也可以飞黄腾达了。事成之后我们再将铁木真和札木合的部众掳过来。"说完，脱斡邻勒王汗得意地笑了起来。此时桑昆说道："我们定要做得人不知鬼不觉，干净利落。"脱斡邻勒王汗在帐中精心地布置着一场暗杀活动。直到深夜，王汗的金帐才渐渐安歇下来。而此时的铁木真正在对随从数："明日定要好好与父汗聊聊，让我们之间的情谊像斡难河上的流水一样绵绵不绝。"脱斡邻勒王汗与铁木真都在等待宴会的到来，但却怀着完全两样的心理。

不知不觉中王汗的宴席已经大张旗鼓地摆设开了。站在案前的脱斡邻勒王汗远远看到铁木真走了过来，于是对左右施用了一个无比阴冷的眼神，刀斧手就在帐后等待脱斡邻勒王汗的指令了。成吉思汗带着阿速那颜满脸笑意地喊道："我的脱斡邻勒父亲，今日得能相见，真想与你畅谈三天三夜啊！"跟在铁木真身后的阿速那颜马上环视四周，就在他起疑心之时，帐后的哨兵突然跑了出来，阿速那颜跟了过去，发现后面的哨兵面貌凶煞，而且手中都持着马刀。阿速那颜马上惊恐起来，随手将自己口袋里的短刀插进靴筒里。此时成吉思汗坐上了正座与脱斡邻勒王汗寒暄。桑昆马上就发现了阿速那颜靴筒里的短刀。他轻轻地在脱斡邻勒王汗的肩膀上碰了一下，使了个眼色。脱斡邻勒王汗此时才知道，铁木真身边的人已经察觉他们的行动。脱斡邻勒王汗暗自想着："不能动手了，他们已经发觉我们的用心了。"一边怀着鬼胎、一边以礼相迎的脱斡邻勒王汗变得坐立不安。成吉思汗马上问道："难道脱斡邻勒父亲有什么心事吗？"脱斡邻勒王汗张着口却说不出话来，就在此时，阿速那颜走到成吉思汗身边轻声地说明情况。这样，成吉思汗马上震惊了，然后继续说道："如果脱斡邻勒父亲今日身体不适，那我们就寻个好日子来我帐下痛饮几杯，如何？"铁木真马上站起身来道别。脱斡邻勒含糊地说着："既然铁木真儿已吃饱喝足，那就改日再到你帐下叙叙旧情吧。"说完，脱斡邻勒就让人将铁木真等人送上路去。

走在路上的铁木真暗自惊魂："今日多亏阿速那颜，否则我性命不保也。"阿速那颜急忙说道："我一直对脱斡邻勒怀有戒心，只是首领你不知而已。"一路奔回到营地的铁木真坐在营中，马上与众人商讨对付脱斡邻勒王汗的事情。众人一致要求与脱斡邻勒王汗进行一场战斗，但铁木真却喃喃地说道："我们仇敌甚多，而盟友稀少，今日我们不联合脱斡邻勒王汗，明日我们便又增加一个强敌。我看还是忍耐一回，用诚意和善心来原谅他，这样对我们只有好处。"众人听了铁木真的中肯之言后，都点头称是。就这样，众人接受了铁木真的意见，权当事情没有发生过，继续友好地面对这个似友非友的邻居。

脱斡邻勒王汗的臣属和亲族都对他的恶行表示了不满。脱斡邻勒王汗的族弟和手下亲信都指责道："我们的这位可汗，心胸狭窄，常怀恶心，对人残酷。他不但杀尽兄弟，还虐待百姓，我们怎么能和他长期相处呢？他七岁时被蔑儿乞人掠去，在河边舂米；十三岁与其母被塔塔儿人夺去，让他放牧骆驼；不久前又跑到西辽，投奔了古儿汗，因穷困至极又逃了草原，投靠了铁木真，铁木真视他为亲人一样。今天却要对恩人下手，他怎么好了疮疤忘了痛呢？"很快，这样的议论就传到脱斡邻勒王汗的耳朵里，他大为恼火，下令将议论的人全部抓起来。情急之下，脱斡邻勒王汗弟弟扎合敢不逃往乃蛮部。克烈部中马上混乱起来，脱斡邻勒王汗见如此形势，于是便将反叛铁木真的想法搁到一边去了。

正在脱斡邻勒王汗大动肝火之时，铁木真又向他敞开了宽容的怀抱，并邀请他一同前往草原深处攻打蔑儿乞人和塔塔儿人。在这些统一草原的战争取得胜利的时候，铁木真常常对手下说："因为战争的胜利和我们势力的不断扩大，脱斡邻勒王汗与我们的距离也越来越远了。"者勒蔑大声说道："我们胜利之后将大量的战利品都分给了脱斡邻勒王汗，看来他的胃口是越来越大了，我们以后该怎么办呢？"铁木真坐在帐中对众人说道："在打败蔑儿乞人的时候，脱斡邻勒王汗将所有的战利品都独吞了，而我却只是一笑置之。今日的脱斡邻勒王汗与我们一起打败了塔塔儿，今后他还会同我们一起攻打谁呢？"此时帐中鸦雀无声，成吉思汗默默地低着头。别勒古台马上说道："我们不能一味迁就脱斡邻勒王汗，现在也应该表示我们的强硬了。"成吉思汗挥挥手道："不能，我们万万不能让草原人骂我们是背信弃义。一定要让脱斡邻勒王汗开口，否则我们只有迁就。"说完，他便遣散众人，各自休息。

就在成吉思汗与脱斡邻勒王汗分兵追击草原残余势力的时候，王汗将成吉思汗一生中的最大敌人，也是他的好安答札木合招降了。得到这个消息的成吉思汗马上让人传话给脱斡邻勒王汗道："今日闻父汗将札木合安答降服，不知我那位精明能干的好安答会不会让我们的盟约受到威胁？如果不幸会发生，那我的父汗就要谨慎处理了。"脱斡邻勒王汗马上回话道："札木合已经很难再有作为，在我的帐下也只是苟且偷生，我的铁木真儿不必担心我们的关系会遭到坏人的破坏。"

但事实说明，札木合的到来成了脱斡邻勒王汗与成吉思汗分裂的最重要的原因之一。而成吉思汗在面对脱斡邻勒王汗反复无常的变化时，能审时度势，也显示出成吉思汗非同寻常的政治眼光。

严明军纪　统一调度

　　铁木真称汗之后，经过一年左右的休养生息，决定对草原的旧势力发动一次全面的战争。在过去的战争中，铁木真发现了一个非常严重而且很头痛的问题，那就是在每次攻城略寨的时候，各个部族都是以自己利益出发，各自为战。这直接导致了自己在战场上无法统一调度，无法形成整体的战斗力。在十三翼之战失败后，成吉思汗痛心疾首地对将士们说："今日之战败，很大程度上是因为我们缺乏严明战斗纪律所致，目无军纪的现象一定要解决，否则我们就是一群乌合之众！"身边的人应道："这是我们蒙古人的老传统，可汗要是想改变，需要树立更大的威信啊！"从此，成吉思汗心中的想法便很明确，他要在未来的战争中改变战争的组织形式，如此他才能建立起一支无坚不摧的队伍。

　　时间一天天地流逝，站在阔亦田大战胜利的阵地之上，成吉思汗大声呼喊："我的勇猛的斗士们，让我们一起追袭穷寇札木合。"但此时许多部众都在战场上抢夺财物，根本就无暇顾及成吉思汗的号令。成吉思汗坐在战马上叹息道："难道财物就这么都重要吗？你们不向前冲，你们还想被札木合追着打吗？"正是因为将士的贪利，才没有将札木合赶上绝路。

　　阔亦田大战的胜利并没有让成吉思汗感到满意，他对身边的将士说道："我们要想称霸草原，首先要改变的就是我们的作战纪律问题。"者勒蔑上前道："可汗说得对，我们不能与其他部落一样各自为战，必须要有统一的指挥和行动。"成吉思汗听到这里点了点头，说道："者勒蔑有这样的想法就很好，希望每一个将士心中都要有这样的想法才好。"术赤台说到："我们的部落是抢夺财物的先锋，那就请可汗下达指令，让我们来遵行吧！"成吉思汗摇了摇头道："现在不行，战争开始，我就下达指令，让将士们知道军人的纪律是第一位的。"说到此时，身旁的忽察儿不耐烦地说道："战争中最大的乐趣就是抢夺财物，如果

雕弓天狼——成吉思汗传

这样的乐趣都不给我们，我们发动战争何用？"众人的眼光马上投到忽察儿脸上。孛儿帖夫人上说道："今日就说到这吧，将军们各自归营休息吧！"就这样，众将各自退出中帐。

在消灭泰赤乌人之后，成吉思汗坐在帐中大声地说道："我们的仇敌泰赤乌人已经消灭，现在摆在我们眼前的，便是塔塔儿人了。"带着世时代代的仇恨，成吉思汗率领大军踏上呼伦贝尔大草原，准备与塔塔儿部进行一场殊死搏斗。蒙古军一路士气高昂地走来，在答兰捏木儿格思之地与塔塔儿军队相遇，并摆下阵势，准备在天明时分与塔塔儿军队进行战斗。

中午时分，成吉思汗坐在中帐沉思，忽然博儿忽走进帐中说道："可汗，明日就要作战了，你不申明一下你的战争纪律吗？"此时成吉思汗马上直起腰来喝道："快快与我整顿军马，我要当众宣布战争纪律。"博儿忽笑了笑道："我的可汗，一切都已经准备好，就请您去发号施令吧！"成吉思汗急匆匆地走了出去，看到三军都严阵以待，于是高兴地喝道："我的将士们，为了我们在战斗中少些伤亡，为了在战斗中快速取得胜利，我现在不得不宣布一下新的战争纪律，你们都要像记忆神灵的忠告一样铭记它，那就是：在战争中，不许随意抢夺财物，抢得的财物要上缴，然后平均分配；战斗中我们的军士如果畏缩不前者，斩……"

众将士听到这样的军令，举起手中的马刀大声呼喊："可汗圣明！"成吉思汗见军士士气如此高昂，满面春风地喊道："新纪律的施行，一定会让我们胜利的号角吹遍塔塔儿的牧地。"此时站在军中的者勒蔑对可汗说道："今日的军令对以后的战斗都非常重要，可汗的圣明是有目共睹的了。"成吉思汗此时的威严达到了顶峰。

成吉思汗回到帐中对身边人说道："虽然塔塔儿人作战勇猛，但我的军纪一样可以带来出奇制胜的力量。"别勒古台笑道："我们的纪律是很不错，但不知在战场上我们的将士会不会严格遵守。"博儿术马上说道："只要各个首领都严于律己，相信混乱的景象是可以避免的。"就在此时，忽察儿走出了营帐，他心中好像充满了义愤。大帐中人都露出了尴尬的神色。成吉思汗笑道："军令如山，就是不满意也得执行，否则军队就是一盘散沙。"

很快，塔塔儿的军队就出现在蒙古大军面前，野蛮的塔塔儿人像一群奔驰的野马般向蒙古大军冲杀而来。成吉思汗用力地挥舞着苏鲁锭，于是先锋部队就像猎鹰一般飞驰而上，塔塔儿军队与蒙古先锋军在平坦

【第六篇】方略篇

的草原上厮杀起来。不一会儿，由于力量对比悬殊，蒙古大军被逼得节节败退，于是先锋大将合撒儿大声呼喊道："冲锋陷阵，退者斩！"士兵们听到这样的指令，马上像逼急了的麋鹿一样拼命地向前冲杀。很快，战场上的主动权便转移到蒙古军手中，此时成吉思汗率领大军也冲杀上来，塔塔儿人见强敌难抵，于是放弃手中的马刀和营寨中的牲畜向山野之中逃窜。但此时冲上来的蒙古军没有一个人去抢夺财物，径直向塔塔儿残余势力追赶上去。不到一天，塔塔儿的四个首领纷纷都被蒙古军斩杀。就在此时，阿勒坛、答里台和忽察儿的军队正好从战场下退下来，看到塔塔儿丢下的许多财物，于是忽察儿大声喝令道："快快与我将财物带回帐中，如此我们的财物就更加丰盛了。"说完，忽察儿等人的军士就在战场上抢作一团。博儿忽看到，飞奔上前道："忽察儿，你们不能违反可汗的命令，这样你们会被惩罚的。"忽察儿应道："我自有我的说法，你看看哪个草原人上战场不是为战利品的？你们这样是没有道理的。"博儿忽听到这样的话，飞奔到后方去了。

战争很快就结束了，阿勒坛、答里台和忽察儿坐在营帐中高兴地说道："我们在战场上抢夺的战利品从来没有这么多，如果以后都能这样，铁木真还是可以利用的。"正在说话之间，侍从禀告道："铁木真汗请三位亲族去他帐中叙事。"忽察儿马上诡异地说道："我们马上就来，让铁木真兄弟稍等。"等使者走后，忽察儿感觉不妙，说道："看来我们有麻烦了，我们只有躲避才是出路啊。"于是三人默默地点了点头，各自归帐休息去了。

成吉思汗在帐中等待了一段时间也不见三人踪迹，于是大声呵斥道："阿勒坛、答里台和忽察儿三人带头违反军纪，我定不轻饶！"成吉思汗又喊道："者别、忽必来听令，你二人快快去他们那里将抢来的财物、牲畜统统没收上来，然后由我亲自来分配给其他部众。"二位将军奉命来到忽察儿等人帐中，还没有等他们反应过来，士兵便将他们抢来的财物全部装上了车。忽察儿气愤地喊道："难道铁木真想独吞我们的财物吗？难道天神就没有正义的眼睛吗？"者别马上说道："你们还是服从军令的好，否则可汗不会顾及手足之情的。"忽察儿马上上马飞奔到成吉思汗的营帐前说道："铁木真，你为何要抢夺我的财物？"成吉思汗看到忽察儿愤怒地说道："因为你违反了军法，你没有听到我所颁布的军律吗？"忽察儿诡笑道："我听到了，但你的军律不对。"成吉思汗马上问道："哪里不对？"忽察儿瞪大眼睛说道："在战场上每个人流的血不一样多，为什么分的战利品却一样多？"成吉思汗气愤地喝道：

"难道战斗不是大家的事情吗？缺少哪一个，战争都不会胜利。"忽察儿马上挥手说道："你快快还我财物，如此我才能信服于你。"成吉思汗果断地说道："你的战利品已经是众人的了，你没有权利得到它。"忽察儿愤怒地喊道："铁木真，你会后悔的。"说完便绝尘而去。

当天晚上，阿勒坛便对答里台和忽察儿说道："我看铁木真是越来越不将祖宗看在眼里了，他将来一定是个背信忘义之徒。"忽察儿说道："他不顾我们的颜面，将我们的财物夺了去，我们还不如离了他，另寻他处栖身为好。"答里台仰起头说道："现在谁的实力比铁木真强？只有脱斡邻勒王汗了，我们不如投靠脱斡邻勒王汗也好，将来一定有报仇的一天的。"三人在帐中整整合计了半天，最后的决定还是去投靠脱斡邻勒王汗。三人决定离开铁木真，但他们得寻找一个机会，这样就走得名正言顺。

以后的日子里他们在营帐中消极无事，终日玩乐。这样的消息传到成吉思汗耳中，他于是派人到忽察儿处问道："三位头领近来安闲，大汗让你们到远方去放牧！"忽察儿听到这样的话，马上高兴地对阿勒坛和答里台说道："我们的机会来了，铁木真要我等去远处放牧，我们正好去投靠脱斡邻勒王汗，铁木真必没有防备！"就这样，忽察儿等人带上一队人马奔驰而去，不久便投靠了脱斡邻勒王汗。而他们的到来也成为脱斡邻勒王汗与铁木真分裂的重要原因。

在面对塔塔儿人的战斗中，成吉思汗的军纪收到了极大的效果，正是军纪的提出，蒙古军在面对塔塔儿这个劲敌时才能稳操胜券。而忽察儿等人的违纪也让所有军士看到成吉思汗的威严。作为成吉思汗称汗以来的第一条法令，讨伐塔塔儿人的军纪像一面旗帜般舞动在所有的蒙古士兵心中。它在成吉思汗未来的战争中都起到巨大的作用，它展示了成吉思汗在军纪上的威严，也反映出成吉思汗在用兵作战中的非同一般的才华。

从征讨塔塔儿颁布军纪开始，成吉思汗就在草原上书写着让整个世界感到震惊的历史。无论是亲族还是那可儿，在成吉思汗的军纪面前都一律平等。当蒙古军队越来越强大时，当成吉思汗手下那可儿越来越多时，成吉思汗深深知道，没有规矩无以成方圆，只有威严的军纪才是最好的管理武器。

花无百日　聚散有时

天下没有不散的筵席。在浩渺的草原上，没有永远的朋友，也没有永远的敌人，只有永恒的利益。一旦朋友缘尽，便是双方剑拔弩张之时。花无百日红，终究有一天会颓败；聚散终有时，此乃人间常情。

成吉思汗的老盟友、被成吉思汗称为"父亲"的脱斡邻勒王汗，在得到成吉思汗恩惠的时候信誓旦旦，但一旦面对更大利益的时候，他却背信弃义，这一点，成吉思汗心如明镜。虽然眼前他们是口中的朋友，脱斡邻勒王汗可不想让这个口口声声叫他"父亲"的铁木真成为他野心图谋的绊脚石。就这样，成吉思汗与脱斡邻勒王汗之间的关系就发生着微妙的变化。

在阔亦田战场上大胜后，他们分为两路军马前去追赶敌人，成吉思汗消灭了泰赤乌后，在斡难河畔等待脱斡邻勒王汗，过了几天时间，脱斡邻勒王汗通知成吉思汗：他已经将札木合降服，并将脱脱的亲人全部抓住。铁木真马上对脱斡邻勒王汗说道："我们就这胜利之师，何不去追赶不亦鲁黑汗，那样才是全胜的雄师呢！"脱斡邻勒王汗听从了铁木真的建议，决定继续向西挺进，捉拿不亦鲁黑汗。大军很快就到达不亦鲁黑汗的驻地。在这里，双方发生了激烈的战斗，不久，不亦鲁黑汗就被蒙古联军打得摸不着头脑，不亦鲁黑汗带着大部军马越过阿尔泰山向南奔逃。脱斡邻勒王汗与铁木真率领得胜之师顺忽木升吉儿和兀泷古水而下，径直向不亦鲁黑汗逃跑之路奔去。不几天的工夫，脱斡邻勒王汗便抓住了敌人的后哨将领。到乞湿泐巴失湖时，铁木真看到不亦鲁黑汗的身影，然后分兵而上，将不亦鲁黑汗大军狠狠地痛击了一番，不亦鲁黑汗的大军被彻底打败。看着不亦鲁黑汗溃不成军，铁木真大声喊道："看来我们的敌人都已经成为落魄之徒了，让我们带着胜利的果实回师吧！"就这样，两路大军缓缓地向后方撤去。

就在他们经过巴亦答剌黑别勒赤儿地盘的时候，忽然眼前闪现出大队人马来，脱斡邻勒王汗马上问哨兵这些是什么人，哨兵回答道："是太阳汗的大将撒卜勒黑，他在隘口拦住了我们的去路。"铁木真马上说道："我亲自去探个究竟，难道是天上掉下来的不成？"说完，带领众人奔驰而去。就在此时，札木合悄悄地对忽察儿等人说道："我们的机会可能就在眼前了。"忽察儿谄笑道："要是能将眼前的狐狸和狼都除掉，那是最好了。"就这样，几人从嗓子眼里发出阴冷的笑声。此时铁木真挥舞着苏鲁锭，大声地叫道："难道太阳汗在看不到太阳的时候也要与我们交战吗？"撒卜勒黑马上回答道："我要为不亦鲁黑汗报仇，如果你们现在不是战斗的时候，那我们明日早晨再来一决高低。"铁木真坐在战马上大笑道："如此有礼数，果然是个西方大国的样子，那我们就明日清晨再来较量。"说完，双方就各自收兵归营，准备着天明的战争。

脱斡邻勒王汗坐在营帐中沉思了一会儿，然后对身边人说："铁木真今日怎么会听从敌人的巧语而停止战斗呢？我们趁着势头一举将撒卜勒黑抓来便是，难道还有困难吗？"此时坐在角落里的札木合马上上前道："我的这个安答从前与乃蛮部常有来往，今日怕他是又想起旧情，投降了乃蛮人吧！"他不动声色地看着每一张疑惑的脸，然后又说，"我对你来说就是只白翎雀儿，我那位安答却是只告天雀儿，白翎雀儿寒暑常在北方，而告天雀儿遇寒则就暖耳。我肯定我的安答一定是投靠乃蛮部了，所以用缓兵之计来迷惑脱斡邻勒王汗。"脱斡邻勒王汗听到这样的话震惊了一下，然后皱起眉头半天不语。此时扎合敢不疑惑地问道："难道铁木真会不顾父子之情而倒向乃蛮这个偏远的国家吗？"脱斡邻勒王汗坐立不安地在头上拍打着道："我觉得害人之心不可有，但防人之心不可无啊！"正在疑惑之间，脱斡邻勒王汗身边的一个勇士上前道："我觉得札木合是一派谣言，中伤铁木真。"札木合正在得意之间，听到这样的话，便气愤地喊道："你是什么人？敢帮奸人说话。"这个勇士不慌不忙地站起来对札木合说道："我是克烈部的勇士，名叫古邻，别人都叫我'兀卜只儿台—古邻'，你也可以叫我红脸汉子。"札木合马上笑道："原来是个面色如女人的汉子啊！看来你是想袒护铁木真了，你知道这样会带来整个克烈部的覆灭的，你要好好想清楚，要以大局为重啊！"

双方正紧张地争论，王汗大声呵斥道："古邻，你不要打断札木合的说话，我相信札木合说得有点道理，我们不能拿自己的身家性命做赌注。"说完，脱斡邻勒王汗就下令："在营地中点上篝火，然后大军向东面撤退，连夜走出乃蛮人的境地。"就这样，脱斡邻勒王汗的大军在成吉思汗不知情的情况下就私自撤走了。坐在战马上的札木合高兴地对忽察儿说道："看来我们的计划在不远的将来就要实现了。"

天明时分，成吉思汗整兵于巴亦答剌黑别勒赤儿之地，正在他要求脱斡邻勒王汗一起出兵的时候，侍从回报道："脱斡邻勒王汗军营中篝火通明，但人马在夜间已经全部撤离了。"成吉思汗心中一震，马上前去观望，发现脱斡邻勒王汗的营帐中并无一人，于是他痛恨地喊道："脱斡邻勒王汗不义，害我孤军而战也。"合撒儿马上说道："我们未必有获胜的把握，还是乘机后撤吧！"成吉思汗仔细思考之后下令："全军后列变前列，全部后撤。"蒙古联军就这样在撒卜勒黑面前不知不觉地撤走了。撒卜勒黑得到情报之后高兴地说道："难道东方草原人就这般勇气吗？让我们去把脱斡邻勒王汗的军队消灭掉，然后再回去邀功。"说完，撒卜勒黑军队就直奔实力较弱的脱斡邻勒王汗而来。

很快，脱斡邻勒王汗的大军被撒卜勒黑的军队赶上，断后的桑昆带着家人与乃蛮人大战了起来。但由于乃蛮军势力强大，桑昆的财物被敌人抢走大半，自己的战马也被刺伤，还险些掉下马来。消息刚刚传到脱斡邻勒王汗耳中，后面的追兵就已经到达克烈边境，将脱斡邻勒王汗的所有牲畜都掳走了。脱斡邻勒王汗看着自己的部众、财物、牲口被乃蛮人洗劫一空，自己坐在战马上大声呼喊："我的主啊！快快让人来挽救我吧！"就在此时，扎合敢不大声地喊道："还是求救于铁木真吧！"脱斡邻勒王汗听到这里，马上下令："快快去请铁木真来营救。"得到消息的铁木真急呼道："如果我们不互相猜忌，就不会就这样的下场，看在我们父子一场的份上，我还是救救临阵脱逃的脱斡邻勒王汗吧！"于是成吉思汗授命自己的四杰，去拯救脱斡邻勒王汗。

等博儿术等人抵达战场的时候，桑昆正在苦战，不到几个回合，博儿术便救起桑昆，蒙古军队如恶狼般在乱军中冲杀，不到半日，乃蛮部的大军便溃不成军，狼狈而逃。四杰将王汗的所有财物和部众都交给了他，而他们也毫无损伤地回到铁木真处。此时的脱斡邻勒王汗悲愤交加，于是在黑林又与铁木真第三次结盟，重申父子深情。

1202年，铁木真与脱斡邻勒王汗同在一个牧地上放牧，铁木真高兴地来到脱斡邻勒王汗处说道："今日我看天时吉利，我想向父汗寻个亲事呢！"脱斡邻勒王汗马上说道："那好，这样我们的关系更近了。"铁木真说道："我让我的长子术赤聘娶桑昆的妹妹察兀儿别姬，将自己的女儿豁真别姬嫁给桑昆的儿子秃撒合。"脱斡邻勒王汗马上高兴地答道："好，如此甚好，但秃撒合是桑昆的儿子，我得要去问问他。"就这样，铁木真就坐等脱斡邻勒王汗的喜讯了。但桑昆得到这个消息后，马上说道："术赤是个什么东西？他是个野种，娶我妹妹，太便宜他了！而我的儿子娶他女儿，他女儿来了就做大妃！你们也太会打盘算了。"铁木真碰着一脸的灰，跑了回去。

就在桑昆心中不痛快的时候，札木合带着他的一帮成吉思汗的仇敌悄悄地说道："桑昆现在对铁木真有意见，那我们就先从桑昆下手。"札木合直奔桑昆营帐而来。桑昆看到札木合，马上笑道："你上次在父汗面前挑拨离间，让我们损失惨重啊！"札木合笑道："那桑昆你不也是对铁木真恨之入骨吗？"桑昆这才慢条斯理地说道："我们好好合计一番，再来与铁木真斗一次。"听到这样的话，札木合将桑昆带到他的营帐中，与其他反对铁木真的势力共同商议着。阿勒坛和忽察儿首先向桑昆表明了立场。然后忙忽惕的塔海忽剌海、合答斤首领木忽儿忽兰等人也表明了他们的态度。桑昆经过这样一挑唆，他心中的郁闷马上发泄了出来，他大声地对在场的人说："我的心中已经压抑很久了，今日能得到解脱，实在是大快人心啊！明日我便请父王让我与铁木真交错设营，以便伺机对他袭击。"

第二天，桑昆对脱斡邻勒王汗说："我想与铁木真一起驻扎，父汗不会有意见吧？"脱斡邻勒王汗马上痛惜地问道："你想打什么主意？难道你想陷我于不义吗？"桑昆忙上前道："铁木真心中常有反叛之心，我只是想先下手打垮他，免除后患啊！"脱斡邻勒王汗心情激动地说道："你们为什么如此残害我儿铁木真呢？我们靠他的帮助，才有了今天，如今你们如此残害我儿，上帝是不会保佑我们的。"脱斡邻勒王汗用手在胸前划着十字，说道，"札木合是个花言巧语、不讲信用的人，这个人不可靠，不要听他的话。"就这样的话，桑昆前后在王汗面前说了四次。直到1203的春天，铁木真准备离开脱斡邻勒王汗去稍远一点儿的地方安营时，桑昆见眼前的机会就要失去，于是对脱斡邻勒王汗说道："有口舌之人都说铁木真心存不轨，而你为什么就不信呢？为什么聪明的人、头脑清醒的人和有远见的人的话你就是听不进去呢？"脱斡邻勒王汗又回拒道："你就不要再说了。"桑昆又说道："您现在健在，铁木真都不把我放在眼里，如果您哪天真的离开了我们，铁木真还会听我的管束吗？"王汗仍然坚持自己的想法。桑昆见希望无存，于是转身便走。就在此时，王汗害怕父子之情就这样僵化，便将桑昆叫了回来，长长地叹了口气说道："铁木真是我安答的儿子，也是我的义子，今日你却要

加害于他。我劝阻你们多少次，你们就是不听，现在你们要是真想与铁木真为敌，我也管不到了。希望你能战胜他，只是不要再把我加上去，让我这把老骨头安静一些吧！"桑昆得到这样的说辞，兴奋地辞别了父汗。

桑昆与札木合等人派人烧掉了铁木真的牧场，然后又想出一条毒计，那就是以吃定亲酒为名，让铁木真到桑昆处赴宴，设计将他抓起来。但由于铁木真是大福大贵之人，在族人的提醒下躲过了这一劫，但从此双方的关系就发生了微妙的变化。

兵马不动　巧化干戈

在成吉思汗的一生中，战争就像一日三餐一样平常。战争就是武力征服，就是暴力血腥的代名词。在成吉思汗的征服史上，我们能看到一些用智慧、和平方式进行的战争。

在与脱斡邻勒王汗的决裂时，在哈兰真沙陀战争之后，铁木真非常出色地发动了一场政治攻势，蒙古大军没有损失一兵一卒，却让脱斡邻勒王汗内部发生了剧烈的震荡。反复无常的脱斡邻勒王汗和刚愎自用的桑昆在成吉思汗面前显得是那样的被动和无助。一场没有厮杀的战争在铁木真与王汗之间打起来了。

哈兰真沙陀之战结束之后，成吉思汗大军从合勒合河继续北撤，当大军到达捕鱼儿海子的时候，他命令道："我们就在此地安营扎寨吧！"别勒古台上前道："这里有弘吉剌部的帖儿格和阿蔑勒等部落往来游牧，我们可能不安全。"成吉思汗马上将术赤台叫到身边道："你率领兀鲁兀惕和忙忽惕部前往征讨，如果他们愿意投降，我们就不要大动干戈。"术赤台领命而去。术赤台军马行走不到一日时间，便在湖畔与弘吉剌人相遇，善良和顺的弘吉剌人看到术赤台的军队马上就臣服了。就这样，术赤台带着大军不费吹灰之力便将一群部众带到成吉思汗面前。成吉思汗高兴地笑道："你今日之功，我将铭记在心。"术赤台马上说道："我来时看到一片水泽之地，水草肥美，我们就去那里放牧吧！"成吉思汗大手一挥，整个大军就随着术赤台向目的地前行。到达水泽之地时，成吉思汗忙问这是何地，身边的弘吉剌人马上说道："董哥泽的脱儿合豁罗罕水泽。"成吉思汗连连点头称赞这是个好地方，然后大声喊道："我们就在此地安营，让战争的创伤抚平之后，我们再寻找更光明的出路。"就这样，蒙古大军就在这里上安歇下来。

当天晚上，成吉思汗与众人坐在帐中合计道："脱斡邻勒王汗的狐狸尾巴终于让我们看到了，他竟然忍心让我们元气大伤，我的父汗难道真的没有父子之情了吗？"博儿术马上说道："我看盟友都是为利益而战的，今日的教训告诉我们，不能轻易相信任何人。"成吉思汗轻轻地摇头说道："不！我们现在损兵折将，如果不争取时间和人脉，我们将无法生存。我看这样，脱斡邻勒父亲还是要让我供奉一阵子呢！"此时合撒儿睁大眼睛说道："既然脱斡邻勒王汗听信奸人之言，那我们也来让他迷惑一次，如果可以，我来到王汗帐前做一次说客。"成吉思汗哈哈大笑起来道："难得合撒儿为我弟也，我们的想法不谋而合啊！"成吉思汗收起笑脸严肃地宣布道："合撒儿、速客该听令，你二人快快备马上鞍，分别给我到脱斡邻勒王汗、札木合、阿勒坛和桑昆处，在他们之间说出一些玄妙之辞来，尽量让他们知道错误在他们，我们是友善的，能争取到和解的机会更好。"成吉思汗当下就向他们一字一句地教授了说话的措辞和分寸。两人将成吉思汗的话语牢牢地记在心，大声喊道："我等辞别可汗，他日定能在脱斡邻勒王汗处掀起一个大大的波澜来。"

很快，合撒儿等人就向王汗金帐飞奔而来。当时脱斡邻勒王汗正在帐中与人合计："今日我们将铁木真重挫，但我们也有损伤，看来铁木真真是个不好惹的人啊！"就在此时，侍从慌忙进来禀报说成吉思汗派了两位使者前来。脱斡邻勒王汗马上站立起来，然后想了想说道："到底会是做什么来呢？我看来者不善啊！"此时扎合敢不马上说道："快快让他们进来。"脱斡邻勒王汗抬着头看着他们，合撒儿马上叩拜道："多日不见父汗，我汗兄常常惦念着您呢！"脱斡邻勒王汗笑道："我的铁木真儿对人仁厚，我也常常怀恋过去的时光啊！"速客该上前叩首道："如果父汗还有父子之情，那就应该对儿子好一点儿，儿子是不是有什么不对，让父汗动怒而要讨伐他呢？如果父汗还记得从前的美好时光，铁木真愿意让美好时光长存。"脱斡邻勒王汗马上问道："如果真能这样，我求之不得啊！我的铁木真儿现在安好？"合撒儿说道："我们现在董哥泽和脱儿合豁罗罕边，那里水草丰茂，牲畜都还肥壮，众将士的士气已经恢复，请父汗不要再想着儿子的不好了。"

速客该轻轻地压了压嗓子又说道："我们的可汗让我来问问父汗，不知父汗为何发此雷霆之怒？为何如此吓唬自己的贱子贱妇？在天黑时，为什么不让你的儿子酣睡？您为什么不让您的儿子吃饱喝足之后再让他上战马呢？在三更半夜的时候，儿子们捂着哭喊的妇人在山野中奔命，您于心何忍呢？我们的帐篷和炉灶都在瞬间毁灭，无家可归的孩子只能风餐露宿，不敢在明媚的太阳下休息，不敢在爽朗的清风下乘凉，您为什么要这样做呢？"脱斡邻勒王汗皱着眉头默默不语，听到这样的话，马上又站起身来，在帐篷里不停地走动着。合撒儿又上前说道："我们知道父汗为人忠厚，不会搞阴谋诡计，难道是你听到了什么谣传或奸人的挑唆吗？就是您听到了这样谗言，也不能忘记您在黑林中与儿子的誓言啊！"脱斡邻勒王汗听到这里，马上心中一震。事实上，他的确是受到札木合等人的挑唆才与铁木真作战，直接导致了他背弃"黑林之盟"。脱斡邻勒王汗此时开口说话了："你们的言语让我感到铁木真是个有义气的儿子，但此时你们让我说什么呢？"合撒儿马上敬拜道："我的父汗啊，我们结盟的时候没有亏待你吧！请你审查一下，你的儿子从来没有因为分到的战利品少而与你争执，也没有因为分得不好而对你不满。大车有两辕，我就好比你大车上的两个辕子之一，其中有一根断了，大车都不能行驶啊！"

大帐中马上沉寂下来，脱斡邻勒王汗坐在汗位上轻轻地点头道："你们说得对啊，我没有铁木真儿的协助是没有今日的。"合撒儿看到王汗的表情，于是说道："我对父汗的恩情是世人可见的，当您刚刚起步之时，也速该父亲就曾帮助过你，让你恢复汗国。当年我的父汗你被乃蛮所攻时，士兵和部众都四散奔逃，散失得无影无踪，是我救出你的弟弟扎合敢不，然后将你迎接出来，这都是恩德吧！还有，我们在打败蔑儿乞时，我们的战利品就全部给你送去；乃蛮将你财富抢走时，成吉思汗派四杰前去营救，让你恢复了汗国，这不又是恩德吗？后来我们为你消灭了塔塔儿，又为你打败了合答斤、山只昆和弘吉剌部，这都是我们对你的恩德啊！你都记在心上了吗？好在永恒的天神和太阳可以作证。"脱斡邻勒王汗此时双手在额头上抚摩着，低头不语，速客该近前道："如果草原的英雄都在父汗的帐下，儿子也为你感到高兴，那你仁慈的双手为什么不能拥抱儿子呢？为什么是拿起刀剑加害于儿子呢？你究竟是为什么要这样狠心地对你的儿子下手呢？为什么不当面说清呢？你的儿子百思不得其解。"

听到这里，王汗不禁痛苦地摇着头看着两位使者，然后捶胸仰天长叹道："唉！别提了，我太糊涂了，我以恩为仇，与吾儿分离，实在不合与人交往的道理。我们本来有'同心合力、共同对敌、永不分离'的盟约和原则，如今我却制造了纠纷，我心中难受极了。"王汗一边说着，一边从袋中抽出一把小剃刀，狠狠地刺在自己的小指肚上，然后将鲜血一滴一滴地滴到皮桦桶中，他将皮桦桶交给合撒儿道："如以后我再对我儿铁木真心怀歹意，那就如此鲜血，让我死无葬身之地。请把此桶交给吾儿。"两位使者谢恩后叩首告辞。

使者离开王汗金帐来到札木合处，札木合冷笑着对他们说道："你们是带来了铁木真安答的好消息还是坏消息呢？"速客该马上笑道："我们是不放心安答的生活，最近安答颠沛流离，如果可以，安答可以随时到我处去安歇。"札木合说道："感谢我的安答，我札木合还没有他想象的那样困苦。"速客该笑道："安答在脱斡邻勒王汗处也好，这样也的确让安答快活自在。"札木合马上说道："你们不要在我面前说这些，我札木合为人处世的道理是懂的，请安答宽心，札木合一定会很安闲地生活。"说完，两位使者就辞别了札木合，向阿勒坛等人的驻地奔驰而来。站在阿勒坛等人的地面上，使者开门见山地说道："我们是一家人，今日落到这步境地，实在是我们不想看到的，你们嫉妒铁木真成为了可汗，想杀死他，但他在称汗之前向你们几位长辈请示，让你们其中的一位做可汗，但你们都用不同的理由拒绝了。他也说过，他一旦成为可汗，就一定要继承祖辈的传统，不能坏了他们的规矩。一要关心部下，二要让我们的族人都富庶快乐。今日你们投靠了王汗，他也不能说什么，他只想对你们说，你们是蒙古部，是我铁木真的宗室亲人。做事情一定要有始有终，不要像在他帐下那样。脱斡邻勒王汗是个喜怒无常的人，他连铁木真这样的人都产生猜忌，相信你们也不会成为他永远的朋友。还有一点，你们要记住，你们都是蒙古部乞颜氏的，三河源头是父祖们的营地，千万不要让外人屯驻在三河源头。"阿勒坛等人看着合撒儿的眼神，然后面面相觑，心中的怒火像火苗一样燃烧着。

使者来到桑昆处道："我们都是王汗的儿子，我是穿衣服生的儿子，你是赤裸身子生的，你却怎么三番五次地视我为仇敌呢？你不能再让我与父汗的关系疏远了。"桑昆听到这样的话反感起来，大声呵斥道："我怎么敢当铁木真的安答呢？他说我是个下贱货，说脱斡邻勒父汗是杀人不眨眼的老屠夫，难道今日他会以诚相待？我正要派人去与他宣战呢，我们胜者为王，败者为寇。"桑昆马上对他的将领必勒格别乞和脱端说道："我们要召集军马，向铁木真宣战去。"说完，就将两位使者请出了营地。

脱斡邻勒王汗在金帐中左思右想，觉得对不起铁木真，于是派出两个使者去与铁木真议和。此时桑昆等人反对，桑昆说道："你如果与铁木真议和，那我们只有成为战场上的仇敌了，再没有父子之情。"就在此时，脱斡邻勒王汗的内部有人发起反叛，为首的反叛者是札木合，脱斡邻勒王汗得到消息马上起兵镇压，将反叛者洗劫一空。札木合等人只好离开王汗，星夜投奔太阳汗去了。答里台从中分裂了出来，带着一部分人马寻找成吉思汗去了。

因为这次铁木真的政治攻势，让王汗集团产生了巨大的分裂。成吉思汗的政治和军事方略越来越得到世人的瞩目和赞扬。

虚晃一枪　　出奇制胜

经过哈兰真沙陀之战后，成吉思汗的势力遭到了前所未有的打击，他坐在董哥泽的帐篷里苦恼地说道："战场上的盟友现在变成了仇敌，我的状况却是如此地萎靡，今后不知我们的前途会怎么样啊！"此时者勒蔑说道："我们现在已经消除了疲劳，让我们换个牧地吧！这样就能不受桑昆袭击的威胁了。"成吉思汗带着有限的部众缓缓地向西而行，来到班朱尼先河边安下了营寨。

经过了一个夏季，铁木真基本上已经完成了对失散部众的集结工作。士气刚刚得到恢复的蒙古部又开始在草原上活跃起来，成吉思汗看着大量的部众站在草原上放牧时，饶有兴致地说道："我们的士气终于恢复了，我们再也不能被失败的阴影折磨了。"别勒古台不高兴地说道："汗兄啊，我们现在时时都在受战争的威胁，那个不战不和的脱斡邻勒王汗的心里到底是什么浑水，我们都不知道呢！"铁木真灵机一动道："最好的防守其实就是进攻，我们还怕打仗吗？"就在此时，侍从喊道："可汗，合撒儿回来了，您的好弟弟没有死啊！"成吉思汗马上精神一振，高兴而激动地奔回营帐。

此时的合撒儿和儿子脱虎正在吃饭，合撒儿见到失散多日的兄长激动地站了起来道："哈兰真沙陀之战让我们兄弟分别，这个仇恨我要记在脱斡邻勒王汗这个老狐狸身上。"成吉思汗马上笑道："合撒儿，你回来得真是时候啊！你的妻子们现在都在王汗帐中呢，你想团聚吗？"合撒儿捶胸顿足地喝道："让我率领大军去消灭掉这只老狐狸。"成吉思汗冷静地坐下道："今日我们还是弱者，我们要智取，不可强攻啊！"合撒儿马上发现玄机，默默地看着成吉思汗的眼神，然后轻轻地点了点头道："汗兄，我明白，我再来去脱斡邻勒王汗帐前一次，再让他们经受一番苦痛。"就这样，成吉思汗和合撒儿周密地商讨了一番，然后脱虎对成吉思汗说道："大伯父，我们这次胜利就在眼前了。"成吉思汗拍着他的肩膀说道："那就要看你装得像不像了，真的是太难为你们了。"合撒儿拜别了成吉思汗，带着儿子脱虎回帐准备去了。

　　天明时分，合撒儿对两个贴身侍从合里兀答儿和忽察儿罕说道："脱斡邻勒王汗都认识你们，你们就说合撒儿现在无家可归，而且对亲人倍加思念，现在诚心诚意投靠脱斡邻勒王汗，请王汗快快给我们一个表示。"于是在众人的送别之下，他们就径直向王汗营地奔驰而去。等两人刚刚出行不远，成吉思汗对众部将大声喊道："我们快快作好与脱斡邻勒王汗决一死战的准备。"两位使者很快就站在脱斡邻勒王汗金帐，王汗问道："你们是蒙古人，今日到来是想投降吗？"合里兀答儿马上哀怜地说道："我们主人合撒儿与汗兄失散多日，至今不知他们的去向，今日听说亲人还在王汗处，所以迫切想与家人团聚，而王汗您又是我们的义父，所以诚心来投也。"脱斡邻勒王汗此时脸上马上露出笑意来，他激动地对使者说："难道合撒儿将军无家可归吗？幸亏他的夫人在我处收留，我知道你们是合撒儿将军的臣子，我也很高兴接受你们来我帐下效力。"脱斡邻勒王汗一边说，一边将他们扶起，说到："让我们来好好庆祝一下你们的到来吧！"说完，王汗便摆起宴席款待两位使者，坐在正席的脱斡邻勒王汗大声喊道："快快拿我的牛角来。"在众人的注视下，王汗在牛角上滴了几滴血，笑盈盈地举起来道："今日我与合撒儿将军盟誓，让天神保佑我们之间的情义。"说完，将牛角交给两位使者，让使者传达他的友好和诚意。脱斡邻勒王汗又说道："我大军现在都在休整，还不便打仗，都停驻的山隘之间。等到战争时，再让合撒儿将军也到那里去。"忽察儿罕说道："我们的合撒儿将军等待父汗的回音，您能去迎接他吗？"脱斡邻勒王汗高兴地说道："我让亦秃儿坚与你们去约定的地点阿儿合勒苟吉。"就这样合撒儿的两位使者和亦秃儿坚三人就缓缓地向目的地挺进了。

就在合里兀答儿和忽察儿罕走后不久，成吉思汗就下令，让术赤台和阿儿孩两位将军向怯绿连河边的阿儿合勒苟吉进发，等待王汗使者的到来。合里兀答儿和忽察儿罕带着亦秃儿坚走到目的地时，合里兀答儿忽然看到成吉思汗的旗帜在远处飘扬，他心中紧张，道："不能让亦秃儿坚怀疑而逃跑。"于是合里兀答儿对亦秃儿坚喊道："我的马蹄上嵌入了石子，马儿走不动了，你来帮我整理一下。"合里兀答儿飞身下马站在马前，说道："你来把前蹄抓住，我来好好地给马蹄清理清理。"此时亦秃儿坚就下马紧紧地抓住马的前腿，合里兀答儿在马蹄上剔了好长时间，让亦秃儿坚不能分神。此时亦秃儿坚问道："行了吗？我要上马了。"就在此时，成吉思汗大军已经就在面前了。亦秃儿坚见到成吉思汗马上意识到大难临头，于是飞身上马，并抽出胯下的战刀。身后的忽察儿罕弯弓搭箭将亦秃儿坚的战马射倒，然后将他抓住送到合撒儿处，合撒儿二话没说就将他斩首了。

合里兀答儿和忽察儿罕马上告知成吉思汗克烈部的休养之处，于是可汗便让术赤台和阿儿孩率领军队向山隘间扑去。为了能取得决定性的胜利，成吉思汗让每个士兵骑两匹马，交替乘坐，以此来对克烈部进行突然袭击。将士们呼叫道："让脱斡邻勒王汗的宴席成为他的最后一顿晚餐吧！"成吉思汗的大军连夜奔行，不一日，蒙古大军便将王汗的营地团团围住。于是一场残酷的战争开始了。在脱斡邻勒王汗大呼"克烈部休也"的时候，蒙古军已经站在他面前了。但克烈部毕竟是一个大部，四面八方的军队马上蜂拥而至，在喊杀声震天的战场上，一个个的克烈部人倒下了，而蒙古人，也在战斗中死伤无数。术赤台在乱军中大声喊道："快快将桑昆捉到我面前来！"一个士兵马上回答道："桑昆趁着乱阵，向山野中奔逃了。"术赤台遗憾地叹了一口气，然后又在乱军中冲杀了起来。

突然袭击并没有让克烈部一下子被打垮，整个克烈部处于混乱状态，而且各自为战。在这样的情况之下，他们还是与蒙古人激战了三天三夜。当众军士在脱斡邻勒王汗面前冲杀时，一个无比勇武的将军合答黑始终保护在他身边。脱斡邻勒王汗喊道："快快保护我撤退，我们要团结一致，这样我们才能让蒙古人狼狈地撤回去。"合答黑冲杀到前面喝道："我的主人，你快快离去，等我精疲力竭之时，谁都保护不了你的安全了。"脱斡邻勒王汗听到这里，哭喊着对合答黑说道："希望我的帐下将领能让我东山再起，再与铁木真争个雌雄来。"说完，就带着几个侍从飞一般地向山林中奔逃而去。合答黑见王汗已经脱险，于是放下手中的刀剑，束手就擒了。后来，合答黑的部落被分给的死去的畏答儿一家，并让合答黑成为了畏答儿一家的终身奴隶。

在胜利的号角在克烈部吹响之后，孙勒都部的塔孩对成吉思汗叩首道："前日我奉命去援救脱斡邻勒王汗，事成之后没有归来。今日克烈部已灭，我还是要回归正主的。"成吉思汗高兴地说道："你一直是我的心腹，你在脱斡邻勒王汗身边也是让我有个照应，到了情急时才能见我们的真情呢！"就这样，孙勒都部也得到了合答黑部落的一百个奴隶。就在此时，王汗的弟弟扎合敢不来到成吉思汗帐前悲愤地说道："我那个兄弟，生性歹毒，成不了大气候，今日有如此下场，也是主的旨意，我是不会同情这位歹毒的兄长的。"铁木真见扎合敢不没有异己之心，于是欣然地接受了他的投诚，并说道："你我曾经是安答。为了申明安答之情，我愿意与你结为亲家，世代友好。"扎合敢不马上叩首道："如能得到可汗垂青，我女儿们也有了富贵之身了。"说完，激动地在胸前划了一个十字，以表虔诚之心。

铁木真坐在帐中严厉地说道："要将克烈部的族群根绝，不容他们有一点儿死灰复燃的迹象。"于是大量的克烈部属民被蒙古人瓜分，很多人员缺乏的部落都得到了大量的属民和奴隶，整个克烈部就这样被消灭了，剩下脱斡邻勒王汗和桑昆如丧家之犬在茫茫大草原上逃窜。成吉思汗下令道："快快搜集情报，务必在最短的时间内将脱斡邻勒王汗父子的人头给我献上来。"大军安定之后，蒙古的勇士们就开始打听脱斡邻勒王汗父子的下落。

脱斡邻勒王汗父子冲出包围后，王汗就不停地仰天呼号，等桑昆亲口对他说父汗实在是太老了的时候，王汗才哭泣地喊道："我疏远了我不该疏远的人，让奸人在我面前教唆，让好战无用的懦夫在我面前指手画脚。要不是那些脸上长脓包的家伙像毒蛇般挑拨我们，我怎么会有今日的下场……"很快，脱斡邻勒王汗父子便到了克烈部与乃蛮部的边界上，他们看到一条小河，名叫克撒合剌河。这是两个部落的界河。王汗大声喊道："快快取水来。"但桑昆只顾赶路，却根本不把脱斡邻勒王汗的要求当回事，他目不转睛地注视着前方。王汗见没人理会，于是跳下马来，一步一趋地向河边走去。就在王汗喝水的时候，乃蛮边将豁里速别赤和帖迪克沙勒在巡哨，豁里速别赤很快就抓住了他。脱斡邻勒王汗大声喊到："我是脱斡邻勒王汗，我是克烈部的脱斡邻勒王汗。"豁里速别赤傻笑道："你是脱斡邻勒王汗，那我就是大金国的皇帝。"于是二话没说，便将脱斡邻勒王汗杀死了。就这样，大名鼎鼎的脱斡邻勒王汗彻底地从大草原上消失了。

桑昆带着身边的唯一奴仆阔阔出一家在西方边境走着，突然之间，他们看到一匹被蝇虻叮咬的野马，站在水中不停地蹦跳着。阔阔出看到此情景，心中觉得桑昆已经穷途末路，于是带上夫人飞奔向成吉思汗处去了。桑昆一人看着天空，大声地喊道："上帝啊，给我指条道吧！"为了不被乃蛮兵杀死，桑昆只好继续逃命，他一直奔跑到波黎吐蕃部，在这个地区做了一个占山为王的强盗，当地人恨透了这个外来的野蛮人，于是集合起来，对桑昆进行了大突袭。桑昆在战败后逃出了此地。最后一直逃到库车一带，那里的部落酋长也不欢迎他，于是酋长决定集体行动，准备将桑昆抓起来。经过几天的战斗，桑昆被抓住了，酋长将他杀死。而桑昆的妻子和儿子被送到了成吉思汗处，那个酋长也归顺了成吉思汗。

就这样，一场以成吉思汗胜利为结局的战争画上了句号。从此，成吉思汗成为漠北草原上唯一的霸主，虽然草原争斗不息，但是在强大的成吉思汗面前，众部不再散乱，为成吉思汗铁蹄帝国的建立打下了夯实的基础。

兵不血刃　软硬兼施

漠北大草原统一了，蒙古人建立了自己的国家，成吉思汗成为蒙古草原上唯一的大可汗。坐在汗廷上的成吉思汗得到了世人的顶礼膜拜。建国之后，成吉思汗就平定了林木中百姓，豁儿赤高兴地成为那里的万户。又过了两年，成吉思汗坐在汗廷上严肃地说道："我们的汗国已经建立四年了，我想我们的将士们现在都已经懈怠了吧！"纳牙阿马上说道："是啊！成吉思汗把我们的身子养壮了，我们都快成为好吃懒做之辈了。"成吉思汗笑道："是啊！我也觉得懒惰了，我们需要出去战斗，这才是我们蒙古男人的本色啊！"说完，侍从进前禀报道："成吉思汗，蔑儿乞部的脱脱和乃蛮部的屈出律都在西辽蠢蠢欲动。"成吉思汗与众人商议道:"我们的敌人又在萌动了,看来我们的马刀又要挥舞起来了。"合撒儿道:"大汗,我们发兵吧!将敌人全部消灭在寒冷的西方!"成吉思汗此时大声说道:"我想去攻打西夏,就像郭宝玉和耶律楚材两位先生说的那样,我们必须争夺天下。"蒙古军对西夏的战争一触即发。

在进攻西夏的同时,他的一支先锋军将在合刺答勒忽扎兀儿之地大败蔑儿乞军队,并将脱脱射死。得胜归来的成吉思汗大军一路奔驰,向蒙古草原班师。站在军前的成吉思汗高兴地笑道:"我蒙古大军已经将西夏的那些懦弱之辈打败,看来西夏的灭亡就在眼前了。"合撒儿道:"等我们占领西夏的疆土后,再去攻打西辽,这样西方就没有忧愁了。"成吉思汗摇摇手道:"不是啊!西方是强国如林的地方,我们不能掉以轻心啊!"

畏兀儿的亦都护坐在皇位上不安地说道:"听说东方的蒙古草原上出现了一个成吉思汗,他的国家像大山一样坚固,军队像猛虎一样强悍,他将西夏给打败了,而且号称生命的主宰。在不远的将来他会用他的弓箭瞄准我们吗?"站在皇廷上的众臣子面面相觑,都没有说话。过了一会儿,亦都护问相国道:"难道相国就没有什么高见吗?"此时相国才慢慢走上前说道:"我看成吉思汗不仅仅是个武力超群的人,而且是个宽仁的君主,他坚强而慷慨好义。我们应该与这个强大的君主联合,而不是对抗。"亦都护马上警觉地说道:"相国继续说下去。"但见那相国又进了一步,说道:"我看蒙古国的实力远远在西辽之上,而西辽国主无道,他迟早会被成吉思汗的大军消灭,为了保全求生,我们可以联合蒙古,摆脱西辽的统治。"亦都护马上高兴地说道:"好啊!西辽对我们的压迫也应该到头了。"

很快,畏兀儿亦都护就命令军队,将西辽的少监抓起来。西辽少监发现畏兀儿人要造反,于是跑到楼上避难,畏兀儿国相仳俚伽追上楼去,一刀砍下少监的脑袋,然后让众人推倒了那栋房子,少监的尸体被埋葬在残砖断瓦之中。就这样,畏兀儿人公开与西辽敌对起来。就在此时,坐在汗廷上的成吉思汗对臣子说道:"我们攻打西夏时,看到了畏兀儿国,如果这个小国能投靠我们,那我们攻打西夏就更有把握了。"成吉思汗下令道:"合撒儿,我让你去招降畏兀儿,如果他们反抗,那我们的大军再冲进他们的城池,将他们消灭掉。"合撒儿带上文书和自己的军队,向畏兀儿飞奔而来。就在蒙古使者站在城池外的时候,亦都护正站在城上送他派到成吉思汗处的使者。见到蒙古使者到来的亦都护欣喜若狂,放下手中的文书,大声地喝令道:"开城门,让神圣的蒙古使者进来吧！我们会好好招待他们的。"就这样，合撒儿一行大大方方地走进了城池。亦都护以上宾之礼将他们迎进皇宫，他对合撒儿说道："我本打算去与上国通好，没有想到使者竟然到来，畏兀儿全国都感到高兴啊！"亦都护向使者详细说明了情况，然后又道："畏兀儿国虽小，但对大汗来说，是有一定战略地位的。"合撒儿点头，说道："今日亦都护如此坦诚，实在是让我激动，那就请使者上路，面见成吉思汗吧！"亦都护亲自拟定一份国书，交给使者，他们在合撒儿的带领下一路向蒙古草原前行。

就在使者出发的第二天，蔑儿乞部的忽都等带着脱脱的人头投靠畏兀儿，但畏兀儿人知道蔑儿乞人是成吉思汗的大敌，于是在高昌城外，双方进行了一场战斗。最后忽都等人被亦都护赶跑。胜利而归的亦都护马上又派遣一名使者向成吉思汗报捷。坐在汗廷上的成吉思汗得到消息后，盛情地款待了畏兀儿使者。他对使者说道："你们如此诚心地投靠我，我非常高兴，这也是畏兀儿人的英明之处，我大蒙古国现在战无不胜，相信这你们也早知道了，像畏兀儿这样的选择，才是长保安定的最好方式啊！亦都护是个明智的国君啊！"说完，成吉思汗就哈哈大笑起来。席间，使者对成吉思汗说道："西辽的强势已经不再，但它手下却还有一个藩属国哈剌鲁，这个国家的阿儿思兰汗被西辽君主逼死，但始终不敢发泄不满，如果大汗攻打哈剌鲁，相信他们会举起反叛大旗而归顺大汗您的。"成吉思汗听到这里，马上激动地说道："果真如此吗？那我的军队也可以轻松地获得一次胜利了。"此时忽必来听到要进攻哈剌鲁，他马上站起身，欣然进言道："如果成吉思汗放心，小将愿意去取哈剌鲁城池。"成吉思汗见忽必来如此自信，便说："我就让你率领你的军队去西方的哈剌鲁地面走一遭，务必将他们的金印交到我汗廷之上。"忽必来领命而去。

1211年，忽必来正式率领大军征讨哈剌鲁，忽必来等人在行军的路上，就听说哈剌鲁的马木笃汗对西辽少监恨之入骨。忽必来高兴地对身边人说道："我等待几日进攻他们，可能哈剌鲁大汗会像畏兀儿人一样向我们投诚。"就这样，忽必来大军在阿力麻里城外不远处安营扎寨。马木笃汗听到蒙古大军兵临城下，于是惊恐地对身边人说道："我们国弱，是不能与蒙古大军交战的，我们怎么办呢？"哈剌鲁文武官员纷纷议论起来，然后对马木笃汗说道："畏兀儿国在蒙古势力的威逼下投降了，今日我们不妨也效仿畏兀儿人的做法，将西辽少监杀死，联蒙抗辽。"马木笃汗听到这样的意见，马上咬牙切齿地说道："看来哈剌鲁

的屈辱马上就要被洗刷了。少监将我不当人看，那就让他死在我们的战刀下吧！"说完，马木笃汗便派出一支几百人的军队，冲进少监的处所，将他绑了起来。少监自知无路可逃，大声叫嚷着："让我们的马木笃汗来与我说话，我们大西辽国君知道了，一定会将整个阿力麻里城烧成灰烬的。"而还没有等他的叫喊声停下来，马木笃汗的侍从就已经将这个少监的脑袋砍下来了。坐在皇廷上的马木笃汗郑重地宣布："打开城门，让伟大的蒙古大军进来吧！"

忽必来坐在皇廷上欣喜地说道："马木笃汗的选择是英明的，如果西夏的国主能有你这样明智，那西方土地就更安宁了。"马木笃汗笑道："成吉思汗是仁义之君，这个是毋庸质疑的，哈剌鲁臣服于成吉思汗麾下，是我顺应了天时啊！"忽必来听到这样的话非常高兴。此时，马木笃唤来一个老臣，说道："快快草拟国书，我要正式做成吉思汗的臣民，让那个无德无能的西辽国主见鬼去吧！"不几日，马木笃汗带上贡品和文书，与忽必来一起去朝见成吉思汗。

坐在汗廷上等待好消息的成吉思汗看到忽必来得胜而归，欣喜对他说道："我勇健的忽必来将军，你带来了哈剌鲁大汗，我怎么才能让你得到满意的奖赏呢？"忽必来激动地说道："大汗信任就是无上的荣耀，忽必来别无他求。"此时马木笃汗以臣子之礼对成吉思汗说道："伟大的蒙古国君，哈剌鲁国王前来臣服，阿力麻里的城民愿意永远做你的好儿子和好奴隶。"成吉思汗听完马木笃宣读的国书后，以国宾之礼款待马木笃汗。坐在宴席上的成吉思汗兴奋地说道："哈剌鲁国君作出了明智的选择，这是多么让人感到高兴啊！我现在郑重宣布，马木笃汗可以与任意一个皇女成亲，以此来表示我对马木笃汗的盛情和重视。"马木笃汗惊慌地站起身来道："得成吉思汗如此隆恩，感激不尽啊！成吉思汗果然如天上的太阳一样明亮和温暖，马木笃定会世世代代归附在大蒙古国金帐之下。"就这样，蒙古国的势力在西方得到进一步拓展。

哈剌鲁汗投靠蒙古国不久，西辽国内就发生政变，乃蛮部太阳汗的儿子屈出律夺取了政权；与此同时，阿力麻里城外的强盗头子斡匝儿带着他的虎狼强盗夺取了哈剌鲁国的政权，很快斡匝儿就自成一派，游离于蒙古国统辖之外。在西辽国内，屈出律强迫他的藩属国和邻国信仰景教和佛教，而斡匝儿却坚持信仰伊斯兰教，于是双方常常发生战斗，但每次都是以斡匝儿战败告终。实在不能忍受压迫的斡匝儿被迫派人面见成吉思汗，说他们是蒙古国的附属国，不应该常常被西辽侵袭，请成吉思汗保护哈剌鲁国的安全。成吉思汗马上派人去哈剌鲁国慰劳斡匝儿。

使者对斡匝儿说道："成吉思汗非常理解你的心情，如果你有诚意，那就请你去蒙古汗廷一趟，这样我们就会全力保护你的安全。"使者稍作休息之后，又说道，"为了坚定你的信心，成吉思汗决定将术赤的女儿许配给你的儿子，请你快快准备迎亲吧！"此时斡匝儿激动地说道："成吉思汗如此厚爱，斡匝儿定会对他忠心耿耿，绝无二心。"斡匝儿正式将臣服的国书交到大蒙古国去之后，成吉思汗很快就作出回应，他口授诏书，让斡匝儿亲赴汗廷，商讨国家大事。

坐在汗廷上的斡匝儿向成吉思汗详细说明了他与屈出律的斗争情况之后，成吉思汗说道："那你回去之后，不要正面与他为敌，万不得已时，我会率大军前去助你一臂之力的。"过了几天，斡匝儿马上道别："国中事务繁忙，我要离去了。"在他临走之前，成吉思汗反复地叮嘱道："你现在身家贵重，切记不能随便外出打猎，这样对你来很不安全。"斡匝儿感谢成吉思汗的关心，带着侍从回到了哈剌鲁。

一开始斡匝儿还很矜持，铭记成吉思汗的教导。但他出身于强盗，长久不打猎对他来说是不可能的。有一天，斡匝儿带着随从出了阿力麻里城，在山中打猎。不幸的是，屈出律的手下发现了他，在斡匝儿完全没有防备的时候，他们将斡匝儿抓住，送到屈出律身前。屈出律马上以斡匝儿为人质，站在阿力麻里城外叫城门，但阿力麻里士兵紧闭城门，与屈出律死战，紧急关头，成吉思汗援军到达。得到消息的屈出律仓皇而逃，在路上将斡匝儿杀死了。

斡匝儿死后，他的儿子昔格纳黑的斤继承了王位，受到成吉思汗的恩宠，直到他的几代子孙还奉命治理阿力麻里城。

胸怀全局　知人善任

1216 年，木华黎大军正在金国的土地上攻城略寨，与造反的张致作战，并取得了决定性的胜利，得胜之师凯旋归来，成吉思汗以迎接英雄的礼仪迎接了木华黎。

木华黎激动地对成吉思汗说道:"蒙古人的世仇金国就要灭亡了,这是我们草原人从来没有想到过的事情啊!"成吉思汗也激动起来道:"这里有你的大部分功劳啊!我们以后还要更加努力才是!"木华黎不住地点头。

就在这一年,草原北部的林木中百姓叛变,这让成吉思汗十分恼火,于是成吉思汗考虑撤军回草原,准备先将自己的后方安定下来再行打算。

1216年,成吉思汗回到了阔别七年的大草原上,他坐在克鲁伦河的牧地上高兴对将士们说道:"伐金之后,我们的国力强大了许多,而金国这个仇敌也奄奄一息了。"众臣子感到大快人心,但面对眼前的局面,成吉思汗又收回了笑脸,对众臣子说道:"现在我要用心地处理林木中百姓的事情。"经过一段时间的攻坚和攻心,林木中百姓臣服了。但平静的生活并没有长久,就在成吉思汗打算与西方世界开始友好交往的时候,花剌子模的边将却杀害蒙古商队所有成员,这大大地震惊了成吉思汗,于是一场远征花剌子模的战争在蒙古草原上酝酿。

在成吉思汗准备返回大草原之前,他看着自己七年来呕心沥血打下的部分疆土,为了在中原富庶之地得到一片自己的天地,成吉思汗对木华黎说道:"我回师了,但我现在要让你来统帅军马,经略中原。"过了片刻,他又说道:"我现在封你为太师国王,这块富庶之地就交你了。"木华黎惊恐道:"国王这个称号木华黎是经受不起的,哪有外姓人被封为王室的?再说,木华黎是个主儿乞的奴隶出身,请成吉思汗将命令收回。为大汗效劳是我们的分内之事,木华黎不敢奢求什么。"但成吉思汗坚持道:"奴隶又怎么样?只要你勇敢、正直、忠诚,那你就是我的爱将,我会像爱护家人一样爱护你。你就不要推辞了,要以国家为重啊!"木华黎听到这里,马上跪拜行礼。就这样,木华黎"太师国王"的称号就在草原上传开了,它不仅仅代表木华黎在国中的地位,也说明他在中原人中的影响力。从此,木华黎便率领着他的十万大军在中原与金国、宋国等强大的敌人展开了周旋。

坐在汴京廷上的金宣宗快慰地说道:"我们现在终于可以认真图谋一番了。"张行信马上谏言道:"现在蒙古势弱,我们可以乘机将辽东失陷的城池夺回来,相信他成吉思汗不会轻易从西征的道路上返回吧!"但金宣宗却不以为然地说道:"你还想与蒙古军作战吗?真是不怕死的东西!我现在要举军进攻宋朝,将在辽东失去的土地向宋人要来。"从那以后,金军就厉兵秣马,时刻准备着向南宋发兵。站在历史的高度来看金国的举动，这招棋其实是金国的失误，他们失去了这个收复失地的大好时机，为木华黎灭亡金国创造了十分有利的条件，它也直接导致了它最终的灭亡。

金国南迁后，国政并没有好转，术虎高琪掌握重权，他与高汝砺互相唱和，独断专权。自从术虎高琪被剥夺枢密元帅之职后，一直对兵权虎视眈眈。术虎高琪在金宣宗面前谏言道："今南宋不向上国纳贡已有三年，这样无礼的弱国我们怎么能容忍呢？"在他们的挑唆下，金宣宗决定向南宋发动战争，他们企图将北方的损失让南方来补，而事实证明，这样的决定是非常愚蠢的。

金国的伐宋，让整个东方土地几乎都投入了战争，金与蒙古、西夏、南宋成为交战国，金朝处于三面临敌的处境。在这样的环境之下，金国的有识之士纷纷来到皇帝面前谏言："今虽没有侵略我疆土的战报，但如果敌国听说我们正在南征，那将是非常危险的。就算是有潼关、大河之险也是不能有效抵抗敌军的。如果三国同时向我们攻来，那我们的安全将得不到保障，整个国家的就会又处在风雨飘摇之中。"金宣宗摇摇头道："这些事尚书省的大臣们都已经议定了，不要再吵了。"说完就甩手而去。

金国与南宋之间的战争整整打了七年时间，直到金哀宗掌权时，这场错误的战争才被高层认识到。七年的战争，没有一点儿收获，相反，国力却遭到了极大的消耗，这让金国再也没有能力去面对强敌入侵了。而此时此刻，木华黎在军帐中又开始酝酿进攻金国腹地行动了。同时，河北的乡绅和地主武装常有兴起。他们是零散的武装，是地主阶层为了保全自己的财产和土地而建立的土军。每次蒙古军攻下城池，掠走财物而去之后，这样的土军都会出现，他们之间也相互争斗、相互抢夺。面对强大外敌，地主势力生存艰难。在这种情况之下，地主武装只得寻找靠山，最后，一部分地主武装都带着乡亲父老投靠了蒙古人。其余都"聚众自保，未有定属"，他们实行"有奶即是娘"的策略，蒙古人来了就投靠蒙古人，金人来了就依靠金人，宋人来了就从宋人，有时甚至还投靠农民军。而木华黎实行了一系列的新政策，在占领地设立两个行省云、燕，逐步将以掠杀为战争意图的抢掠战废弃，转变为以占领城池、安集百姓的长久战略。

1218 年，木华黎经过艰苦的战斗，攻下辽东军事经济重镇锦州，克下锦州后，木华黎没有对城池大肆抢掠，而是安定庶民，让他们在田地里耕作。正是木华黎战略性的转变让蒙古人在以后的战争中不再只想

成吉思汗

【第六篇】方略篇

着抢杀，而是认真经营这些富庶的城市。金晋阳公郭文振不安地对金哀宗上奏道："蒙古军向来是秋来春去，现在他们所占城池却没有成为空城，而是带领农民耕作庄稼，蒙古人居心不可测也！"哀宗惊叹道："难道蒙古人不放牧，也要耕田吗？"

木华黎按照金人的管理方式管理百姓，让他们自由活动，就像他自己想的那样："要想得天下，只有适应不同的生活方式和文化才能保护好成功的果实，而传统的烧杀抢掠的政策已经不合时宜。"木华黎之所以做出这样大的转变，投诚过来的汉将起到了无可替代的作用，像史秉直父子和刘伯林都是功臣，正是他们的作用，为以后蒙古人立足中原起到很大的作用。由于金国看到地主武装在战斗中的重要性，他们在混乱的失陷城池大加封赏地主武装力量，让他们名正言顺地为金国效劳，但蒙古人也早已在实行这样的策略。于是出现两个派别的地主武装各侍其主，在辽阔的河北大地上不停发生战争，这样的局面持续了将近十年时间。

木华黎一路胜利而来，先后攻克荣州和河中两城。在1220年，山东大地上的李全归附了南宋，被金国残酷镇压之后，李全招降了张林和严实。李全依然左右山东局势，为了让山东绝对臣服，木华黎率军南下，与李全展开了对山东的争夺战。1220年9月，手握重权的严实觉得南宋不可靠，前途暗淡，于是他打开城门，带着几十个州户的金印向木华黎投诚。木华黎不费吹灰之力便将山东大部纳入自己帐下，木华黎马上任命严实为紫金光禄大夫、行尚书省事。从此，严实成为木华黎山东地界最重要的依靠力量。

1221年，张林与李全产生矛盾，张林投靠了蒙古。就这样，整个山东几乎被木华黎控制。

此时金哀宗曾两次派使者前往漠北表示和解之意，而且在国书以弟相称，但成吉思汗都拒绝了，他觉得对于一个屡战屡败国家来说，灭亡是最后的结局。

就这样，金国在木华黎父子的几年打击之后，变得岌岌可危，整个金国已经是名存实亡，蒙古军可以随时将它扼杀在危机之中。

以和为贵　战则次之

在成吉思汗生存的 12 世纪至 13 世纪，是一个充满战争和压迫的世纪，世人心中都有一个想法，那就是在战争中生存，在危难中寻找片刻的安全感。在历史进入 13 世纪的时候，许多国家都在进行战争，高高在上的君主们认为战争是巩固势力的最好方式，他们的心停留在争夺地盘和财富上；而在百姓眼里，能出现一个巨人，一个能平息战争的巨人，这才是最重要的。而成吉思汗——这个一代天骄，顺应了天意，他用他的勇敢和智慧缔造了蒙古汗国，他用他的仁义和宽容向世界微笑。

坐在汗廷上的成吉思汗对众臣子说道："草原上最后一个敌人屈出律现在在西辽，而且当上了驸马，我们应该怎么对付他呢？"术赤果断地说道："我们一鼓作气灭掉西辽小国，将屈出律活捉过来。"成吉思汗微笑着说道："看来术赤的勇气可嘉，我很欣赏，但我们现在攻打西辽还不是时候，要到西辽失去了威风时，再来轻松取之。"就在此时，侍从走上汗廷说："西辽国发生动乱，屈出律当上了国王。"成吉思汗紧张地说道："难道屈出律又得势了？"耶律楚材说道："畏兀儿与哈剌鲁现在投靠了我们，如果我们对西辽发动进攻，相信胜券在握了。"听了耶律楚材的建议，成吉思汗周密地部署着进攻西辽的计划。

1218 年，就在蒙古军出发的时候，斡匝儿被屈出律抓住，绑在阿力麻里城城外企图攻占城池。屈出律大声地叫嚷着："如果打开城门就会免去生灵涂炭，否则我会将所有的百姓杀光。"经过几天的坚持，屈出律不耐烦了，于是拼命地攻打阿力麻里城。就在千钧一发之际，者别大军骤然从东边闪现，屈出律马上惊愕地喊道："难道蒙古人是千里眼、顺风耳不成？看来我的作战计划要从长计议了。"说完，就带着军队慌乱地向西方奔逃而去。者别等人进城当众宣布道："城中百姓可以信仰自由，这个我们会尊重的，也不干涉。"城中百姓马上放松警惕地说道："原来蒙古人是给我们带福音来了，相信蒙古人一定是天下的宽仁之众。"者别见世人深受屈出律压迫，于是又说道："蒙古军是在追寻屈出律，我们不会伤害百姓，你就安心地生活吧！"就这样，蒙古军很快就得到阿力麻里城民的拥戴。者别等人在城中逗留片刻便率军向西挺进，继续追赶屈出律。而藏在穆斯林家中的士兵很快就被百姓消灭干净，者别等人知道后高兴地说道："没有想到屈出律是如此不得人心，他的死期也就在眼前了。"者别率军顺势西进，一鼓作气，攻下了西辽国都——屈出律的大本营——八剌沙衮。如惊弓之鸟的屈出律亡命奔逃。

得到屈出律奔逃的消息，者别继续追赶，他逃到哪个城池蒙古大军便攻打哪个城池。最后屈出律逃到撒里黑绰般的时候，他迷失了方向，于是他下马在荒野上步行，进入了一个没有出路的山谷。此时山间正有几个猎人在打猎，他们看到蒙古军到来，于是配合者别将屈出律抓住，并将他绑了起来。者别马上命令部下将他处死，然后带回阿力麻里、可失哈儿和忽炭等城悬首示众，附近城池纷纷归附，从此，西辽的部分国土就归蒙古国所有，而正是这些新疆土的到来，为成吉思汗的西征创造了非常有利的地理形势，成吉思汗打通了通向西方的要道。

作为一个大国的君主，成吉思汗有很高的政治涵养。这样一个明主，名声自然传遍四海。就在成吉思汗在克鲁伦河草原上休养时，遥远的西方国家花剌子模的使者站在了蒙古草原上，成吉思汗很快接见了使者。使者向成吉思汗详细地介绍了花剌子模的国家情况，并表示愿意与东方的统治者成吉思汗建立友好、互助的关系。成吉思汗听完高兴地笑道："蒙古国国势蒸蒸日上，渴望这样的朋友，那就让我们两国互相通商，建立巩固的友好关系。"就这样，花剌子模与蒙古国建立了通商关系。在花剌子模的使者刚刚离去时，埃及哈里发纳昔儿也派遣使者到草原上对成吉思汗说："埃及哈里发听闻东方的仁义之君成吉思汗已经崛起，而在你的西方有个花剌子模，这个国家是叛逆的使者，是灾难的携带者，如果不好好处理这个国家，那蒙古国将会有一种无形的危机存在。"成吉思汗听完埃及使者的说辞之后，马上笑道："看来你们不了解花剌子模啊！你们的判断太轻率了，要认真思考之后再说话。"埃及使者带着遗憾离开了草原。成吉思汗派遣花剌子模人穆罕默德、不花剌的阿里忽罗加、讹答剌的斯斯夫康客前往花剌子模呈献国书，表示友好。

当花剌子模的摩柯末让穆罕默德宣读国书的时候，穆罕默德高兴地说道："伟大的成吉思汗觉得摩柯末能以儿子一样的友好对待大蒙古国，那成吉思汗将非常喜悦，他一定会让两国世代和睦，亲如一家。"摩柯末听到这里马上大怒道："成吉思汗有什么实力？他的军队能有多少？"

穆罕默德心生委屈，不敢正面与摩柯末抵抗，于是说道："我们的军队不多，在装备上也不能与花剌子模相比，明显处于劣势。"摩柯末听到这里才消平了气愤，但他对蒙古国的歧视就从这个时候开始了。他对穆罕默德说道："如果你们三人能做我的间谍，在蒙古国中活动，我将给你们丰厚的待遇，你们就不必奔波做生意了。"穆罕默德等人沉思片刻，然后回答道："既然您提携我们，那我们还有什么说的呢？"就这样，成吉思汗的一片诚意在摩柯末面前被打翻了，这也成为花剌子模与蒙古之间矛盾的导火索。

　　从此，两国之间的百姓也开始了商业交往。这样的互相通商不仅仅对花剌子模有利，而且也会给蒙古国带来巨大的利益。当时草原虽然已经统一，但商业能力非常弱，更没有丰富的生活用品供百姓使用，所以他们迫切需要花剌子模的商品来充实生活。为了让西方商人能常来蒙古草原，他下达指令："在商人来往的通道上设置守卫，在商人进入蒙古国地界时，每个商人发一个通商凭照。"这个措施的实施，让整个蒙古草原上的商业渐渐发展起来。当有三个商人带着织金料子、棉织品进入蒙古国时，边将觉得这样的货物非常少见，于是带到成吉思汗处，让成吉思汗先睹为快。三个商人见到成吉思汗后竟然漫天要价说道："三个金币换一匹织品。"成吉思汗马上就愤怒道："你们好似是欺我没有见过世面？竟然高于市价二十倍，你们就不怕犯欺君之罪吗？"那个叫巴勒乞黑的商人惊恐得半日无语。成吉思汗又问旁边的商人他的价格是多少，那个商人惊吓着道："我们是奉国王之命送这些织物来的。"此时成吉思汗才高兴起来，吩咐手下以一个金币的价格将所有的货物买了下来。同时也赦免了贪心的巴勒乞黑，将他的货物也以同样的价格收购下了，并给予他们高规格礼遇。从此，两国之间的经济交往更加频繁起来。

　　过了一段时间，成吉思汗在给花剌子模商队送行的时候，决定让自己的亲族们组成一支500人的商队，前去与花剌子模进行生意上的平等往来。他们带着大量的金币向西方挺进，决定与花剌子模发展更深层次的商业交往。商队经过长途跋涉，终于来到锡儿河畔的讹答剌城。城中的守将是花剌子模国王同母异父的弟弟亦纳勒术，人称"古儿汗"。当商队进入城市后，古儿汗正在大街上游玩，坐在骆驼上的古儿汗在民众的拥戴下一步步地向前走。就在此时，蒙古商队进城了，一个熟悉古儿汗的印度人看到古儿汗，大声直呼其名道："亦纳勒术，我的旧友，你一向可好？"侍从马上将这个印度人迎到面前，了解情况之后，亦纳勒术喊道："让蒙古商队到府门来。"就这样，蒙古商队在讹答剌城留住

【第六篇】方略篇

了。坐在亦纳勒术殿堂上的印度人不停地为成吉思汗吹嘘，亦纳勒术古儿汗心中有些愤愤不平，于是大声问道："成吉思汗既然所向无敌，那他敢与我花剌子模战斗吗?"那印度人马上笑道："我们宁愿徒手去抓老虎，也不能去发动战争。"那古儿汗站起身来，双手抚摩着蒙古人带来的金银财宝，然后又怨愤地说道："你们都是蒙古人的奸细，你们会给花剌子模带来危险，我现在要将你们商队抓起来，全部斩首。"那个印度人马上惊慌失措，跪地求饶。但此时亦纳勒术古儿汗的军队已经捉拿蒙古商队去了。在天黑之前，古儿汗竟然将500名商队成员中的499人斩首，只有一个叫朵歹的死里逃生。他连夜出城，向成吉思汗禀报花剌子模人的残忍行径。

当成吉思汗得到朵歹从花剌子模带来的噩耗之后，他的眼泪夺眶而出，他捶胸顿足地喊道："天神啊! 如果你的双眼能看到这些无辜的商人，就请你惩罚肇事者吧!"众臣子心急如焚地劝慰他、宽解他。成吉思汗对众臣子说道："我要问个明白，为什么花剌子模的摩柯末要对手无寸铁的商人下毒手。"成吉思汗马上作起了战斗的准备。此时者别、速不台正在清剿屈出律和脱脱的儿子们，为了能争取时间，在出发之前，他派遣了以镇海为代表的三位使者前去与摩柯末交涉，让他将肇事者古儿汗交给成吉思汗处理。当镇海等人将他们的意图说明给摩柯末国王时，摩柯末马上在心中计议："这次杀人越货的事情自己也有不可推卸的责任，而作为一个大国君主，我当摆出上国的风范。"于是他一不做、二不休将正使镇海斩首，然后剃掉了两位副使的胡须，放他们回去报信。而作为一个穆斯林，剃胡子是个奇耻大辱，两个副使泪流满面地回到了成吉思汗处。当成吉思汗听到这个消息后，马上与众臣子在汗廷上商议，含泪发誓，要将花剌子模国踏平，用他们皇帝的鲜血来洗刷我们的奇耻大辱。就这样，蒙古军站在克鲁伦河畔，等待随时出兵。

蒙古国的两个使者离开后，摩柯末国王马上整军备战，亲率大军从哈马剌向呼罗珊进军，经过你沙不儿、不花剌，带了撒麻耳干，大军马不停蹄，又转道毡的，从毡的到突厥斯坦，直到他们的国境线上。摩柯末大军与追击屈出律的军队遭遇，者别等人率军大败之。从此，摩柯末对蒙古军有了新的认识，他的脸色因为蒙古军的到来而渐渐变暗。成吉思汗得到者别胜利的消息后，快慰地对众臣子说道："我们已经了解花剌子模军队能力了，如果我们严密部署，相信我们的仇敌一定会铲平的。"就这样，一场旷日持久的、对世界产生巨大影响的西征方案摆在了蒙古国的议事日程上。

用人篇

翻开历史画卷，
有几个人物能像成吉思汗这样网罗天下英豪？
有几个人物能将自己的将领从奴隶中挑选出来呢？
事实证明，
成吉思汗是个重情重义的人物，
更是一个懂得珍惜情谊的统帅。
得伴当的快乐让成吉思汗意气风发，
在数不清的军事人才中，
他的身影不知道多少次贴近他们，
他的亲切之语不知道多少次打动他们，
一种高尚的用人之道鲜活地展现了出来。

不计前嫌　广纳贤才

铁木真在战场上始终像千里马一般冲杀在最前面，他又像草原雄鹰一样使所有的猎物都对他望而生怯。但随着蒙古乞颜部势力的不断扩大，他发现，单单靠自己的力量是不能真正成为王者的。在他刚刚与札木合分别设营时，曾忧虑地对亲族说："我们不能用陈旧的战争方式来发展自己，我们要毫不吝啬地接受外族人到我们阵营中来，唯才是用，这样蒙古部才能得到长久的发展啊！"别勒古台马上说道："汗兄的为人和气节是世人皆知的，在与蔑儿乞人的战斗中，你的战略才干也让世人看到，我相信人心会渐渐倒向我们的。"就在此时，者勒蔑走进来高兴地说道："可汗，有十几个札木合营地的氏族首领来投靠了！"成吉思汗声色俱悦地站起来，激动地说道："众人快快随我迎接去，今日定要好好对他们慰劳一番。"成吉思汗带着身边人走了出去，迎面便看到者勒蔑的弟弟速不台，他仰起头来说道："难道是你哥哥的召唤声让你来的吗？"速不台笑道："是铁木真英明神武的灵魂召唤我们到来的。"众人哈哈大笑起来。成吉思汗将每一位到来的人都慰问了一番，然后喊道："别勒古台，快快备宴，我要与众新人在此痛饮一番。"一直到下午时分，成吉思汗都在宴会上高兴地与众人畅叙着。

成吉思汗问泰赤乌氏的赤勒古台道："你们泰赤乌热视我为眼中钉、肉中刺，你怎么会投奔我呢？"赤勒古台高兴地说道："所有的泰赤乌人都是有罪的，我在心中权衡了好长时间，才觉得成吉思汗才是真正的名主，泰赤乌是不会猖狂多久的，我便壮着胆子前来寻找成吉思汗了。"成吉思汗快慰地说道："现在正是我用人之际，我对远方前来的客人是不会拒绝的，能与我一起吃苦，那我还有何怨愤啊！"此时，宴席上的人越来越多，远方的人马络绎不绝地向成吉思汗营地奔来。合撒儿只能离开宴席，站在路口上迎接每一位到来的客人。成吉思汗正在欢笑时，塔乞兄弟一齐说道："投奔之人如此之多，足见成吉思汗在草原上的地位了，我们也是明眼识真主也。"众人又是一阵大笑。别勒古台饶有兴致地站起身来："这几日会有很多人来，让我们为所有新到的人干一杯，虽然我们不能一一敬礼，但我们的心是真诚的，是火热的。"就这样在点点繁星点缀天空之前，众人才各自归帐安歇去了。

当天晚上，成吉思汗坐在帐中笑道："没想到我因祸得福啊！离开札木合安答之后竟然能有如此之众人前来投奔，还有什么事比得到别人的认可和赞扬更高兴呢？"说完，成吉思汗就悄然地进入梦乡。可能是众人就寝的时间非常晚，不多长的时间，天色便亮堂起来，卧榻上的成吉思汗睁开双眼，看到天色已经大亮，心中想道："今日是离开札木合安答的第二天，相信还会有投靠者的。"他便缓缓地站起身来，长长地伸了个懒腰，就站在软绵绵的草地上。成吉思汗信步走着，此时有人报道："首领，西面有个新营盘，不知道是哪家亲族前来投靠。"成吉思汗马上叫上几个那可儿，飞快地向西面走来。等走到营寨的尽头时，成吉思汗等人忽然看到豁儿赤的身影，于是走上前不解地问道："豁儿赤，你也是随投诚者来的吗？"豁儿赤睁大眼睛惊异地说道："你怎么会这样问呢？难道英明的成吉思汗不接受豁儿赤的到来吗？"成吉思汗惊喜道："你的到来使我感到万分荣幸，但你是札木合安答的族人，你与我的关系可远了！"豁儿赤仰起头大声地说道："我是先祖孛端察儿抢来的孕妇所生之子，与札木合是同母而异族。札木合的先祖是扎只剌歹；我的先祖是巴阿里歹，是圣祖的后代。我本不该离开札木合，但有位神人给我托梦，这样我就不得不重新考虑我的去留问题了。"

成吉思汗好奇地问道："哦！是什么样的梦境，让你重新考虑去留的？我倒想听听你的梦境是什么样的。"此时众人也激动地说道："豁儿赤，你是个有智慧之人，让我们来好好看看你的智慧会不会让我们感到高兴和意外呢？"豁儿赤又睁大眼睛坐在车轮上，绘声绘色地说起了他梦见的故事："在一个明媚的早晨，我看到一头草黄色母牛站在草原上，突然看到远处札木合的房车缓缓行来，札木合在帐中酣睡。这头母牛看到房车就在眼前，一头冲向札木合的房车，又一头撞向札木合。但札木合像个傻小子一般一动也不动地坐着。那母牛折断了一只角，札木合惊恐万分。变成斜角牛的母牛，冲上去就拖着札木合的房车跟在成吉思汗后面，一边奔跑一边呼喊'还我角来，还我角来'，此时漫天飞舞着母牛奔跑时扬起的尘土。"成吉思汗轻轻地摇荡着马鞭哈哈大笑道："豁儿赤，你说的故事好像与你重新考虑去留没有什么关系啊！你的梦境我却听不出什么深意来。"豁儿赤马上惊异地喊道:"难道你还没有理解吗?那是让成吉思汗你做国主的意思啊!那头斜角母牛将一个国家献给你啊!天地让我目睹了这样的情景,让我前来向你通告啊!神灵都这样认为了,我再不重新考虑去留,那不是太麻木了?"成吉思汗此时才豁然开朗地说道:"你豁儿赤是个精明敏感之人啊!"豁儿赤马上笑道:"我今日向你通报了这个好消息,你若做了国主,你拿什么来报答我呢?"成吉思汗低下头沉吟着。此时军士们听完豁儿赤的梦言之后,都虔诚地说道:"天神啊!我们可汗真有这样的福分,那您就将成功降临到他身上吧。"众人对成吉思汗的眼神变得崇高而神圣。在蒙古人心中,天神是最高统治者,是至高无上的神灵,能得到他的垂青,那所有的草原人民只能无条件地顺从和膜拜。成吉思汗也觉得豁儿赤这样的言论对自己的宏图大业有极大的推动作用,而且从来没有人想到他会成为国主,他自己也没有想过会有如此的成就。正是豁儿赤的触动,成吉思汗的心中像点燃了一堆烈火般热切。过了一会儿,成吉思汗微笑着说道:"我若成了国主,我会让你做万户,让你有享不尽的荣华富贵。"

豁儿赤听到成吉思汗的承诺愣住了,他的眼睛紧紧地盯着成吉思汗说:"我给你许多道理和吉兆,你却只与我一个万户,那有什么快活?我要你在国土上挑选出三十个美女与我做妻子,允许我娶三十个妻子。而且,你要时时听从我的忠告,不能对我的言语视而不见,要对我言听计从,这样我就对可汗感到满意了。"成吉思汗慢慢在营地中走了起来,然后高兴地对豁儿赤说道:"你豁儿赤是个大谋士,我不听你的话听谁的话呢?而你要求娶三十个美女,这个要求我也办得到,现在我就在众人面前答应你的要求。"者勒蔑笑着说道:"豁儿赤,等首领将天下争夺来之后,你恐怕已经是个头晕眼花的糟老头子了。"众人大笑道:"要是那样,就让三十个老婆到棺材里服侍豁儿赤嘛!"豁儿赤不高兴地看着众人,然后用手轻轻地将他们推到一边说道:"铁木真如此英明神武,还会让我久等吗?就是我肯,整个草原的生灵也不肯啊!"就这样成吉思汗带着众人到了大帐中继续说叙着。此时的营地中又有一些人前来投诚。

到了傍晚,成吉思汗对所有的将士都讲述了豁儿赤的梦言,一个聪明伶俐的小伙子喊道:"首领,我看我们现在应该找个可汗来主持部落事务,而您是唯一的人选。"说完,众人都议论纷纷地说起来。成吉思汗见众人都有拥戴他的想法,高兴地喊道:"这个现在不能说,但我们的目标就是在草原上干出一番事业来。"整个乞颜氏开始变得热闹非常。

者勒蔑对新来的将士和贵族说道："我们首领现在因为你们的到来而变得高兴，以后我们就向着豁儿赤的梦言一步步地靠近吧！让我们的营地变得越来越热闹。"速不台也高兴地喊着："豁儿赤像吉祥鸟一样带来好兆头，那就说明我们的决定是正确的，就让我们为投靠名主而请客狂欢吧。"说完，众人都举起手中的马鞭朝着天空大声地呼叫着。

　　过了几天时间，前来投靠的人越来越少的时候，成吉思汗站在帐前正与众人叙事，忽然侍从进来道："首领，答里台叔叔、阿勒坦伯父和忽察儿堂兄归来了。"成吉思汗马上站起来深情地说道："我的家人终于归来了，天神是这样垂青我们啊！"他一边说一边走出了帐篷，他的眼前马上闪现出三个人，他们就是阿勒坦、答里台和忽察儿。成吉思汗抓住答里台的缰绳激动地说："我的亲人们啊，我终于看到我最亲的人的踪影了，这何尝不是一种幸福呢！"答里台看着成吉思汗说道："好孩子，我们都会来的，我们会帮助你的。"成吉思汗将三位亲人请到诃额伦母亲的帐中让家人在一起好好地叙说多年来的分别之情。诃额伦看着答里台道："过去的事我们不要提了，我们有快二十年没有见面了吧？"答里台低头说到："是啊！快二十年了。"诃额伦轻轻地挥了挥手，三人走出诃额伦的营帐。成吉思汗笑道："明日再来探望她吧，今日母亲已经很累了。"就这样答里台等人就来到大帐之中。

　　成吉思汗将三位亲人介绍给众人之后，高兴地说道："今日我们一家人在一起畅谈，豁儿赤还在等待他的三十个老婆呢，我们是不是应该快点让他满意呢？"术赤台笑着喝道："看来豁儿赤的到来让我们的人生有了巨大的目标啊！那就让整个大草原来保佑我们的目标实现吧！"众人哈哈大笑起来。成吉思汗高兴地说道："前日有几个远方异族之人前来问我，这里是不是有个英明贤德的君主，我对他说，我们这里都是普通的牧民，明主还没有诞生呢！"豁儿赤马上上前道："你这样说不对啊！你铁木真的英明已经传遍草原，这是我豁儿赤苦心策划的，你不要让我失望啊！"成吉思汗转过头说道："豁儿赤现在是我的谋士，在我身边寸步不离，可以同其他将军享受一样的权力。"者勒蔑马上戏谑道："不用在战场上冲杀也能得到这样的权力，你不会是文绉绉的汉人吧！"说完就畅快地笑起来。豁儿赤又睁大眼睛道："智取比强攻要好上千百倍，虽然我不擅冲杀，但我可以出谋划策啊！铁木真都听我的话，你还有什么可说的？"这样的谈叙一直持续了很长时间。就在此时，答里台在心中暗自酝酿着一件事，那就是"让铁木真称汗"。

　　在豁儿赤的梦言说给众人知道之后，它对成吉思汗地位的巩固和名望的提高起到了非常积极的作用。在信仰天神的蒙古部内产生了不小的影响，豁儿赤因此而得到成吉思汗的重用，这也正是成吉思汗的高超的用人技艺。正是得到豁儿赤的梦言，才让他的胸怀第一次被世人所明了。对豁儿赤的信任和垂爱让成吉思汗的用人之道得到世人的肯定。

权力下放　事半功倍

离开札木合的大部队之后，成吉思汗身边的将领不但没有减少，反而增加了。这无疑是扫兴中的一大快事。等众多的草原英雄慕名而来的时候，成吉思汗毫不吝啬地用香醇的马奶酒和蒙古姑娘的舞蹈来迎接他们；当豁儿赤宣扬着成吉思汗的威名的时候，整个草原都有了一种快乐，因成吉思汗的到来而快乐。在成吉思汗的事业初见端倪时，答里台等人的到来更让成吉思汗有了亲情的快乐。而就在此时，答里台等人在帐中商议着拥立成吉思汗为蒙古乞颜氏的新可汗。答里台首先说道："我们的也速该首领去世已有二十年，蒙古乞颜在二十年时间里群龙无首，这是我们乞颜贵族们的悲哀啊！"阿勒坛马上说道："我们不能再四分五裂了，现在铁木真胸有大志、恩德四方，我们就拥立铁木真为汗吧！"忽察儿摸了摸嘴上的胡须说道："我看这样最好，铁木真在族中的成就最大，也是最有智慧和勇气的一个，那我们就这样办吧！"撒察别乞不紧不慢地说道："虽然铁木真资力尚浅，但我们还是可以照顾他的。"就这样整个蒙古乞颜贵族就在大帐中宣誓，拥立铁木真为汗。成吉思汗坐在中间几次推却，都被众人拒回。最后成吉思汗说道："我当可汗也可以，你们长辈不要因为我年轻而对我的指令加以亵渎，如果这样，我也只有像老祖先那样毫不手软地惩罚你们。"众人说道："难道还有什么比我们的师法更威严吗？你就放心吧，我们都会拥戴你的。"就这样，成吉思汗正式成为蒙古乞颜部的新可汗。

坐在大帐中的成吉思汗马上命令使者前往同盟者处报喜，然后大声宣布："今天是一个吉庆的日子，我当可汗是一喜，二喜是我们蒙古乞

颜又将成为草原上的一个生力军，我们会不断地扩大我们的势力和影响力，让所有的草原人都成为我们的属民，让普天之下的蒙古人都富庶幸福。"说完，众人便在帐前行礼膜拜，跪在地上高声喊道："恭喜可汗，恭喜普天之下的蒙古人，让神灵也记住这个吉庆的日子。"成吉思汗便兴高采烈地站起来道："既然我们已经成为一个汗国，那我们就要有一个汗国的样子，我决定明日召开忽里台大会，商讨一些建国的重大事宜。"答里台站在大帐中深情地看着成吉思汗想道："这样就已经不错了，我们孛儿只斤氏临时的可汗还像个样子。"阿勒坛悄悄地说道："我们的决定正确吗？可能以后我们会后悔的。"忽察儿说道："我现在就有些后悔了。"当下三人就在大帐默默不语。众人跪拜下来又道："可汗英明，我等谨遵旨意。"成吉思汗又说道："今日我们就尽情快乐吧！这是个蒙古人的节日，是我麾下将军的转折点。"说完，众人就开始在宴席上痛快地吃喝起来。直到日夕时分，宴会的热闹才渐渐地从草原上消散，飘到至高无上的天神的天地里。

晚上，成吉思汗坐在昏暗的篝火旁，高兴地对孛儿帖夫人说："今日众人拥立我为可汗，你心中是怎么想的？"孛儿帖笑脸相迎："我见部族的首领都有野心，而且各怀鬼胎，今日拥你为可汗，实在是他们没有你的功劳，我看我们还是小心提防为好。"成吉思汗惊异道："难道我的夫人有超人的慧眼吗？你果然猜中了他们的心思，但我是不怕的，我要利用这次机会来树立我在蒙古部中的地位，这样我才会超过众人，成为也速该父亲那样的权威。"孛儿帖高兴地抚着头饰笑道："夫君能有如此打算实在难得，我们的家族大有希望啊。"说完，孛儿帖就熄灭篝火，悄无声息地与成吉思汗安睡了。

就在此时，答里台等人正在帐中郁闷地说话，忽察儿大声地说："要不是在颜面上，我怎么会拥立铁木真为汗？我们都比他资格深。"而此时恰好博儿术经过，他听到了帐内的谈话，就轻轻地在他们帐篷旁跺了跺脚，然后大声地喊道："可汗刚刚得位，不会有不忠之人要挑唆吧？"忽察儿走出来，为难地笑了笑："是博儿术将军，我们是刚刚投靠，还不熟悉人脉，所以说了些不中听的话，请不要对别人说，也不要往心里去啊！"博儿术气愤地说道："你们既然各怀鬼胎，当初为什么要拥立铁木真为汗，你们这样做是什么目的？"忽察儿等人面对博儿术的诘问，只能神情不安地站在原地苦笑。博儿术狠狠地对他们使了个眼色，然后头也不回地向自己的营帐走去。

天色像老人蹒跚的脚步一样，轻盈而缓慢地向大草原走来，正在众人在卧榻上酣睡的时候，成吉思汗已经坐在火堆前，认真地思考着建立政权之后的各项事务，包括自己身边的卫士和司厨的任命，都在他的思考范围。太阳升起时分，者勒蔑等人来到大帐看到成吉思汗一人坐在那里，问道："可汗，我们的大会什么时候召开？"成吉思汗轻轻地捋了捋长发，抬头说道："再过一会儿便开始，快快让众首领们到大帐中坐定。"别勒古台马上带着侍从、贵族一一邀请众首领。到太阳普照大地时，众人才陆陆续续赶来，坐定在大帐中。别勒古台上前喝道："可汗，众人已到齐，请可汗发号施令。"成吉思汗举目环视着大帐中的每一个人，微笑地开口道："你们都是我们部族的中间力量和骨干，今日我向众人宣布我汗国中的制度和组织，你们要认真听记。"众臣马上还了一个隆重的礼。成吉思汗喝令道："我蒙古汗国刚刚创立，一切都要从零开始，那我就从最小的细节来分配你们的职责。豁儿赤，你是我的谋士，你要给我记下每个人的职责，然后时时提醒我。你是我身边唯一不上战场的将军。"豁儿赤马上跪下接受了这个职位。成吉思汗继续说道："博儿忽与者别为我身边的贴身侍卫，可以佩带箭筒，时时站在我左右，保护我的安全；畏答儿与术赤台你们为带刀侍卫，一样在我身边保护我的安全。我的司厨也是专门的人服侍，现在就让失乞兀儿担任此职，你也可以带三个徒弟为我服务……"成吉思汗口若悬河地说述了半天时间，众人慢慢才看到一个汗国的组织是如此地庞大。它已经现出一个大国的雏形，从生产到生活，从畜牧业到手工业，从内部管理到对外交往，成吉思汗都任命了专人管制。

坐在大会上的速不台站起来笑道："我们从前像老鼠一样收拾，像乌鸦一样合聚，哪里还有这样烦琐的制度啊，今日能在成吉思汗面前做一个职业军人，我们这些像蝼蚁一样的生命已经感到万分激动和幸福了。"成吉思汗淡淡地笑道："我们的人各司其职，互不干预，这样分工我们的汗国就会长盛不衰，成为永恒的天神的子民。"者勒蔑微笑着说："可汗，我们这些专门打仗的人在战场上是英雄，那我们平时闲暇就无所事事了。"成吉思汗振了振喉咙，大声宣布："现在是最后一道法令，那就是博儿术与者勒蔑为众人之长，他们可以驱使除可汗以外的任何将军和族人，他们可以在我面前说妄言而不罚。"博儿术马上上前道："我博儿术哪有这样的地位啊，可汗您太抬举我了，我真的感到有些承受不起。"成吉思汗站起身来，走到博儿术与者勒蔑跟前，轻轻地抚摩着他们额头上的头发说道："在我孤苦伶仃的时候，是你们首先向我伸出友善而温情的双手，我心中时时铭记着你们俩的大恩啊！今日让你们为众人之长实在是合情合理。"博儿术激动得说不出话来。者勒蔑说道："今日得可汗如此施恩，者勒蔑虽粉身碎骨也不能回报你的恩情啊！"然后在众人一片赞扬之中，者勒蔑也稳稳地坐在位子上。

大会一直持续到天黑，成吉思汗站起身举起沉重的双手，对每一位首领和军士说："今日之大会非同寻常，我们当时时念叨在心中，在没有人的时候要记起它，在深夜里梦想着它，这样我们的成功就近在咫尺了。"众人都喊道："今日之会，实在是古来未有的，我们定当时时想起，时时传说也。"随后众人一个接一个地走出大帐。博儿术转身的时候，成吉思汗喊道："博儿术、者勒蔑，你们且站住，我们还有事情商量。"此时忽察儿在心中气愤道："难道我这样的长兄就不如这几个卑微的奴才吗？"忽察儿斜着眼睛看了看成吉思汗，然后走出了大帐。博儿术发现这个情景，让到一边看着忽察儿，忽察儿却若无其事地扬长而去。

成吉思汗见众人都已经出去，请两位伴当坐定在刚刚生起的篝火旁。者勒蔑问道："可汗，让我们留下有什么重要的事情要吩咐，你就说吧！"博儿术也焦急地看着可汗。成吉思汗稍作思索，说道："我是想让你们成为我汗权的秘密保护者。如果我们蒙古部中再有什么奸人和分裂分子，你们就可以像我一样来运筹帷幄，消灭他们，也不必通告于我。"博儿术睁大眼睛说道："难得可汗有这样的远见，而我与者勒蔑是可汗最可信任的人，相信你这样做会为汗国带来长生的。"者勒蔑皱着眉头说道："我们可汗资力尚浅，族人一定会有奸人对你不满啊！可汗今日做出这样的决定，真的很有意义。可汗刚刚登位，相信这样的小人可能就在我们身边，感谢可汗对我们的信任。"成吉思汗眼睛盯着博儿术，博儿术说道："可汗一定是发现了我有心事，我现在就告诉你吧，撒察别乞是只狐狸，他的心中对可汗充满了义愤和嫉妒。"者勒蔑也说道："这个我们心中都明白，但他是掀不起风浪的。"成吉思汗说道："这个我也知道，但博儿术的担心还是有必要的，我们不能掉以轻心。"此时博儿术极力掩饰着脸上的阴霾。秘密会议进行了几个时辰，成吉思汗才站起来高兴地说道："好了，我们就到这里吧，你们明日还有很多事情要做，回去休息吧！"就这样，博儿术和者勒蔑笑盈盈地走出了大帐向回走了。走在路上的博儿术慌忙对自己说："今日可汗刚刚登位，所以不便说出忽察儿的贱行，为了吉庆的可汗，我还是以后再说，我是不会包庇一个鼠目寸光的人的。"就这样，博儿术带着小小的不和谐回去了。

【第七篇】用人篇

在随后的几天里，众人都在博儿术和者勒蔑面前嬉笑道："众人之长可是草原上从来没有过的职位啊！难道你们觉得这是一个职位吗？我们都得听众人之长的，可汗可真是英明啊。博儿术这样憨厚，者勒蔑这样精明。"博儿术站在原地什么也不说，者勒蔑笑道："难道你们有意见吗？那现在就只能对众人之长说了，我是你们的长辈，这是任命的。"说完，众人就哈哈大笑起来。

　　对博儿术和者勒蔑的重用，让成吉思汗以后的工作事半功倍，也让他在繁忙的事务中有了半分的解脱。登上可汗的宝座并委任重臣，使成吉思汗的用人才能得到了淋漓尽致的展现。

礼贤下士　开明圣听

　　当战争的规模发展到更大时，草原人民都希望看到和平的曙光，因为盲目的战争让人民流离失所，心慌意乱。而对于战争的首领们来说，却是越打越兴奋，因为在战争中他们能得到无穷无尽的财物。正是利益和欲望的驱使，在铁木真生存的年代里，草原上的战争像勇士们喝马奶酒一样平常。各霸一方的部落首领们心中只有一个目标，那就是成为草原的至尊。一个个的英雄像雄鹰一样从湛蓝的天空中飞过，让所有的人都感到神圣和威严，在所有强部的首领那里，永远有一个像太阳一样的辉煌让他们意气风发。当英雄们都在高声呼唤："我们誓要为草原上的明主们抢回我们的财富。"就在这样的誓言发出的时候，草原上的形势已经发生了天翻地覆的变化。草原上大部分的强势部落都被一个名不见经传的年轻英雄——成吉思汗打败。在成吉思汗身上，我们能看到蒙古人的霸气和草原人的勇敢。协同王汗，成吉思汗像一头巨兽一般将一个个仇敌攻击得狼狈不堪。就连成吉思汗的同族兄弟撒察别乞也说："如果草原上没有成吉思汗，那我的伟业定在未来一步步实现。"而勇武异常的合撒儿也是众人赏识的人物，但他终因无谋而只能被成吉思汗使用，他微笑地对人说："在草原上，没有一个英雄能像我兄长那样仁慈和宽容，他是天生的统帅，是天神的好儿子。"成吉思汗的威名被雄风吹到了每一个草原人的心中。在成吉思汗身上，他的心像清水一样干净，像绿草一般伟大。他身边的将领都称赞他是个善于用兵、善于用人的贤明之主。

成吉思汗像母亲一样地爱惜自己的人才，他也用宽人之道对待每一个拥护他的人。他常对母亲说："现在不管是富有的人，还是贫穷的人，只要他有才德，有忠诚之心，我们就要让他过来为我们的大业奋斗。"诃额伦看着儿子的笑脸，举起手放在儿子的脸上说："我儿果然圣明啊！看来你父亲也速该没有白生你这个长子啊！"说完，诃额伦母亲的脸上绽放出春天般的笑容。就在此时，者勒蔑进来说道："可汗，泰赤乌、乃蛮被我们打败之后，草原十二部惶惶不可终日，他们举行了盟会，要与我们决一死战呢。"成吉思汗马上站起身来，二话没说就回到军帐认真分析起来。成吉思汗说道："这个消息非常重要，我们快快通知王汗，作好战斗准备。"过了几天时间，王汗大军来到，他们马上分兵而进，向前方缓缓而行。

站在山冈上的成吉思汗对将士们说道："今日我来与札木合安答作战，却不知道他们有没有我们的情报呢？"别勒古台说道："我肯定他们现在都在帐篷里酣睡呢！等他们出发时，我们已经有足够的时间备战，他们失去了有利地位。"就这样成吉思汗大军一步一步地向前方挺进着。

就在札木合等军士坐在大帐高兴地哈哈大笑之时，帐外有人不安地走进来禀告道："札木合古儿汗，现在人心对我们有些不利了，一个老人正在宣讲成吉思汗的好处呢！"札木合警觉地站起来，镇定地喝道："快快带我去看，难道我们对成吉思汗的仇恨还不深吗？我要将这样的叛徒全部肃清。"众人都跟着札木合一起去看那个老人。刚出来，札木合便看到不远处有一群人在说说笑笑，他健步而上，站在人群后面听着。札木合见那老人摇头晃脑地说着："如今的草原啊，不比从前。可以说现在是草原历史上的转折点，而制造这个转折的人，我从前以为是札木合，但现在观来，却非成吉思汗不可了。"札木合站到人群前，佯装平和地说道："原来是巴牙兀惕部的'贤明老人'啊！难道你懂形势就不懂军纪吗？你知道这样鼓动人心，我是要将你处死的吗？"老人得意地笑道："札木合，这就是你不得人心之处啊！你若能在军士中间多些宽容，少些自私，那你才会有所成啊！今日你想怎么处治我？"札木合义愤地喊道："难道你就不怕死吗？在军队中，只有绝对的服从，没

有第二句话，看来我今日只有将我们的'贤明老人'处死，这样才能以一做百。""贤明老人"不慌不忙地站起来说道："如果你将我杀死，那你的民心会更加单薄，因为我向所有的将士都说明了天下的形势，也就是成吉思汗的伟业，现在就悉听尊便吧！""贤明老人"将自己的眼睛微闭，默然叹息地等待着札木合的处治。此时札木合心中的义愤达到了顶点，大声喝令道："快快将这个蛊惑人心的老东西押禁起来，我要在打败成吉思汗大军之后，用他的人头来为我们庆贺。"随后，札木合的侍从便将老人捆绑上了。但许多士兵都跪在地上请求札木合赦免他，就是巴牙兀惕的首领也恳求道："老人的话我们不必当真，请不要杀他，他可是草原上久负盛名的贤明老人啊！你就不怕世人指责你吗?"札木合冷酷地大笑道："要是战胜铁木真，难道我会害怕别人的指责，这只是牛身上一只跳蚤作乱的事情。"说完，哈哈大笑地离开了巴牙兀惕营地。

"贤明老人"坐在监帐中长吁短叹着，守卫上前道："老人，你的说辞如此让札木合愤恨，那你为什么不去成吉思汗面前说呢？他如果听到你这样的分析，一定会喜出望外，说不定让你成为他的臣属呢！""贤明老人"满不在乎地摇头说道："不可，我是不能做背离族人的事的，这样天神也不会让我这个'贤明老人'长生的。我不能轻易背叛族人。"守卫赞赏地竖起大拇指说："虽然你是老人，但性格却如同年轻人一般。""贤明老人"此时才高兴地笑了笑，然后就转过身子安睡了。就在此时，外面一片嘈杂，老人不安地坐起来，突然有个人走了进来，老人抬头一看，原来是豁罗剌思人豁里歹。还没等老人开口，豁里歹就说："'贤明老人'，你怎么能这样受苦呢？我现在就把你的事情告诉成吉思汗，让他来挽救你。""贤明老人"动情地说道："成吉思汗是个盖世英雄，相信他不会战败，所以我也不会死的。"豁里歹走近又说："成吉思汗的大军是草原上最雄壮的队伍，相信他会胜利，也会来挽救老人的。"说完，豁里歹转身出去，骑上战马飞奔而去。"贤明老人"喃喃自语道："天命不可违也，成吉思汗是草原人的拯救者，感激天神让世世代代征杀平息。"说完，他又转身到里面安睡起来。

成吉思汗大军得到豁里歹的军情之后，作了精确的作战计划。在出发之前，他高声宣扬道："让我们用胜利来挽救'贤明老人'吧！我这个好贤主可不能让老人长眠在牢房里啊！"众军士听到这样的消息，一个个猛兽一般向战场上奔驰而来。很快成吉思汗先锋军就取得了一次重大的胜利，与札木合联军对阵阔亦田。成吉思汗大军在阿兰塞驻扎，依山傍塞。札木合对将士们说道："难道我们真的没有天神的帮助吗？他铁木真怎么会如此顺利、如此沉着呢？"塔儿忽台说道："难道那个'贤明老人'说的是真的？天神站在成吉思汗那边？"札木合冷笑道："在战场上，天神只会宠爱那些勇敢和不怕死的人，现在就让我们来争取吧！"塔儿忽台气定神闲地说道："看来我们只有让天神相信我们才是他最可爱的孩子，因为我们有在战场上视死如归的战士。"说完，他们就在阵地上准备着与成吉思汗的决战。

大约一天一夜的战斗，在阔亦田战场上，只能听到蒙古军高傲的笑声和坚定的呼喊声。札木合最终夹着尾巴带着部众溜之大吉了。就在成吉思汗冲杀在札木合联军的阵地上时，忽然有个士兵跑了过来说道："可汗，我们看到一个老人在囚帐中奄奄一息，好像就是那个世人所说的'贤明老人'。"成吉思汗心中一惊，马上说道："快快去问个清楚，然后带回营地，我要亲自与他谈叙。"于是，成吉思汗大军又一次向札木合联军追赶而去。

到了太阳的光线都收到草地之下的时候，成吉思汗军士才陆陆续续从前方归来。成吉思汗下马大声叫喊道："看来天神还是宠爱那些正直无欺之人啊！"在一阵欢笑中，众人坐到了成吉思汗的大帐中，一起畅谈着战场上的事情和战斗后的收获。成吉思汗说道："今日我们能出奇制胜，实在是天神相助，他札木合用的巫术却成为我们的优势啊！"侍从上前道："可汗，帐外的'贤明老人'请求见您。"成吉思汗心中又是一颤，顿想了一会儿，高兴地说："快快让他进来，我要好好感激他在札木合军中宣扬我的恩德！""贤明老人"叩拜成吉思汗道："老朽早已闻可汗威名，今日得见，实乃三生有幸也。"成吉思汗高兴地说道："难道老人说的天神保佑之人会这样高贵吗？我可是个平凡人啊！""贤明老人"马上上前道："不是，我看可汗最有登临大位的气魄和智慧，而且在相貌上就能给人一种力量和高贵，你做天下之主，是必然之事。"此时者勒蔑说道："札木合可就是一个能当大事之人啊！还有蔑儿乞部的阿剌黑兀都儿都是英雄啊！""贤明老人"说："札木合虽然智勇双全，但为人性恶，不能与人为伴，心胸狭窄，他就是有野心也不能取得最后的成功；而阿剌黑兀都儿也是个英雄，他有勇气和智慧，但在一番争斗之后就没有了实力，所以他也不能成就。现在唯一的英雄便是成吉思汗，他的勇气和智慧都在世人之上，而他的宽仁之心也得到了草原人的肯定，在不远的将来，成吉思汗必定能登临大位，让世人敬仰。"

"贤明老人"说完之后，帐中一片寂静，众人都在心中思考："老

【第七篇】用人篇

人这样的分析，实在是难得，我们好像是井底之蛙看到大海一般。"一会儿的时间，成吉思汗笑道："难得老人有这样的见地，那我就众人面前对你承诺，我若大成，定要让你享受快活。"老人激动地上前道："这不是我对你的判断，是天神的意思，如果不是天神的意思，这次阔亦田之战，可汗怎会稳操胜券呢？"成吉思汗垂头冥思稍许，站起来说道："我也觉得玄妙，可能天神真的是对我垂爱有加吧！"老人满意地点了点头笑道："可汗今日能认识到这一点，那他日开疆拓土之时就更能旗开得胜了。"老人正待离去，可汗说道："老人，我要让你在我们营中长留，这样我才能永远记得天神的关怀。"众人也一齐说道："老人就在我们这里长住吧！可汗是个有恩必报之人啊！"老人默默地点了点头。

　　成吉思汗对"贤明老人"的待遇和厚爱在世人面前展示了一个更威严、更神圣的成吉思汗，这对于成吉思汗未来的发展来说，是一个巨大的促进。成吉思汗对"贤明老人"的重视，说明他高超的用人方略和笼络人心的政策又得到了发展。

慧眼识才　唯才是用

　　当一个部落沦丧的时候，他的人才和英杰都会像群鸦般纷纷飞去，只有极少的忠实之人死死地守在主子身边。在最后的结局中，历史始终是给予胜利者荣耀，而败亡者只能在一片嘘笑声中被舆论掩盖。在成吉思汗身上，我们就看到这样的现象，同时也看出另一面，那就是当他将一个部落打败而无法生存的时候，成吉思汗都会毫不留情地将他们处决，但对于他身边的人才，却是另眼相待，献出最大的诚意向他们表示他的友好。成吉思汗在打败一个又一个强敌之后，曾对身边人说道："如果贪婪者认为战争能给他们带来财物和美女，那我最大的快乐就是能在战争后得到一个又一个强悍的人才。"正是如此，成吉思汗才能在蒙古草原上立于不败之地，在争夺天下时从容不迫，所向披靡。

就在十三翼战之后，成吉思汗常常想："为了蒙古部的强大，我们必须肃清一切显在的和潜在的反叛者。"很快，成吉思汗虽败尤胜的消息传遍了草原，主儿乞的贵族们坐在营帐中议论着："难道我们非要按成吉思汗的要求行事吗？我看成吉思汗根本不将我们放在心中，也不觉得我们是长者、贵族。"撒察别乞冷笑道："铁木真的头快要抬起来了，但我们却站在他面前无可奈何。"豁里真妃气愤地说道："难道我们主儿乞人会怕铁木真，我们是蒙古部的强大氏族，我们迟早会让他知道祖先是讨厌他的。"这时外面进来一个侍从说道："首领，明日成吉思汗要在斡难河树林中举行重要宴会，请各贵族和长者前去赴宴。"忽兀儿臣妃灵机一动，说道："我们在宴会上看看铁木真到底有什么气魄，能让我们如此卑下地为他效劳。"撒察别乞摇了摇头说道："你们不要造次，这样会被打击的脸面无光的。"撒察别乞又喝令道："木华黎，快快给我备匹好马，明日前去成吉思汗的宴会，还有几位大妃，你也要好好照应。"奴隶木华黎叩首领命，不慌不忙地走出去准备赴宴事宜了。撒察别乞很不耐烦地将众人驱散，一个人坐在帐中闷闷不乐地喝着闷酒。此时，木华黎进来道："首领明日要让我一起前去吗？"撒察别乞不耐烦地说道："你是我最忠诚的奴婢，我自然要带你去看看成吉思汗的威望了。"随后又闭上眼睛假寐起来。

当天晚上，成吉思汗坐在军帐中高兴地说道："明日是英雄大会，我应当让它越丰盛越好啊！"诃额伦母亲说道："看来我们的境况越来越好了。"听完，众人哈哈大笑起来。到很晚的时候，众人才离去，成吉思汗对孛儿帖说道："蒙古部在战争中得了威名，也让我的夫人觉得丈夫有志气了。"孛儿帖笑道："看来你还没有大成就就自满了，这样我可不喜欢。"成吉思汗睁大眼睛说道："你误会了，我是说我们的敌人越来越少了，斡难河上就越来越太平了。"两人一边说话一边在卧榻上等待睡意的到来。

天色终于透亮了，成吉思汗偕同家人一起站在宴席中间，等待每一个客人的到来。当主儿乞到来的时候，成吉思汗高兴地说道："撒察别乞兄弟的到来，真让我们的宴会生辉啊！"撒察别乞却径直向宴会的座位上走去，没有理会他的盛情。成吉思汗心中有些不快，跟在后边的木华黎轻轻地对成吉思汗使了一个眼色，成吉思汗才明白，原来撒察别乞后面还有三位大妃。就这样，成吉思汗对木华黎产生了非常深刻的印象，成吉思汗目不转睛地看着他，心中思索起来："撒察别乞身边竟然有这样的贴身好人，实在是他的幸福啊！"很快，宴会就开始了，万万

没有想到的是，宴会一开始就让众人感到不和谐，因为豁里真大妃和忽兀儿臣大妃在宴会上对成吉思汗的司厨大打出手，再加上后来帐外别勒古台与不里孛阔的争斗，让成吉思汗恼羞成怒，他一气之下将豁里真妃和忽兀儿臣妃监押了起来。主儿乞与乞颜氏就这样结下仇怨来。

就在主儿乞与乞颜部结下仇恨的第二天，撒察别乞就伤心地对木华黎说道："木华黎，你快快到成吉思汗营帐中去，把两位大妃请回来。"木华黎得到命令就上马飞奔向成吉思汗大帐。成吉思汗坐在帐中对众人说："我们的部族竟然也有这样的人，实在让我难过，昨日之局面你们都看到了，他们主儿乞人太放肆了。"满脸怒容的成吉思汗坐在那里一动也不动地凝视着帐篷的边角。忽然，帐外一片嘈杂之声，可汗大声喝问："外面发生了什么事情？怎么会如此嘈杂？"侍从说道："主儿乞的奴隶木华黎要面见可汗，要求请回两位大妃。"成吉思汗听此，马上睁大眼睛说："你让他进来，我看这个主儿乞人到底想做什么？"一转眼的工夫，木华黎站在营帐中向成吉思汗叩拜之后，不动声色地对他说："今日我主人撒察别乞让我来是有事的，因为昨日之事，我主撒察别乞非常伤心，今日想请可汗发恩，快快将两位大妃放回去，免得大家都难看。"成吉思汗大发雷霆道："他撒察别乞觉得我胆小怕事吗？我是不会在乎主儿乞人的狂言的。"木华黎冷冷地说道："如果可汗能将两位大妃放了，木华黎倒是能让可汗感到高兴。"成吉思汗问道："你能怎么样？"木华黎分毫不动地说道："我会在主儿乞人对你不满意的时候说你的好话，这样你应该会高兴的。"成吉思汗听到这样的说辞，哈哈大笑道："难道我会因为这样的恩惠而委屈自己，你太自信了。"木华黎安然地站在帐中，成吉思汗转过头来问道："你的名字叫木华黎？我看你是个人才，不如归降于我吧！"木华黎轻轻地摇了摇头说道："如果让我背叛我的主人，那比倾杀我全家还要可怕。"别勒古台气愤地上来道："难道你还是一国之君？汗兄这样对你，已经很仁慈了，你小子太不识抬举了。"木华黎依然站在那里一言不发。

过了一会儿，成吉思汗大声说道："你今日的任务完成了，你只有让你的主子像顺民一般驯良地臣服在我面前，这才是解决问题的唯一方法。"木华黎低下头冷冷地说："难道只有这样吗？那我也只有做一次失职者了。"说完他转身就要向帐外走去，就在此时，成吉思汗又呼叫了一声："我看你是个英雄，如果有一天你心中豁亮起来，我会为你敞开宽容的大门的。"木华黎认真地听完了成吉思汗的说辞，果决地走出大帐，纵马而归了。坐在帐中的成吉思汗笑道："我看这个木华黎是个

【第七篇】用人篇

超群的英雄，只是他的忠诚既让我欣赏又让我无奈啊！"别勒古台上前义愤地说道："这个木华黎小奴才实在太傲慢了，我倒想看看他有什么过人之处。"成吉思汗轻轻地摇了摇头说道："你们与我的不同之处就在这里，我是个慧眼识才的英雄，而你们只是战场上冲杀的英雄。"众人心领神会地点着头。此时侍从又走进来禀报道："可汗，被监押的两位大妃正在破口大骂，要让天神来惩罚你，其言脏得很啊！"成吉思汗怒发冲冠，但此时合撒儿冷静地说道："汗兄，我们这样咄咄逼人地闹下去是不是有失体统啊？毕竟我们是一个汗廷啊！"成吉思汗沉思下来，过了好长时间，他才对侍从说道："将两位大妃送到寝帐中，好好侍候两位大妃，过几日将她们送回主儿乞营地去吧！"侍从得令马上出去了。

后来，成吉思汗为了得到主儿乞人的支持，亲自派人去主儿乞营地通和，但主儿乞人都严词拒绝，就是在对塔塔儿人的战争时，主儿乞人也没有露面，反而在后方将成吉思汗的军营洗劫一空。因为此事，成吉思汗怀恨在心。与塔塔儿的战争之后，成吉思汗便率军追剿主儿乞人，撒察别乞成为俘虏，他自知罪孽深重，于是请求成吉思汗将他处死。当主儿乞人的首领一个个被处死之后，者勒蔑一彪人马手中擒着一个俘虏，正要将他砍死的时候，成吉思汗从远处奔来道："者勒蔑，你们先手下留情，容我来看看。"者勒蔑高声地喊道："可汗，这个家伙在战场上杀了我们好几员大将，我们不能留他性命。"成吉思汗走近一看，很是惊异，轻声说道："原来是木华黎！"者勒蔑不以为意地说道："是啊，就是那个木华黎，我本想留下他，可他杀了我们好几个兄弟。"成吉思汗马上下马亲自将木华黎的绳索解开道："此时是主儿乞灭亡之日，但他手下的奴隶是没有罪的，这些罪过都要算在撒察别乞和泰出头上。"者勒蔑此时无可奈何地说道："既然主子爱惜此人，那就将他性命留下吧！听凭可汗处置。"成吉思汗让木华黎上马，并对他说道："快快到我大帐压惊吧！"木华黎激动得说不出话来，只是不停地在自己的胸前捶打着。

成吉思汗亲自将木华黎领入大帐，让他坐在自己面前，端上一盏马奶酒高兴地说道："好家伙，我的眼睛见到英雄就会发光，看来我的预感没有错啊！在战场上就应效忠主人，这个是我成吉思汗从来都没有改变过的想法。"半天才调整过来的木华黎站起身来跪拜道："恕木华黎无礼，竟敢坐在可汗的大帐中，奴才愿听凭可汗处置。"成吉思汗微笑道："我若有杀你的想法，早早就让者勒蔑动手了。现在我将你留下，是希望你能为我效力，一起开创蒙古部的美好未来。"木华黎冷静地说

道："木华黎只是个奴才，没有那么大的志向，如果可汗饶了我性命，那就请可汗让我回到主人身边吧！"成吉思汗转过身说道："你果然是个忠诚为主之人啊！看来我只有对你说实话了。"他清了清喉咙说道："我已经将你的主人斩首了，而且是他们自觉罪孽深重，心甘情愿被斩首的。"木华黎听到此处，马上虔诚地在地上祈拜着。

过了一会儿，木华黎说道："我的主子不在了，我本应当同他一起走，但今日却落在可汗手中，我的主人在天神那里应该能看到。如果主儿乞还有一点儿希望，那我的一生还是有目标的。"成吉思汗睁大双眼说道："主儿乞已经全部在我手上，他们很快就要消散，你不要太固执，这样不是一个英雄的见识。"木华黎始终不答应为成吉思汗效劳，成吉思汗说道："在天地之间，英雄是以勇武和忠心来打动主人的，你越固执我越觉得你是难得的人才。"木华黎轻轻地笑道："难道可汗真的要收我为奴？那你得答应我一个条件。"成吉思汗激动地连连点头，木华黎说道："请可汗将主儿乞百姓放掉，让他们都过上安定的生活。"成吉思汗满口答应了木华黎的要求，将所有的主儿乞百姓都分给了乞颜贵族和将军。从此，木华黎成了成吉思汗众将领中的一员。

对于人才来说，得到主人的赏识是至关重要的，在成吉思汗眼中，人才永远都会在他眼睛中发出光芒。得到了木华黎，成吉思汗的事业又有了一支坚实的支柱，支持着他和整个蒙古草原。

心胸豁达　求贤若渴

在战斗中，草原人的习惯就是将战败者的财物、牲畜和美女全部占为己有，而将他们的属民和奴隶分给有功的手下。但唯一不放过的，就是那些在战场上拼死杀敌、抵挡千军万马的将士和首领。当这些人被抓住之后，胜利者会毫不留情地将他们斩首而后快。不过在成吉思汗的战争收获中，永远都有一种别人没有的东西，那就是得到战败方的英雄和勇士们的急呼："我愿意弃暗投明，永远为成吉思汗效劳。"成吉思汗每战胜一个草原劲敌之后，都会得到生性猛烈、能冲锋陷阵的英雄，甚至在困难的时候，他也会得到英雄的帮助，十三翼战之后的人才流动就是一个生动的说明。这其实也是成吉思汗能在草原上立于不败之地，成为一代天骄的重要原因。当春风吹遍大草原的时候，成吉思汗便第一个感觉到大展宏图的机会，他紧紧地抓着这个机会，直到他不断壮大的队伍一步一步地向胜利的顶峰攀登。在成吉思汗身上，我们看不到失败的瑕疵，他用慧眼结识了一群有雄才大略的人，正是这些人才的努力和他的英明领导，一个历史的伟业才声势浩大地展现在世人面前。

在对泰赤乌人决战前，成吉思汗看着泰赤乌人的大本营，大声地喝令："蒙古部的勇士们，我们快快将泰赤乌人消灭在草原上，如此方能解除我们二十年来的深仇大恨也。"喊毕，一批批的冲锋队像奔腾的野兽一般径直向泰赤乌人的营地攻伐。此时塔儿忽台神情慌乱地在营地中进行着顽强的抵抗。他大声地喝令："我们泰赤乌人与铁木真有不共戴天之仇，若落在他手上，一定会被斩首的，那还不如我们战死在营地中呢！"塔儿忽台不停地鼓舞着将士，而泰赤乌人自知大难临头，也不惜一切代价地负隅顽抗。塔儿忽台身边站着神箭手只儿豁阿歹，塔儿忽台将全部的希望都寄托在他身上，因为他希望这个神箭手能将成吉思汗射死，这样泰赤乌人就能保全了。当成吉思汗冲锋上来的时候，只儿豁阿歹的箭就瞄准了他，不知道是天意还是人为，他的箭射中了成吉思汗的颈脖，蒙古大军的进攻停止了片刻。但博儿术后来率领大军将泰赤乌消灭了。就在塔儿忽台绝无生路的时候，他的身边突然跳出一匹战马，于是他飞身上马，向斡难河的深林中狂奔而去。

战争很快结束了，但与成吉思汗一家长期作对的塔儿忽台的踪迹还是没有找到，于是别勒古台让人四处寻觅，无论是水泽还是树林，都寻找一番。过了两天时间，将士们一无所获。此时成吉思汗已经脱离危险，他坐在帐中不停地说道："难道塔儿忽台插翅而飞了吗？再过几日如果寻找不到，我就亲自在斡难河畔等候，直到塔儿忽台束手就擒为止。"就在此时，外面探马来报："合答安的父亲锁儿罕失剌和一个神箭手前来投靠成吉思汗。"成吉思汗马上说道："让他们进帐说话，不必让他们太拘礼，我要热情招待我的客人。"很快，锁儿罕失剌带着一个弓箭手走了上来，叩首道："合答安的父亲、泰赤乌的神箭手前来向成吉思汗投诚，恳请可汗收容我们。"成吉思汗先是笑脸相迎，而后又低沉下来，觉得他们来得太迟了，锁儿罕失剌极力的辩解最终得到成吉思汗的原谅。正在说话见，成吉思汗看到锁儿罕失剌身后的弓箭手道：

"他是什么人?"锁儿罕失剌微笑地说道:"他就是泰赤乌部的名射手只儿豁阿歹,他可是个百发百中的神箭手啊!"成吉思汗轻轻地抚摩着颈脖然后说:"你就是那个射死者勒蔑战马的神箭手?"只儿豁阿歹看到成吉思汗颈脖上的伤口,马上跪在地上说道:"是我射的,我知道自己罪孽深重,如果可汗觉得义愤,那就让你的马刀从我的椎骨上砍下吧!如果可汗将我收容了,我定会为可汗效犬马之劳,将深水横断,将坚石冲碎。"

成吉思汗聆听着只儿豁阿歹的说辞,坚定地说道:"你能在我面前承认错误,已经很难得了。如果你能帮我在战场上射杀,就像在泰赤乌人手下一样,那我就可以免你死罪,让你在我身边效力。"只儿豁阿歹马上叩谢道:"可汗果然圣明,我将像一支利箭似的保护你。"成吉思汗笑道:"好了,既然你神射,那我就给你个名号,你以后就叫者别吧,这样我就可以将你记在心上了。"者别心情激动地说:"感激可汗如此恩典,者别虽献上这满腔热血而不能回报也!"成吉思汗将者别扶起,高兴地对他说道:"从此以后,你就是我身边的侍卫,可以常常在我身边,在战场上也要像一支利箭一般插进敌人的心脏。"者别连连谢恩,然后才离开大帐去自己的安宿之处休息了。

者别离开之后,成吉思汗深深地沉思着:"泰赤乌部已经消灭,但塔儿忽台到底在什么地方呢?"此时的蒙古部落上下没有一个人知道。而在泰赤乌部被消灭殆尽之时,塔儿忽台正在深林中奔逃,就在他站在林中寻找出路的时候,忽听身后一片响声,塔儿忽台紧张地回头注目。在看到三匹骏马和一个车帐后,他心中马上安定下来。走近一看,原来是纳牙阿父子,塔儿忽台欣喜若狂地奔了上去。纳牙阿的父亲失儿吉额秃笑道:"没想到这个怕死鬼会送上门来寻死,我们还坐着干什么?"纳牙阿和哥哥阿剌黑马上将塔儿忽台绑了起来。塔儿忽台惊恐地喊道:"失儿吉额秃,你想怎么样?我们可都是泰赤乌人,你这样做是不对的。"失儿吉额秃愤恨地说道:"你这个贪婪可恨的家伙,你有今日实在是天神有眼,我们将你送到成吉思汗那里,这样你们的恩怨就会了结了。"塔儿忽台听到这里,面色青白地喊:"如果你们这样做,会不得好死的,我们都是泰赤乌人,怎么能像敌人一样不相容呢?"但纳牙阿二话没说就将塔儿忽台放进了车帐,一路向成吉思汗营地赶来。

走在路上,塔儿忽台一边呼喊一边乞求:"天神啊!你就让这些背叛本部的恶人都死去吧!相信天地之间都不会容忍这样的伪君子存在的,天神显灵吧!"失儿吉额秃笑道:"难道你也知道背叛的可恨吗?我问你,你在二十年前为什么背叛整个蒙古部而抛弃成吉思汗父子,你

是天下最奸诈、最可恨的歹人，不要想着什么人会来挽救你。"纳牙阿平静地对父亲说："看来塔儿忽台的话有道理，成吉思汗生平痛恨背叛本主之人，而我们今日将塔儿忽台抓住，他定会觉得我们是不忠不诚之辈也，这样反而让我们得不到应有的地位。"失儿吉额秃沉思着，塔儿忽台笑道："难道你们不知道吗？成吉思汗是要他的部下像奴隶一样忠诚于他，而你们这样，他是不会收容你们的，说不定会让你们给我陪葬呢！"说完便哈哈地笑起来。失儿吉额秃谨慎地说道："看来纳牙阿说得有道理，我们将这个叛徒放了，让他再苟延残喘几日吧！"就这样纳牙阿将塔儿忽台身上的绳索解开，用力地将他推在路边，便飞奔而去了。塔儿忽台站在路边愤恨地喊道："失儿吉额秃，有朝一日我会让你和铁木真的尸骨一起在原野上让野狼拖走的。"喊完，他就拼命地向林中奔跑，自己逃命去了。

失儿吉额秃坐在马上又说道："如果成吉思汗觉得我们没有功劳怎么办？"纳牙阿马上说道："这个不妨事，只要我们有忠于主人的诚心和在战场上超群的勇力，成吉思汗就会让我们成为一个将领的。"就这样父子三人在路上一边合计着一边向成吉思汗驻地飞奔而来。等到他们快要走出树林的时候，突然看到一彪人马飞快地奔驰着，阿剌黑高兴地喊道："那是成吉思汗的军队，一定是在追寻塔儿忽台，我们告诉他们他的下落吧！"纳牙阿上前阻止道："不可，这样还不如将塔儿忽台抓到成吉思汗处省心呢！既然不背叛本主，那就要分毫不出卖本主。"失儿吉额秃高兴地说道："我儿纳牙阿的智力与脑力一样到了超群的地步啊！"就这样阿剌黑合上自己的双臂，坐在战马上飞快地向目的地奔驰而来。

坐在大帐中的成吉思汗对侍从说道："今日我得到了者别这员骁将，而塔儿忽台却下落不明了，我的将士们应该理解我的心情，让泰赤乌人的灭亡来抚平我家人心头的创伤。"者勒蔑上前说道："泰赤乌部已经散尽，塔儿忽台也不能有什么大气候了，只能苟延残喘罢了。"就在此时，帐外飞报进来道："禀报可汗，泰赤乌人纳牙阿前来降服。"成吉思汗高兴地说道："希望这个人能给我们带来好消息。"他二话没说，就让侍从将纳牙阿等人带进帐来。失儿吉额秃马上叩首说道："久闻可汗盛名，今日一见，实乃我们的福分啊！"成吉思汗仔细地看了看纳牙阿说道："你就是那个在塔儿忽台手下冲锋陷阵的纳牙阿？近处见你，果然是强壮过人啊！"纳牙阿慌忙叩首说道："昔日是我等不识明主，恐天神降怒，终日心神不安，所以前来成吉思汗处，愿意为成吉思汗效犬马之劳。"成吉思汗听到这样的话放松了一些，信步上前问道："那

你怎么就不带上塔儿忽台一起来见我，你知道这样做你会有多大的功劳吗？"此时，失儿吉额秃接过话语道："我们本是塔儿忽台的部下，因为主人是不能背叛的，所以我们抓住了塔儿忽台想将他献给可汗。但我们左思右想之后，觉得哪有奴仆捉拿主人的，这样是天下之大不敬也，于是将塔儿忽台放入山林中让他奔逃了。"得到这样的消息，成吉思汗震惊地问道："难道你们就不知道放了塔儿忽台我会杀掉你们吗？"纳牙阿慌忙跪地："如果可汗要陷我们于不仁不义之地，那还不如成为可汗的刀下鬼。"成吉思汗见到纳牙阿如此坚定和忠诚，沉思了片刻笑道："果然是一个得才兼备的好将领，看来你在塔儿忽台面前没少立功，如今在我帐下，一定要比任何时候都要勇敢，都要有气魄，你们可以去偏帐中休息了。"此时失儿吉额秃既喜又惊地站了起来，慢慢地走出营帐，去外面安排宿地去了。

者勒蔑进帐，与纳牙阿等人打了个照面，者勒蔑一眼就认出纳牙阿，因为他们在战场上不止一次地对阵过。者勒蔑笑道："这样的人是要留下的，这样才能体现可汗的宽容之心啊！"成吉思汗也觉得可喜，笑道："看来得到两员大将比捉住塔儿忽台更加快活啊！"者勒蔑也笑道："看来友谊在成吉思汗心中比仇恨更重要啊！将来的世界还是需要勇将啊！"成吉思汗顿觉者勒蔑说话在理，轻轻地伸展双臂，大声说道："看来捉拿塔儿忽台已经不重要了，重要的是将他身边的人全部带走，这样我们的军士会更加强大，他塔儿忽台也只能是个孤家寡人了。"说完，帐中的气氛便和谐起来。

经过战争，成吉思汗又得到了两员虎将，这不得不让我们承认成吉思汗用人策略和用人才干的超群。

敬重英雄 不问出处

经历过多次战争的成吉思汗渐渐对英雄地位的理解变得更加清晰、

更加准确，而每一个英雄人物的到来都会让成吉思汗欣喜若狂。当看到博儿术到来的时候，他用仅有的食物款待他；当者勒蔑站在自己帐前的时候，他又与他同桌共饮，畅谈而笑。对于一个个英雄的情义，他从来都不等闲视之，更不会让这样的情义浪费。有一天，成吉思汗坐在孛儿帖夫人的斡儿朵里，正在沉思，孛儿帖夫人很好奇地问道："难道我们征战了这么多日子，心中的仇恨和缘分还会存在吗？"成吉思汗高兴地说道："不是啊！我是在想这每一个战场上的场面。我百思不得其解的是：为什么那么多英雄都不能是我的部下呢？"孛儿帖夫人微笑着低下头说道："看来你的胸怀已经足够宽广了，如果能让天下英雄都在你帐下，那你就是天下之主、众生之王了。"成吉思汗此时默默无语，但他心中所流露出的渴望让每一个有知觉的人都能感觉得到。孛儿帖又说道："可汗在每次战斗之后，都能得到世人的称慕，就是在失败之时，都有明智的勇士前来搭救，这样你应该感到无比幸福才对。"成吉思汗抬起头，高兴地说道："看来朝夕相处的夫人最理解我啊！从前还以为生命中最可贵的是胜利，我看世间最可贵的是信任和理解啊！"说完，孛儿帖夫人便扶着成吉思汗坐在卧榻上，准备安歇了。

天明时分，孛儿帖夫人整理衣物时，忽然探马来报说："王汗要在大本营举行宴会，合撒儿的使者也快要归来了。"成吉思汗飞身上马，大声地呼叫着："快快整顿军马，我要在王汗离开宴席之前将克烈部打得溃不成军才好。"于是术赤台和阿儿孩率两路大军径直向王汗大营奔驰而去，而成吉思汗亲率大军紧跟其后浩浩荡荡赶去。当术赤台与阿儿孩的大军走到呼伦贝尔大草原时，看到后面大军已经接应上来，于是两路人马会聚一处，向王汗金帐奔驰而来。成吉思汗在战马上喝道："让我们的军队来洗刷脱斡邻勒父亲的罪过吧！这样天神也会在他临死的一刻收留他的。"就完，军队如一阵飓风般的在草原上飞驰着。

就在宴会的前一天晚上，王汗高兴地对侍从说道："看来我们是得到主的保护了，铁木真如果早早向我屈服，那就不会这样连手足都抛弃了。"站在一旁的合答黑说道："成吉思汗惯于用兵，勇气也在我等之上，我还是小心一些好，免得被他暗算。"桑昆马上怒视合答黑，狡黠地说道："难道你们都被铁木真打怕了不成？我父汗惯于战争，这次铁木真必定会被我们抓住，永远低下他那高傲的头颅。"王汗微笑地对众人说道："你们不要争了，合撒儿都离开了铁木真，我看他们蒙古部的绝路也已经在眼前了。"他站起来，祈祷了一会儿说道："我们已经取得胜利，应该好好地庆祝这次胜利，没有想到合撒儿来降，这是双喜临门啊!"说完,桑昆就带着满意的笑脸走出了营帐。随着桑昆走的,还有一些王汗身边的侍从,但此时合答黑并没有离开,他站在帐中迟迟不肯离去。王汗轻轻地闭上双眼,烦忧地问道:"合答黑,你还有什么话要说就快点吧!我的老骨头都要累垮了。"合答黑激动地喊道:"王汗,我看这个合撒儿不是轻易降服之人,他怎么可能如此贱屈自己而投奔别人呢?"王汗皱着眉头说道:"我看你是看到铁木真多年的战功胆怯了,你这样怎么能保卫我的安全、保卫我们的国土啊!"合答黑极力上前劝说,但王汗片语不发,镇定地坐在汗位上紧闭双目。合答黑看到这样,沮丧地摇头道:"看来我克烈部汗国危在旦夕了,当成吉思汗发现我们的时候,我们就束手无策了。"就这样合答黑黯然离开了金帐。

站在月朗星稀的夜空之下,合答黑长吁短叹。此时深草中忽现一个身影,合答黑便问何人,那人走上前说道:"我是王汗的侍从,昨日见王汗相信合撒儿,我觉得他们是在使诈,但王汗又不听,我们还是快快离开王汗吧!免得落到个生死两难的境地。"合答黑马上怒斥道:"你这个吃喝无忧的看家狗,竟然有如此想法,我一定要王汗杀死你。"说完,就将此人带到王汗身边,当合答黑说明情况后,王汗毫不犹豫地将他拿下,说:"等我们的宴会结束之后,再让叛逆者死在我的威严之下。"那小侍从只是一个劲地叫冤,但王汗却没有心慈手软。

就在王汗的宴会大张旗鼓地在黑林旁举行的时候,桑昆等人像是至高无上的尊者一样,面对众人说道:"天空中没有两个太阳,所以我们的草原上也不能有两个王者,如今我们克烈部的势力空前繁盛,相信草原百姓都会像尊重太阳一样尊重克烈部的。"说完,就挥舞拳头表示他强悍的性格。此时王汗笑哈哈地说道:"看来我的儿子打了胜仗之后,气魄也大了许多,这样我就能放心地率领军队开疆拓土了!"下面的近臣马上叩首道:"愿天神保佑克烈部,保佑王汗成就草原上的霸业。"随后一支热闹的乐队走了上来,克烈部庆祝胜利的大会就这样喧闹地摆设起来。王汗刚刚举起酒盏说话的时候,突然身后一阵骚乱,桑昆马上站起来大声喊道:"不好,蒙古人来偷袭了,快快保护父汗,我们上马与他们死战。"惊慌失措的王汗只能看着混乱的局面,自己却束手无策。就在蒙古马蹄踏进宴会的时候,合答黑飞身下马道:"王汗快快上马,我去与蒙古人死战,定能保护王汗逃出重围,觅得一条生路。"王汗此时才清醒过来,大声喝令道:"快快组织军马,让我与铁木真作最后一次生死对决。"

合答黑见王汗上马,大声喊道:"蒙古军势头强劲,王汗跟在我身后，只要看到活路，你就拼命地冲，我掩护你。"王汗慌张地喊道："我的军马都在懈怠状态，蒙古军的突然袭击会使我们的实力受重创啊！现在只能落得个逃命的分儿了。"王汗看到桑昆正在冲锋，但很快，桑昆就顺着路径来到王汗面前道："父汗，趁着我们实力尚存，快快奔逃，以后再作长久打算。"说完，桑昆就纵马上前，带着随行人等飞一般地向敌人薄弱的西方冲杀过去。王汗大声呼喊道："桑昆我的儿，你刚才的气度到哪里去了？怎么能不顾我的部落而一个人逃之夭夭呢?"但桑昆半点回音也没有，王汗又道："你这个无能之辈，看来你只能在成吉思汗的欺辱下生存了。"说完，随着只儿斤氏的部众向敌人进攻的中心部位冲杀了上去。术赤台一眼就看到王汗，大声吆喝了一声，带着族人猛禽一般向他扑来。王汗正要迎战，合答黑一马当前，挥舞着马刀与术赤台的军队混战成一团。术赤台猛地一惊，却见合答黑像只鹰一样在阵地上横冲直撞，不多会儿的工夫，术赤台的军队被合答黑的军队打下阵来。远处的成吉思汗见如此，惊问道："难道天下还有比术赤台的部落更加强大的吗？我今日倒想会一会他。"旁人马上呼唤道："可汗，那将领就是只儿斤氏的勇士合答黑，就是他保护王汗与我们苦苦相持了快三天了。"听完之后，成吉思汗带着义愤的心情赶了过去。

合答黑见蒙古军主力杀将上来，大声对王汗喊道："可汗，这一路骏马被我们杀下去，你就可以安稳地离开了。"王汗精疲力竭地对合答黑说道："你们如此神勇，等我重建基业时，定会让你做我的守国之臣。"过了一会儿，王汗又喊道："你带领着部众已经坚持了三天三夜，如果不行，你可以投降，但我却要死战。"合答黑听到这里，动情地说道："我的可汗啊！当初你要是听我一言，怎会有如此劫难啊！现在什么都不必说了，我会拼死保护你的安危的。"王汗心中一阵难过，什么话也没有再说。

成吉思汗大军冲杀在眼前，合答黑见军力萎靡，大声呼叫道："将士们，快快与我冲杀上去，这样才能得到我们的尊严和财富。"成吉思汗步步进逼，合答黑的出现又让两军僵持不下。成吉思汗仔细观察着合答黑，他像天上的老鹰，低谷的猛虎，在成吉思汗的阵脚西面撕开了一道长长的口子，就在此时，王汗呼喊一声："我去也！我的部众一定要相信耶稣，他会保佑我们的。"者勒蔑喊道："王汗跑了，大军快杀上去。"但此时合答黑的军士们牢牢地将蒙古大军拦住，整个蒙古军一齐拥到合答黑身前，他在战场上依然拼死相抵。当他听到有人喊道："王汗已经跑进西方树林，我们追不上了。"正在奋战的合答黑放下手中的

刀箭，举起双手，让蒙古军将他绑了起来，而士兵在他身上痛打时，他也一言不发，像只受了伤的野兽一样。

战争因为合答黑的束手就擒而结束。坐在王汗金帐中的成吉思汗对身边人笑说道："我的脱斡邻勒父亲啊，你可真是好人啊！你将你的金帐都给我，我以后还有什么勇气再与你战斗啊！就让这一次成为我们俩之间的最后一场决战吧！"者勒蔑张开大口就说道："此次战斗好艰苦啊！王汗的实力果然名不虚传，但我们天生就是啃硬骨头的家伙，看来王汗现在在后悔吧！"说完，哈哈大笑起来。成吉思汗却沉寂下来，帐外的军士们正在痛打合答黑，成吉思汗高声叫道："让那个与我们死战三天三夜的克烈将领进来。"合答黑满身污浊地站在大帐之中，气定神闲地看着众人。成吉思汗轻轻地走上前，笑着问道："合答黑将军在战场上虽然是我们的敌人，但帐篷里却是我垂爱之人啊！"合答黑开口道："原来可汗还对我有怜悯之心？"成吉思汗转过身说道："难道你想我杀了你？你为什么要在阵场上与我们殊死搏斗？"合答黑说道："只要我的主人王汗逃命去了，我自然束手就擒，只是你们穷追不放，我才如此。"成吉思汗听到这里，心中不免有些欢喜，又转过头说道："那你还算是个英雄，如果你不觉得委屈，我让你在我们劲旅忙忽惕部为将，以后为我拼死杀敌吧！"合答黑听到这里，冷静地说道："败军之将，任凭可汗处理。"从此，合答黑成为蒙古大军中的一员，虽然没有爵位，但却是成吉思汗手中一员冲锋陷阵的虎将。

在合答黑身上，始终有一种情节，那就是成吉思汗所尊崇的——效忠精神。在每一位将领到来和出现时，成吉思汗都对有这样精神的人赏识，反之则剔除。在战场上看到英雄，然后用自己的威望和魅力将他吸引过来，这是成吉思汗最引以为荣的事，而作为一个统帅，成吉思汗很好地做到了这一点，与他战斗的、败亡的王汗却逊色颇多。合答黑的降服让草原人又认识道："只要是人才，只要忠肝义胆，成吉思汗会抛弃一切恩怨和仇恨，让人才成为他的部下。"成吉思汗会用人，更能自如地用自己的思想左右人，这是他成就霸业不可缺少的一个重要因素。

运筹帷幄　知人善任

　　草原人都知道成吉思汗的大军已经将众部落一一消灭的时候，坐在汗廷上的太阳汗大声地对部将说道："我看东方有为数不多的蒙古人，用弓箭吓唬年迈的老王汗，使老王汗出走，死在我们的边将手上。莫非成吉思汗想做皇帝不成？天上有日月两个，日月都能给人带来光明。地上哪能有两个皇帝呢？我要亲自去讨伐他们。"此时屈出律太子上前道："看来我们与蒙古人之间的战争迫在眉睫了。我们是西方大国，还有草原上的众英雄云集于此，我们的胜利指日可待。"太阳汗听到这里，高兴地喊道："乃蛮部是太阳的使者，是天主的追随者，怎么会打不过区区的蒙古部呢？"站在汗廷下的撒卜勒黑痛苦地摇着头对自己轻声地说道："如此怠慢敌军，我看乃蛮部的基业要断送在太阳汗手中了。"站在一旁的札木合站上来说道："如果太阳汗真的要出兵攻打蒙古部，我愿意做你们忠实的部下，助你一臂之力。"撒卜勒黑见情况如此，他已无法阻止太阳汗的自大，只能上前出谋划策道："太阳汗要想稳操胜券，应该去邀请老邻居汪古部来一起作战。"太阳汗听了激动地说："撒卜勒黑到现在才说出一句让众人觉得中听的话。好吧，就按照撒卜勒黑的想法，邀请汪古部前来我处，然后一起作战。"很快，太阳汗的使者便奔驰到汪古部去了。

　　汪古部首领忽里得到邀请马上在帐中权衡利弊，他看着使者大声问道："你们知道成吉思汗实力如何？"使者不屑一顾地笑道："不过是一些草莽野寇罢了，我们的大军只要冲杀上去，定会轻而易举地将他们消灭。"汪古部忽里惊想："这个成吉思汗将草原上的英雄尽揽于怀，整个草原都是他的天下了，太阳汗却这般自大。"忽里仔细地思考了一会儿，然后对使者说道："你回去吧！汪古部国小兵弱，不能助太阳汗清除草寇，世人皆知太阳汗是天下最伟大的可汗，天主一定会保佑他旗开

－ 312 －

得胜的。"使者得到这样的消息，马上飞奔回乃蛮汗廷。

坐在高危之处的太阳汗听到消息后说道："哎！可惜啊！胜利后汪古部不能得到战利品了。"大妃古儿别速用手轻轻地在脸上挥动着说道："太阳汗，难道你就知道打仗那样的血腥事吗？你还是多想想我们的宫廷布置得怎么样吧！"太阳汗听了，暧昧地笑道："好了，好了。我不说军事了，我要多点时间好好来对待我的后妃才是啊！"屈出律嘲笑道："伟大的太阳汗还是本色依旧啊！就不知道在战场上会不会有这样的春风得意了。"撒卜勒黑烦忧地摇着头，心中念叨："乃蛮部必亡在太阳汗手上了。成吉思汗是个得'天时'之人，此时我们却是'失时'。"满心惆怅的撒卜勒黑愁眉紧锁地走出大帐，在汗廷之外来回走动着。而他心中的乃蛮也正像他预想的那样处在危险境地。

汪古部首领忽里将太阳汗的使者送走之后，马上交代他的使者，让他快快将太阳汗攻打蒙古部的消息告知成吉思汗。那个使者选了一匹良骑，带上随行，向蒙古草原飞奔而来。蒙古人正在闲牧之中，坐在帐篷中的成吉思汗痛快地对部下说："今日我们在帖麦该川狩猎，实在是一种快乐啊！等我们狩猎过后，我的大军就又不知道向何方奔腾了。"博儿术接上来道："我看我们的敌人都已经消灭了，现在只有西方的乃蛮部让我们感到危险，如果乃蛮能被我们收服，那可汗就是草原上的至尊了。"合撒儿笑道："那算什么，我们要将世间有生命的东西都征服了，这才是一个蒙古勇士的气魄呢！"别勒古台喊道："到那时成吉思汗就是天上的太阳，夜晚的星辰啊！"说完，众人大笑起来。成吉思汗却不以为然地说道："如果我们能将天下之才都聚为己有，将苍生的性命都抓在手上，那我们蒙古人也就能与天神共语，做万物之长了。"阿儿孩惊说道："这样我们蒙古人不比中原皇帝快活千百倍吗？"者勒蔑说道："那时中原的皇帝也得像我们的可汗磕头下跪也，如此我等就能踏马游天下，卧金榻而享怡，如同天神之子了。"说完，众人又是一阵大笑。成吉思汗也忍不住笑道："那我们岂不是天上的神仙了？"众人一齐说道："我们就是要让可汗成为天地之间的长者，生命中的主人，这样兄弟们也能享受可汗的恩典。"说完，成吉思汗紧紧地握住双手道："我们不能成为万物之长，但我们能成为生命的主宰，用战马来让心胸像海一样宽阔。"说完，众人便随着成吉思汗走出了营帐。

中午时分，众人都在山野上纵马奔腾时，哨兵飞身上前禀报道："可汗，汪古部使者前来求见，有重要军情向可汗禀报。"者勒蔑马上呼喊道："难道天神就不让我们今日将猎物满载而归吗？可汗的军机一

到，将士的两条腿就不能闲着了。"成吉思汗马上带着众将士奔驰而回。坐在大帐中的成吉思汗急不可待地大声问道："请问使者，西方有何战事，我蒙古部时刻有战斗的准备。"汪古部使者掷地有声地说道："乃蛮部的太阳汗正纠集草原上的残余势力，要向东方讨伐，他们不日就会突然袭击蒙古部。"成吉思汗得到这样的消息后，喃喃自语道："没有想到乃蛮人的速度会如此之快，看来我的战斗得提前开始了。"者勒蔑睁大双眼说道："乃蛮部是个西方大部，我们得小心谨慎才好。"成吉思汗抬起头说道："你在大战之前从来都是火性钢言，今日怎么如此消极呢？"者勒蔑说道："不是啊，我是让我们的军士小心，是正视我们的敌人，不是生怯心。"成吉思汗没有多追问，对众将士说道："明日在秃勒古勒主惕举行忽里台大会，所有的将士都要参加，共商军机大事。"说完，挥手而去，一场小小的讨论就这样结束了。

春天的风儿总是让人懒懒的，直到晌午时分众将士才陆陆续续走进宴会之中。宴席上的成吉思汗高兴地对众人说道："今日在秃勒古勒主惕举行忽里台大会是想让将士们知道，目前，我们要面对一个强大的敌人，那就是乃蛮部。他们的军队已经在西方的土地上聚集起来，等待机会向我们发起进攻呢！我的将士们，蒙古人是从来不会被动挨打的，我们要像往日一样主动出击，这样我们便永远处于安稳之处。"说完之后，宴席上却没有回音，他马上站起来问道："将军们都怎么了，难道乃蛮人不是敌人吗？你们怯畏了？"术赤台进言道："不是我们畏敌，而是这春萌时分，青黄不接，我们的战马消瘦，军士士气低落，可能不利于战斗啊！"博儿术又道："乃蛮与我们距离甚远，如果要长途奔袭，需要大量的粮草。而此时青黄不接，胜算微渺。"成吉思汗见将士如此毫无恋战之心，呆愣在原地，注视着众人。此时别勒古台将自己的手举得高高的，一副义愤的样子，然后又看了看合赤温，更是焦躁，用手不停地在身上抹汗。成吉思汗气定神闲地问道："合赤温，你觉得怎么样？"合赤温站起来道："将军们，我们在以往的战斗中都能同心协力，将一个个比我们强大的敌人打败，而今日面临乃蛮人的威胁怎么能有推脱之辞呢？这样不符将军们勇敢无畏的性格啊！"众人还是一言不发地坐在那里。

别勒古台见这样的情景，再也坐不住了，飞身而起站在宴席中间说道："我的战友们，我们只有在战场上才能找到自己的尊严。如果这次乃蛮人真的跑来将我们的箭筒全部夺去，你们会无动于衷吗？这恐怕是你们生命中最大的耻辱吧！他太阳汗敢说夺走我们的箭筒的话，我们就应该群起而攻之，这样才能让蒙古勇士感到荣耀。现在的草原像没有了野兽的原野，我们在原野上生活是理所应当的，而太阳汗如果也想这样做，那我们辛辛苦苦夺来的成就不就被别人占去了吗？这样蒙古部的祖先是不会同意的，天神也会发怒的。我们将乃蛮人消灭在草原上之后，那时我们才能有一个安全舒适的环境，我看我们应该马上出兵，将乃蛮人的气焰彻底消除，让他们的牲畜、财物和部落都归我们，这样才是蒙古勇士的样子也。"说完，别勒古台咽下一口马奶酒，站在那里看着众人，眼睛里充满渴望和期待。

博儿术果敢地嚷道："我是可汗的军将，若要打仗，我可以第一个站起来支持，乃蛮就是再强大我也要在它头上碰碰。"者勒蔑也喝道："我们今日当盟誓，定要将草原上的最后一个敌人消灭掉，就算他强大如狼群一般，我也毫不畏惧。"众人见两位将军如此果决，都站起身喝道："今日我们要像猛虎一样扑入乃蛮部大军之中，让这些强悍的敌人成为太阳下的一堆白骨。"众人的喊声在成吉思汗的耳畔来回激荡，成吉思汗说道："今日别勒古台和合赤温的勇气可嘉，他们用英雄般的真言让将士们消除了对敌人的畏惧心理，实在难得啊！我非常欣赏这样的好汉。今日之会，比以往任何一次都难忘，因为它让我们懂得，蒙古勇士是大无畏的，不可屈服的。"术赤台上前道："看来我们多虑了，既然乃蛮部那样自大，那就让我们的军队来教它怎么做人吧！"成吉思汗将酒盏高高举起，对着众人满饮而尽后说道："这才是让我感到骄傲的蒙古勇士的声音。"很快，宴会的气氛就变得积极活跃，因为他们已经明确了一个目标，那就是在未来的某一天，将太阳汗的财物占为己有，将太阳汗的牲畜赶到斡难河畔。

蒙古军转道合勒合河畔的客勒帖该合答地面，准备与乃蛮军展开战事。面对远方的敌人，成吉思汗喝道："为了振作军士精神，我要让别勒古台统领中军，合赤温为策应，我自己率领大军断后而行。"就这样，将士们因为在宴会上受别勒古台和合赤温的鼓励而发兵，现在又让别勒古台等人统领，军士们士气无比高涨。在后来的战斗中，蒙古军只用了一天一夜的时间就将整个乃蛮部消灭得一干二净。妄自尊大的太阳汗在阵地上永远地倒下了。

在成吉思汗的字典里，我们找到了"帅才"的含义，同时，我们也能看到一个统帅处理军机大事时的精明。成吉思汗正是看到别勒古台与合赤温对乃蛮的藐视，才得以让他在军将中作一次完美的协调，这种运筹帷幄的锐气又在成吉思汗身上发出了耀眼的光芒，而让别勒古台等

人为将又是他高超的用人艺术的极佳表现。在战争中，能胜利一次的军队不是好军队，能长胜的军队才难能可贵。作为一个统帅，在每次作战之前，巧妙用人是必须要做到的，成吉思汗完美地做到了，所以他是一个伟大的军事家，同样也是一个伟大的协调者，其用人艺术的天生造诣，使得成吉思汗手下的将士个个出类拔萃，骁勇善战。在带领蒙古草原统一之后，他的步伐又要向更远的深处迈进，而人才的云集，更让他时时刻刻注意用人的策略和方法。

文武之道　兼而有之

　　在成吉思汗的生命中，有过很多次成功的飞跃，当他战胜各个蒙古强敌、势力高危的时候，他成功地对部落族长制进行了变革，他开始使用先进的"千户制"管理属民和军队；当成吉思汗在中原攻城略地的时候，他发现这个看似不能被蒙古人接受的汉族人有着许多他们不能得到的好东西，在南征的战场上，他常常对他的臣子说："难得中原人能有如此牢靠的管理制度啊！蒙古人要想长治久安，这些制度我们也不得不学习啊！"听此，群臣都高兴地说："是啊！我们必须用中原人的方式经营我们的国家。"站在成吉思汗身边的明安将军激动地说道："定国要用武力，但治国必须用方略，只有文人才有韬略，成吉思汗如此见解，实在是大盟国的兴盛啊！"成吉思汗微笑着说道："那明安将军心中可有定国安邦之策？"明安马上上前道："我虽没有定国安邦之才，但我可以引荐两人，他们都是旷世奇才，精通韬略。"成吉思汗激动地问道："那你还不快说出来，我现在渴望这样的文才到我身边。"明安不慌不忙地说道："契丹人耶律楚材是个识大体、善理国之才，自宣宗南逃之后，他便皈依了佛门，此第一人也；还有一位则是玄门中人，他是中原道教全真派的长老，名号为长春真人丘处机，此人有长生不老之术，更是个平定天下的人才，他现在已经三百多岁了。"成吉思汗听完后，笑道："中原竟有如此高人，那我一定要好好见识一番，那就请明安将军代我去邀请耶律楚材吧！那个丘处机我稳定之后再向他请教长生不老之术。"就这样，明安就去召见耶律楚材去了。

就在成吉思汗包围中都之时，突然有人上报，说耶律楚材已经被请到军阵之前。成吉思汗欣喜若狂，放下手中的军务，走到旷野之上，远远就看到一个娟秀文雅的书生站在阵地上。成吉思汗微笑着喊道："这位先生就是耶律楚材吧？闻名不如见面啊！"此时耶律楚材并没有表示应有的友好，他冷眼看着成吉思汗。成吉思汗沉下嗓音说道："辽与金有深仇大恨，今日我已经帮你们报仇了，难道你还不高兴？"耶律楚材辩解道："可汗怎么说这样的话，我家三代受命于金廷，早已与金人同生共死、荣辱于共了。"成吉思汗听到这里没有感到气恼，而是更加赏识耶律楚材的诚实无欺，他笑道："好一个长胡子啊！我果然没有看错人，你以后就为我效命吧！我一定重用你的。"耶律楚材不以为然地说道："我不想效命于一个杀人不眨眼的君主，金国百姓被你杀戮了无数，你竟然无动于衷，太让楚才寒心了。"成吉思汗见到耶律楚材对自己的杀戮行为不满，于是下令道："以后凡是攻下的城池都要先礼后兵，不得随意屠杀。"众将军马上得令而去。耶律楚材听到这样的指令，欣慰地说道："如果成吉思汗停止无谓的杀戮，我愿意为可汗效犬马之劳。"成吉思汗大笑起来，双手搭在耶律楚材的肩膀上道："长胡子，以后你就为我出谋划策，治理国家，施展你的抱负。"耶律楚材恭维敬礼道："我能来到成吉思汗麾下，是天意，不是常人能左右的，还请成吉思汗多多指教才是。"就这样，耶律楚材就成为了成吉思汗形影不离的好伴当，他在后来的西征之路上发挥了不可替代的作用。

后来，耶律楚材在他的诗作中表达了他当时的心情，其中说："乍远南州如梦蝶，暂游北海若飞鹏"，"一圣龙飞德足称"，"良平妙算足依凭"，"华夷混一非多日，浮海长桴未可乘"，"安得冲天畅予志，云舆六驳信风乘"。由此可见，耶律楚材在成吉思汗这里找到了久违的志向，真正能像先贤一样成就一番伟业。正因为如此，他高兴地对西征表示赞同，他对成吉思汗说道："自古英雄都是开疆拓土的能人，现在观来，成吉思汗也应该这样，为自己的基业打下基础，为蒙古国永远太平挥洒血汗，这是草原人的情结，也是华夏人物的禀性。"就这样，他欣然地坐上战马，与成吉思汗一起踏上西征的征程。耶律楚材与成吉思汗寸步不离，为他提出不少好主意。当西征军走到乃蛮边境时，突然天降大雪，成吉思汗犹豫担心，说道："六月天怎么会下雪呢？难道是天神要我们罢兵吗？"耶律楚材上前激励道："玄冥之气在盛夏出现，实在

【第七篇】用人篇

难得，这是胜利的预兆啊！"听到这样的话，成吉思汗心中的阴霾马上打消，精神振作起来。而事实也证明，耶律楚材的判断是正确的，也很好地稳定了军心，这让蒙古军胜利西征打下了"天时"的好基础。

一路西征而来，耶律楚材不但意气风发，而且诗情昂然，他用诗篇将一路上的景色以及远大前程都作了记录，其中有："河源之边鸟鼠西，阴山千里号千溪。倚云天险不易过，骓骊局促追风蹄。签记长安五陵子，马似游龙车如水。天王赫怒山无神，一夜雄师飞过此。盘云细路松成行，出天入井实异常。王尊疾驱九折坂，此来一顾应哀惶。峥嵘突出峰峭直，山顶连天才咫尺。枫林霜叶声萧骚，一雁横空秋色寂。西望月窟九泽重，嗟呼自古无英雄。出关未盈十万里，荒陬不得车书通。天兵饮马西河上，欲使西戎献驯象。旌旗蔽空尘涨天，壮士如虹气千丈。秦皇汉武称穷兵，拍手一笑儿戏同。堑山陵海匪难事，剪斯群丑何无功。"

从这些诗句中我们能看到耶律楚材对西征的憧憬和期待之情，他将成吉思汗的伟绩看成是"前无古人、后无来者"的大事，就是自称穷兵黩武的秦皇、汉武也望尘莫及的。在耶律楚材身上，迸发出的政治热情早已超越了种族和地域的界限，他也成功地融入了蒙古人的风俗之中，赤诚地拥护着成吉思汗的扩张大计。

就在耶律楚材感到能大有作为的时候，站在成吉思汗帐下的工匠常八斤吹嘘道："我做的弓箭在战场上能将敌人的脊背穿透了，争夺天下需要这样的好弓箭和匠人，而耶律楚材这样的文人终日游手好闲，要他们做什么呢？"还没有等成吉思汗开口，耶律楚材上前争理道："打仗是要武力，但治理国家也要用武力吗？打仗需要勇士和精工巧匠，而治理天下也得用治理之匠啊！"常八斤听到这里，哑口无言。成吉思汗笑道："长胡子的作用可不能小视啊！他的一条计策就能抵得上千军万马的厮杀啊！"从此以后，再没有人在成吉思汗面前对文人说三道四了。

1219年5月，当成吉思汗大军进入乃蛮故地时，刘仲禄向成吉思汗献医药。成吉思汗问道："这些药物能让我长生不老吗？"刘仲禄笑道："这些药物虽然不能让你长生不老，但却可以让成吉思汗延年益寿啊！"成吉思汗点了点头。刘仲禄又说道："如果成吉思汗想长生不老，我可以引荐一人，他有长生不老之术。"成吉思汗镇定地听着，刘仲禄不紧不慢地说道："金国人长春真人丘处机，年高三百余岁，此人不但有治天下之术，还有长生不老药，成吉思汗可以请丘处机前来指教。"成吉思汗笑道："难道就是明安将军所说的丘处机吗？此人我也有所耳闻了。"成吉思汗马上下令道："刘仲禄先生，你马上找人写一份诏书，敦请长春真人丘处机。"就这样，刘仲禄遵照成吉思汗的指令，从西征的路上返回山东，请见丘处机先生。从当时的情况来看，成吉思汗已经六十岁了，他也感到身体的衰竭正在侵袭他，常常在各地寻医问药，此时听说丘处机有长生之术，成吉思汗自然高度重视，所以让刘仲禄放下手中的事情，带上他的虎头金牌，向丘处机先生的昊天观赶去。

就在刘仲禄等人来到山东之前，先后有金国使者和南宋降将来请丘真人出山，但都没有成功。等刘仲禄到来时，真人弟子李常志却婉言将刘仲禄一行拒绝在门外，刘仲禄请求成吉思汗再下一道诏书，这样真人就不会再推辞了。很快，第二份诏书从西域飘飞而来，刘仲禄进入昊天观，其中说道："朕践祚已来，勤心庶政，而三九之位（三公九卿），未见其人。访闻丘师先生体真履规，博物洽闻，探赜穷理，道冲德著，怀古君子之肃风，抱真上人之雅操。久栖岩谷，藏身隐形，阐祖宗之遗化，坐致有道之士，云集仙迳，莫可称数。自干戈而后，伏知先生犹隐山东旧境，朕心仰怀无已。岂不闻渭水同车，茅庐三顾之事？奈何山川悬阔，有失躬迎之礼。朕但避位侧身，斋戒沐浴，选差近侍官刘仲禄备轻骑素车，不远千里，谨邀先生暂屈仙步，不以沙漠悠远为念。或以忧民当世之务，或以恤朕保身之术，朕亲侍仙座，钦惟先生将咳唾之余，但授一言斯可矣。今者，聊发朕之微意万一，明于诏章。"

丘处机听完这样的赞扬之诏后，惊笑道："成吉思汗为何如此看中丘处机这把老骨头呢？看来我真的遇到旷世英雄了。"就这样，丘处机领受了诏书，然后对刘仲禄说道："师名重四海，皇帝特诏仲禄逾越山海，不限岁月，期必致之。"就这样，1220 年正月，丘处机带上行李和徒弟，开始了他有意义又有影响力的西行之路。就像丘处机献给成吉思汗的《陈情表》所说的："我并不懂得军国之事，没有姜子牙、诸葛亮那种治国平天下的才能，因此难登三九之位；另外，我虽然'道德治心'，但此是乱世，令人戒欲，不是那么容易的事情；而我年事已高，形容枯槁，不耐风霜，又不知道西域的道路有多远，我真的为我的身体担心啊！"成吉思汗得到丘处机的《陈情表》之后，激动地对耶律楚材说道："长胡子先生啊，你还要费心让丘处机真人到撒麻耳干来游玩才好啊！"耶律楚材看完表文，对成吉思汗说道："那就让我再来起草一份诏书，相信丘处机会顾全大局而西行的。"就这样，耶律楚材很快就写好了第二份诏书，大概内容是："时与愿适，天不人违。两朝屡召而弗行，单使一邀而肯起。谓朕天启，所以身归。不辞暴露于风霜，自愿跋涉于沙碛。书章来上，喜慰何言！军国之事，非朕所期。道德之心，

【第七篇】用人篇

诚云可尚。朕以被（彼）酋不逊，我伐用张，军旅试临，边陲定底。来从去背，实力率之故。然久逸暂劳，冀心服而后已。于是载扬威德，略驻车徒。重念云轩，既发于蓬莱，鹤驭可游于天竺。达磨东迈，元印法以传心；老氏西行，或化胡而成道。顾州途之虽阔，瞻几杖以非遥。爰答来章，可明朕意。秋暑，师比平安好，旨不多及，十四日辛巳。"

　　成吉思汗非常客观地对丘处机说明了情况：虽然他不能为军国之事出谋献策，但庞大的蒙古国需要安定，需要他的"道德之心"，这对一个国家的稳定会起到巨大的作用。丘处机得到这份诏书之后，为难地对身边的徒弟说道："看来为了大义，我要将自己的安危置之度外了。"就这样，丘处机真人带上随从，与刘仲禄等人一起踏上西游的道路。事实说明，丘处机的西行对成吉思汗产生了一定的影响，从此成吉思汗的西征中又多了一个故事，那就是长春真人丘处机西游。

成吉思汗主将名单

四杰	四狗	四养子	主要文臣
博儿术	者勒蔑	曲出	塔塔统阿
木华黎	速不台	阔阔出	耶律楚材
赤老温	忽必来	失吉忽秃忽	郭宝玉
博儿忽	者别	博儿忽	高良惠

志 向 篇

志向，
是人这一生为之奋斗拼搏的目标和价值取向。
志向的大与小，理想的对与错，
决定了一个人的人生旅程的成败和最终的结局。
生活在草原上的铁木真，
饱尝了战争带来的困苦，
志在建立一个远离战争的大一统世界。

怀凌云志　梦想起航

　　生活充满了纷争和屠杀的草原上的成吉思汗，从来就没有满足的概念。当他异军突起之时，他对伴当们说道："我们胸中有仇恨，我们现在要为仇恨而战斗，这样才能做一个真正的蒙古人。"当他的仇敌在他眼前一个个地倒下的时候，他又说道："我们的仇敌已经消灭，但我们要寻找更多的财物来安身，因为我们脚下的土地太少，南方的国家对我们虎视眈眈。"在成吉思汗身上，战斗与生活的界限渐渐模糊，而他正像众人所说的："战争像成吉思汗的仆人一样，在每次的战斗中，这个仆人都会听他的话，让他满意地在战场上憨笑。"

　　每当成吉思汗从前线回来，孛儿帖夫人都问道："我的可汗啊，你在前线感到孤单吗？"成吉思汗哈哈大笑道："战场就是我的大帐，手上的马刀和战利品就是我的第二夫人了，它们让我好生欢喜啊！"孛儿帖又问："可汗何日停止战争？"他高兴地说道："等天下无我所遇之敌时，天下财物和美好的东西都是我的时候，那时我便天天守在夫人身边。"孛儿帖夫人听了这样的话，马上就转身不语了。

　　在主儿乞的事情解决之后，草原上到处传诵着成吉思汗的神功，就是被打败的泰赤乌部人也聚在一起议论着："成吉思汗果然是神武之人，我们首领看到他便心神不宁，节节败退。成吉思汗大有统一草原部落的气魄。"身边人又道："听说成吉思汗对不儿罕山发誓，要将草原上所有的仇敌消灭，天神都被他感动了。"几乎每个部落都在传说成吉思汗的英明。草原上十三个部落听说了成吉思汗的神武，马上聚集起来要与蒙古部决一死战，他们推举札木合为三军统帅，号称"古儿汗"。在阔亦田附近，与成吉思汗展开了残酷的战争。但经过几天的厮杀，加上天气的垂爱，成吉思汗联军在战场上取得了巨大的胜利。仓皇而逃的十三部首领如鸟兽散，独善其身去了。而札木合更是利用慌乱之时，不停地抢夺友部财物和牲畜。乘胜而上的成吉思汗高声地呼喊着："天神，今日您一定是在为我观战啊，否则胜利的天平怎么会倾向于我呢！我们胜利了，我们胜利了！"整个蒙古大军像海啸一般在战场上一阵飞驰。最后，阔亦田战场上只有死尸和残马。者勒蔑纵马而来道："可汗，王汗由额尔古纳河去追赶札木合了，我们怎么办？"成吉思汗警觉地说道："我们整顿军马，然后向斡难河方向追赶泰赤乌部。"

在阔亦田的小山冈上，成吉思汗等人站立住，等待军士们的重新集结。此时，者勒蔑问道："可汗今日如此大胜，你有什么想法？"成吉思汗说道："我的心现在像孩子一样地跳动，像大海一样宽广，又像雄鹰飞扬得很高很高。"者勒蔑高兴地笑道："这就对了，可汗向来志向远大，今日可以是你放飞梦想、抒发豪情之时啊！"成吉思汗道："今日之胜，实在奇巧，我面对天神发誓，我成吉思汗在有生之年会将自己的战马和马刀放在胸怀之中，阔亦田的胜利会保佑我，让我的足迹在草原上永驻。"说完，一阵寒风袭来，而后面的合撒儿大声喊道："军队整顿完毕，随时准备随可汗出发！"成吉思汗高声吆喝一声，带着大队人马在草原上飞奔而起。此时，成吉思汗的心情非常激昂，大喊道："如果我们能有自己的国家，能有自己的军队，那我们的生活将会是何等有趣啊！"

当他们到达目的地时，泰赤乌人就已经凶猛地扑上来了。塔儿忽台更是使尽浑身解数，要与成吉思汗争个你死我活。

成吉思汗又笑道："难道我的冲锋军会因为我的志向飞翔而变得更加勇敢？"博儿术上前道："今日可汗的威武，就是后人的楷模，我们听了您慷慨激扬的心里话之后，顿感热血沸腾，犹如有神力施展在可汗言语中一般。"成吉思汗一边注视着前方的战事，一边大声地说道："我如今最想让泰赤乌这样的强敌像小鼠一般在我面前蹿动，这样我的心胸才会变得更加宽广。"就在说话之间，蒙古大军又冲锋了一次，此时成吉思汗紧紧地咬住牙关，警觉起来。别勒古台马上问道："汗兄要想成就鸿鹄之志，那就要从现实做起，让我们将整个泰赤乌部全部消灭在世界上最孤独的地方吧！"成吉思汗："我们还没到冲锋的时候，就让我们用心中的志向来默默地为我们的勇士们鼓舞吧！"

者勒蔑正要走动，突然看见一只硕大的苍鹰从山脚处飞腾着，当苍鹰正在成吉思汗头顶上掠过的时候，那只鹰猛地一颤，失去了平衡，一下子跌落在军阵的西角上，者勒蔑惊异地将奇景指给众人看，博儿术惊慌地说道："难道这是不祥之兆吗？我们的阵脚上怎么会落一只苍鹰呢?"众人此时都感到非常惊诧。成吉思汗说道:"豁儿赤应该理解这样的征兆,可惜不在身边啊!"众人的心中都在打鼓。正在苦思之间,后排一个年轻的士兵走上前道:"可汗,这是天神给你的礼物,鹰是在您头上落下来的,这说明您的志向比雄鹰飞得还高,您的胸怀是蓝天下的大地,所以这只鹰飞过您头顶时就自然会落地而死。"成吉思汗追问道:"那平日有鹰飞过,怎么不落,偏偏在对阵时落下呢?"小士卒轻轻地挠了挠头又笑道:"一路上可汗都在抒发鸿鹄之志,而雄鹰经过,恰恰听到这样的惊世之语,所以才被惊吓得落入阵脚之下的。"听到此处,成吉思汗哈哈大笑道:"好一个聪明伶俐的小兵啊!看来我得好好嘉奖你了。"成吉思汗心中想道:"难道塔儿忽台还能有回天之术吗?今日泰赤乌人必亡!"成吉思汗斗志激昂地喝令道:"快快回去冲杀,回营后我会重重地赏赐大家!"蒙古铁骑如潮水般涌去……

成吉思汗用愤怒的眼神紧紧地盯着前方的战场。者勒蔑进言道:"可汗,我看那只雄鹰既让你荣耀,又让你有些担心,那现在就让你的部下们来为你冲锋陷阵吧!我们还要听你说志向呢,我们的可汗已经不止一次地得到天神的垂爱了!"成吉思汗皱着眉头严厉地喝道:"我要亲自冲锋,这样我的将士才会像猛虎一样扑向敌人,我的志向可是将士们垂爱给予的,我怎么能坐等事成呢?"博儿术提起厚重的嗓门道:"看来可汗还是要避一避的,让我们来一口气将塔儿忽台的营地翻起来,让可汗的志向飞得更高。"成吉思汗毅然地摇着头,心情沉重地看着众将士,感激道:"我感激天神给予我这么多的好将士,也感激众将士视我如天上的月亮,但我是统帅,我要身先士卒。"众人听到这样的话,马上无语了,成吉思汗又道:"我的志向虽然像明月,但却离不开星星,阔亦田的胜利让我理想飞升,而覆灭泰赤乌会让我和我的家人睡得安稳踏实。"就在此时,前方的喊声震天,博儿术叫道:"让我们冲锋吧!"别勒古台等人喝道:"让可汗留下,我们快马冲杀上去。"众人马上奔驰起来,但成吉思汗眼疾手快,纵身飞奔而上,一马当先,领在众将士之前。

不到半天的工夫,蒙古大军就冲锋了三四次,此时者勒蔑笑道:"原来天神是垂爱我们的,看来我们的胜利已经唾手可得了。"说完,众人又发动了第五次冲锋,就在最后一次冲杀的时候,塔儿忽台的军将将成吉思汗的脖颈射中,成吉思汗当时便晕倒在地。者勒蔑马上喊道:"我心中乞求劫难发生在我身上,可还是让我的可汗濒临危险境地了。"此时幸亏博儿术精明,乔装打扮成成吉思汗,继续指挥大军,一鼓作气将泰赤乌部全歼,而成吉思汗的生命也因为者勒蔑忠心施救而挽回。

者勒蔑带着几个随从一刻不停地守候在成吉思汗身边。术赤走近成吉思汗，轻轻地说道："我的父汗啊，你在战场上从来没有如此大的创伤，天神就忍心这样糟蹋他的儿子吗？"者勒蔑垂头伤神地说道："可汗在阔亦田战场上下来非常兴奋，我随便说了句，他便敞开胸怀地大抒情意，众人也感到激动不已，将士们也因为这样的豪言而更加勇猛地在战场冲杀，谁也没有想到厄运会来得如此之快。"术赤依旧担心地摇着头，用充满乞求的眼神看着可汗，渴望他能尽快地醒来。

　　到了天色渐明时分，成吉思汗醒了过来，整个营帐中马上变得异常紧张，每个人的眼睛都睁得通圆，此时，晨曦中的一道闪亮的光芒透过褴褛的帐篷照在成吉思汗的脸上。众人又兴奋地笑道："看来天神第一个来探望可汗了，不然太阳怎么会射进来呢！"瞬间，大帐中充满了快乐和欣慰的气氛。此时成吉思汗的思维又随着暖暖的阳光而活跃起来，他的梦想随着阳光飞舞在天空中。

三分草原　志在万里

　　以战争为生命的成吉思汗在生命的一开始就让世人觉得他是个马背上的勇士，他手握凝血出生时，所有的蒙古包中都在传递着喜讯："蒙古部出生小主人将来一定是一个战马上的英雄"；当也速该在寻亲路上被塔塔儿人毒死时，小小年纪的成吉思汗身上便承担了为父报仇的重任；后来的泰赤乌人和草原上许许多多的部落都成为了成吉思汗的敌人时，他冷静地对众人说道："当我想到敌人时，便咬牙切齿；当我看到敌人时，我便梦想着他们的财物和牲畜都被我掠来，然后将仇人处死。"

　　在战争的间隙，成吉思汗常常坐在孛儿帖夫人的斡儿朵里喝马奶酒。有一次，孛儿帖夫人问道："可汗如今战无不胜，看来蒙古人的辉煌又要来临了。"成吉思汗微微地侧着头，淡然地说道："看来夫人还是不了解我啊！我要整个草原的辉煌在天下被承认，就像金国、西夏和宋朝一样，让草原变成一个巨大的蒙古汗国。"孛儿帖夫人吃惊地笑了

笑道："可汗每次说到自己的志向之后，不多年便能实现，今日之言，虽然博大浩渺，但我相信可汗一定会在未来的某一天让我成为国后的。"听完，成吉思汗端起手中的酒盏，爽朗地笑了一阵，然后一口将奶酒饮下。正欲说话，术赤走来说道："父亲，塔塔儿人是我们几代的仇敌，你为什么不去消灭他们呢？"成吉思汗安慰道："我的好术赤，父亲心中正在想呢，难道你能猜到我的心事吗？"孛儿帖夫人见这样，马上将术赤赶走道："你不要让军机大事被小孩子搅乱了，不能搞坏了风气。"成吉思汗连连点头称是，然后放下手中的酒盏，慢慢地向大帐走去，欲与将士讨论讨伐塔塔儿的事情。

1202 年的春天，脱斡邻勒王汗协同成吉思汗大军经过几十天的英勇奋战，终于将战胜塔塔儿的喜讯传遍了斡难河上下。坐在大帐中的诃额伦母亲马上带着全家人一步一步地走到也速该的墓前哀怜地说道："先君也速该，你的儿子铁木真已经为你报仇，将塔塔儿消灭了，你在地下也应该感到安慰了。"说完，全家人在墓前九叩首，然后又照原路一步一步地走回了老营地。孛儿帖夫人神情凝重地看着母亲，说道："今日铁木真战胜了塔塔儿人，草原上的敌人越来越少了，而这个脱斡邻勒王汗可能要露出他的狐狸尾巴了。"诃额伦微微地点着头，漫不经心地说道："是啊！一山难容二虎啊，铁木真要谨慎着才是啊！"

得胜而归的铁木真坐在军帐中认真地商讨着屠杀塔塔儿人的计划，几天之后，塔塔儿部落从此在草原上消失了，几乎所有的塔塔儿后裔都被铁木真铲除殆尽。合撒儿满意地对可汗说道："今日我们的仇敌基本除尽，看来汗兄果真是个让我们蒙古人引以为豪的英雄啊！"铁木真高兴地说道："当年先父亲口对我说，要将塔塔儿铲除，为他报仇。我得到这样的重担之后，一刻也没有放松过警惕，一刻也没有停止过鞭策自己。十多年来的仇恨消除了，我的心情是多么轻松啊！看来我们要好好庆祝一番才是。"术赤台马上说道："今日脱斡邻勒王汗已经归黑林去了，明日我们在山林中打猎，将猎物全部用作庆祝大会上的食物吧！"成吉思汗拍手称赞道："好！明日就围猎，而后在山脚下举行忽里台大会，让我们的胜利在天神的鉴证下永存。"就这样，众将领们纷纷归帐休息，准备迎接明天的围猎活动。

春日暖阳高照，成吉思汗坐在战马上，高兴地吆喝道："将士们，为了我们的忽里台大会，现在就去射猎去吧！"喊完，他一马当先地在草原上奔驰起来，后面的将领和士卒个个劲头十足地大声吆喝着，好像一群永远也驯服不了的野兽奔腾在大草原上。

进入山林之后，术赤台喊道："春风吹起来了，我们的心都被吹活了，今日定要穷尽山林之野味也！"成吉思汗笑道："那你就一马当先，一口气拖它两只肥羊来。"说完，众人都哈哈大笑起来。者勒蔑见成吉思汗神采飞扬，大声问道："可汗，今日心情如此高爽，还是对兄弟们说说你未来的志向吧。"众人马上默默无语，等待着成吉思汗的回音，而成吉思汗却扬起鞭子驱马大声地喝道："我现在只想在草原上好好地休养几天，然后再与脱斡邻勒王汗寻觅天下敌人，我的脱斡邻勒王汗父亲可是个大人物啊！"此时众人才心领神会地相互注视着，心中明白成吉思汗又在寻找一个更大的猎物。成吉思汗又回头大笑道："将士们，今日我不能再看到鹰从头上掠过了，那样我会感到不安的。"就在此时，众将士飞快地奔驰起来，与成吉思汗一起在山林中寻找猎物。很快，纳牙阿看到一只大鸟落在不远处的树枝上，于是轻轻地下马，站在高处狠狠一箭射去，眨眼间大鸟顺着弓箭飞去的方向飞起，然后又很快地跌落下来，纳牙阿紧追不放，正要追到时，发现那只鸟落在者勒蔑的肩膀上，站在前面的成吉思汗恰好看到，于是惊语道："者勒蔑的威力见长啊！不用射杀，鸟儿就死在你面前了。"众人又是一阵哄笑。者勒蔑情急地说道："看来这鸟知道我因为征战，身子虚了，让我用它的肉来好好养身体啊！"就在此时，纳牙阿喊道："要想吃白食，那你要在战场上等着别人来磕头求降，那样才能吃到。"成吉思汗一看，原来是纳牙阿的猎物，成吉思汗亲自拿着猎物交给纳牙阿道："看来今日的狩猎王要轮到纳牙阿了。"说完，众人又是一阵大笑。

大家在树林中狩猎了一天之后，各个都带着自己的猎物奔驰在成吉思汗的身后，纳牙阿笑道："看来今日的狩猎王只能是可汗啊，你的猎物多得小卒们都拿不动了。"成吉思汗露出略带疲惫的眼神说道："不是我比你们强，是众将士们的谦让才让我多得，而你却是只凭借一己之力，你才是真正的英雄啊！"纳牙阿得到这样的赞赏，马上兴奋起来，大声地吆喝着，奔驰在草地上。术赤台大声喊道："纳牙阿平日寡言少语，今日是得到可汗的赞赏如此兴奋啊！"众人看着纳牙阿，然后都奔驰上去，跟在成吉思汗身后。当大队人马回到营地时，天色暗淡，成吉思汗下令道："让在营地休息的士卒准备准备，我们明日便在山下举行忽里台大会，现在我们将疲惫眼睛闭上，好好地睡觉，明日再欢庆吧！"就这样，整个营地逐渐停止了喧嚣。

睡在营地里的将士们被柔软的春风包围着，睡得更加深沉。一夜之间，没有一点儿声响，包括统帅成吉思汗。到太阳出山的时候，营地里的嘈杂声渐渐多了起来，此时成吉思汗站在军帐前炯炯有神地看着远方的风景。侍从上前道："可汗，忽里台大会的宴席已经准备妥当，请可汗与众将军入席欢庆吧！"成吉思汗下令道："你们快快去请各位将军，我马上就到。"过了不长时间，众军士都已齐聚宴席，成吉思汗稳步走来，微笑着对众人喊道："今日大会，是我们的胜利大会，大家可以尽情唱歌跳舞，我也会好好地乐一乐。"说完，众人就各自坐定，带着笑意轻松地相互说笑。成吉思汗举起手中的酒盏，与各位将军一起痛饮，忽里台大会正式开始了。成吉思汗说道："今日我们不必多礼，就像朋友一样在一起吃肉喝酒，在一起谈叙说话。"者勒蔑见可汗心情无比畅快，问道："可汗，我们的下一个目标应该是谁呢？"成吉思汗微笑着看了他一眼，久久没有回答。就在此时，博儿术说道："我们已经将草原上的仇敌都消灭了，形势越来越对我们有利，可汗的成就是草原上任何一位英雄都无法相比的。"合撒儿端起马奶酒就道："如今草原上已经三分天下，而我们蒙古部就是其中之一，如果再有谁能与我们为敌，我们一样可以消灭他，无论它是多么强大的敌人。"成吉思汗此时开口道："我们的未来之路还很长，我要以脱斡邻勒王汗为盟友，不断壮大蒙古乞颜氏的实力，与天下英豪争夺属于我们的地盘！"

者勒蔑诡异地笑了一声说道："脱斡邻勒王汗是个老狐狸，他的势力越大，我们就会更危险，我们不敢保证脱斡邻勒王汗现在没有非分之想啊！"成吉思汗马上说道："无论如何，我是不能落得个不忠不孝的恶名，别人对我有恩，我就要像亲人一样对待他，王汗就更不必说了。"但成吉思汗话锋一转道，"如果有谁想争夺我的地盘，那我也不会心慈手软的。"别勒古台小心谨慎地说道："那请汗兄定夺，我们未来会不会再向草原的西方发展呢？"此时众人都犹豫不决地看着成吉思汗。成吉思汗说道："我要让我的将士们生活得快乐，想打仗是好事，我也是个好战之人，我会在未来的日子继续战斗的，但敌人没有触犯我们之前，先按兵不动，等我养精蓄锐之后，我们的财富和牲畜就会像天上星星一样布满大草原。"者勒蔑马上高举酒盏道："那就让我们为我们未来的财富好好地干一杯吧！"成吉思汗举起酒盏痛快地喝下一盏酒。

谈话间，一群涂脂抹粉的女子走了上来，众人好奇地问道："这里怎么会有如此出众的女子呢？"别勒古台笑道："这是塔塔儿营中的舞女，我让她们来给将军们助助兴，好好快乐一番。"

者勒蔑马上道："等我们的谈话结束之后，再让她们痛快地舞蹈吧！"他又把头转向成吉思汗道："可汗的雄心壮志就在草原上吗？"成吉思汗谨慎而严肃地看着者勒蔑，然后小心地说道："我看你还不了解我啊！只要打仗，就会带来财富和疆土，如果我们不停地打仗，那我们的疆土也会扩大，到时候大家都可以掌管一片辽阔的土地来放牧快活。"术赤台站起来说道："如此我们草原上的雄鹰成吉思汗就像个太阳，永远是最辉煌、最荣耀的人。"阿儿孩站起身来道："我们这样的平凡之辈哪能理解可汗的心胸呢？他的志向在天地之间，让我们欢闹起来吧！让舞女来跳舞助兴吧！"就这样，音乐和舞蹈马上围绕在宴席上，此时成吉思汗一抛脸上的肃容，高兴地走入人群中间，尽情地狂欢着。众人见其如此快活，举起成吉思汗大声地喊道："看来可汗的志向不在万物，而是享受其中的快乐啊！"整个宴会马上变成了狂欢的海洋。他酣畅淋漓地笑声在空气里传动，通过太阳的光线洒落在草原的每一个角落。好像天地也在随着他们舞动，随着他们呼喊欢叫。

在成吉思汗三分天下有其二的时候，他预感到脱斡邻勒王汗的狡诈，但也表达了自己不愿恩将仇报的大度。在成吉思汗身上，永远都有一个不屈不挠、大智大勇的神秘光环。在志向和现实之间，他勤勤恳恳、实实在在。而在自己的理想受到阻难的时候，他能爆发出惊人的力量，重情重义的成吉思汗在一步一步地向自己的理想迈进。

马有失蹄　壮志不减

为战争而生的成吉思汗因为能在战马上冲锋而快乐，他的每一次战斗经历都能给人无比的感慨。他的战斗力是旺盛的，他的自信心是超强的，所以在无数次的战斗中他都能取得胜利。在脱斡邻勒王汗心中，成吉思汗的形象一直是强悍而高大的。所以他常常对桀骜不驯的桑昆说道："谁要是想与铁木真为敌，谁就是在死亡的门槛上游荡。"桑昆却总是用不可一世的眼神狠狠地盯着脱斡邻勒王汗。当成吉思汗与脱斡邻勒王汗的情义刚刚受到打击的时候，王汗就败倒在成吉思汗面前，所以在以后较长的一段时间里，他对成吉思汗总是敬佩有加，赞不绝口。这样桑昆集团感到十分紧张，于是开始了一次又一次的挑唆行动。面对桑昆、札木合等人的反复挑唆，脱斡邻勒王汗开始动摇，他要对成吉思汗发出不友好的信号，因为他觉得这样才符合他的发展要求。就这样，成吉思汗与脱斡邻勒王汗之间的碰撞在草原上愈演愈烈。

经过一段时间的琢磨，脱斡邻勒王汗对自己和成吉思汗的同盟产生了动摇。桑昆公然地袭击了成吉思汗的牧场，而六神无主的脱斡邻勒王汗正要等待桑昆的胜利来坚定他的信心。很快，桑昆将作战计划说给脱斡邻勒王汗听，他马上聚集大军，径直向东方草原挺进。得到消息的成吉思汗非常周密地作出了战略部署，他将整个蒙古大军调动起来，准备与王汗决一死战。双方的军队都在向对方逼近，坐在战马上的成吉思汗警觉地对士兵说道："我们要在强敌面前更加勇敢，要以一抵十，这样才能将比我们强大的敌人击败。"坐在战马上的脱斡邻勒王汗悠然地对桑昆和札木合说道："今日之战，必能将铁木真打得崩溃，这样我们好儿子桑昆就要好好地安稳过日子了。"桑昆笑道："那是自然，只要除掉铁木真这个眼中钉，我以后会温顺地侍候父汗，保我克烈部永远安定。"脱斡邻勒王汗听到这里，高兴得马上笑起来，此时札木合上前道："消灭了铁木真，克烈部就是草原上最大的主人，王汗就更加得福快乐了。"过了一会儿，王汗大军走入哈兰真沙陀之地，哨兵来报："成吉思汗大军已经在前方不远处，我们是否继续前进？"脱斡邻勒王汗心中一阵激动地说道："就在哈兰真沙陀之地布下阵势，我要认真研究，好生与铁木真决一胜负。"札木合马上急切地说道："看来铁木真是有备而来，我们要小心进兵。"脱斡邻勒王汗走到札木合面前询问道："札木合是铁木真的安答，你最了解铁木真，你说说他的实力如何？"札木合马上口若悬河地将成吉思汗所有的强部和将军都分析给王汗说了一遍。脱斡邻勒王汗听完，慌张了一下，然后说道："札木合，你是个勇将，我这里的军队让你统帅，我做后应，以备不测。"札木合等到王汗前进的时候，他却退了下来，秘密地让人将王汗的作战计划报告给了成吉思汗，札木合只是站在一旁观望。

成吉思汗大军作了充分的准备后，在哈兰真沙陀地面上与王汗大军对阵。成吉思汗一声令下，整个蒙古军气势汹汹地冲了上去。而脱斡邻勒王汗也没有坐等，挥舞着马刀率部与蒙古军战杀了起来。王汗所冲杀上去的军队被成吉思汗打得个落花流水，王汗军大败。而桑昆在战斗中又被射中了腮部，王汗痛惜自己的儿子，决定率军撤退。此时成吉思汗军士见天色渐晚，也退出了战场。战斗之后的蒙古军元气大伤，将士死伤多，而且还有几员大将受伤和失散，剩下四千人马。而脱斡邻勒王汗还有随时前来偷袭的可能，蒙古军在营地里休息了一天一夜后，就顺着合勒合河撤退，一路上军士不停地离散，一直到董哥泽地面才安营扎寨，休养军马。

刚刚安顿下来，成吉思汗便遣使者去王汗处游说，尽量争取时间来养精蓄锐。又过了几十天，成吉思汗认真考虑之后，觉得将营地迁到呼伦贝尔草原上的般朱尼小湖旁安身。当他下令迁移的时候，身边的部落只有上百人，大部分部族都投靠札木合等人去了。当他们到达般朱尼小湖畔时，天色正是阴沉，成吉思汗感慨良深地说道："打了无数次的仗，从来没有像今日这般狼狈啊！"阿儿孩凄苦地说道："可汗，我们的部落剩下不到几百人，主要将领也只有十几人，看来我们这次的灾难，是最深重的了。"术赤台说道："我们只要将这个苦痛吃了，我们还会东山再起的，到时候让老王汗的骨头在泥地上打滚，让桑昆的狗头悬挂在辕门上示众。"成吉思汗转过头仔细地观察着，然后说道："我们虽然战胜了，但却像战败者一样狼狈，而王汗战败了，却像胜利者一般安稳。脱斡邻勒王汗实力太大，我们一次的战斗竟然只能让他感觉到痛痒，我实在没有重视敌人的实力啊！现在我的军队散了，我的将军们还在与我一起吃苦，我实在是难推此罪啊！"

众将士站在愁云之下，听到可汗真挚肺腑之言后，马上低头垂泪，心中悲怆的情思像海潮一般不停地涌到脸上，化作一滴滴苦涩的泪水。英雄有泪不轻弹，但此时成吉思汗和身边的盖世英雄却流下了伤感的泪。这说明在以战场上的呐喊为荣的他们确实是遇到了难以接受的挫折，也是英雄末路的无奈之泪。成吉思汗见到将士的泪水，自己的眼泪也倾泄下来，但他还是坚强地说道："我要让将士的泪水来祭奠先祖和天神，我会让脱斡邻勒王汗的哭泣声来换回将士们的笑脸。"就这样，十九个将军和不到几百人的队伍就在般朱尼小湖畔安顿了下来。当天晚上，十九位将军坐在火堆旁正在聊叙间，一个士卒走来说道："成吉思汗，我们的食物已经没有了，看我明日就要饿肚子了。"者勒蔑马上说道："我们可以吃野菜，肉不是什么好东西。"说完，侍从就去挖掘野菜去了。

是夜，成吉思汗等人仰望星空，个个都无法安睡。成吉思汗开口道："小孩都会喜欢星星，而大人呢，就喜欢太阳了。"者勒蔑忙道："我们现在既失去了太阳，也抓不住星星，可汗的雄心壮志受挫，这是天神的意思吗？"阿儿孩接过来说道："这就是天神的意思，它让可汗吃苦，这样可汗才能有更大的成功，只有品尝过失败的人，才会真正地远离失败。"成吉思汗听到这里笑道："我的志向藏在心底，而我的汗国却显露在世人面前。每当我有困难的时候，都会通过努力来解除，相信这一次也不例外。我们还是苦心实干，将困难打倒，这样才能站得更坚实。"众人连连称是，就这样，所有的人都停止了说话，安安静静地酣睡在草地上。

　　天色渐亮，众人都坐在帐篷外面纳凉，忽然远方有一战马奔来，别勒古台奔跑上去相看，他万万没有想到的是，原来是合撒儿归来了，别勒古台大声地呼喊着合撒儿的名字。成吉思汗听说是合撒儿归来了，心中又惊又喜，迅速地向他奔去。合撒儿飞身下马抱住成吉思汗，泪流满面地喊道："我的好兄长，我们彼此不能相顾，这是多么大的悲哀啊！"成吉思汗抖了抖精神道："只要你们都在我身边，再大的苦，我也吃得。"众人一齐走上前恭喜合撒儿安全地归来。成吉思汗高兴地说道："今日合撒儿刚刚归来，我们来好好庆祝一番吧！"别勒古台马上说道："汗兄，我们的食物都已经吃尽，前几天的猎物也没有了，我们怎么给二哥洗尘啊？"就在此时，原野上奔驰着一匹野马，阿儿孩大声地叫喊着，众人正要上去擒拿，合撒儿飞身上马，奔跑去来，然后弯弓搭箭，只听"嗖"地一声，那野马应声倒地。侍从将野马拖了回来，成吉思汗高兴地说道："这野马来得是时候，我们还是有运气的啊！"说完，就笑着坐了下来，让合撒儿对众人讲在荒野中的经历。野马肉很快就熟了，别勒古台说道："我们没有奶酒，那怎么办？"成吉思汗说道："我们就以般朱尼湖水为酒，让各位将军品尝这湖水是个什么滋味。"速不台笑道："吃野马肉喝湖水，这是一辈子也不能忘记的事啊！"就这样，众人围坐在篝火旁开始吃马肉，饮湖水了。

　　成吉思汗举起酒盏，先痛快地饮尽一盏湖水，然后者勒蔑喝下一盏，口中不住地说道："这酒是好酒啊！可比一般的奶酒更稠啊！"成吉思汗接过来道："这不是稠，是醇，它比一般酒可更醇啊！"于是众人一齐将湖水饮下。合撒儿激动地说道："我们今日在此地自由地吃喝，实在是快乐啊！让汗兄将我们都记下，这些都是不离不弃的好伴当啊！"成吉思汗激动起来，大声地说道："我如能成就大业，日后定要将与我同饮般朱尼湖水的人看成心窝里的伴当。让天神都记住我们的情义吧！"就这样，众人一边谈叙着，一边饮水吃肉。

　　宴席正在喧闹之间，速不台抬头向小路上望去，发现有人往前走来。速不台马上站起来张望着，成吉思汗笑着问他何事，然后也转过头看去。速不台张口便道："是个有钱人啊！有一个羊群呢！"众人立住，

目视着陌生人走来。那生人见到原野上有人，于是走了过来，站在成吉思汗面前道："看来您是个贵人，但现在怎么如此狼狈？"成吉思汗不以为意地说道："那你又是什么人？要讨我的名号！"那人急忙赔礼到："我是花剌子模的商人，名叫镇海，是去金国做生意的。"成吉思汗笑道："不是敌人，那便是朋友。来，我们坐下来一起吃肉吧！"镇海感到盛情难却，便坐了下来。镇海看了看酒盏惊奇地问道："难道你们穷得连奶酒都没有吗？看来你们是逃亡者啊！"别勒古台马上说道："我们是蒙古部，与你说话的便是我们的可汗铁木真，你可曾听说？"镇海马上睁大双眼，翘起大拇指道："原来是大名鼎鼎的成吉思汗啊！我在中原多次听说可汗的威名，实在是'百闻不如一见'啊！"成吉思汗笑着说道："看来镇海先生不只是商人啊，而且是个饱览天下的智者啊！"镇海谦让道："哪里，哪里！我是前次去金国听人说，成吉思汗在战场上所向披靡，整个草原就要被你统一了。"博儿术上言道："我们终日征战，也有失足的时候，现在是最艰难的，而可汗却胸怀大志，让我们的心中没有半点委屈。而今日看到先生，实在是一件美事啊！"镇海马上看出事情的端倪来，便问成吉思汗道："可汗对未来有什么打算吗？"成吉思汗吃了一口马肉，然后做深思状说道："我的命运多舛，而事业多艰难，但我们不会因为苦难而气馁，相反，因为苦难我们才更加坚强，走过难关，剩下的就是安详的笑脸和宁静的天地在我们面前了。"

镇海听到这里，马上拍手称赞道："可汗的志向如此坚定，让镇海佩服得五体投地，如果可汗不嫌弃，我愿意将手上的一千只羊送给可汗，然后我也在军帐前侍候可汗，你们看怎么样？"成吉思汗听到这里，欣喜若狂地喊道："难得镇海先生如此慷慨，我怎么受得起你的恩惠呢？"镇海重重地拍着胸脯，道："我敬重可汗的为人，能与可汗为伴，是我人生中的大快事。"在一片欢笑声中，众人接受了镇海的到来。

天宽地阔　志存高远

1203 年秋，蒙古草原上狂躁地吹动着冷风，这是个收获的季节，草原人非常忙碌，但是干活干得有滋有味。每个圈棚里的牲畜都膘肥体壮，每个牧人的脸上都绽放着沉甸甸的笑容，呈现一派和谐而安定的景象。

蒙古部的英雄们此时正在平坦的地面上谈笑，别勒古台高兴地说道："我们的部众终于收集完了，我们的牛马也更加肥壮了，看来我们与敌人的战斗很快就能开始了。"仰望着蓝天的成吉思汗此时并没有发出声音，旁边的者勒蔑说道："等我们'先礼'的行动做好了，'后兵'就是自然而然的事情了。"速不台说道："我们现在就像猛虎一样，而脱斡邻勒王汗是狼群，现在就要看我们能不能以少胜多了。"成吉思汗此时笑了，说道："脱斡邻勒王汗是头狼，我们抓住头狼，胜利就是我们的了。"

成吉思汗其实心中早已经开始酝酿讨伐王汗的事情了，但实力悬殊，于是他用了一个非常高明的计策，让合撒儿假装投降去刺探脱斡邻勒王汗的军情。这一招马上在脱斡邻勒王汗身上发挥了作用。得到重要军情的成吉思汗率领大军直奔王汗金帐，渴望一举将克烈部消灭在包围圈中，忽忽惕和兀鲁兀惕的马蹄像磐石一般奔踏在大草原上，将士手中的钢刀像带着仇恨一样舞动在士兵们的五指之间。

经过闪电般的奔袭和猛虎般的攻击，脱斡邻勒王汗大军在猝不及防的散乱状态中被蒙古军消灭了。站在战场上的成吉思汗放声呐喊道："蒙古部的勇士们，我们的马蹄已经将克烈部人坚硬的骨头踩碎，让我们欢呼吧！"整个战场马上变成了蒙古人欢呼的海洋。

别勒古台惊异地说道："那个合答黑让脱斡邻勒王汗逃脱了，而桑昆我们也没有找到踪迹，这样真是让我们失望啊！"成吉思汗也闷闷不

乐地坐在大帐中下令道:"顺着王汗奔逃的方向追赶,相信桑昆不会远离王汗。"别勒古台带着一队人马向西方飞奔而去,认真地搜寻脱斡邻勒王汗等人的下落。一个月很快过去了,他们依然找不到脱斡邻勒王汗的踪迹,别勒古台带着侍从只好返回。在大帐中对成吉思汗说到:"我们一直找王汗到边境,但还是没有踪迹,我看他们是到乃蛮部去了。"成吉思汗得到这样的消息,毫无顾虑地说道:"那就让他去吧!就是捉回来,我还要养活他,在太阳汗那里他们也不能有大作为了。"很快,成吉思汗等人就走出大帐,看着蓝色的天空高兴地大笑起来,博儿术上前说道:"我们的战争疲劳已经消尽,现在就让我们为胜利而长啸吧!"速不台马上喊道:"让我们回到斡难河去吧!好好地睡上一觉,然后去山野打猎,再坐在一起吃肉喝酒,那样才是人生之福也。"成吉思汗连连点头称赞道:"好!好啊!这是个绝佳的建议,我们在脱斡邻勒王汗的金帐中坐得太久了,也应该看看自己的亲人了。"成吉思汗一声令下,大军开始从黑林徐徐地向斡难河挺进。

进入斡难河上的老营时,亲人们以热闹而激情的方式将他们迎接进帐,热情的人们欢呼着迎接英雄的凯旋。成吉思汗坐在大帐中,乐呵呵地对家人和奴仆们说起在战场上的一幕幕,女人们听得胆颤,奴仆们听得痛快,孩子们听得好奇。

在营地里欢闹了一整天之后,斡难河上又恢复了平静,不同的是,此时的斡难河畔已经是人头攒动。孛儿帖问道:"我的可汗啊,现在仇人都已经消灭,看来你做到了一个部落英雄能做到的,而在利益面前,你现在要同乃蛮部对阵了,请你心中还要记住,不要做无礼节的战争狂人,那样天神是会发怒的。"成吉思汗笑道:"我以宽仁施天下,夫人可以宽心,将来的战争一定是有礼有节、不失分寸的战争。"孛儿帖满意地站起来,给可汗倒上一盏马奶酒,什么也不说了。成吉思汗喝着马奶酒,此时诃额伦站起身来说道:"好了,一天的劳顿让我们的眼皮在打架了,我们就各自归帐安歇吧!"说完,众人就陆陆续续地走出大帐,合答安小心地搀着诃额伦一步一步地走了回去。成吉思汗也带着孛儿帖夫人走回了寝帐。

深秋的草原总是充满喜庆,而在成吉思汗这里,回家的感觉让他顿时觉得自己成就卓著,非同一般。他带众将领站在不儿罕山的巅峰上,饶有情趣地说道:"当年我以不儿罕山为依靠,斡难河为生命,今日才得到这么多的胜利,实在是神灵和天地的保佑啊!"博儿术满脸轻松地说道:"今日可汗的身份不比当年,我们草原上的形势已经发生了翻天覆地的变化。"别勒古台动情地说道："如果不是斡难河和不儿罕山，我们便碌碌无为，草原上也不会有这样大的变局啊！"此时成吉思汗心中激动，感慨万千，他说道："我们今日战胜了先父也速该的安答，而我的安达札木合也成为我的敌人，这样的变化实在是太让人伤感了！"站在身边的人都一言不发。成吉思汗又问道："者勒蔑，你怎么看待这个问题？"者勒蔑低下头，沉思了片刻，然后说道："我觉得可汗放弃纯真的感情是必然的，草原上所有的事情都不可捉摸，我们的感情是天神支配的，他想让一个人有大成，就会让他经受情感上的折磨，而你成吉思汗，现在却经历了这样的折磨，所以你一定会在将来有大成，天神的爱护让你的战友成为亲人。"说到这里，成吉思汗拍手叫好，众人也笑盈盈地表示对者勒蔑高见的认同。

站在山颠之上的成吉思汗依然心潮澎湃，他感慨地说道："我现在向天神起誓，我要让我的子民和族人永远生活在众生之上，成为真正的黄金家族，世世代代地享受生活、享受万物所带来的快乐。"合撒儿此时再也不能矜持了，他激动地说道："我们今日消灭了克烈部，草原上的敌人也渐渐殆尽，这是我们至高无上的荣耀，也是向斡难河与不儿罕山报告的喜讯。"博儿术看着成吉思汗不能平静的表情，豪爽地说道："现在我们三分天下有其二，看来草原上不可出现的神话就要在成吉思汗身上发生了。"成吉思汗大声地喊道："不儿罕山，我们的草原将在我的统领下生活，你会为你的孩子们感到荣耀的。"很快，成吉思汗的心情变得豪放而宽大。者勒蔑此时上言道："可汗要做草原的主人，我们就会像猎豹一样去征战，这样才会看到一个前无古人的蒙古汗国。"

此时天色像用清水洗刷过一般，湛蓝的天空和洁白的云彩将整个草原装扮得异常绚丽，成吉思汗的心情像大海一样汹涌澎湃，嘴角颤动的成吉思汗喝道："你们看看，这草原上的风光都在我们眼中，而它的主人，就是我成吉思汗，这是多么让人感到骄傲和自豪的事啊！"就在此时，长空突然被一阵嘶叫声划破，众人抬头仰望，原来是一只雄鹰飞快地从山颠上掠过。成吉思汗大声喝叫，弯弓搭箭，使尽浑身力气，满满地拉上弓，长啸一声，那箭像天上的流星一样飞驰而去，天空中出现一声惨烈的嘶叫，众人在天空中寻觅。此时那只雄鹰正从太阳升起的地方带着弓箭落了下来，一箭毙命的雄鹰像陨石一般掉落在斡难河中。

众人见到这样的情形，都目瞪口呆。成吉思汗见状，哈哈大笑，说道："看来我的胸怀会像今日之神力一般飞到天神那里，让天神来记住我的功绩了！"此时，合撒儿才缓过神来惊叫道："汗兄竟然有如此气

魄，实在是将士们万万想不到的，今日之神力是世人所不及的，只有天人合一时，方能有如此气魄和勇力。"就是不好说话的纳牙阿也惊恐起来道："我可汗如此气魄，他日定能成为草原之主，得尽天下之财也！"镇海更是激动地说道："可汗的超群之才定能名垂青史，威名传遍四方啊！"成吉思汗疑惑地问道："青史是什么东西？"镇海笑着说道："青史就是史书，可汗的威名应该记载在史书上，传扬万代。"成吉思汗又笑着道："传扬万代即可，青史我们蒙古草原上可没有啊！"镇海此时微笑地摇了摇头，然后就没有说话了。

在众人的一片惊语声中，成吉思汗带领着众人走下山坡，向营地走去。骑上战马的成吉思汗镇定地对众人说道："今日实在是痛快啊！我的心情就像飞上了天空，与天神交流去了。"豁儿赤暗笑道："我早就看出可汗的威望，这是天下人皆知的，今日却又是一个证明，证明成吉思汗是天下至尊也。"说完，他就仰望着天空，似乎想再寻找些什么。者勒蔑大笑道："今日可汗让我们大开眼界，平生阅历无数，却从来没有见到过这样的气魄啊！相信可汗是真命天子啊！"众人一路说来，直到进入营寨。最后，别勒古台阻止道："让我们带着笑脸散去吧，你们的家人都在等待你们吃着羊肉说成吉思汗的故事呢！"就这样，众人就各自归帐去了，成吉思汗满面春风地坐到帐中看着孛儿帖夫人忙碌。孛儿帖夫人上前道："可汗今日好兴致，那就请快快到母亲帐中用食吧！"她马上牵起可汗的手要走，可汗笑着道："今日要全家团聚了，还有什么比亲情更让人感到喜庆的呢！"两人很快就来到诃额伦帐下，先是毕恭毕敬地行礼，然后就坐在桌前等待着母亲的训话了。

诃额伦轻轻举起右手，示意众人可以进食了，但她却没有说话。成吉思汗马上恭敬地问道："母亲，儿子今日到来你不高兴吗？还是我在战场上的胜利不够多呢？"诃额伦此时才开口道："我儿铁木真长期在外征战，却从来没有想过亲人，你把我们忘记了吧？"成吉思汗马上站起来道："我时时想念母亲，对于孛儿帖，我也并没有因为娶了新夫人而对她有半点疏离。儿子几年归来一次，所以才找到几个女人为夫人的，这样不会给家庭带来坏处，只会让家庭更加幸福。"也遂和也速干马上神色慌张起来。孛儿帖夫人勉强笑道："不说了，我们用食吧！我挺喜欢两位新夫人的，她们一定会是可汗的好助手。"孛儿帖夫人低下头吃着不说话了。诃额伦此时也就不再说什么了，只是让众人好好地享受美食带来的快感。

在快要离开的时候，诃额伦问道："我儿已经尽灭仇敌，下一步打算怎么办呢？"成吉思汗笑了笑道："欲望就像青天一样，从来没有尽头，我的志向在天地之间，我会像天鹰一样飞到天神面前去询问我的下一步应该怎么办！"听到这样的话，诃额伦连连点头称赞道："我儿有大志，实在是蒙古部的福气啊！"就这样，一次谈论就结束了。

草原一统　始称大汗

　　经过几年的战争，成吉思汗的仇敌都已经消灭殆尽，草原上各部落都败倒在蒙古人的脚下。无论是强大的克烈部，还是自大的乃蛮部，先后都被成吉思汗的铁蹄踏过。整个草原上只有一个真正的主人，那就是成吉思汗。当成吉思汗坐在宝座上，向世人宣布他的丰功伟绩的时候，整个草原沸腾了，整个华夏震惊了。千百年来草原上从来没有出现过的局面出现了，而造就它的，正是这个世人敬慕的成吉思汗。

　　当草原上部落割据的局面像流水一样奔腾而去之后，站在汗帐中的众部落首领一致建议，推举成吉思汗为皇帝，统领整个蒙古大草原。

　　1206 年，在族人推举和草原人民的支持下，成吉思汗准备"告天即位，康定盛世"。当雪里颜那颜在众人面前有条有理地阐述着成吉思汗的功绩、让众人来决定成吉思汗登尊临位的时候，近百位近臣和贵族没有一个产生异议，于是乎一场盛大的建国典礼即将在草原大地上铺开。耶律阿海上前道："在登临大位之前，我们应当好好地为可汗想个尊号才是。"正说话之间，成吉思汗满意地说道："那就请众人商议，想个既威严又符合我性格的名号来。"就这样，蒙古国的可汗尊号在将士们中间想开了。

　　开国盛典的日期一天天地临近，坐在汗位上的成吉思汗急切地问道："那可儿们，我的尊号你们觉得应该是个什么样子的呢？"此时没有一个人说话，过了一会儿，成吉思汗又说道："三日之后在不儿罕山下举行忽里台大会，我们可以在会上将尊号确定下来。"木华黎上前说道："取尊号不是小事情，我们要认真地研究之后才能定夺。"站在一

旁的通天巫阔阔出上前道:"等忽里台大会之后,我再来问问天神,看看他想给可汗一个什么样的尊号。"成吉思汗高兴地笑道:"这些事情就交给你了,我等着你的好消息吧!"而此时的草原上的人们都在渴盼着一件事情,那就是希望开国盛典日期的快快到来。

很快,忽里台大会在不儿罕山脚下如期举行了。坐在宴席中央的成吉思汗微笑地说道:"我们的建国之日就在眼前,今日要商讨几个大问题。首先是国号问题,然后是尊号问题,最后是怎样治理大蒙古国的问题。"他端起酒盏,又道,"请众位与会者先饮一盏甘醇的马奶酒,然后讨论国家大事。"

忽里台大会在一片热腾的气氛中正式开始了,者勒蔑上前说:"我来说说第一个问题。我们乞颜氏是蒙古部的氏族,而我们可汗称汗是蒙古乞颜氏可汗,今日我们应该遵从传统,我们就把国家定为'大蒙古汗国',这样既继承了先辈的传统又有威望。"众人听到这里连连点头称是,诃额伦开口说道:"我看叫'大蒙古汗国'再合适不过了,蒙古部本来也是一个兀鲁思(国家)。"成吉思汗也满意地笑道:"那好,我们的国号就叫'大蒙古汗国',这也是我的初衷。"过了一会儿,成吉思汗喝完一盏酒,又大声地问道:"那现在就是我的尊号了,谁能想出一个既让我满意,又能带来吉庆的称呼呢?"此时依然没有人说话,成吉思汗扫视一周,然后说道:"豁儿赤,你是个精明人,你觉得我的尊号应该是什么呢?"豁儿赤听了,心中一震,然后笑着说道:"我觉得你应该被称为'古儿汗',这象征着你高于一切、统领众生的地位。天下的可汗和帝王都将在你的统治之下,这样多好啊!"这时合撒儿上前阻止道:"不行,这样的尊号草原上出现过不少,而得尊号的英明神武却都不及可汗,一定要有个新颖而具有威严的尊号。"木华黎进言道:"那就称'海洋之汗'吧!这样能说明可汗博大的心胸,不像那些华而不实的尊号,这个尊号也说明可汗疆土庞大、百姓众多啊!"成吉思汗坐在中央静静地听着那可儿们的意见,当木华黎再说的时候,成吉思汗止住他说道:"'海洋之汗'好是好,但是还不是我心中喜欢的,而豁儿赤所说的'古儿汗'倒有些威严,但太常见,不能说明我的性格和功绩。"

就在众人拿不下主意的时候,博儿术大声说道:"我看可汗的威名已经传扬四海,还是用'成吉思汗'这个称号吧!可汗正是在这个尊号的光环下取得了一次又一次的胜利,这个名号让人一听便明了,也让人产生敬畏之情,这样才是两全其美啊!"合撒儿也接着道:"我看这样很好，'成吉思汗'这个尊号没有人用过，就像天上独一无二的太阳一样圣洁，而且它为可汗带来过吉庆和胜利。"成吉思汗深思后说道："我看这个也不让我满意，我在做乞颜部可汗时的名号怎么能与我今日国家的尊号相同呢？"豁儿赤笑道："看来我们要找个高人来给您确定尊号了。"成吉思汗喝下一口奶酒道："我看你们所说的尊号都太庸俗，现在谁能给我取个恰当尊号呢？"蒙力克站起来说道："看来只有我的儿子通天巫阔阔出能帮助可汗作出最后的选择了。"他轻轻地将着胡须说，"让通天巫在神灵那里给你请个尊号来吧！"成吉思汗没有出声，于是阔阔出就带着几个萨满教徒走了出去，喊道："我来问问天神，看它会给什么样的尊号于你，明日清晨请众人在议事大帐等待，到时天神会将尊号赐给我们伟大的成吉思汗的。"就这样，阔阔出就走到没有人的地方，施展起巫法来了。

大会一直开到傍晚，就在诃额伦离开之后，成吉思汗也让众人散去，在这次大会上所有重要事宜都已商量妥当，只有一个让众人敏感的问题——尊号问题，没有得到解决。带着遗憾的心情，成吉思汗坐在大帐很久没有说话。也遂察言观色，坐到他身边说道："看来可汗还有心事啊！明日通天巫阔阔出将尊号取来，可汗的心事也就了了！"她一边说着一边用手在成吉思汗面前舞动着，成吉思汗笑道："你觉得'成吉思汗'这个名号好吗？我自从做乞颜部可汗以来便是它了，而现在景象不同了，众人却要求我还用这个名号，我心中好生反感啊！"也遂取来马奶酒倒在成吉思汗面前道："这么大的事情，你不应该问我们女人，可汗要找个见识广的、德高望重的人来仔细研究。我相信阔阔出会给可汗求一个满意的尊号来。"面对也遂巧言妙语，成吉思汗只能笑了笑，然后站起来道："我身边人才济济，不相信一个满意的尊号都想不出来。"也遂接上来道："那可汗还担心什么？只管好好地吃肉，好好地酣睡，再说你身边还有也遂呢，我会为你消愁解闷呢！"此时成吉思汗才从苦愁的世界里解脱出来，挥了挥双手，大声地说道："我有也遂妃，简直可以长命百岁了，你真是天下少有的知情达理的女子啊！"也遂听到这里，忍俊不禁地窃笑了起来。

等待一夜的成吉思汗终于可以坐在大帐中等待阔阔出的好消息了，他对众人说道："你们安坐，阔阔出来了你们要认真地研究一下他给我的尊号。"过了一会儿，阔阔出被请进帐来，他掷地有声地说道："清晨时分我刚刚接到天神的旨意，他说他要让铁木真来给他掌管天下之事，而他的尊号'成吉思汗'我早年就给他了，如果他登临大位，就

请继续使用这个尊号，因为它会给草原带来和平和吉庆。"阔阔出还说，"当我问完的时候，天神还教导说，凡是世上的事情，成吉思汗都可以管，而且他会有无穷的智慧，因为他是我的宠儿，他的力量是我给他的。"成吉思汗面带惊异的神色对阔阔出说道："看来我是真的错了，'成吉思汗'这个尊号就真的那么有力量吗？"正在犹豫间，众人突然听到有人叫"成吉思"，成吉思汗惊奇地喊道："也遂，你叫我有什么事？"而也遂在一旁却并没有发出一点儿声音。阿儿孩马上指着帐门外的大石块喊道："你们看，是五色鸟在呼喊呢！"众人看着，马上触动心神，成吉思汗也顿感蹊跷。阔阔出镇定地说道："你们都看到了，可汗对尊号不满，现在天神的使者都报信了，这是天神的意思，你就启用这尊号吧！"此时可汗心中惊诧不已，于是说道："天神之命不可违，但我要听听将士们的意见。"听到这话，阔阔出摇着头心想："相信天神会让你启用他给的尊号的。"阔阔出马上辞退，回营帐休息去了。

术赤台上言道："可汗乃万世之杰，虽秦始皇、冒顿单于、登里可汗、耶律阿保机在世，也不能高过可汗半分，就是唐朝的皇帝也只能与你齐平，'成吉思汗'就是'天可汗'的意思，这样与可汗您的身份是多么的相称啊！"者勒蔑也激动地说道："天神使者也来送信让可汗使用'成吉思汗'这个尊号，是天意，而绝非臆断和巧合啊！"经过反复的讨论，众人还是觉得"成吉思汗"这个尊号是绝佳的选择。于是成吉思汗带着不妥协的心理说道："你们这样坚持，那就先决定了，如果谁能想好的，我也会重新考虑。"豁儿赤急忙说道："那不行啊！可汗的决定现在金口玉言，不能随便更改！"在众那可儿们的强烈要求之下，成吉思汗最后决定就将"成吉思汗"定为自己建国后的尊号。一场激烈的争论最后才有了一个比较满意的结果。众人笑意满盈地离开了大帐，成吉思汗也满心轻松地回到也遂的斡耳朵中。

也遂激动地对可汗说道："我平生第一次见到五色鸟说话的奇事，天神的信使前来报信，可汗就不应该犹豫了，这个尊号一定会给大蒙古国带来永久的安定和繁荣。"成吉思汗坐在帐中一边喝奶酒，一边看着也遂微笑着。

此时，外面一阵喧闹之声传进成吉思汗的耳畔，侍从报告："可汗，外面有个赤身裸体的人要面见成吉思汗。"也遂马上惊叫道："如此冰天雪地，那人为什么赤身裸体？"成吉思汗严肃地对也遂使了个眼色，于是他便出了帐门。成吉思汗大声地喝道："让他进来，看他到底是什么人？"那人跪倒在地大声地说道："我从寒冷的荒山中来，天神与我

雕弓天狼——成吉思汗传

共语，他说他将整个天下的财富都赐给了铁木真，现在我要他的名号叫'成吉思汗'，请他不要违背天令，这是天地相商的结果。"成吉思汗听到这里，马上惊异起来，心中想道："一次也就罢了，这么多的巧合，看来真是天命不可违啊！"成吉思汗让人将裸体之人带出去，然后大声对侍从说道："通知诃额伦母亲和孛儿帖夫人，我的尊号已经决定下来，就是'成吉思汗'！"就这样，"成吉思汗"这个尊号在铁木真身上得以沿用。

在建国盛典的忽里台大会上，众人齐呼尊号："成吉思汗万岁，向成吉思汗施礼！"坐在宝座上的成吉思汗精神越发显得熠熠生辉，威武神气。诃额伦的脸上绽放出平日里少有的笑容，而孛儿帖夫人，坐在可汗身边，显得更加可敬。成吉思汗走下殿宇，接受世人朝拜的时候，整个蒙古草原都笼罩着吉庆的祥云。

【第八篇】志 向 篇

在草原上，

没有什么可以比世世代代威名远扬更值得炫耀的。

在成吉思汗身上，

世人也能看到这一点，

时光飞逝中，

成吉思汗紧紧地抱着自己的孩子，

让小孙子们数着头上的白发。

在战争之余，

听着子孙的憨笑声，

扇着炉灶上的火，

成吉思汗的温情，

常常游离在子孙们的悲欢离合之中。

战火无情　曲出逢生

　　对于一个人来说，能得到亲情其实是一件非常幸福的事。当铁木真一天一天长大时，诃额伦母亲始终不能放心自己的孩子们。铁木真很快就娶了夫人，独立生活了。诃额伦母亲既感到欣慰又感到困惑，因为她一直在想："如果我的儿子们能担当大事了，我也不能左右他们了，那我该多么地孤单，多么地凄楚啊！"这句话时时在诃额伦母亲心中萦绕着，而现实也很快到来，她的儿子们一个个地跨上了战马，在为蒙古部的未来日夜战争、奔忙的时候，她只能带着豁阿黑臣安静地坐在蒙古包里。豁阿黑臣常常笑说："没有孩子就好像没有了颜色的裙子，整个帐篷都失去动力了。"诃额伦母亲点头道："是啊！我的孩子都长大了，都去忙他们的事去了。"而孛儿帖夫人却在蔑儿乞人手上，铁木真全家都感到伤心，豁阿黑臣天天在斡难河畔祈祷天神的保佑，让孛儿帖顺利归来。诃额伦母亲也日夜思念她。

　　有一天，帖木格从远处奔驰而来，诃额伦母亲便问道："我的儿子啊，孛儿帖现在怎么样了？"帖木格心有所虑地说道："我们的军队已经聚集起来，很快就要对蔑儿乞人发动进攻了，我不放心母亲，所以归来探望你了。"诃额伦母亲马上将帖木格领进帐中，坐在炉灶旁听帖木格诉说着铁木真的情况。最后帖木格说道："我们都在整顿军马，等待札木合安答发号施令。"帖木格看着默默无语的母亲，马上觉察到了什么，于是问道："母亲，难道你现在生活得不好吗？等儿子们都胜利归来了，我们会围在你身边，向你诉说战场上的事情，这样你就不寂寞了。"女侍从马上说道："母亲是觉得你们长得太快了，不能再听她的唠叨碎语，不能再让她感到什么是母子之情了。"帖木格听到这里，心中一阵酸楚，但表情却很无奈，他马上说道："那母亲就领养个孩子吧！我们都会留意着，如果谁家有好模样的孩子，就让她送来给母亲抚养，这样母亲身边就又热闹起来了。"此时诃额伦母亲才抚摩着帖木格的面颊会心地笑了笑。但帖木格不能怠慢军纪，飞身上马又向军营中奔驰而去。

诃额伦母亲看着帖木格的身影消失在蓝天碧草之间，笑道："我的儿子们知道了母亲的心事，看来我们又能热闹地生活了，就像从前铁木真小的时候那样，有很多快乐。"豁阿黑臣站在原地直率地说道："如果母亲有个孙子，那你是喜欢孙子，还是喜欢养子呢？"诃额伦脱口而出："喜欢养子。"女侍从很诧异，她又说道："因为孙子有自己的母亲，这样我就没有机会亲近我的孙子了，而养子不也是自己的儿子吗？儿子更能让我亲近。"女侍从轻轻地摇着头，脸上露出难以置信的神色走出了帐篷，去捅马乳去了。

帖木格很快赶到军营，站在铁木真面前，铁木真兄弟对札木合说道："好安答，我们先回避一会儿，我的母亲带消息来了。"札木合轻轻地点了点头，继续与脱斡邻勒汗商量作战计划。回到偏帐中的铁木真问道："母亲大人在家中还好吧？"帖木格大声地说道："母亲现在觉得孤单，我们都不在她身边了。她整天回想着我们小时候的事情。"合撒儿急忙说道："母亲是个良母，养育儿女是她最大的乐趣，现在没有了，她的确感到失落和孤单。"铁木真皱眉不语，别勒古台说道："我们胜利之后便回去，请她老人家不必这样失落。"帖木格又说道："如果可以，我们给母亲找个养子吧！这样她就不会有骨肉别离之伤了。"此时铁木真才开口道："你的想法好，但我们现在做不到啊！我们哪有那样的好机会呢？"合撒儿又说道："让我们留意着，有适合的我们就抱一个孩子回来，这样母亲会很开心的。"五兄弟连连点头，都决定为母亲找个养子。最后别勒古台慌忙说道："现在我们还是正视问题吧，如果战胜不了蔑儿乞人，我们的亲人都会很悲惨的。"就这样，铁木真带着兄弟们又投入了对蔑儿乞的战斗中去了。

经过几天时间的酝酿之后，札木合一声令下，四万大军分三路向蔑儿乞部驻地猛扑上来。正在大帐中谈论部落事务的脱脱听到地面上马蹄声震耳欲聋，他感到威胁已经到来，大声喝令道："我们快快撤离，免得罹受杀生之祸。"就这样，蔑儿乞在一片慌乱中被铁木真的三路大军打得溃不成军。经过一天攻打，铁木真等人攻进蔑儿乞营地。铁木真大声地呼唤着"孛儿帖"的名字，而别勒古台也在急切地寻找自己生身母亲的下落。大约到了朗月升起的时候，铁木真在牛车上将孛儿帖夫人抱上了战马。而别勒古台还在大声呼唤着自己母亲的名字。铁木真命令

其他所有的人都去寻找别勒古台母亲的下落，而他带着孛儿帖准备向回赶。就在此时，有人说别勒古台的母亲疯疯癫癫地跑到山林中去了。别勒古台带着众人在营地里拼命地打杀着。就在此时，铁木真听到一个孩子的哭声，他疑惑道："蔑儿乞人都已杀死，怎么还有孩子的声音？"别勒古台杀了许多人之后，心情也渐渐平息下来，他说道："我们来把小孩找出来。"找了一会儿，别勒古台发现一个不过车轮高的孩子坐在一个帐篷下大声地啼哭。他上前观察，那小孩马上捂住了自己的嘴，奄奄地停止了哭泣。别勒古台觉得小孩非常可爱，大声说道："大哥，孩子在这里，好可爱啊！"

铁木真转过身一看，那孩子坐在地上目不转睛地看着铁木真。他将孩子抱起。只见那孩子头戴一顶貂皮帽，穿一双鹿蹄皮靴，披一件鞣鹿羔皮接貂皮衣。铁木真满心欢喜地问道："小家伙，你几岁了？"那孩子抹了抹脸上的眼泪，大声地说道："我五岁了。"他看看别勒古台说道："你们是不是还要问我叫什么名字？那我就告诉你们吧！我的名字叫曲出。"这么一说，把别勒古台逗乐了。别勒古台笑着说道："看来我们的战利品是多种多样，竟然小孩都有啊！"铁木真接上来说道："天神保佑啊！今日我们可以解诃额伦母亲的忧愁了。"别勒古台此时才惊喜地说道："是啊！诃额伦母亲就是想要小孩，今日这个贵气的孩子送到她那里去，一定会为她带来吉庆的。"铁木真紧紧地抱住曲出高兴地说道："我带你去一个让你快乐的地方好吗？"小孩点着头笑道："那我就能找个母亲了，是吗？我想念母亲。"别勒古台问道："你觉得谁是你母亲？"曲出张口答道："能给我喂食，能教我骑马，陪我睡觉的人就是我的母亲。"听到这里，铁木真与别勒古台都哈哈大笑起来。就这样，小曲出就被带到铁木真的营帐中。

过了一天时间，铁木真的战后事宜也做完了，他叫来合撒儿，嘱咐他将小曲出送到母亲处。在合撒儿离开的时候，他招呼道："你告诉母亲，这个孩子聪明可爱，不要问他一些我们不愿意听的话。"就这样，合撒儿在铁木真招呼之后，带上小曲出向大本营一路赶来。在身后的曲出大声地问道："你们是好人吗？"合撒儿给了他一个满意的答复，然后他又问："住在斡难河的诃额伦仁慈吗？"合撒儿马上严厉地说道："他是我们的好母亲，她一定会成为你生命中可尊敬的人的。"合撒儿又道，"你这么小的年纪，怎么懂得那么多？到了诃额伦母亲身前可不能无理取闹啊！如果这样我就要把你扔掉。"小曲出伸到合撒儿面前道："只要是好母亲，她就不介意我说什么，我看你是个凶煞的人，

所以你才吓唬我！"合撒儿被曲出说得哭笑不得，看着伴当哈哈大笑起来。

　　经过一天的奔跑，合撒儿终于来到斡难河畔的老营，豁阿黑臣高兴地喊道："母亲，你的好儿子合撒儿归来了。身后还背着个小家伙呢！"诃额伦激动地携着小侍从慌忙地走了出来。合撒儿见到母亲，飞身下马，大声地叫喊道："母亲，我回来了，我们胜利了，孛儿帖嫂子也安全地救出来了。大哥的大军正从后面赶来呢！"诃额伦心情有些激动，轻轻地说道："天神保佑啊！是天神的保佑啊！"合撒儿见母亲很镇定，要张口说话，但就在此时，小曲出在后面大喊着："天神是保护有德有才有能之人的，铁木真也有这样的天赋。"此时诃额伦母亲才问道："合撒儿身后是哪家小孩啊？"曲出马上露出脸来，看着诃额伦不说话。合撒儿却喊道："快快叫母亲，你以后就是诃额伦母亲的养子了。"他一边说着一边将曲出放到地上。曲出对诃额伦母亲叩首道："我的名字叫曲出，是铁木真将我从蔑儿乞乱军中找到的。"诃额伦笑起来道："看来曲出是个富贵人家的孩子啊！今日到我家来，你会调皮吗？"曲出看着诃额伦大声说道："只要母亲仁慈，曲出便安安稳稳坐在你身边听传说。"诃额伦母亲更加欢喜，抱起曲出，爽朗地笑，然后说道："那我就纳了这个养子，我要让小曲出过好日子。"说完，诃额伦带着曲出进入帐篷。

　　就在此时，远方人头攒动，合撒儿一眼便看出，那是铁木真的军队归来了。曲出高兴地喊着："铁木真回来了，救我性命的别勒古台也回来了。"不一会儿的工夫，大军进入斡难河上的老营。车帐中的孛儿帖慢慢地走下车，看到诃额伦母亲，悲喜交加地说道："今日才见到母亲，我们分别九个月了。"诃额伦绽放笑颜，喃喃地说道："我们一家人终于又能团聚了。现在还有个小曲出，这样的生活是多么地美好啊！"曲出看着孛儿帖说道："孛儿帖夫人真好看。"铁木真高兴地说道："母亲，你没有想到吧，我的孛儿帖在归来路上说怀了一个男婴呢，我铁木真做父亲了。"诃额伦母亲尴尬地笑了笑……

　　在诃额伦母亲心中，曲出的到来比术赤的降生更加快乐，因为在伟大的母亲身上只能散发出母亲的温情。而她对曲出的爱护也从来不比亲生子女差。正是诃额伦母亲的精心培养，曲出成为蒙古国的历史一个不老的传说，在铁木真后来的战争中，曲出发挥了别人无可替代的作用。就像诃额伦母亲所说的，"曲出是个爱恨分明的人，也是一个有智慧的人。而他最擅长的却是在林中围猎，每当曲出得到猎物，都会送到我跟前让我处理，他从不敢私藏什么或隐瞒什么。"经过长期的征战，曲出与他们三位养子共称"四养子"。这也是铁木真军事能力得以巩固的一个支柱。

不速之客　术赤降临

铁木真兄弟已经长大，他们的身躯逐渐强壮，肩膀逐渐宽阔。在无边的草原上，他们正在寻找着属于自己的一片天地。正是这个目标，让他们的心中充满了渴望，充满了不屈的精神。当诃额伦母亲看到孛儿帖被抢，一家凄惨地生活的时候，她一个人坐在帐篷里久久地凝视着炉灶里的火焰。而此时的铁木真兄弟正在准备战争，准备夺回孛儿帖等人的复仇战争。在铁木真与母亲分别时，诃额伦母亲痛惜地说："孛儿帖已经被掠去大半年，我非常担心她的安危。但我相信她是个坚贞的女人，一定会坐在帐篷里等待你去挽救她的。"铁木真激动地说："大丈夫不能好好保护自己的妻子，这是天下最大的耻辱，我会在札木合安答、脱斡邻勒父亲的帮助下洗刷这个耻辱的。"铁木真兄弟带着义愤和仇恨离开了母亲，向草原的深处奔去，等待与札木合、脱斡邻勒会合。

攻打蔑儿乞人的时间一天天临近，坐在大帐中的铁木真心情非常复杂。合撒儿首先说道："哥哥，如果孛儿帖嫂子的心和身躯都被蔑儿乞人霸占去了，那我们就算救了她也不能得到什么啊！"铁木真听此，用愤怒的眼神紧紧地盯着合撒儿，合撒儿一阵心怯，低下头轻轻地摇着马鞭，慢慢吞吞地走了出去。而后别勒古台也来到铁木真面前说道："大哥，我们要做两手准备，可能孛儿帖嫂子已经心不附你了。"别勒古台转着眼睛又说道，"如果她变心了，我们在打败蔑儿乞人后将她同蔑儿乞一起处死吧。"铁木真勃然大怒："难道你们的良心都被野狗吃了吗？孛儿帖是我的夫人，她的一切都属于我，就算她变心，我也要把她抢回来，这样才是一个男人必须做的。"别勒古台听到这里，也默不作声地走出大帐。铁木真的心情变得更加复杂，他在心中不停地思量着："我的孛儿帖，再过几天我就能见到你了，我相信你还是像从前一样坚贞美丽。"此时，脱斡邻勒汗进来，一眼就看出了铁木真的心事，于是安慰地说道："孛儿帖会等你的，相信她已经坐在帐篷里等待你的挽救了。"铁木真站起身，勉强笑道："孛儿帖是个纯洁的女子，不像别人。我相信她见到我之后一定会高兴得跳起来。"脱斡邻勒微笑着说："肯定是这样的，我们与札木合大军会师后，便可直驱蔑儿乞营地，将我们共同的仇敌打垮。"此时铁木真复杂而焦躁的心才平静下来，与脱斡邻勒父亲交谈起来。

札木合的军队到来了，脱斡邻勒汗的人马也准备好了，现在就是等待铁木真下定决心出战了。札木合问道："铁木真安答决定什么时候出兵？"铁木真果断地说："孛儿帖在蔑儿乞人手上危在旦夕，我希望越快越好。"札木合笑道："那我们今天商讨军机，明日便率领大军进攻蔑儿乞。"随后三位最高统帅就开始在议事大帐中商讨战略计划。傍晚时分，札木合对众人说道："我们明日从东北而进，这样能出奇制胜，你们现在好好休息，明日清晨便是发兵之时。"别勒古台激动地喊道："看来我的母亲有救了，我那可怜的母亲啊，儿子就要来救你了。"他一边喊一边坐在草地上流眼泪。

清晨，铁木真等人坐在战马上，等待札木合的麾令。札木合对铁木真说："你第一次出战，要小心应战。"铁木真和弟弟们连连点头。随着札木合一声令下，大军呼呼地走动起来，不到一程的距离，军马便飞奔起来，径直向蔑儿乞驻地奔驰。很快，大军就到达不兀剌川。经过一整天的战斗，脱脱等人大败，然后向逆着铁木真联军奔袭的方向逃窜，最终逃出包围圈。但铁木真最大的目标不是杀死蔑儿乞首领，而是夺回孛儿帖夫人。他看到孛儿帖之后，便下令停止进攻。但别勒古台没有在乱军中找到他的母亲，他对蔑儿乞进行了无情的屠杀，而铁木真为了解仇，也屠杀了不少蔑儿乞人。就这样，战争的胜利和孛儿帖的顺利归来让铁木真无比兴奋。当站在孛儿帖面前的时候，他欣喜若狂。孛儿帖却不安地说道："铁木真，我现在怀有身孕，你不会因为这个而怀疑我的贞洁吧？"铁木真的心情，马上跌到谷底。他勉强笑道："那这个孩子真是个不速之客，难道你没有抵抗吗？"豁阿黑臣大怒："铁木真，你是个男人，男人保护不了自己的女人是多么大的耻辱啊！孛儿帖在被抓走之前就已经怀孕了，这个我可以作证。"

此时的孛儿帖暗自垂泪，坐在帐篷里一动不动。因为刚刚从蔑儿乞人手中逃出来，铁木真对她说道："我的好夫人，你没变心，我就已经满足了，如果你成为了别人的妻子，那我铁木真就是个懦夫，但现在你回来了，而且我的儿子又要出世了，这都是让人高兴的事啊！"他一边说一边轻轻地抚摩着孛儿帖的长发。过了一会儿，孛儿帖转过脸对铁木真说道："我虽然身在蔑儿乞营地，但心却像海冬青一样在寻找你的踪迹，渴望你能率领大军前来救我，今日归来，我的心才豁亮起来，但这个孩子，是你的。我在斡难河营地时，豁阿黑臣就知道我怀孕了，这个有天地可以作证。"铁木真听到这里，不安地说道："我们不说这个，现在只为我们的团聚而高兴好吗？如此我的心才能得到解脱。"孛儿帖为了让铁木真开心，便强忍着悲伤对铁木真说道："我知道，我的离开让你承受了巨大的压力，你让仇恨成为你做人的力量。现在我回来了，你应该感到轻松了。如果你还是对我过去九个月的经历耿耿于怀，那你就不能解脱，这是天神让我们犯的一个错。"铁木真听在心里，便不再说什么，只是深情地看着孛儿帖。

此时的军营中，札木合与脱斡邻勒正在为胜利欢呼。他们将整个军队聚集起来，随着铁木真等人向斡难河挺进。札木合语重心长地对铁木真说道："孛儿帖失而复得，实在是天意啊！请安答不要在意那些扰乱心神的事情了，毕竟孛儿帖是你明媒正娶的妻子啊！"铁木真坐在战马上，为难地说道："我不想说这个，孛儿帖已经归来，就是我最大的幸福。"札木合微笑道："这样才是大丈夫的胸襟嘛！好了，看来我没有什么可担忧的了，就让我们为胜利欢呼吧！"札木合仰望天空，"我们能打败蔑儿乞人实在是难得啊！天神是这样地佑护正义之师啊！"合赤温也高兴地抚着双臂，庆贺战争的胜利。铁木真表面上憨笑着，心中却充满了失落和伤心。军队在大草原上整整行进了一天时间。天色渐黑时，军队还在继续前进。突然，豁阿黑臣跑过来激动地说："铁木真，快快停止赶路吧！我看孛儿帖就要生了，我们得给她找一个安定的处所休息啊！"铁木真马上："停止行军，就地扎营，一定要搭一个好帐篷，让孛儿帖产子。"别勒古台得到命令就去了。铁木真疾步走到孛儿帖的车帐前，不安地问："我的孛儿帖，你先镇定一会儿，帐篷搭好再好好休息。"孛儿帖心烦意乱地说道："铁木真，我浑身好难受啊！你不要离开我，我非常害怕。"

铁木真听孛儿帖说害怕，便安慰她道："不用害怕，我们身边还有豁阿黑臣呢！她会让你安全产子的。"孛儿帖点点头，豁阿黑臣说道："夫人啊，不要怕，呆在平坦的帐篷里就会好了。"铁木真握住孛儿帖的双手在她身边轻轻地吹着热风。孛儿帖微笑地看着他，渐渐安定下来，豁阿黑臣在一旁情不自禁地窃笑起来。一对小爱人就这样依偎在一起，过了一会儿，豁阿黑臣拉开车帐帘大声说道："你们不能再亲昵了，快点让孛儿帖到帐篷里去，要是临产了，可就来不及了。"铁木真抓住孛儿帖的双肩，一下子抱起了她，径直向帐篷里走去。此时豁阿黑臣心中又焦又躁，因为她不知道孛儿帖什么时候会临产。铁木真将孛儿帖放到卧榻上，继续不停地安慰她，孛儿帖拼命抓住铁木真的手，说道："不知道为什么，现在我只要抱着你就不会感到害怕。"铁木真会心地对她笑着。到了深夜时分，孛儿帖感到腹部疼痛难忍，她抓住铁木真的双手大声地喊叫着。铁木真手足无措，就在此时，豁阿黑臣进来说道："好了，这一刻终于来了，让我来给孛儿帖接生吧！"孛儿帖不停地叫着铁木真的名字。豁阿黑臣匆忙喊道："难道女人的事情，主人也要看着吗？"铁木真听到这，才恍恍惚惚地走出营帐。

　　站在月色下的铁木真心情又开始凌乱起来，他看着天空中的明月，想着："我应该怎样面对我的儿子呢？若无其事地对待他？还是对他的血统产生怀疑呢？"心中焦躁的铁木真在帐篷外踱着步，思想作着激烈的斗争。就在此时，札木合信步走来，平心静气地对铁木真说："看来你心中很不是滋味，她的生产让你心神不宁啊！"铁木真看着长空，长长地叹息着。札木合又说："你的心情我能理解，哪个男人都会有这样的心理，你现在需要做的，是消除猜疑，像对待自己的亲生儿子一样对待这个小生命。"铁木真说道："我让这个不速之客伤透了心，当我站在孛儿帖面前时，都不知对她说些什么，我知道这个错是我犯下的。"札木合笑道："你这样想真的很难得，如果是我，我会被这件事折磨死的。"他长长地叹息一声就离开了。铁木真心中的阴霾却没有少一点点。就在这时豁阿黑臣欢呼道："铁木真，孛儿帖生了个胖小子，她给你生了个儿子啊！"铁木真飞奔到帐篷里，孛儿帖满脸疲倦地躺在卧榻上看着孩子。铁木真高兴地叫道："我们的孩子出世了，孛儿帖，你为我家带来了吉庆，母亲一定会非常高兴的。"

　　孛儿帖微笑地看着铁木真问道："你就不想给孩子起个名字吗？"铁木真沉思片刻说道："在行军路上降生，让我们太意外了，我们就叫他术赤吧！"孛儿帖轻轻地念叨着这个名字，然后说道："好一个术赤，希望这个孩子能像我理想中那样生活。"铁木真接过话道："一定会的，因为他是我们的孩子。"听到这样的话，孛儿帖也会心地笑了起来。

　　军队很快就到达斡难河畔，诃额伦激动地抱起术赤笑道："看来我们家注定会因为这个孩子的到来而生辉啊！"孛儿帖回到了阔别九个月

【第九篇】亲情篇

的家中，九个月前她是圣洁的妻子，而九个月后，她已经是温情的母亲了。

铁木真面对术赤时，将疑虑和偏见抛在一边。这在以后的生活中得到了很好的验证，而术赤也成为铁木真最勇敢、战功最卓著的一个儿子。

灭泰赤乌　得阔阔出

在草原上，没有英雄的部落是没有生机的，没有孩子的家庭是衰败的。术赤诞生以后，铁木真常常抱着小术赤，激动地对曲出说："我的曲出，你觉得家里最快乐的人是谁？"曲出毫不犹豫地答道："是诃额伦母亲。她说她一看到我就会笑，一看见术赤更像吃了糖一样甜蜜。"铁木真哈哈大笑道："看来我的弟弟是个细心的孩子，将来一定有出息。"曲出看着铁木真说道："我不想长大，诃额伦母亲说了，长大后就没有时间坐在帐篷里闲聊了，就不能享受母亲的温情，而且没有小孩的家庭是没有快乐的。"合撒儿在一旁乐呵呵地说道："那你整天站在术赤身边，就不感到无聊吗？"曲出睁大眼睛，作沉思状，然后说道："不会，晚上诃额伦在卧榻上给我说故事的时候就非常快乐。"坐在帐篷里的人都笑了起来。别勒古台痛快地吆喝道："等术赤长大了，你们俩就能一起玩耍，这样你就更快乐了。"铁木真抬起头说道："看来母亲的养子是个吉庆的小星星啊！"诃额伦脸上的笑意把所有的人都感染了，合撒儿又说道："那我们以后再找一个小家伙来，让母亲整天沉浸在孩子天真的海洋里。"铁木真连连点头，诃额伦母亲开口道："只要是聪明伶俐、有手有口的好孩子，你们就带过来吧，我对小孩是永远敞开双臂的。"曲出马上坐到诃额伦母亲身边："如果母亲还要孩子，那曲出就天天坐在这里，将母亲的爱全部夺来。"这样的话又让大家大笑起来。

时间一天一天地流逝，两年的时间里，铁木真的生活有了很大的变化，他的部众和财富逐渐多起来，他也从一个部落首领成为大可汗。多次战争之后，他也明白了，一个敢爱敢恨的人，需要承受寂寞，负担苦痛。他的坚韧让他的马刀直指仇敌泰赤乌部。阔亦田的战斗一结束，铁木真便下令："追赶泰赤乌部，将仇敌消灭在斡难河上。"乞颜部将士们像离弦的弓箭一样向泰赤乌大本营射去。坐在战马上的铁木真激动地对身边的将士说道："我年少时，常被泰赤乌人欺辱和追杀，今日就让我们带着复仇怒火将塔儿忽台杀死，让这个吝啬而贪婪的家伙永远躺在原野上。"说完，便发起了一次又一次冲锋。经过一天的冲杀，乞颜部军队战胜了泰赤乌部，而泰赤乌人一路奔逃，将所有的繁重之物都丢到地上，铁木真见此情景，大声喝令道："等战争胜利后再收拾战利品，现在要全神贯注地攻击泰赤乌人，直到他们全部死光为止。"很快，铁木真也开始率领军队冲杀，而此时的泰赤乌却像被打急了的猎狗，疯狂地反抗着。乞颜部的不幸就在此时出现了，铁木真被泰赤乌部的神射手射中，翻身落马。

铁木真的受伤并没有影响乞颜部对塔儿忽台的攻击，他们一鼓作气，将整个泰赤乌营地践踏得支离破碎。强壮的男女都已经被抓住，剩下的反抗者只能用死亡来对乞颜部人说最后的终言。博儿术代替铁木真大声地喝令："反抗者全部杀掉，其他人等可汗处治。"泰赤乌营地变成了落败的荒地，到处都是死尸，每个角落里都有焰火。博儿术正在搜寻塔儿忽台的时候，突然听到一阵哭喊声，他大声喝道："什么声音，难道战场上还有活口吗？"将士们马上警觉起来，术赤台喊道："不会是塔儿忽台有下落了吧？"博儿术认真聆听后笑道："是个孩子的哭声，看来泰赤乌人真的走到穷尽之处了。"术赤台不以为意地说："我们快快寻找塔儿忽台吧！不要管那么多。"博儿术回头说道："不行，我得去看看，虽然我们有仇恨，但不至于伤害一个孩子的性命。"术赤台摇摇头便驱马寻找塔儿忽台去了，只剩下博儿术站在惨败的营地之中。

就在博儿术准备寻找的时候，孩子的哭声突然停止了，他心中疑惑，便四处观望，慢慢地向前走动起来，就在此时，他眼前出现一块红色的兽皮，走近一看，上面坐着一个正在咬手指的孩子，博儿术见此，翻身下马。这个孩子胖嘟嘟的，穿件小皮袄，不停地用牙齿咬手指，甚是可爱。博儿术上前问道："你怎么坐在这里呢？你想走吗？"小孩睁大眼睛说："我看到死人才哭的，我不想走，如果我走就会被人杀死，我在等我的母亲回来呢！"博儿术不禁笑起来道："那你就不怕我吗？我可是杀他们的人啊！"小孩笑道："我看你是好人，你不会杀人的。"

说完，小孩又将手放到嘴里不停地啃着。博儿术问到："你为什么老啃手呢？"小孩笑道："我啃手就会有人来救我，这是天大的秘密，本不该对你说的，但我想你救我。"博儿术高兴地说道："那你凭什么让我救你呢？"小孩用手指着他道："因为你是大好人，我坐在这里半天都没有人理会我，你是第一个看我的人，所以你是好人。"博儿术此时已经按捺不住自己的心情了，一边将小孩抱起一边大笑道："这个机灵鬼，我今天就做个好人，让你和我一起到棚里休息。"小孩高兴地笑道："你真是个好人，那我告诉你我的名字吧！我叫阔阔出，是泰赤乌营地里的孤儿。"博儿术轻轻地抚着阔阔出的脑袋说道："你这个小鬼啊，还和我卖关子呢！等到了我的营地，我让你好好洗个澡，穿上干净衣服，让可汗看看。"

　　阔阔出随着博儿术走到路口时，大声喊道："你的营地在什么地方？我们什么时候能到？"博儿术没有回答他，背着他就向山林中追赶塔儿忽台了。博儿术很快与合撒儿会面，合撒儿大声喊道："不用追了，塔儿忽台已经不知去向了。"博儿术长长地叹息道："泰赤乌被消灭了，但塔儿忽台却没有擒住，真是太遗憾了。"随后众人掉转马头向营地赶去。走在路上，阔阔出大声喊道："泰赤乌人都是平庸之辈，而你们却个个都是英雄，看来塔儿忽台首领是活不久了！"此时合撒儿才注意到阔阔出，于是惊异地问道："博儿术，这个孩子是哪里来的？"博儿术一五一十地说明了情况，合撒儿佯装凶恶地说："阔阔出，你在我们身边就不怕死吗？"小阔阔出吓得惊叫道："我以为乞颜部的英雄都不杀小孩的，没有想到我阔阔出的性命会断送在这里啊！"说完，就嚎啕大哭起来。合撒儿笑道："看来这个孩子也是个英雄啊，竟能说出这样的话啊！"博儿术笑道："我都在犯愁怎么养活他呢！"合撒儿张口便道："这样聪颖的孩子，相信我母亲诃额伦会喜欢，你就献给诃额伦母亲吧！"博儿术听此，爽快地答应了。

　　博儿术将小阔阔出交给合撒儿，对他说："阔阔出，你要听合撒儿的话，他会带你去找个母亲的，让你过上好日子。"此时小阔阔出只是目不转睛地看着合撒儿，他对合撒儿凶煞的面孔感到非常害怕。合撒儿高兴地说道："等见了诃额伦母亲你就不能胡说了，那样母亲会不高兴的。"阔阔出被绑到合撒儿身上，大队人马飞奔起来。等到了平坦的草地上时，阔阔出喊道："放我下来，我要在草地上尿尿，不然我会憋死的。"合撒儿大笑道："那就让你憋死吧！我们很快就到营地了。"阔阔出愤怒地说道："不让小孩撒尿，你会得不到天神保佑的，你怎么就不

能像博儿术那样有仁慈之心呢?"合撒儿听到这里,气愤起来,大声说道:"我让你撒尿?你就憋着吧!我不够仁慈啊!"他咳嗽了一声又道,"我不仁慈的话早就将你扔进山林喂狼去了。"阔阔出听到这里,马上停止呼叫,不敢再说话了。天色微亮时,博儿术等人终于到达营地。合撒儿将小阔阔出放到地上,大声说道:"你去撒尿吧!"小阔阔出立刻跑到一边撒尿去了。

众人进入大帐,看到铁木真已经脱离危险,都高兴起来。铁木真却忧虑起来,他想起当年塔儿忽台将他一家赶尽杀绝的一幕幕,说道:"看来我多难的母亲要等一段时间才能消解仇恨了。"合撒儿马上说道:"塔儿忽台的逃跑让我们感到失望,而今日博儿术捡到的小孩却能给我们带来点快乐。"铁木真好奇地问道:"小孩?难道会比曲出那小子更逗人吗?"正在此时,外面响起阔阔出的叫声,合撒儿跑出去将小阔阔出领进帐篷,站在铁木真面前,他不紧不慢地说道:"我是阔阔出,见到可汗我非常激动,我想成为可汗的一员大将。"众人哄笑起来,铁木真看着阔阔出,连连点头道:"好啊!相信母亲一定会喜欢这个孩子的。合撒儿,你将孩子送到斡难河畔去吧!"合撒儿马上领命带上阔阔出就走出营帐。阔阔出高兴地说道:"我看铁木真是个仁义之君,一定有很多军队为他打仗,将来我也想为他打仗。"合撒儿笑着看了看他,没有说话。

当合撒儿回到老营时,曲出与诃额伦母亲正坐在草地上整理羊毛,阔阔出看到,大声呼叫:"坐在地上的一定是母亲,那小孩一定是哥哥了!"诃额伦母亲站了起来,合撒儿翻身下马:"母亲,这些日子还郁闷吗?我现在又给您带来一个养子,和曲出一样聪明伶俐。"阔阔出睁大眼睛说道:"这位母亲真仁慈,是我见过最好的人。"诃额伦母亲情不自禁地笑道:"是吗?孩子,那你也是天下难得的好孩子。"阔阔出高兴地笑起来。合撒儿见母亲高兴,在阔阔出的背后轻轻触了触,小阔阔出马上大声说道:"我的名字叫阔阔出,是泰赤乌营地里的孤儿,都说诃额伦母亲仁慈,阔阔出愿意成为您的养子,朝夕守候在您身边。"诃额伦母亲走上前,抱起小阔阔出心疼地说道:"小家伙,我会好好爱护你,让你和曲出哥哥一起在我身边,将来成为有用的人才。"阔阔出高兴地说道:"能成为铁木真手下的大将吗?那样才威风呢!"诃额伦母亲笑着连连点头。

到了晚上,坐在火炉旁的阔阔出默不作声地看着曲出,曲出放下手中的食物道:"阔阔出弟弟刚来,一定不喜欢我,是吗?"阔阔出则说:

"不是，我是觉得曲出哥哥不像养子，你是诃额伦母亲生的吗？"曲出答不上来，诃额伦母亲笑道："你们都是我亲生的，只是你们自己不知道，现在一家人在一起，这是多么大的快乐啊！"阔阔出这才安心地说道："原来这是我们的家啊！那我现在在母亲身边，实在是天下的大快乐啊！"

就这样，阔阔出融入了诃额伦母亲的生活，他也成了她的四养子之一。在以后的生活中，阔阔出得到诃额伦的精心照料，最后成为蒙古草原上的一员名将，也成为蒙古家族中的一个成员。

战塔塔儿　得小神童

在争夺天下的战争中，成吉思汗的亲族发挥了不可替代的作用。而诃额伦母亲的远见卓识也给成吉思汗带来了巨大的好处，正因为诃额伦对养子的爱护，对养子的精心教育，才让成吉思汗的军帐中多了四员虎将。面对母亲的恩惠，成吉思汗常常跪拜在母亲面前，对她表示着晚辈应有的尊重，同时，众养子们也看到母亲严律家规的形象，对于每一个养子来说，他们都比亲生子女更加敬重诃额伦母亲，因为在他们心中，一个孤儿能得到母爱，实在是天赐的光环。在成吉思汗从战场上抢回孛儿帖夫人之后，诃额伦母亲便不止一次地对孩子们说："今日的幸福是用鲜血换来的，我们一定要护卫我们的幸福，而最好的护卫方式便是成为草原上的强者。"铁木真等人将母亲的话牢牢地记在心头，每当安歇的时候，他们都会轻轻地念叨一遍母亲的教导。而经历了苦难和折磨的铁木真一家也正在寻找机会，让自己变得更大更强。睡在诃额伦母亲怀中的阔阔出轻轻地抚摩着母亲的长发，而曲出则安稳地抱着母亲的脊背睡觉。这样的日子一天天过去，对孩子们来说，这样的生活很有滋味；对母亲诃额伦来说，这样的生活很温馨；但铁木真等人，却在焦急地等待新的战争的来临。

一个平常的中午，一家人正坐在大帐中用食，诃额伦母亲打开话匣道："我现在的生活真好，不但有孩子在身旁，而且还有了小孙子，看来铁木真是应该飞翔的时候了。"众人听到这样的话，都高兴地说道："我们的生活是好了，不过不在战场上杀敌，这样的生活也不踏实。"铁木真点头道："是啊！草原上的强敌比比皆是，我们得小心谨慎。"就在此时，外面有人来报，金国使者前来邀请铁木真一起讨伐塔塔儿人。铁木真得到这个消息既激动又义愤，因为塔塔儿人是蒙古部百年来的仇敌，他们之间的斗争几乎充斥着草原人的整个历史，所以能对塔塔儿人作战，实在是天大的快乐；但铁木真又有些犹豫，因为金国也是将蒙古部两位先祖钉在木驴上的世仇。就在他举棋不定的时候，孛儿帖夫人走到面前安慰道："如果你觉得为难，那就放弃算了，毕竟我们现在不够强大，塔塔儿人又那么有势力。"但此时诃额伦母亲过来说："我们权衡一下，塔塔儿人与我们的仇恨深还是金国人与我们的仇恨深。"铁木真想了想，说道："母亲啊，如果权衡利弊，那我就有主意了。"他马上请来金国使者，大声说道："我与脱斡邻勒汗整顿军马之后便起兵攻打塔塔儿部，请完颜襄将军等好消息吧！"就这样，铁木真一家又开始备战，准备向草原上的仇敌发动进攻。

虽然塔塔儿部是草原上强大的部落，但在铁木真等人与金朝大军的联合攻击下，塔塔儿部很快溃不成军，部众在草原上四散而逃，铁木真大军横扫塔塔儿全部。面对塔塔儿人丢下的财物，铁木真也一扫而光。合撒儿首先奔到一片工棚之中，在里面大肆抢掠，就在此时，铁木真从后面赶上来，于是两人一起在帐篷中烧杀。者勒蔑纵马过来大声喊道："可汗，蔑兀真笑里徒的金帐就在前面，我让人在那里看守，等可汗去巡视。"铁木真大笑道："好啊！看来塔塔儿人的财物要全部归我们所有了。"金帐就在眼前的时候，铁木真四处环视，发现金帐旁有一驾非常别致、夺目的车帐。他大声喝道："那是什么车帐？快快拉来让我看看！"博尔术飞身过去，拉着车帐激动地喊道："原来是至宝啊！你看，可汗！"铁木真轻轻地抚摩着车辕，高兴地喊道："原来是银棚车，这样的宝贝我平生可是第一次见到啊！"他轻轻地将车推到平整的地面对合撒儿说道："好好地保管这个宝贝，我会将它带回老营，作为家中的财物。"合撒儿领命而去。铁木真继续向金帐走去。

者勒蔑用马刀挑开帐门，铁木真点头道："这个金帐可也是气派非凡啊！"说完，便下马走了进去。面对一片狼藉的帐篷，铁木真叹息道："这样的好帐篷，毁得可惜啊！"就在他低头的时候，突然被一个明晃晃的东西闪到了眼睛，他弯腰仔细地查看，原来地上有一群硕大的珠

【第九篇】亲 情 篇

子，他急忙捡起，发现这是一件大珠裘，裘皮华贵，珍珠硕大。他将大珠裘拿在手中大声对着者勒蔑喊道："你看，这个也是稀世珍宝啊！"者勒蔑睁大双眼惊呼道："这一定是中原的东西吧！可汗得到这样的宝贝，是值得一辈子骄傲的事情啊！"铁木真带着这件宝贝欢喜如狂地向回走。就在此时，脱斡邻勒汗的士兵跑来道："我们正在攻打松树寨和桦树寨，请铁木真大军快快前去助战。"铁木真镇定下来道："把我的宝贝收藏好，等我胜利了再好好地庆祝一番。"说完，他便挥舞着苏鲁锭向松树寨和桦树寨奔驰而去。

铁木真大军刚刚到达战场，就迎来一次猛烈的冲锋，铁木真身先士卒，对敌人进行了最猛烈的攻击。铁木真的到来使得塔塔儿人残败，蔑兀真笑里徒成为了铁木真的刀下鬼。就这样，一场全面的胜利到来了，铁木真挥舞着苏鲁锭尽情地欢呼着。者勒蔑上前道："我们现在已经将战利品都夺来了，战争结束了。"铁木真大声喝令道："按原路返回驻地。"就在他转身的时候，者勒蔑大声叫道："可汗，你看，旁边有个小孩在哭！"铁木真顺目看去，果然是一个小孩，铁木真说道："我们不必管他，今日得了至宝，我别无他求了。"但别勒古台马上阻拦道："哥哥，你看啊，这个孩子不是一般人。"铁木真马上仔细地看着那个孩子，孩子站起来停止哭泣，泪汪汪地看着铁木真。此时众人才发现，这个孩子颈脖上戴着个金项圈，穿一件貂皮做里的金缎兜肚，别勒古台大声说道："这样的孩子是非常吉利的，我们蒙古人捡到这样的幼童都要当成自己的亲生儿子来抚养。"铁木真也慌忙下马将小孩抱起说道："小宝贝，你怎么会受到这样的虐待呢？难怪他塔塔儿人无道啊！"他将小孩抱在自己怀中对众人说道："我要将孩子送给母亲，让他成为我五兄弟之后的第六弟。"说完，铁木真带上塔塔儿小孩向营地徐徐而去。

铁木真在路上对小孩说道："我带你回斡难河，你从此以后就是蒙古人的孩子，见到诃额伦母亲首先要行礼，然后才能说话，不要失了礼节，知道吗？"小孩马上说道："就是说母亲安好这样的话吗？我会啊！但母亲要是问我叫什么名字，我怎么说呢？"铁木真大笑道："对啊！我还没有给我的弟弟起名字呢！"铁木真冥想片刻之后，将手搭在小孩头上，大声说道："你的名字就叫'失吉忽秃忽'吧！这一定是个吉庆的名字。"小孩马上高兴地对众人喊道："你们以后不要叫我'小孩'了，我的名字叫'失吉忽秃忽'。"别勒古台高兴地说道："好吉庆的名字啊！我的六弟将来有什么志向吗？你可是个高贵的孩子啊！"失吉忽秃忽自信地喊道："我要做草原人从来没有做过的事情。"众人大笑道：

"啊？好大的口气啊！我们草原人从来没有做过的事情是什么？天下也没有吧！"一阵哄笑让失吉忽秃忽的信心受到了打击，便说道："天下大事你们都知道吗？我就是要做你们没有听说过的事情。"者勒蔑调侃道："难不成你能生出孩子来？"说完，又是大笑一阵。博儿术收起笑脸道："那只有像中原人一样武文弄墨了！"失吉忽秃忽欣然笑道："文人有什么不好，我就做文人，这是你们都没有做过的事情，也是蒙古草原人不了解的。"者勒蔑又说道："当文人能有酒喝吗？能有香美的野马肉吃吗？"失吉忽秃忽见众人都在取笑自己，于是什么话也不说了。

经过一夜的行走，乞颜部大军终于回到斡难河畔，铁木真仰望着不儿罕山，激动地说道："我们的胜利是不儿罕山保佑的，不儿罕山像父亲一样地保佑我们，我当多多祭奠不儿罕山的。"说完，他就坐在战马上顶礼膜拜，众将士也表示着对大山应有的尊敬之情。简短的膜拜之后，铁木真驱马上前，大声吆喝道："让斡难河为我们的胜利高兴吧！不儿罕山的孩子们，让我们努力吧！蒙古部的未来一定会更好的。"喊完，就飞奔向老营。此时失吉忽秃忽正坐在铁木真身前，他也兴奋地大声喊："我们胜利了！不儿罕山在迎接我们的凯旋之师呢！"铁木真听到此处，对失吉忽秃忽大加赞赏，并对众人说道："失吉忽秃忽是我生来见到的最智慧的孩子，将来在我帐下一定会大成的。"

很快，凯旋之师便进入了营地，所有的侍从都站在路口热烈地欢迎英雄们的归来。诃额伦母亲早早地带着全家站在帐外迎接儿子们的归来。铁木真翻身下马，激动地对亲人们说："我们回来了，我们胜利了！"此时所有的族人和部众都欢呼起来。坐在马背上的失吉忽秃忽焦急地喊道："铁木真，谁是我的母亲？这里有好几个女人呢！"铁木真忙将失吉忽秃忽带到诃额伦母亲面前道："我又带了一个聪明伶俐的孩子回来，请母亲看看。"失吉忽秃忽马上走过来，叩拜道："我是失吉忽秃忽，请母亲收下我，我一定会做母亲的好儿子。"者勒蔑大笑道："你在对哪个母亲说话呢？"失吉忽秃忽睁大双眼，丈二和尚摸不着头脑，引起众人一阵大笑，诃额伦母亲见这个孩子的打扮，急忙说道："这样的孩子我们蒙古人是要悉心抚养的，失吉忽秃忽这个名字好啊！"失吉忽秃忽看着诃额伦母亲憨笑起来。诃额伦母亲又道："现在他就是我五子之后的第六子，我要好好地抚养失吉忽秃忽成人。"铁木真对失吉忽秃忽使了个眼色，他马上跪拜道："谢谢诃额伦母亲。"就这样，失吉忽秃忽成了诃额伦五子之后的第六子。而他的聪颖让他很快在诸子中脱颖而出，得到世人的敬慕。而在四养子之中，失吉忽秃忽的学识

最高，铁木真也对他宠爱有加，让他成了大蒙古国大断事官，辅佐铁木真治理天下。

失吉忽秃忽在他后来的人生中实现了儿时的誓言，他做了蒙古人都没有做过的事情——断事官。用塔塔统阿老师的话说就是：失吉忽秃忽是一个奇才，他能做除厮杀之外的一切事情。在塔塔统阿的学生当中，失吉忽秃忽无疑是最有修为的一个，他对畏兀儿文化的了解，让他在处理大事时谨慎小心，从来没有出过一点儿差错。不但成吉思汗对他赏识，许多蒙古贵族和官员都向他请教文化和法律问题，失吉忽秃忽的威望达到了高危的地步。

正是在失吉忽秃忽的辅佐下，铁木真建立了大札撒，整个蒙古国开始有法可依地处理事情，这对整个国家来说，起到了支柱性的作用，而失吉忽秃忽是最主要的奠基人之一。

攻主儿乞　得博儿忽

在铁木真的早期战争中，主儿乞人常常表现得非常英勇善战，他们的首领撒察别乞和泰出也总是在族人面前炫耀自己的部落。当整个蒙古部推举铁木真为可汗之后，撒察别乞的心中就产生了不和谐的因素，在他眼里，最适合当蒙古部可汗的应该是他。但由于现实的不可逆转，主儿乞心中的不满渐渐演变成对新可汗权威的挑衅。在不止一次的挑衅之后，主儿乞贵夫人豁里真妃对撒察别乞说道："真正的可汗应该是合不勒汗的后裔担任，他铁木真算什么？既没有威望也没有资格，我看主儿乞人应该作出正确的选择，这样才能得到我们应有的地位。"泰出也义愤地说道："主儿乞人是蒙古部的精华，打仗我们是第一，地位上我们也应该第一。"但撒察别乞正襟危坐着，什么话也不说，只是狠狠地用眼睛盯着腰间的胯刀。忽兀儿臣妃冷笑道："那铁木真是只不好惹的羔羊，没有到时机，千万不能乱来。"此时撒察别乞才连连点头道："你们这样说就对了，我们不能做不仁不义之徒，这样才是长远的计策。"

就这样，主儿乞人的险恶用心暴露在世人面前。就在此时，铁木真的侍从前来通报："明日在斡难河畔的树林中举行宴会，请撒察别乞首领带上族人前去赴宴。"豁里真妃站起来说道："明日就举行？撒察别乞不是说过几天吗？"撒察别乞接过来道："我与铁木真商量好了明日举行，因为众英雄都已经到齐了。"听到这话，豁里真妃才没有追问，她慢慢走出大帐，准备赴明日的宴会。

一天的时间很快过去了，撒察别乞等人带上侍从就来到宴会上，铁木真神采飞扬地站在宴席中央，迎接各路英豪。当时撒察别乞身后站着世袭奴隶木华黎父子，他们站在主儿乞氏的席位间，保护主儿乞贵族的安全。当铁木真宣布宴会开始，宴席内外便闹起了悲喜剧，先是豁里真妃痛打铁木真的司厨失乞兀儿，然后是别勒古台被不里孛阔砍伤。闹得一团糟的宴会让铁木真愤怒了，他将滋事的豁里真妃和忽兀儿臣妃抓住，并扣押了起来。一场闹剧般的宴会这才结束了。撒察别乞满心怨愤地离开宴席，铁木真更是怒气冲天地回到帐中。第二天，木华黎前来索要两位大妃，被铁木真严词拒绝。过了几天，铁木真经过仔细考虑，觉得这样做实在有失一个可汗的涵养。于是他亲自将豁里真和忽兀儿臣两位大妃请出囚帐，又让人把她们送回主儿乞营地，但此时撒察别乞已经恼羞成怒，见到两位大妃之后就带领部众单独设营去了。当面对金国讨伐世仇塔塔儿人时，撒察别乞在帐中大呼道："塔塔儿是蒙古人共同的敌人，而铁木真却是我一个人的敌人，我不会帮助敌人收拾敌人。"就这样，主儿乞氏放弃了同铁木真一起攻打塔塔儿部。

一天，泰出将众贵族聚到一起说道："铁木真这个眼中钉现在正在攻打塔塔儿人，我们的机会到了。"一场秘密会议结束后，他们一致同意对铁木真的老营进行洗劫。消息传出来之后，木华黎就对父亲古温兀儿说道："主人怎么能这样做呢？这是大逆不道的事情啊！"古温兀儿气恼地说道："撒察别乞这样的人居心叵测，而铁木真却是个仁慈之主，这样做是多么地无礼啊！我觉得撒察别乞真的很可恨啊！"此时木华黎的三叔者卜客小声地说道："不如我们弃了撒察别乞，投靠铁木真吧！"一家人，包括木华黎的二叔孩亦赤在内，都没有说话。而木华黎却责备道："我们是主儿乞的世袭奴隶，这样做不是大不敬吗？主儿乞人没有叛变者，只有忠心耿耿的英雄。"而古温兀儿父亲却说道："良禽择木而栖，忠臣择主而侍。这个天下人的道理，我们也要想想啊！"者卜客睁大双眼道："等撒察别乞的军队一出发，我们便去给铁木真报信吧，这样他会感激我们的。"但木华黎义愤地说道："我们做奴隶的只有顺

从，如果你们想叛离，得先把我杀了才行。"古温兀儿见木华黎如此坚决，就打消了这个念头。

在一个月朗星稀的晚上，撒察别乞的军队偷偷地将铁木真的老营洗劫了一遍，更可气的是：他们将营地中的十人杀死，另外五十人剥去了衣服，让他们不敢走出营地半步。坐在战马上的木华黎看到这样的场景，心中难免有些不愉快，但作为一个世袭奴隶，他却没有对主人产生半分怨愤之感，只是在心中思量："希望铁木真的军队不要前来践踏我们的营地才好。"主儿乞像土拨鼠一般神速，只用了一天工夫，便赶回了驻地。木华黎坐在帐篷里又对亲人说道："我的撒察别乞主人太无礼了，他将乞颜部的老营袭击了，杀人不算，还剥光人身上的衣服，实在叫人难受啊！"此时古温兀儿父亲果决地说道："撒察别乞无道，我们为什么还要为他卖命呢？我们离开吧！"者卜客也急切地说道："铁木真会找撒察别乞算账的，我们不能再与铁木真为敌了。"木华黎此时才犹豫地说道："难道我们就没有别的出路了吗？我们还是再等等吧！"就这样，古温兀儿等人又打消了叛离的念头。

又过了几天，铁木真战胜塔塔儿人的消息传遍了大草原，带着凯旋之师，铁木真归来了，让他经受打击的是：主儿乞洗劫了他的大本营，而且侮辱了他的族人。于是铁木真大兴正义之师，向主儿乞进攻。木华黎在战场上拼命征杀，保护自己的主人。经过一天的战斗，主儿乞氏被打败了，木华黎被抓住了，撒察别乞与泰被处死，整个主儿乞的威望不复存在。铁木真收拾战场之后，将木华黎请到帐前，以胜利者的待遇对待他，要求他为乞颜部效力，但木华黎的忠诚之心如同磐石，铁木真经过反复说理和对现实的分析才让让木华黎成了自己的爱将。因为主儿乞人个个都是善战者，铁木真问他："听说你的家人都是勇士，他们也早有投靠我的想法，那他们现在在哪里呢？"木华黎听了，马上说道："我一家都是奴隶，他们都听天由命去了。"铁木真听此，伤怀地说道："果然是忠烈之家啊！如果他们能来，我随时张开我的双臂欢迎他们。"

古温兀儿兄弟三人听说木华黎被铁木真擒住了，便在山林中计议道："木华黎要是听我们的，怎么会有今天的结果啊！"者卜客惋惜地说道："看来我们的好机会错过了。"三人认真考虑后，决定到主儿乞的营地上寻些生存的希望。者卜客很快到达残破的营地，就在这一片寂静之中，他隐隐约约地听到孩子的哭声。者卜客顺着声音走去，发现一个尚在襁褓中的婴儿，他马上跑过去将孩子抱起，这个孩子的哭声更大了，者卜客同情地说道："好孩子，我是不会吓唬你的，如果你停止哭泣，我就救你一条性命，如果你继续哭，那我就只有将你扔掉了。"者卜客的话音还没有落，那孩子便停止了哭泣。者卜客高兴地喊道："那我就让你这个主儿乞的婴儿活着吧！"就这样者卜客便抱回一个婴儿。当他回到两位哥哥跟前的时候，古温兀儿高兴地对者卜客说道："木华黎还活着啊！他现在在铁木真帐下，我们去投靠铁木真去吧！"者卜客听了自然欣喜若狂，三人便向铁木真营地走去。

到了大约傍晚时分，铁木真正坐在营帐中与木华黎畅谈时，侍卫进来道："可汗，外面有古温兀儿、孩亦赤和者卜客三人请求见可汗。"木华黎马上惊诧地站起来，铁木真却笑道："好！让他们进来，我的英雄之家终于到全了。"说完，铁木真整整衣服，举手让木华黎安静地坐下。古温兀儿等人进来叩首施礼，当古温兀儿看到木华黎，大声说道："我心中早想到会有这么一天，现在就请可汗将我们一家当成自己的奴隶使用。如果我的儿子木华黎敢有叛逆之心，你就将他的脚筋挑断，让他不得好死。"铁木真站起来道："木华黎是个英雄，真正的英雄是不会背叛本主的。"说完便笑了起来。者卜客跪拜道："我们一家都已经是铁木真的部将，请你也将我们捡到的这个孩子收下吧！等他长大也做战场上的好汉。"铁木真接过婴儿道："这孩子结实，可以送给我母亲诃额伦，她一定会喜欢这个孩子的。"者卜客高兴地谢道："我们主儿乞的孩子都结实，相信这个孩子将来会成为可汗帐前的勇士的。"者卜客带着孩子走出了营帐。

当天晚上，者卜客就抱着孩子前去斡难河驻地寻找诃额伦。大约一夜的奔跑，者卜客就看到了一个整齐的营地，他轻轻说道："到了，这个孩子有着落了。"就这样，他狠狠地在马背上抽打了几下，那马便飞快地奔驰起来，一眨眼的工夫，者卜客就站在营地外面。他大声地对营地中的人喊道："我是铁木真的将领，奉铁木真的旨意前来觐见诃额伦夫人的。"很快，孛儿帖夫人走出来道："你是铁木真的人？我怎么没见过你呢？"者卜客便将自己的来历完完整整地说了一遍，孛儿帖就领着者卜客进入了营地。站在大帐中，者卜客行礼道："我来降时，在营地中捡到一个婴儿，我觉得这个小生命很有灵气，便带来献给诃额伦夫人。"诃额伦笑道："孩子？你们主儿乞人的孩子吗？那可是勇士的后代啊！"说完，就接过这个孩子，放在怀抱里的小孩安稳地睡着了。诃额伦夫人又道："这个孩子没有名字吗？"者卜客马上摇头道："没有，我不知道他的名字，我也没有给他起名字。"诃额伦夫人正说话间，孩子睁开了眼睛，看到诃额伦就不停地笑，心中快乐起来的诃额伦夫人张

口说道："那就叫他博儿忽吧！这个名字适合他。"者卜客高兴地说道："看来博儿忽是个有福的孩子，相信在诃额伦夫人脚下一定会长成参天大树的。"

就这样诃额伦母亲的第四个养子到来了，叱咤风云的"四养子"在战场上所向披靡，而博儿忽，以他的勇气和威望，成为"四养子"之首，也只有他，同时也充当了"四杰"之一。在铁木真帐下，博儿忽能与任何一位勇将媲美。

在铁木真后期的征战中，博儿忽发挥了突出的作用，但因为年轻气盛，不到三十岁的年龄便战死了，这个英雄的短命，不但让诃额伦母亲伤心欲绝，铁木真也时时感到伤怀。这个草原上的英雄，这个李儿只斤氏的半个儿子将永远留在族人心中。铁木真征战的闲暇，他也常常对曲出等人说："如果博儿忽健在，那我们一家人就完美了。"由此可见，铁木真对博儿忽的情深义重，因为博儿忽不但在战场上让世人感到敬畏，在围猎场上，在帐中商议军机大事时，他也能表现得勇敢和机智。

铁木真军中最年轻有为的博儿忽在二十几岁就能担当大任，这也让诃额伦母亲感到无比骄傲，铁木真常常赞叹母亲的贤惠，赞叹她亲手培养起来的"四养子"。

因祸得福　喜得爱孙

在蒙古草原的离合中，成吉思汗与王汗的联合可以说是最完美、最长久的一个。当所有的英雄都因为利益的驱使而相互争斗的时候，成吉思汗与王汗同坐在一个大帐下快活地喝着马奶酒。一开始，成吉思汗就向王汗申明了父子一样的情谊，而王汗也时时惦念着铁木真这个好儿子。这样的友谊难能可贵，直到札木合投靠王汗之前，双方的友谊都非常坚固。而札木合到来之后，成吉思汗与王汗的友谊经过几次挫折，这样的挫折不得不让成吉思汗重新定位他与王汗之间的关系。在仁至义尽的时候，成吉思汗想用真情来获得王汗的好感，但都失败了，这个伟大的友谊就开始变化了，两人之间的战争的日期也一天天地临近。在成吉思汗心中，战争是友谊的后续，在蒙古草原上，伟大的友谊之后一定会有一场血与火的洗礼。成吉思汗看到了这一点，果断地决定：在王汗的无理取闹之后，对他进行一场胜券不稳的进攻。在哈兰真沙陀战场上，成吉思汗的大军表现得非常英勇，在成吉思汗心中，以弱胜强的最好方式就是所有的将士能以一抵百。而战争也像成吉思汗想象的那样，取得了气势上的主动权，但因为克烈部族大民众，成吉思汗军队损失惨重。到真正结束的时候，蒙古的几千大军几乎全部散尽，到般朱尼小湖畔时，成吉思汗身边只有十九员亲近的大将和几个仆人，成吉思汗的事业跌到了谷底。

坐在军帐中的王汗轻轻地抚摩着桑昆的脑袋说道："我的好儿子啊！铁木真不是好惹的，今日你脸上被射伤了。"桑昆诡诈地说道："我们现在继续追击铁木真，相信会将蒙古部消灭在草原上的。"王汗皱着眉头不安地说道："不行，我要等你痊愈了，再来计议与铁木真的战斗，反正我们的实力强，他蒙古部只能被动挨打。"此时桑昆才微笑地点着头。就在此时，扎合敢不走上前道："你们不能再攻打铁木真了，这样是得不到主的宽容的。"桑昆又笑道："看来克烈部的懦夫很多啊！父汗应该将他们驯服才好啊！"王汗听后，大声喊叫道："扎合敢不，你是想帮助铁木真吗？如果真是这样，你也只得落个不忠不孝的恶名。"扎合敢不听到这样的话，摇头走了出去。桑昆用眼睛狠狠地看着王汗道："父汗为何不杀死他？这个吃里爬外的老东西！"王汗镇定了一下，说道："如果杀了扎合敢不，我就没有一个兄弟了！再说，现在杀了他，众人必然不满而倒在铁木真一边，我是不能这样做的。"桑昆听到这里，马上从卧榻上爬起来要出去，王汗惊异道："你不能再动肝火了，这样又会给我带来许多麻烦的。"桑昆大声说道："我不会去找扎合敢不，我只是想了解一下克烈部中有多少人向着铁木真。"王汗轻轻地闭上双目，静静地在天主面前祈祷着。

在黑林之中安定地生活了一个月了，王汗在营帐中对扎合敢不说道："我们已经整顿了一个月了，不知道前方情况如何，也不知道铁木真的动向啊！"扎合敢不坐在大帐中沉默不语。就在此时，侍从疾步进帐禀告王汗道："成吉思汗的两位使者合撒儿与速客该前来觐见。"王汗心中一阵惊异，问扎合敢不："我们的敌人不会送上门了吧？"扎合敢不说道："那就让他们进来，听听他们的口气吧。"王汗轻轻地招手说道："让他们进来，我要好好听听他们的说辞。"就这样，合撒儿、

速客该二人口若悬河地对王汗大加赞赏了一番，然后一针见血地将王汗的背信弃义指了出来，使王汗心中感到非常难过。当使者看到王汗的想法开始动摇的时候，便离开了。此时扎合敢不高兴地说道："铁木真又来与我们求和，可见他的心胸是多么的宽厚啊！我们不能背弃誓言啊！"王汗心神不宁地坐在金帐中，长吁短叹着。扎合敢不跟上去说道："如果汗兄不抓住这个重新和好的机会，将来会后悔的。"但王汗依然一言不发，只是不停地叹息着。

过了几天，合撒儿与速客该的任务圆满完成了，合撒儿道："我们现在就回去吗？"速客该满脸愁容地说道："昨日我见到我的妻子和孩子，他们终日恐慌，害怕王汗对她们下毒手，今日我想在此逗留几日，一来我可以与家人团聚，二来我可以在克烈部中搜寻军情，及时报告给成吉思汗王汗的动向。"合撒儿认真思量了一番后说道："那你就留下吧！心中要常常挂念可汗的嘱咐才是。"速客该高兴地点头道："我一直不辱可汗的嘱托，等到克烈部被消灭的时候，我便归来。"就这样，合撒儿道别了速客该，一个人向斡难河畔奔驰而去。

速客该坐在亲人的帐中对他们说："我在成吉思汗处日日快活，但就是没有亲人在身边，今日相逢，我便不会让你们离开我。"就在此时，答里台等人找到速客该的帐篷，坐在速客该面前说道："你们与王汗已经结下仇恨，为什么还要来做说客呢？"速客该马上义正词严地说道："我们可汗与王汗情深义重，我来是解除矛盾的，履行父子结义的誓言。"忽察儿冷笑道："你今日不离开，难道要让王汗怀疑你的用心吗？"速客该大笑道："我想照顾我的亲人，绝无非分之想。"答里台等人轻蔑道："看来我们有机会合作了。"又道，"王汗如果再将我们送入苦海，我们只能做内乱了。"速客该听到这里，心中震颤了一下，过了许久，他小心地说："看来你们都是驯服不了的羔羊啊！如果你们想反叛，我可以助你们一臂之力。"此时忽察儿才露出笑脸道："这样才是我们蒙古人的气魄啊！"说完，三人道别了速客该，与札木合一起，向王汗的金帐行来。王汗让他们坐在自己的金帐之中，此时桑昆也在。札木合问道："王汗下一步的目标是什么呢？"王汗微笑着说道："我决定让使者去通告铁木真，我们之间的误会是可以解除的，他依然是我的好儿子。"桑昆马上站起来大叫道："难道父汗真的老糊涂了吗？你不能再与豺狼在一起了。"札木合也义愤地说道："如果王汗要与铁木真和好，那我们也只有离开了。"王汗愤怒地说道："你们这些大逆不道之徒，就是你们挑拨我们父子之间感情的。"桑昆气愤地离开的金帐，札木合等人也走了。

在经过速客该的营帐时，阿勒坛对札木合说道："我们不如造反算了，我们早早就与速客该商量好了。"札木合惊异地看着阿勒坛三人道："那就到速客该营帐中商量吧！"坐在速客该帐篷中的札木合说道："我们造反后投靠谁呢？"速客该笑道："我们将所有的反对势力都聚集起来，将王汗撵走，然后我们自成一统，既不倒向成吉思汗，也不依靠王汗。"当时札木合便叫好，几人认真计划之后，决定将扎合敢不也请来，速客该就开始在克烈部营地上斡旋。几天的工夫，扎合敢不就坐在大帐中对侍从说道："我的汗兄不仁，我也就不义了。"扎合敢不捅马乳的奴隶听到了这个消息，放下手中的木桶，跑到只儿斤氏的营地中将消息告诉了他们的首领，合答黑飞奔至王汗金帐，将消息告诉了他。王汗得到消息，毫不迟疑地上马征讨叛军。札木合、扎合敢不等慌忙奔逃，最后投靠了乃蛮部的太阳汗。

经过一次大征讨之后，克烈部内部的矛盾更加尖锐。后来合撒儿假装降服，王汗欣喜若狂，于是在黑林中举行了一场忽里台庆祝大会。就在此时，成吉思汗得到克烈部的内部情况，带领勇健之士向王汗金帐猛扑过来，将松散无备的克烈军消灭在酒席之间。强大的克烈部虽然勇士众多，也免不了灭亡的下场。战后，成吉思汗对克烈部的部落和属民进行了彻底的清理，为了防止他们死灰复燃，成吉思汗将所有的氏族都拆散，然后分给各个将领。从此，克烈部这个强大的部落就消失在大草原上。坐在金帐中的成吉思汗感慨地说道："我们蒙古人向来宽仁，王汗无义，才有今天啊！"说完，蒙古大军就带着大量的财物和部众收军归营了。

当成吉思汗的军队行至克烈部边界时，扎合敢不带着一家人从远处奔驰而来，他叩拜在成吉思汗面前说道："我那汗兄心中常有恶念，这样的下场实在是罪有应得啊！"成吉思汗见扎合敢不是个诚心拥护他的人，高兴地说道："扎合敢不叔叔能有这样的大义，实在是难得。我应该怎样来报答你的一片深情呢？"扎合敢不动情地说："我只想做可汗的一个侍从，这样就是恩典了。"成吉思汗随即说道："你是贵宾，我要与你结亲。我愿意聘娶你的大女儿亦巴合为夫人，你的二女儿必克秃忒迷失旭真聘娶为我长子术赤的妻子，你的三女儿莎儿合黑塔尼聘娶为我幼子拖雷的妻子，不知道扎合敢不叔叔同意吗？"扎合敢不惊喜道："可汗这么厚爱，扎合敢不受宠若惊，哪里还需要思量啊？！这是我家世代的荣耀啊！"成吉思汗听后高兴地笑了起来。坐在营帐中的术赤和拖雷马上叩拜道："谢谢父汗恩典，谢谢扎合敢不老人赐女。"就这样，

成吉思汗的长子和四子都有了妻子了。

　　回到斡难河畔，成吉思汗又建立了一个斡儿朵，它的新主人就是亦巴合；而在成吉思汗的主婚之下，术赤与拖雷双双迎来了自己的新娘。术赤对坐在大帐里的必克秃忒迷失旭真说道："你现在要担负起传宗接代的任务了，虽然这是女人的天职，但它对我们黄金家族来说是最重要的职责。"必克秃忒迷失旭真笑着道："大蒙古各个强悍，'强将无弱子'啊！"就这样术赤从此与必克秃忒迷失旭真过上了幸福美满的生活。

　　站在婚姻殿堂的拖雷看到莎儿合黑塔尼就发笑，他问她："莎儿合黑塔尼，你身上是不是有魔法啊？我看到你就觉得亲切、快乐。"莎儿合黑塔尼含羞地说道："可能是拖雷少爷心思太细腻了，让我散发出一种不可捉摸的气氛吧！"拖雷马上憨笑起来。自从拖雷得到莎儿合黑塔尼之后，他的生活变得更多彩、更丰富。他常常对他的侍从说道："莎儿合黑塔尼是个不凡的女子，她一定会成为蒙古人传说中的贤妻良母的。"过了一年时间，莎儿合黑塔尼生下了一个男婴，拖雷将他抱到成吉思汗处高兴地说道："父汗，拖雷有儿子了，他是个很健壮的孩子啊！"成吉思汗将孩子抱在手中道："这个孩子好相貌，将来一定会是功成名就之人啊！"拖雷马上说道："这个孩子名字叫忽必烈，父亲觉得怎么样呢？"成吉思汗连连点头称赞道："好啊！好啊！好一个忽必烈啊！将来当大展宏图。"

　　这个忽必烈就是建立元朝的开国皇帝，而儿时的忽必烈生活在蒙古部的势力膨胀时期，自从他懂事的那天，他心中就埋下了继承父祖之志、争夺天下的种子。而事实证明，忽必烈的理想实现了，一个庞大的、强悍的元朝被他建立起来了。

先祖之志　子孙接力

　　对于蒙古草原百姓来说，1227年8月25日是他们永远也忘不了的一天，就在这一天，伟大而坚强的成吉思汗归天而去，留下一个庞大的帝国在他的四个儿子面前。成吉思汗在弥留之际，留下了三条重要的嘱托，其中一条就是在他仙逝之后，众子们必须拥立窝阔台为大蒙古国可汗，众王子们在成吉思汗面前立誓保证，在没有成吉思汗的日子里永远追随窝阔台，像侍奉成吉思汗一样地侍奉窝阔台。就这样，在成吉思汗去世之后，庞大的大蒙古国并没有像历史上其他大帝国一样，走上分崩离析的道路，相反，蒙古国的势力反而越来越强大，疆土也越来越大。就在成吉思汗过世的当天晚上，拖雷就带着整个家族的贵人和子孙，跪在成吉思汗遗体前，拖雷之子忽必烈痛哭着喊道："今日爷爷去世了，如果我们子孙中没有了能人，那爷爷在天神面前该多么伤心啊！"而蒙哥却说道："难道我们家族中就一个人才也没有吗？忽必烈这样说是大逆不道，是对蒙古孛儿只斤氏的侮辱。"拖雷抬起头道："你们就不能自信一点儿吗？你们的爷爷还在等着你们建功立业呢！以后不准再有懦弱的言辞。"忽必烈抹了抹眼泪道："看来我的忧虑是多余的了，那我以后一定以爷爷为榜样，时时提醒自己，一定要成为爷爷认可的小英雄。"众人都竖起大拇指，表示对忽必烈的敬佩之情。很快，在一片悲哭声之后，窝阔台在众人的拥戴下，被正式推举为大蒙古国的新可汗。

窝阔台登位的第七年，突然接到情报，说斡罗思诸部正在造反，窝阔台威颜大震，他马上喝道："现在庞大的斡罗思地区正在造反，我要亲自去征讨他们，这样才能将这群桀骜不驯的野家伙降服。"察合台上言道："斡罗思地域偏远，面积庞大，要降服他们需要强大的实力，不如让诸王诸将的长子们率领他们的精锐力量，对斡罗思拼死一战。"耶律楚材也上前道："如果我们能派遣诸王诸将的长子出战，一定会胜券在握，大汗根本不必亲征。"窝阔台连连点头道："这样也好，那就遵照两位卿家的意思，让诸王诸将长子出征斡罗思，拔都为三军统帅，即日便动身起程。"就这样，术赤长子拔都整顿好十五万人的军队，径直向斡罗思境内挺进。出征的还有察合台的长孙不里、窝阔台的长子贵由、拖雷长子蒙哥，在他们手下，还有数不清的王侯将相子弟。可以说，拔都率领的这支西征大军是蒙古国最强大、最威武的军队。就这样，成吉思汗的长孙们开始了第二次西征。

经过几年的战斗，蒙古军大败斡罗思，他们一路所向披靡，先后平定了钦察、北斡罗思、南斡罗思，攻克莫斯科、基辅等大城市。斡罗思地界上的十一个国家纷纷败倒。传来胜利消息之后，拔都大声地对众贵族长子说道："为了表示对胜利的庆贺，我们就在斡罗思的名城基辅的营帐中举行庆祝宴会吧！"听到这样的消息，众人欢呼起来，大声地叫

喊着："大蒙古国万岁！大蒙古国万岁！"就这样，众王子们很快聚到拔都的中军大帐之中，众成吉思汗的子孙们纷纷走进了宴会，此时他们还站在帐中，相互攀谈着。拔都见状，坐下来喊道："众人入席吧！"说完，他便将头伸到酒席间，轻轻地闻了闻酒盏，然后倒上一盏酒痛饮起来，一盏之后又是一盏，足足喝了三盏。贵由正在说笑时，突然看到拔都埋头吃喝着，他推开众人谩骂道："难道在酒席上也讲先礼后兵吗？"不里马上停止憨笑，也看到了拔都的无礼行径，大骂道："拔都为什么要先饮酒？他自以为是三军统帅，其实是个生胡子的婆娘，我们早就该将他踩在脚底下了。"拔都听到这里，睁大双眼大喝道："难道我不是尊长吗？尊长先用酒席是合情合理的，你们怎么敢对兄长指指点点？"贵由冷笑道："果然是下贱人种啊！连美丽的奶酒都没有吃够，现在在这里丢人现眼。"拔都大叫道："你们是什么东西？当心我将你们的头颅拧下来，放到大汗面前问罪。"此时帐篷中一片争吵，许多臣子都来劝阻，不里与贵由也就没有再说什么。而此时，不里的偏将窃窃地说道："难道拔都想独霸天下不成，为什么将众王爷们都不放在眼里呢？"贵由又愤怒道："今日拔都实力非凡，我们也不必与他争功劳，我们分兵而进吧！"说完，贵由、不里等人就离开了宴席。拔都马上喊道："难道我会害怕吗？你们都是不知好歹的小羊羔。"说完，众人就离开了宴席。这样，一场从头到尾都在争吵的宴会就结束了。

第二天早晨，西征军便兵分三路前进。北路是察合台的部队，攻打波兰；中路由术赤长子拔都率领，袭击匈牙利；南路由窝阔台之子合丹及大将速不台率领。三路大军，在各自的战地上都取得了辉煌的胜利，其中拔都大军大败波兰国军，逼迫波兰王布莱斯狼狈逃窜，越过了奥得河，很快又被日耳曼军队消灭，波兰被蒙古军占领。三路大军胜利后，在多瑙河畔会师。拔都站在中军帐中对不里和贵由说道："你们还想歧视我吗？我可是大蒙古国战功最卓著的大将，你们不要再以小人之心，度君子之腹了，这样会给我们的国家带来混乱和不安定，请你们铭记我的教训。"贵由愤愤不平地说道："你拔都是很能，但你是占据了'地利'和'天时'，以后我们不会输给你的。"说完便要出帐，拔都说道："你们懒惰的心已想归去了，但我却不想，我要继续向欧洲挺进，将整个欧洲划归我大蒙古国所有。"就这样拔都整顿军马，准备继续西进。就在此时，大草原上传来噩耗："窝阔台可汗仙逝了。"拔都惊恐万分地喊道："看来我们的国家需要我回去了，进军欧洲的事情就先搁置吧！"拔都马上起兵东归，一路奔驰而还，一刻没有懈怠地回到了蒙古汗国。

六年的西征，拔都感到收获是非常巨大的，当他站在汗廷时，他悲伤地跪在窝阔台大汗灵前说道："拔都作为一个蒙古人，没有愧对成吉思汗爷爷；作为窝阔台汗国的一个将领，我也让窝阔台可汗安心，今日窝阔台可汗却在拔都不在时离世，这是一件多么悲伤的事情啊！"说完，他就涕泪交加地伤感起来。站在殿堂下的贵由冷笑道："难道人面兽心的人也会哭泣，可能是别有用心吧！"但拔都依然跪拜在地上，没有与贵由一般见识。但此时贵由、不里二人与拔都的仇恨已经非常深刻。因为在拔都与贵由等人争吵之后，拔都为了大局，将事情的原委向窝阔台可汗详尽地阐述了一遍，窝阔台可汗大发雷霆，将贵由、不里二人招回，将贵由押送给拔都处置，不里送给察合台处理。但拔都惧怕贵由的地位，没有轻易地处置他，但从此他们之间怨恨的种子便播下。窝阔台去世不久，众王公大将纷纷表示，要召开忽里台大会，选举一位新蒙古国可汗。皇后向众人宣布："在窝阔台的墓地旁召开一场忽里台大会，由此来决定大蒙古国的下一任可汗人选。"

窝阔台去世之后的大忽里台很快就要开始了，忽必烈奉命前去邀请拔都，使者说："三个月后大蒙古国忽里台大会将要在窝阔台可汗的墓地旁举行，请拔都王爷参加，共商汗位继承问题。"拔都愣住了，半天缓过神来道："忽必烈兄弟快快回去吧！最近我身子不好，如果天神允许，我会去参加的。"忽必烈得到拔都的搪塞之辞，归来对贵由说了，贵由大声道："这个不忠不孝的拔都啊！不来参加忽里台是他的最好选择，我们众兄弟会对他冷眼相看的。"而得到消息的不里也说道："看来可汗之位非贵由莫属了，看这个婆娘一般的拔都怎么再自大！这个外族血统的野狼，总有一天我们会让他吃苦头的。"坐在大帐中的国后说道："拔都是个勇健的人，可能他才是可汗的最佳人选。"贵由马上反驳道："难道婆婆妈妈的男人也能委以重任吗？他那样的人草原上到处都是，他果真要参加忽里台，我也会让他受到打击的。"国后听到此，长长地叹息了一声，就低头默不作声了。

忽里台如期举行了，坐在席位上的王公贵族们个个面带微笑，互相表示着友好，大会开始的时候，不里小心地对速不台等大将军说："拔都到现在都没有出现，我们是不是不必等他了？"众人尴尬地说："那就让大会开始吧！相信拔都会知道失礼的罪过的。"于是贵由站起身，举起酒盏，大声地喝叫道："忽里台大会正式开始，让我们讨论汗位继承人的事情吧！"速不台上前道："推举新可汗是一件重要的事，而贵由王爷是窝阔台可汗的长子，我们是不是推举贵由为可汗呢？"众人纷纷表示，贵由是大蒙古国汗位的最佳继承者。大会开得时间不长，讨论的分歧也很小，大部分蒙古贵族和王侯都推举贵由为可汗。就这样，成吉思汗的孙子贵由成了蒙古国的第三个皇帝。

贵由是个性格暴烈的人，当他一个人坐在帐篷里时，常常会痛饮酒水，将自己弄得酩酊大醉，身子摇摇晃晃。有一天，贵由在宴请南方进贡使者时，大醉而归，在众妃嫔们的护送下，贵由一步步向宫廷走去，就在此时，他突然瘫倒在地，手足不停痉挛。众人见状，大声疾呼，年轻力壮的侍从将他抱到寝帐，卧倒在卧榻上。贵由不停地用双手比画着，却一句话也说不出来。就在众人紧紧地抓住他的手的时候，他的眼睛突然睁大，狂乱地挣扎起来，片刻之间，贵由身上气力全无，死在了寝帐之中。短命的贵由在大蒙古国只做了两年多的皇帝，从他的政绩来看，他并不是一位成功的君主。很快，大蒙古国又要面临一次可汗选举大会——忽里台。

拔都得到贵由仙逝的消息之后惊呼道："事情怎么会这么快？大蒙古国应当选一个能干、强壮的可汗了。"在拔都的倡议下，大蒙古国在他的领地上举行了忽里台大会。在会上，众王侯臣子都拥立拔都为汗，而且拔都也是成吉思汗最年长、最有战功的孙子，其实拔都成为可汗是众望所归。但拔都却说："我知道我只是个莽夫，如果说才智，比我强的有很多；说勇气，我虽然有，但根本不如众王爷们。现在你们真想选举可汗，我推举蒙哥，他是一个精明、能干的人，他有风华正茂的年龄，还是强壮的身体。"众人见拔都如此大义，钦佩不已，而臣子们也顺应了拔都的想法，拥立拖雷的长子蒙哥为新任可汗。而蒙哥果然像拔都所说的那样，不但善于治理朝政，而且继承了蒙古人的传统，能征善战。他消灭了大理，征服了金西康、西藏、印度支那一带地区，并派兵远征，攻克伊拉克首都巴格达，遣兵攻克朝鲜、印度，俘获了大量财富和百姓。继位第九年，蒙哥率军在重庆与宋军决战的时候，不幸遇难身亡。就这样，大蒙古国又进入了换届整顿的阶段。

蒙哥死后，成吉思汗的另一个孙子忽必烈继承了汗位，正是在忽必烈手中，元朝才得以建立。忽必烈是个勇气和智慧兼备之人，在众蒙古可汗中，他是最擅长治理国家的一位。

【第九篇】亲情篇

铁木真家族图

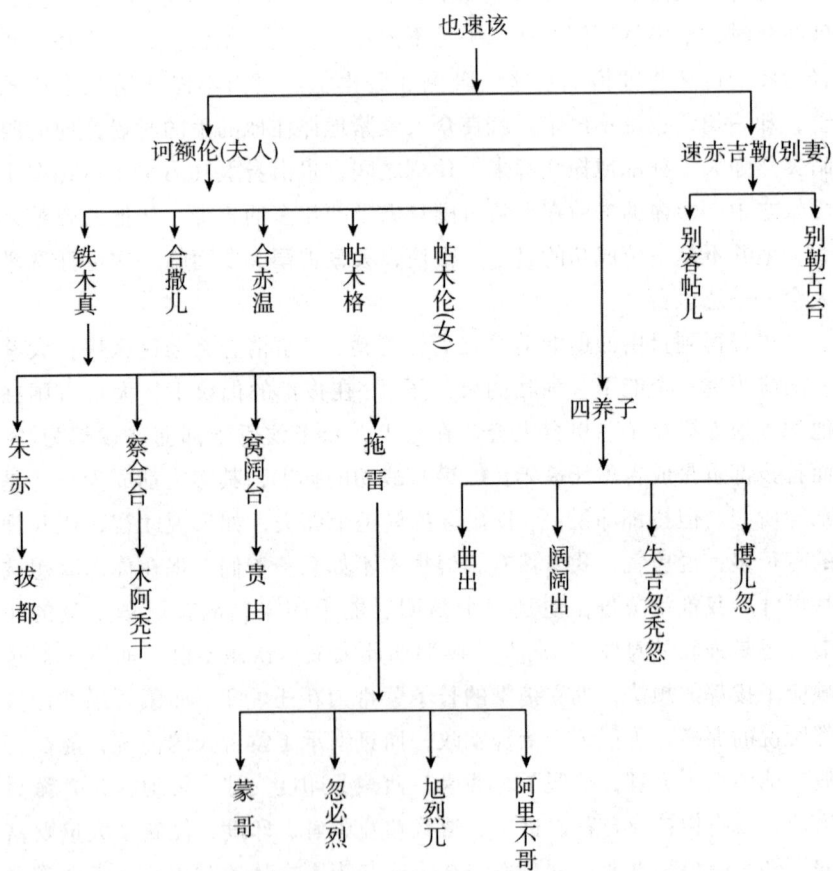

也速该

诃额伦(夫人) ——— 速赤吉勒(别妻)

诃额伦(夫人)：铁木真、合撒儿、合赤温、帖木格、帖木伦(女)

速赤吉勒(别妻)：别客帖儿、别勒古台

铁木真：朱赤、察合台、窝阔台、拖雷

四养子：曲出、阔阔出、失吉忽秃忽、博儿忽

朱赤 → 拔都

察合台 → 木阿秃干

窝阔台 → 贵由

拖雷：蒙哥、忽必烈、旭烈兀、阿里不哥

雕弓天狼——成吉思汗传

功过篇

成吉思汗戎马一生，
创造了东方乃至整个人类历史的奇迹。
作为一名目光远大、具有雄韬伟略的政治活动家，
作为一位治军严明、用兵如神的军事统帅和复仇天神，
他所创建的赫赫业绩，
对于蒙古人来说，是空前绝后的。
然而，
成吉思汗的征战，
虽然最初皆以复仇开始，
但是他在征战中横扫无辜，践踏自安之邦，
却给各国人民带来了深重灾难。

结束割据　一统漠北

克烈部被消灭了，而乃蛮部却信心十足地网罗着各路草原英雄，准备与成吉思汗决一死战。成吉思汗对旧的部落制度和军事制度进行大手笔的改革之后，信心十足地坐在战马上，鼓舞士气，希望在最短的时间内将乃蛮部消灭在大草原上。双方互相虎视眈眈，整个草原的天空弥漫着战争的阴云。

嚣张的乃蛮人在出征之前就大声地喊叫，要将蒙古人的弓矢和财物夺去，而成吉思汗的军队也发誓，一定要将乃蛮部的领土收归蒙古人所有。就这样，战争的氛围越来越浓烈了。

成吉思汗在忽里台上大声地喊道："既然我们接受了战斗，那我们就应该主动出击，这样才是胜利者的姿态啊！"一番慷慨激昂的演说完毕，众人都在宴会上暗暗发誓，一定要用蒙古的铁骑教训不知天高地厚的乃蛮人。

祭旗仪式结束，浩浩荡荡的蒙古大军从帖麦该川出发了，他们带着全新的军事纪律和必胜的信心向西方大草原挺进。乃蛮人得到消息后，也将大军一字摆开，双方对阵于纳忽崖。整个纳忽崖霎时旌旗摇动，猎猎生风，双方拉开架势，战争一触即发。

乃蛮可汗太阳汗坐在战马上，大声地喝令："看来蒙古人不怕死啊！到我面前还敢嚣张，看来他们的死期不远了。"老将撒卜勒黑捶胸顿足道："伟大的太阳汗啊，睁大你的双眼吧！这是一个不容小视的敌人啊！"但太阳汗听不进去任何人的话，他盲目地高兴着，好像蒙古军队如蝼蚁一般。

成吉思汗布阵完毕，发现太阳汗的军阵毫无秩序，笑道："太阳汗看似强大，但不堪一击啊！"就在此时，札木合的使者向成吉思汗授说了太阳汗的军事计划。成吉思汗笑道："看来我们的胜利指日可待了。"

还没等乃蛮军站稳脚跟，蒙古大军就冲杀上去，此时的太阳汗才手忙脚乱、不知所措。撒卜勒黑一人孤军奋战，坚持了一天一夜，可怜的撒卜勒黑最终被蒙古军一刀下去，身首异处。趾高气扬的太阳汗在乱军中惊落下马，活生生地被蒙古铁骑的马蹄踏死，就这样，强大的西方乃蛮部瞬间灰飞烟灭。

欣喜若狂的成吉思汗对众将士说道："没有想到我们的军队会如此勇猛，看来乃蛮部的灭亡是天神的安排啊！我只是来替天神完成旨意而已。"各路军马纷纷从战场上撤下来，成吉思汗开始了清理战场和点校俘虏的工作。

一天过后，他发现战场上除札木合之外，还有太阳汗的儿子屈出律和蔑儿乞人的脱脱父子下落不明。为了将草原上的敌人尽除，成吉思汗下令道："我们继续西进，务必将他们全部清剿。"就这样，蒙古大军一路向屈出律和脱脱父子等人追去。

蒙古军到达塔米儿河时，发现屈出律正在排兵布阵，成吉思汗一鼓作气，踏过塔米儿河，向屈出律袭击。如惊弓之鸟的屈出律拔腿就跑，一直跑到阿尔泰山南面的兀泷古河畔，蒙古军将屈出律团团包围。经过一阵激战，屈出律一个人逃脱，河谷中的士兵全部阵亡。这场不大不小的战斗死伤非常惨重，后人称这里为"古战场"——白骨甸。屈出律逃跑了，他的安全却是无数人用性命换来的。走在路上的屈出律绝望至极，最后他认为：投奔他的叔父不亦鲁黑汗是当前最好的办法。

在屈出律被追赶的同时，成吉思汗的另一支军队也向蔑儿乞的脱脱父子发动了进攻。在合剌答勒忽扎兀儿，脱脱对他的儿子们说道："让我们在这里整顿军马，与铁木真决一死战。"为数不多的蔑儿乞部在合剌答勒忽扎兀儿列阵，准备做最后的挣扎。

当蒙古军赶到时，脱脱父子已经立马在前，拉开一副鱼死网破的架势，率先向蒙古军冲杀而来。合撒儿策马迎了上去，与脱脱等拼死力战。经过半日的战斗，脱脱父子大败，他们的部众和属民全部被蒙古军俘获。大获全胜的成吉思汗把蔑儿乞人的财富和部落都收归己有，他兴奋地说道："天神啊，蔑儿乞部终于被我们打败了，这就是与我们为敌的下场，我们的铁骑将踏平每一个仇敌的营地，俘获他们的人民，让他们永远做我们的奴仆！"合撒儿也激动地说道："是啊！蔑儿乞人的强大不复存在，蔑儿乞人将是我们世代的奴仆！"

从战场上回来之后，成吉思汗坐在大帐中说："我们要将蔑儿乞人彻底清除，就必须让他们的部落不能重新聚合，这才是最关键的。"别

勒古台上前道："我们必须把脱脱父子抓起来，然后再处理蔑儿乞部众，这样一来，他们失去了主心骨，也就没有死灰复燃的机会了，现在就让他们充当奴隶，派人看守。"成吉思汗听到这里，笑道："好！看来别勒古台的心思越来越灵透了，我也是这样想的，现在要一鼓作气，将敌人残部全部消灭。"说话间，者别进帐悄悄地对成吉思汗说道："蔑儿乞人被打败之后，也投靠不亦鲁黑汗了，现在屈出律与脱脱父子都在不亦鲁黑汗处。"成吉思汗听后大怒："众位将军，休整军马，等待进攻不亦鲁黑汗的指令。"就这样，下一次的征战目标已经明晰。

回到乃蛮汗廷，成吉思汗问者勒蔑："蔑儿乞部的答亦儿兀孙在什么地方？"者勒蔑脱口而出道："在乱军中奔逃了，他的女儿忽兰也在他身边。"成吉思汗狠狠地给了者勒蔑一个眼色，什么也不说就愤怒地走了出去。者勒蔑了解成吉思汗的心思，就吩咐下人道："你们快快去通知纳牙阿将军，如果看到忽兰小姐，务必给可汗带来，无论答亦儿兀孙答不答应。"

站在不亦鲁黑汗营地中的答亦儿兀孙悲哀地对忽兰说："二十年前我就劝过脱脱，不要抢铁木真的夫人，但他不听劝告，现在却让我们与他一起受罪！"忽兰问道："铁木真现在恨我们吗？"答亦儿兀孙轻轻地叹口气，点了点头。忽兰上前道："可这些罪孽都是脱脱犯下的啊！我们是无辜的。"答亦儿兀孙无奈地说："但愿铁木真也能这样想啊！"忽兰此时却安定下来道："铁木真是个宽容的人，他不会将我们杀死的。"答亦儿兀孙不安地说："他不会杀死我们？除非我们带着财物和女人去投靠他，否则会很危险。"说到此处，答亦儿兀孙又痛苦地说："看到你这样受罪，父亲实在是难过啊！如果能将你交给一个好人家，我也就没有顾虑了。"忽兰伤心地说："女儿终日惶恐，心中早已不敢奢求什么，只想有个安定的生活。"答亦儿兀孙笑着说："你想安定？那你只有委屈一下，才能得到啊！"忽兰睁大双眼看着父亲，等待他的下一句话，"我们可以去铁木真处投降，但前提要委屈我女儿做他的夫人，忽兰，你能答应吗？"忽兰听到这里，犹豫了一下说道："我死都不怕，难道还怕献身？"答亦儿兀孙听到女儿的话，斩钉截铁地说："那我们今晚便出发。"就这样，答亦儿兀孙父女一路向成吉思汗处奔驰而来。

得到忽兰的成吉思汗非常高兴，纳牙阿因为迎接忽兰而立功，从此成吉思汗对纳牙阿更加赏识。

于是在汗廷中，成吉思汗又多了一位忽兰夫人。带着吉庆的愉悦，成吉思汗宣布乘机追赶草原残余势力。此时答亦儿兀孙进言道："我没有战马和驮货物的牲畜，不能与可汗一起行军。"成吉思汗大度地分给他一百侍从，让他负责后勤辎重，答亦儿兀孙欣然接受。但成吉思汗的军马刚刚离开不到一日，答亦儿兀孙便在心中合计：我女儿现在富贵了，我还有什么好留恋的呢？他举起马刀，就向成吉思汗的兵将砍去，答亦儿兀孙企图将所有的辎重抢走，一时的突变让士兵措手不及，很快他们便反应过来，重新聚集在一起，将所有的辎重都抢了回来。答亦儿兀孙势单力薄，终究寡不敌众，不得不带着他的部众顺着薛灵哥河而下，在合卜勒寨屯驻下来。

成吉思汗出征前，蔑儿乞的部众全部分配在各个将领手下监押或做奴隶，虽然人数众多，但基本上丧失了反抗的力量，其中包括兀都亦惕氏、木丹氏、脱脱邻氏以及剌准氏。他们听到答亦儿兀孙造反而逃，也合计："兀洼思部的答亦儿兀孙造反跑了，我们为什么不这样做呢？我们高贵的蔑儿乞不能世代为奴啊！"就这样，他们中的一半百姓拿起刀箭就在成吉思汗的营地里冲杀起来，那些造反者不停地喊："脱脱首领还在，如果他知道我们造反了，一定会前来救援的，蔑儿乞会重新振作起来的。"蒙古军带着大队人马向造反者冲杀过来。因为事无防备，蔑儿乞军又疯狂反抗，最终大半蔑儿乞人逃到营外，据守在台合勒寨与蒙古军作最后的对抗。

正在前线追击敌寇的成吉思汗得到消息后，大声喝令道："沉白快快率领我的右手军前去镇压，将带头造反者抓起来处决。"沉白带着大军一路向台合勒寨挺进。躲在营寨中的蔑儿乞人看到蒙古大军到来，气势上已经输掉了大半。但人在穷途末路时爆发出来的力量往往是巨大的，更何况是在生与死的关头。造反者负隅顽抗，沉白大军与蔑儿乞造反者在台合勒寨一直僵持到隆冬降临，而成吉思汗也一直在追击不亦鲁黑汗。突然有一天，台合勒寨中跑出一个妇女，沉白把她抓住探问寨中情况，那妇女说道："寨中已经没有粮了食，我们的末日就在眼前。"沉白高兴地笑道："继续攻打台合勒寨，将所有的出路都堵上，把造反者困死在寨中。"就这样又是连续几天的猛烈进攻。寨中的人果然很快没有了反抗的力量，沉白一马当先，在寨中大肆杀掠起来。此时，成吉思汗也在索果克河对不亦鲁黑汗的部众发动了突然袭击，占领了他的领地，抢夺了他的财物和牲畜。

当成吉思汗坐在金帐中的时候，沉白、博儿忽又带着平定兀洼思氏的好消息胜利归来。成吉思汗高兴地说："这段时间战事频繁，但我们还是取得了胜利。我现在要将可恶的蔑儿乞支解，这样我才能高枕无忧

啊!"说完,他站起身,对几个带头造反者说道:"我本来想收留你们,所以没对你们动手,今天看来,对你们宽仁只会给我带来灾难,那就让你们蔑儿乞部永远消失吧!"那几个反叛者跪在那里不吭一声,成吉思汗怒斥道:"将这几个带头反叛者砍了,剩下的人全部分给损兵折将的各级贵族们,补充他们的实力。"别勒古台说道:"这个方法很好,这样他们就再也没有力量聚集起来了。"说完,别勒古台就去落实可汗所下达的指令了。

在茫茫的大草原上,呈现在世人眼前的,只有一个强大的部族,那就是蒙古部。草原上的蓝天变得更加纯洁、更加宁静。所有的草原旧势力随着蔑儿乞的分崩离析而散尽。

颁布法令　开创先河

随着蒙古草原从多极化的争霸局面发展到几个强势力量的"强强联合"时,那种老式的部落组织和军队组织已经不能适应时代的变化。在变化面前,成吉思汗表现出了非常高的敏感性,他常常对自己的部将说:"现在我们的队伍在不断地扩大,我们的属民越来越多,以至于让我不能分辨氏族的界限了。"在他的言语中,我们看到的是他的愿望,一种适应新形势变革的愿望。就在成吉思汗打算重新编制本部族组织形式的时候,前方传来脱斡邻勒王汗反目的消息,他不得不招集所有的部众,全身心地投入了与脱斡邻勒王汗的战争中。当时成吉思汗麾下将士已经多如繁星,在他调动军将时,常常遇到争执的局面,成吉思汗心中已经产生了改变这种局面,建立一种更加严明的纪律的想法,因为他知道,只有这样,才能形成整体的战斗力,才是蒙古部得以长生的要诀。

在战争的间隙,成吉思汗常常问众将士:"你们能完全支配你们的属下吗?"术赤台马上说道:"刚开始,我能够很好地把自己原来的部众组织起来,但随着战争的深入,大量的外族加盟,我的部落现在变得非常混乱,经常不能统一号令,让人担忧战斗能力。"成吉思汗听了连连点头道："如果对脱斡邻勒王汗的战争没有这样仓促，我准备改变各部落的管理形式，这样无论在生活上还是战场上，我们都会做到事半功倍。"者勒蔑大声说道："是啊！没有一个体统出来，我们的将士是松散的，战斗力很难再提高。"成吉思汗在帐中与众人商讨了半天时间，说道："我心中早有底了，等与克烈部的战斗结束，我便着手建立一种制度，建立一个以法为纲的新组织。"就这样，众人满意地归帐了，等待眼前的战争快快地到来，然后再快快地结束。

　　成吉思汗不愿意看到的事情很快就发生了，在与脱斡邻勒王汗的战斗中，因为组织不力，使得蒙古大军在战斗中受到了巨大的打击，就在成吉思汗带着狼狈不堪的军队撤退的时候，他用双手捂住胸膛说道："今日的教训我深深铭记，如果天神让我恢复士气，我一定会让整个军队精神焕发。"一次沉痛的教训让成吉思汗懂得了组织形式的重要性，同时也让他认识到，时间对战争来说是最宝贵的东西，发现错误，马上纠正，这样才能在战场上立于不败之地。在后来的表现中，成吉思汗用超群的计谋和胆识与王汗展开了全方位的斗争，脱斡邻勒王汗最终因为自己的猜忌和小度量被成吉思汗消灭了。整个克烈部在一夜之间分崩离析，王汗被杀死，桑昆落草为寇。庞大的克烈部全部降服，蒙古部的属民陡增。人数的剧增让成吉思汗下定决心制定一个严明的纪律约束制度，进行统一、有效的管理。

　　1204 年的春天，成吉思汗在帖麦该川围猎时得到乃蛮进攻东方草原的消息，他整顿军马，时刻准备着和乃蛮一决雌雄。此时此刻成吉思汗又想到了令他头痛的事情——人口众多、号令不统一、各自为政、纪律涣散。成吉思汗深深地知道，要想让庞大的部族在战场上发挥最大的作用，统一号令、建立统一的约束制度是当务之急。经过无数个昼夜的深思熟虑，成吉思汗郑重地对众人宣布："在未来的生活和战斗中，要实行一种新的管理制度。"众人都非常高兴地表示接受，特别是那些平民和奴隶出身的将领，更加迫切地需要制度来管理自己的部众。者勒蔑高兴地说道："建立大札撒不是一般的事啊！每个人都有一种制度约束自己，这样大札撒的力量就强大了，可汗的汗权也会更威严。"在众人都表示一致肯定之后，成吉思汗大声地在大帐中说道："我首先要改变旧的乌合之众般的管理制度，采用一种全新的管理模式，大家务必听好了：我们将所有的族人都清点一遍，然后每十人一个集体，在十人中选出一位头领，头领掌管十人的事务，这是十户长；然后再在十个头领中选出一个更高管理者，他来管理十个头领，这就是百户长；再往上就是

【第十篇】功 过 篇

千户长，他负责管理十个百户长，共一千人……"博儿术马上问道："那千户长是不是直接归可汗管理呢？"成吉思汗轻轻地点头道："对，就是这样，这样整个部落就有一个核心的力量了，无论是在生活中还是战场上，都能按部就班地统一部署和行动。"过了片刻，成吉思汗又说道，"千户制现在还没有实行，如果你们有什么意见，也可以提出来，但我要申明，决定权在我成吉思汗身上，别人没有更改的权力。"众人马上称赞道："这样很好，我们都愿意接受这个千户制管理方案。"

过了一会儿，等众人都停止了说话，成吉思汗又说道："既然有了普通百姓的管理组织，现在我也应该宣布一下我的护卫军的形式了。"朵歹上前说道："可汗身边的侍从也要进行管理吗？"成吉思汗马上严肃地说道："这是非常重要的，如果汗权不牢固，整个蒙古国的根基也会动摇的。"他环视了众人一遍，然后说道："我现在要任命一批'扯儿必'，他们的职能是协同我处理族内事务，凡是管理上遇到的问题，'扯儿必'都有权力过问并解决。"术赤马上说道："那就相当于汉人的丞相了，这个官位可不是一般人能做的啊！"成吉思汗沉思片刻说道："'扯儿必'就是我们蒙古国的丞相，但他们也得听从本汗调遣，无论在什么情况下，我的命令都是他们的最高指令。"成吉思汗又停顿了一会儿，然后一字一句地说道："这几个'扯儿必'分别是朵歹、多勒忽、斡格列、脱仑、不察兰、雪亦客秃。"六人听到自己的名字后，马上站起来大声叩谢道："谢可汗恩典，我们一定不辱使命，尽全力管理好族内事务，听从可汗调遣。"成吉思汗见六人自信的样子，笑道："你们都是族中有威望的人，让你们管理族内事务实在是众望所归啊！"

成吉思汗接着宣布道："既然每个人都有人管辖了，现在要说说我的个人安全问题，我要从众将领中选举出七十人做侍卫，时刻在我身边、帐外巡视，让我可以踏实地做事，安稳地睡觉。""其中侍卫中分出一拨人做宿卫。侍卫负责白天值班，在我大帐前后巡视，不得轻易让陌生人靠近大帐，更不能让陌生人站在我眼前。宿卫负责我夜间值班，重要职责也是保护我的安全，但夜间不能偷懒，不能打瞌睡，宿卫之间互相监督，不得违背。"成吉思汗轻轻地挪动了一下，接着说，"侍卫和宿卫都是三天一次轮班，三天之后，上班之人便可以休息。七十侍卫军由斡歌列扯儿必率领，忽都思合勒潺为副官，如果头领遇到什么难题，两人可以互相商量。"斡歌列扯儿必与忽都思合勒潺起身叩谢道："谢可汗恩典，我们定将侍卫军安排得威严整齐，让可汗终日安全无忧。"就这样，成吉思汗的护卫军组建了。

布置完护卫军之后，成吉思汗还是不放心，他又说："为了让可汗的权力可以威慑任何人，我决定建立一支怯薛军，由千户长的子女和老自由民的后人组成，但必须是经过精挑细选之后的武艺超群、身材娇好的勇健之士，而且只能有一千人——这些人将成为怯薛军的士兵。这支军队将时刻围绕在本汗左右。战争来临时，做我的先锋军，在平时充当本汗的护卫军，由扎剌亦儿氏的合撒儿统领怯薛军。"成吉思汗刚刚说完，者勒蔑就大声说道："这样的制度很完整，只要样样落到实处，相信蒙古国的国力会有很大的提高。"博儿术等人也连连点头道："可汗的英明是世所罕见的，相信草原上最有纪律、最强大的汗国就是成吉思汗的蒙古汗国。"成吉思汗举起手道："这样还是不够的，为了各项事务都能落到实处，我现在宣布一条最重要的律令：如果有谁失职、渎职，都要带到我面前让我来惩治他，无论他是什么身份，在纪律面前一律平等。"别勒古台厉声说道："这样我们蒙古国真的可以像中原的国家一样强大了，相信蒙古汗国会因为这些严明的制度而长存的。"就这样，一次战前的重要会议就结束了。这对成吉思汗来说是一个很有意义的决定，对整个蒙古国的未来来说，它更是一个跨时代的里程碑。

　　会议结束的晚上，坐在成吉思汗身边的也遂激动地说道："可汗竟然有如此的韬略，实在是草原上从来没有的，相信汉人的皇帝也不过如此啊！"成吉思汗轻松地笑道："汉人皇帝能做的事情我铁木真也能做到，而且要做得比他们更好。"也遂马上说道："听说中原人都有文字，他们将很多重要的事情和律令都写在纸上，这样办事就更加牢靠了。"成吉思汗此时只是微笑什么也没有说，但他心中的愉悦之情是笑脸遮挡不住的，也遂说道："可汗有雄才大略，将来建立大帝国，使用文字，这样札撒就能保存。"此时成吉思汗才开口道："事情不是你说的那么简单啊！我现在的目标是战胜乃蛮部，这样我的权力才会巩固，但世事莫测，乃蛮部被我们消灭之后，我还会有什么样的敌人，这只有天神知道了。"也遂听了这样的话，便不再说什么了。

　　进攻乃蛮部的日期一天天地临近，众将士也已经将成吉思汗的政策一一落到实处。在成吉思汗巡视军队的时候，他听到有许多人抱怨自己不能在本氏族效力。成吉思汗严厉地呵斥道："我们的军士不能因为少数人的欲望而动摇，我们要保护的是多数人的利益。"他转过身又对众将士说道，"我宣布的法令既是政令，也是军令，请所有的族人和部众都认真履行。"众将士连连点头称赞道："好啊！这样我们军人的纪律就更加有保障了。"正是这道口谕的落实，让蒙古军在随后的战斗中取

【第十篇】功过篇

得了一个又一个胜利。而最有代表性的便是对乃蛮部的战争，因为严明的纪律和高效的管理方法，使得蒙古大军的战斗力得到了巨大的提升。面对强大的乃蛮部，成吉思汗只用了一天一夜的时间就取得了胜利。从此，乃蛮这个西方大国就消失在蒙古草原上。成吉思汗的实力得到了前所未有的巩固。

这些口头传授的法令被人们认为是"大札撒"的雏形，正是这些法令的颁布，推动了后来蒙古成文法律的诞生。对于成吉思汗来说，这是对蒙古草原的巨大贡献，也是草原历史上从未有过的创举，而后来文字和札撒与这道口头法令的形成是前呼后应、一脉相承的关系。在成吉思汗身上，又有了一道新的光环，那就是"用智慧治国治军，用武力战胜强敌"。成吉思汗也越来越深切地感受到智慧比武力更加重要，收容有知识的文才是非常必要的。他后来经略中原时求贤若渴的故事也名扬四海。

创造文字　文被天下

从部落割据到草原大一统，经过几十年的艰苦征战，蒙古人终于有了他们自己的国主，在庞大的汗国中，汇聚了蒙古和中原的各路英雄豪杰，以至于豁儿赤在汗廷上狂言："我们蒙古国有世界上最强大的国君，我们有普天之下最勇猛的勇士，我们可以将天下的任何一个敌人打败。"

事实也证明成吉思汗的确是当时世界的霸主。在他的八十八位功臣中，没有一个不是武艺和气魄超群的人。坐在汗廷宝座上的成吉思汗高兴地说："我们这个骑在马背上的民族现在有了自己的国家，有了自己的社会组织，我们什么也不缺了。"这时塔塔统阿叩拜道："如果大汗要一统天下，大蒙古汗国的实力还会经受无数考验，大汗心中应该有底才是。"众人听到这样的说辞，马上愤怒地对塔塔统阿说："你这个读书人，满嘴没有一句吉利的话。"成吉思汗却挥了挥右手道："看来塔塔统阿老师有意见啊！今天我净听奉承之言，现在还真想听听塔塔统阿老师的意见呢！"塔塔统阿直言不讳地说道："凡上国尊王，武略只是谋取天下的一种方式，治国还是得靠文治，只有这样，一个庞大的国家才能永葆青春。今日我们汗国人才济济，但缺少文才，这对于一个大蒙古汗国来说是非常不利的。"成吉思汗听了这样的话，高兴地说道："看来我将塔塔统阿老师留在身边是对的，我的儿子和弟弟们也应该多学文化了。"失吉忽秃忽叩拜道："文可以治理国家，而武只能争夺国家，这两者区别太大了。"汗廷上一片沉寂，成吉思汗略作思量之后对塔塔统阿说道："我知道文人有智慧，我蒙古国世代习武，不通文化，我的子孙以后一定要学习文化的。"塔塔统阿大声喊道："大汗英明，大汗一定会成为天下之主，世界之王。"随后成吉思汗坐在高位上，迎接让草原人盼望了上百年的开国盛典。

　　欢庆持续了一个月，成吉思汗逐渐冷静下来。他若有所失地在汗廷上走来走去。这时，塔塔统阿觐见道："大汗，请你到我的教室里看看吧！"成吉思汗看到塔塔统阿，微笑道："太好了，看看我的子弟们学习怎么样了。"成吉思汗进入教室时，众人正低头书写，塔塔统阿说："蒙古人个个都是人才啊！他们学习的劲头非常大。特别是失吉忽秃忽，他的成绩最优秀。"成吉思汗走到失吉忽秃忽跟前，看他正书写畏兀儿文字，便说道："失吉忽秃忽兄弟，你写的文字都让我感到神秘，你会畏兀儿文字了吗？"失吉忽秃忽站起来道："大汗好！我已经将畏兀儿文字全部掌握了，学文字不比射箭，要下大工夫才行啊！"此时众子弟们都站起身来对成吉思汗说："伟大的成吉思汗，我们都在学习畏兀儿文字，塔塔统阿老师非常乐意教我们。"成吉思汗平和地说："好啊！学习文化就不必上战场打仗了，如果有机会，我也来向你们讨教啊！"说完，众人就又坐下认真地学习起来。成吉思汗轻轻地对塔塔统阿老师说道："等学生们下课后，先生到我汗廷上来一趟，我有重要的事情与你商量。"塔塔统阿点头应允。

　　到了晌午，塔塔统阿慌慌忙忙地走上了汗廷，叩拜在成吉思汗面前："请大汗恕我迟到之过，监督学生才至此。"成吉思汗笑道："没什么，只要你来了，我就很高兴，现在我有一个非常重要的任务要交给你，你必须完成。"塔塔统阿惊异地答道："塔塔统阿虽是个文人，但愿意为大汗做我力所能及的事情。"成吉思汗笑道："我就是要你做文人做的事情，而且是非常有意义的事。"塔塔统阿松了一口气道："那就请大汗吩咐吧！"成吉思汗走到塔塔统阿面前说道："我蒙古国已经建立，但苦于文化闭塞而不能很好地与外界交往，也没有文字记录下

来，这个问题已经开始阻碍我们大蒙古发展了。"塔塔统阿赞同地说道："是啊！没有一个统一而固定的政令和文书，确实会影响国家的发展。"成吉思汗连连点头道："嗯，所以我请先生来共同商议解决这个问题的办法。"塔塔统阿问道："您是想用文字来颁布法令，制作外交文书吗？"成吉思汗高兴地说道："是啊！我们以后的国事文书和札撒不能靠口头传授啊，更不能靠系绳打结来做事，我想创造蒙古人特有的文字！希望先生发光发热，完成我的心愿啊！"塔塔统阿受宠若惊地说道："是这样啊！那我就用我有限的智慧、尽我微薄之力来帮助大汗完成这个壮举吧！"成吉思汗听到样的答复，激动地抓住塔塔统阿的肩膀笑道："如果蒙古人有了自己的文字，先要在皇子皇族中进行传授，然后让后人都来学习，让整个蒙古国的后人都学习蒙古文字。"

塔塔统阿明白成吉思汗非常重视文化建设，便一边做老师，一边整理书籍，着手创造蒙古文字。一个月后，塔塔统阿来到汗廷兴奋地对成吉思汗说："伟大的成吉思汗，我已经将文字的基本框架做出来了，请可汗聆听。"塔塔统阿一点一点地描述着文字的雏形，成吉思汗听完，高兴地对众臣子说："大蒙古国的文字创造出来后，让你们的后代来学习，把我们的故事写到书上去，千秋万代地流传下去。"众人高兴地叩拜道："成吉思汗英明，蒙古人的文字一定会将蒙古国的功绩永远传扬下去。"根据塔塔统阿的想法，蒙古文字由二十一个畏兀儿字母拼写，其余的字体由偏旁构成。成吉思汗对塔塔统阿的方案非常赞同。此时的塔塔统阿信心十足，开始准备下一步的创造工作。一年后，成吉思汗亲自来到塔塔统阿的帐房中查问文字创造的情况。塔塔统阿高兴地对成吉思汗说道："'畏兀字书'已经完成，您的诸子弟们都开始学习了，失吉忽秃忽已经掌握了这种文字。"成吉思汗紧紧地握住塔塔统阿的双手，动情地说道："难得啊！你还要将这个文字教给众人，这样我们才能成为一个有文化的大国啊！"塔塔统阿连连点头，果断地答应了成吉思汗的要求。

塔塔统阿铭记成吉思汗的嘱托，将"畏兀字书"传授给了诸皇子，他的学生越来越多，所有的蒙古贵族子弟都想做他的学生。很快，这种蒙古人的文字在汗国内传播起来，形成一股学习文字的潮流。而塔塔统阿依然在兢兢业业地研究和完善着蒙古人的文字。失吉忽秃忽站在塔塔统阿面前道："老师如此忙碌，就让学生来替你效劳吧！"塔塔统阿轻轻地摇头道："不行啊，你还是去成吉思汗身前做文书吧！他的大札撒需要人写，他的法律需要你这个断事官给他执行啊！"失吉忽秃忽便回到成吉思汗廷帐。成吉思汗见到他叫道："失吉忽秃忽，我现在命令你给本汗起草一个大扎萨，所有的百姓都要遵从的大札撒。"失吉忽秃忽谨慎地说道："成吉思汗委任我为大断事官，现在又让我拟定大札撒，实在是我的荣幸，请成吉思汗现在就吩咐吧！"成吉思汗郑重地对他说："我现在就口头传授所有的规章制度给你，你要将它们全部整理出来，然后做成札撒，以后只要有人犯错或犯罪，你就要按照大札撒的条目处罚，不能有半点私情。"失吉忽秃忽听了，连连点头。

失吉忽秃忽取来纸笔，坐在汗廷上配合着成吉思汗一点一点地撰写蒙古草原的第一部成文法典——《札撒大典》。《札撒大典》经过反复修改，最终在众人的期待中诞生了。1219年，成吉思汗高举"世界征服者"的旗号进攻花剌子模之前，举行了一场盛大的忽里台，在忽里台上，他向所有的将士申明了自己的领导原则、律令，还有一些对传统生活习惯的约束——蒙古人最早的习惯法。就这样，札撒在世人心中有了至高无上的地位。成吉思汗对贵族和百姓说道："如果谁违背了可汗的意志，那他就同样触犯了条律。"

由此可见，大札撒只代表成吉思汗一个人的利益，如果成吉思汗觉得要修改，那就必须修改，同样，如果可汗有过失，札撒是无法约束的。这体现出强烈的专制色彩，但在那个时代，在那时社会的发展水平上，成吉思汗的札撒还是具有非常大的进步性的，起码它是蒙古草原上的第一部成文法典。它让蒙古历史熠熠生辉，让草原人的思想和生活向前迈进了一大步。

对于成吉思汗来说，蒙古文字是弥足珍贵的，它直接催生了《札撒大典》。而蒙古文字——"畏兀字书"经过后人不断地完善，它的表达性更强，它的词汇更丰富。一个文化大国就这样在漠北大草原上诞生了。关于成吉思汗的历书开始出现在世人面前，而真正的蒙古史学著作——《蒙古秘史》就是在成吉思汗去世后不久诞生的，这标志着蒙古文化发展到了文字时代，一个文化大国即将隆升在大草原上。

自从成吉思汗在众人面前宣布了大札撒的规章之后，整个蒙古国的气象好了起来，而直接得到效用的军队在以后的战争中可以说是"所向披靡"。蒙古大军走到哪里，哪里的土地就被他们夺来。坐在金帐中的成吉思汗对将士们说道："如果世界上有更大的世界，我也要放手征服它，因为我手上有札撒令，我可以游刃有余地将土地上的臣民管好，将他们驯服。"而在以后的战争中，他也真的放手去征服，世界上激荡着一个人的名字，那就是成吉思汗。当他用文字记录自己的言行时，所有的蒙古人都为他的存在骄傲。成吉思汗为蒙古人带来了太多太多。"如果他可以活到一百岁，那整个世界将在他一人的统治之下"，这是后人对他的评说。这样的话虽然不切实际，但足以让人看到成吉思汗军队非凡的战斗力，这样的战斗力源于他的智慧，源于他对纪律和法律的严格执行。面对越来越强大的汗国，成吉思汗适应了时代的发展，适应了变化的现实，这对于一个草原上成长起来的人是多么地难能可贵啊！

以后在每次出征前，成吉思汗都会向众将士宣布军令，而失吉忽秃忽则是在不断地完善大札撒。作为一个断事官，失吉忽秃忽有非常大的权力，而作为第一位蒙古人的执法者，他为成吉思汗治理国家和军队发挥了无可替代的作用。在后人眼中，失吉忽秃忽是元朝"法制"的先祖，他的文化内涵也让蒙古国增加了文化的气息。在每次班师归国之后，成吉思汗都会对失吉忽秃忽说："我的助手啊，你要经常提醒我律令的重要性，你要常常宣读我颁布的法律的内容给国人听，包括我在内。"可见，成吉思汗极其重视大札撒的地位，同样，对失吉忽秃忽的工作表示了巨大的支持。

蒙古人的文字诞生了，紧跟着蒙古国的法律也颁布了。这两件事对蒙古国来说是伟大的壮举，它深深地影响着蒙古国的社会发展，并催生元朝的建立。成吉思汗身上不仅仅被"武力征服世界"的光环照耀着，同样被文明开花的时代文明所笼罩着。

战场残酷　史称黄祸

早在成吉思汗年少时，他身上便迸发出浓烈的血腥气质，他因为与庶弟别可帖儿之间的不和而杀死他。这对于一个少年来说，是如此地让人感到惊异！而成吉思汗的血腥气质，在他身上一直延续，就像世人说地那样："成吉思汗最大的功劳就是让东西方的文化真正地连接起来，但与此同时，他也给被征服的地区带来了惨无人道的痛苦和杀戮。"这个以征服世界为目标的历史巨人，高高地举起了杀伐的旗帜，让整个世界的弱小者都在悲苦中失声痛哭，这是成吉思汗给历史留下的一种遗憾，给世界留下的一道抹不去的伤痕。在蒙古大军荡平塔塔儿营地的时候，成吉思汗马上部署："将所有的塔塔儿男女赶到牧场上，全部用乱箭射死，包括不过车轮高的小孩。"当时族中一片嘘声，但谁也不敢公然反抗，合撒儿无奈地对自己的塔塔儿夫人说："这样惨绝人寰的屠杀，是世所罕见的，铁木真兄长如此狠心，我们这些将领真的于心不忍。"者勒蔑也对自己的家人叹道："如果谁能阻止这场大屠杀，相信天神也会保佑他的。"就这样，一场屠杀与反屠杀的暗战就在蒙古部开始了。众人齐心协力使少数塔塔儿幼童保全了性命，但成吉思汗一无所知，大部分人的命运却是悲惨的。成吉思汗作为一个传统的蒙古英雄，身上充满着对生死的践踏，对命运的挑衅。

屠杀塔塔儿人只是成吉思汗"杀戮战争"的开始，当他坐在中军帐中，畅快地与将士们谈叙的时候，将士们总能看到成吉思汗作为草原人的本性，成吉思汗常对身边人说："大丈夫要以在战场上屠杀强敌为人生的一种乐趣，这才是真正的草原英雄！"众将领听到这样的话，纷纷表示赞同，就像木华黎所说的："战争是苦的，但能将苦难无情地施加在别人头上，这才是蒙古英雄的源泉。"由此可见，蒙古人发动战争的目的是非常明确的，他们就是需要一种战争生活，他们将战争看成是生活的一部分，他们生活与战争的界限已经模糊不清。暴力战争给他们带来了大量的财富，给他们带来了无限的疆域。蒙古人发动第一场战争之后，他们的心就已经野蛮起来，而且越来越膨胀，一直到它可以遮盖草原上的天空，可以左右世事的发展为止。

成吉思汗统一蒙古草原之后，杀伐变得更加残暴，更加残忍。就在他南下伐金的时候，十万军队与几百万金军厮杀。一开始，蒙古军就在气势上占据了上风，每一次杀伐，蒙古军都多有死伤，成吉思汗敕令道："占领城池，洗劫他们的财物、属民和牲畜，然后将所有抵抗的、不驯的百姓全部拖出城外杀死。"就在成吉思汗攻克中都之前，蒙古军先攻下了一座城池，坐在城池外的成吉思汗喝道："将顽抗的暴民全部赶出城外，我要将他们全部处死。"于是数十万军民被蒙古军人赶出城外，一路站立的人头比天上的繁星还要多。成吉思汗看着这些百姓，命令将士，弯弓搭箭，将他们全部射死。此时前来投诚的明安将军顿觉残忍，便上前道："多闻可汗以宽仁治国，今日这些百姓应该得到可汗的宽容，因为他们可以成为蒙古军坚实的后盾。"成吉思汗不屑地看了一眼明安，大笑道："你还是个将军吗？做将军就应该以屠杀战敌为乐，

我们蒙古人就有这样的好传统，你若不信，我就让我的儿子们对你说说。"成吉思汗转过头，大声地对他的四个儿子说："你们对明安将军说说，一个强者应该怎样才会永远是强者？"术赤上前道："如果问我世间什么东西最让我快乐，那就是在战场上厮杀，我喜欢马刀砍在敌人脑袋上的感觉，我一生都会以这样的感觉而荣耀。"其他三子也站出来道："是啊！我们都觉得真正的勇士是战争的强人，是征服之神的化身，这样我们才会在屠杀中找到人生最高的价值。"成吉思汗听到此处，声色俱悦地对明安将军道："怎么样？我们蒙古军人的精神是明安将军所不能及的吧！"明安马上笑道："征服是要用暴力和屠杀，但要治国，先要征服人心，而人心要用心治，所以成吉思汗应该宽仁治天下才对。"成吉思汗觉得明安将军说得没有道理，便没有多说，准备屠杀。但后来明安还是巧妙地挽救了一些人的性命。这次大屠杀，几乎将整个城池的百姓杀绝，场面之惨无人道，让人心神俱哀。成吉思汗的军队一路屠杀，向金国腹地进军，导致金人谈蒙古军色变，很多城池不战而降，这样也为蒙古军进攻中都，消灭金国铺平了道路。

从成吉思汗第一次伐金，到金国灭亡，蒙古军屠杀的金人高达千万，这种惨绝人寰的行径再一次说明，蒙古人对中原的侵略是一部绵长的屠杀和血泪史，就像耶律楚材先生所说的："从一开始，蒙古人的战争目的就是抢掠和屠杀，所以造成了许多城池人烟断绝的现象，但这是成吉思汗唯一能做的选择，因为整个蒙古国都没有看到长远的未来，战争只是传统的斗争杀伐行为。"也因为如此，成吉思汗大军才会无往不前、所向披靡。

在后来的西征中，成吉思汗又延续了从前的杀伐政策。在一开始，成吉思汗的动机很单纯，他是为500人商队报仇，所以镇压与屠杀是不可避免的，对于蒙古人来说，更是这样。当蒙古军围攻范延堡的时候，成吉思汗的孙子木阿秃干一次次冲锋在前，在战场上立功无数。一天，成吉思汗对他说："木阿秃干，你还年轻，爷爷非常担心你的安全，一旦觉得危险，就快快回到本汗身边！"但木阿秃干不以为然地笑道："爷爷多虑了，木阿秃干还要立战功，扬威名呢！爷爷怎么能阻止我呢？！"成吉思汗高兴地祈福道："我的好孙子能抛开私情而战斗，实在是本汗的福分啊！"就这样，木阿秃干又投入战斗。好景不长，当蒙古军对范延堡进行大规模冲锋的时候，木阿秃干一马当先，对军将大声喝道："让木阿秃干来对范延堡进行最后一次冲击吧！相信爷爷的福威会让我取得胜利的。"就这样，木阿秃干率领着一彪人马单独冲了上去。

就在此时，范延堡盯上了木阿秃干，集中大部分兵力向他冲来。木阿秃干迎头而上，与之展开激烈战斗。就在战斗之间，范延堡首将挥舞着大刀狠狠地在木阿秃干的背部砍了一刀，木阿秃干长啸一声，翻身落马，永远倒在了战场上。蒙古军士大惊，马上带着木阿秃干的尸体撤了回来。

得到消息的成吉思汗悲痛欲绝，他仰天长叹道："为什么我最心爱的孙子会战死，难道是我夺走了我孙子的阳寿吗？我请求天神好好招待我的好孙子，让人间的烽火来燃烧花剌子模人的罪恶吧！"成吉思汗亲自上马，立在范延堡的阵地上大声喝道："蒙古勇士们，在我们报仇的火焰没有熄灭之前，将范延堡攻占，让这座可恨的城池成为废墟，一个活人也不要留下。"蒙古军通过顽强的攻坚，终于占领了这座城池。成吉思汗愤恨地下令："除掉城中所有百姓，一把大火将它烧毁，让范延堡永远消失在世人面前，让孤魂野鬼来守候木阿秃干高贵的英灵。"经过十几天的屠杀，整个范延堡真正成为了一座鬼哭狼嚎的幽灵之城，当大火熊熊燃烧起来的时候，成吉思汗依然悲伤地说："将这个让木阿秃干倒霉的城市消灭了，而且永远不得重建，他只能让木阿秃干的英灵来管理，这里死去的百姓就是木阿秃干的侍从，相信木阿秃干在天神那里也会感到满足了。"就这样，范延堡彻底消失在花剌子模人的心中。当者别、速不台大军经过范延堡的时候，者别感慨地说："范延堡的遭遇真是悲惨啊！但在花剌子模的地界上，像范延堡这样的城池又何只一个啊！"速不台也惋惜地说："成吉思汗的军队虽然热爱战争，但对屠杀真的疲惫了，哪天杀戮才能从世界上消失啊！"

得到范延堡军民被斩尽杀绝的消息后，摩柯末声色俱厉地对首将们说："见到蒙古军，众将士最好寻个生存的好方法，只要不伤及性命，你们乐意去投降，千万不要再让成吉思汗进行屠杀了。"在摩柯末的训教下，蒙古军一路畅通无阻，发起抵抗的城市更是少之又少。

1220 年，蒙古军包围花剌子模旧都玉龙杰赤，胸有成竹的成吉思汗坐在军帐中严厉地对术赤等人喝道："花剌子模行将末路，残留的玉龙杰赤只是一座孤城，相信我们会拿下它。"最终，蒙古军经过长达七个月的一次又一次的残酷的攻坚，攻破了玉龙杰赤。蒙古大军将城中百姓全部驱赶出来，将十万名工匠从中分离出来后，对城民进行了残酷的屠杀。当时许多匠人不堪东迁之苦，留了下来，却被蒙古军用刀箭射杀。几十万百姓一夜之间变成了孤魂野鬼，哭喊之声震天，术赤、察和台和窝阔台站在阵前高兴地喊道："这应该是蒙古人最大的一次屠杀了，

蒙古勇士们应该以这一次屠杀为荣。"就这样，龙杰赤屠杀行动在蒙古人的笑声中结束了。

在蒙古军的扩张中，有人曾经说，成吉思汗单在金国就屠杀了2000万人，南宋被杀4000万人，再加上西征所做的杀戮足足有1法亿人，当时，许多民族面临绝种的危机。只要一个族人被处死，整个家族都会受到牵连，从上几代到下几代全部处死。就像蒙古百姓所说的那样："只要是草原之外的人，大部分都已经失去了与蒙古人抗衡的力量，这是大蒙古国长盛不衰的秘诀。"由此可见，以杀掠为生的草原人是非常适应当时社会的。正是这种灭绝人性的杀戮才造就了强大的蒙古国。在成吉思汗身上，最不和谐的声音也就是他对世界人民带来的心灵和身体伤害了。

在弱肉强食的年代，诞生了成吉思汗这样的战争狂人，但对于今天的人来说，他给世界人民带来的苦难将是人类的一个遗憾。成吉思汗建立的国家是世界上最庞大的，但他所屠杀的人数也是无人能及的，在光辉的政治家形象背后，永远有一道阴暗的、不愿被世人提起的苦难和过错。屠杀成为世人否定成吉思汗功绩的一个借口，如果成吉思汗能善待异族百姓，那他在人们心目中的地位会更坚实，但那个时代、那个草原特质，让成吉思汗无法抉择，他只能屠杀，这让文明的国家和善良的百姓在那段时间遭受了沉痛的苦难。生存权利被成吉思汗无情地践踏了，这是成吉思汗生命中永远的污点。

庞大的帝国建立起来了，但它是用一具具尸骨堆积起来的，这是成吉思汗大功中唯一的败笔。

六攻西夏　战争神人

早在成吉思汗西征之前，他便派遣使者对夏主李遵顼请求道："现在西方的花剌子模国对大蒙古国无礼挑衅，我们准备发出正义之师对他们问罪。西夏献公主求和时，曾经答应成吉思汗，在战争到来的时候出兵为蒙古大军右臂，现在就请西夏国主兑现自己的诺言吧!"李遵顼皱着眉头正冥思之间，殿下的大臣阿沙敢不站出来厉声说道："既然成吉思汗要占领花剌子模，那小小的西夏又怎么敢与他抢功劳呢?"使者听了这样的话，没有再多说什么，气愤地拂袖而去。成吉思汗听到这样的消息，勃然大怒："小小西夏竟然如此无礼，等我抽出时间，好好训教这些不知死活的东西。"就这样，在西征之前，成吉思汗便有了对付西夏的想法，但苦于军力、精力不济，才没有对西夏进行大规模的进攻。

　　1223年，木华黎父子与金国展开长期的战斗，在很长一段时间内，木华黎都没有取得大规模的胜利，负责支援的西夏军队还没有会合蒙古军，就纷纷撤退了。木华黎派使者责问李遵顼："西夏军队为什么不能及时赶到，你们这样背信弃义，难道就不怕灭亡吗?"夏主惊慌失措，大声对臣子说："如果蒙古军攻打我们，那将是灭顶之灾。我现在已经筋疲力尽，让世子李德旺来主持朝政吧!"就这样夏主李遵顼退位，新主李德旺掌管西夏全部事务。李德旺年轻气盛，上台之后，马上决定改变对蒙古国屈辱求和的政策。此时蒙古主力正在西征，而木华黎也刚刚辞世，于是李遵顼与漠北各部勾结，准备与蒙古军对抗。但木华黎之子孛鲁遵照成吉思汗的旨意，对西夏进行全方位的征剿，让西夏品尝背叛的恶果。加上成吉思汗西征前对西夏的征讨，孛鲁是第五次讨伐西夏了。1224年九月，蒙古军在银州大败西夏军，占领了城池，抢掠了上万头牲畜，杀死无数的反抗者。西夏初战便遭到沉重打击，但李德旺却没有因此改变对蒙古人的抵抗政策。

　　七年的西征胜利了，成吉思汗却坐在大帐中在想一件事，那就是蒙古人的第五次进攻西夏到底怎么样了。成吉思汗严肃地对众臣子说："要想摆脱腹背受敌的困境，那就必须消灭西夏，切断夏金联盟，这样我大蒙古国才能兴盛也!"蒙古大军走到东方草原之后，六十四岁高龄的成吉思汗依然决定："蒙古大军一鼓作气，将西夏这个卑鄙的、反复无常的小国消灭掉。"就这样，蒙古大军开始了六攻西夏。周密的军事部署结束了，成吉思汗带着自己的爱妃也遂向西夏边境徐徐而来。在行军途中，成吉思汗带着众臣子在山间围猎，突然一只野马迎面向成吉思汗冲来，而成吉思汗的坐骑惊得乱跳起来，坐在战马上的成吉思汗顿时心慌意乱，一下子从马上摔了下来，痛苦难忍。众臣子忙将他扶上卧榻，他浑身滚烫，高烧不退。也遂妃向臣子们说明了情况，晃忽坛氏的脱仑扯儿必说道："西夏人有固定的城郭，有不动的房屋，他们是不会轻易离开的。今日我们可以先撤退，等成吉思汗身体好了，我们再起兵征伐西夏不迟。"但卧在卧榻上的成吉思汗不甘心地说道："我们不能一无所获就撤军，难道让西夏人觉得我们是畏敌心怯吗？"众人只能听从成吉思汗的旨意，暂时就地下营，同时遣使者前去观察西夏军队的最新动向。

蒙古使者站在西夏宫廷上大声地说："前些年我们西征时，让西夏出兵，你们拒绝了，并且对成吉思汗冷嘲热讽，违背了你们的誓言，成吉思汗一开始就决定将西夏消灭，现在我们的大军就在你们眼前，你们好自为之。"李德旺顿时丈二和尚摸不着头脑，阿沙敢不站出来道："讥讽之辞是我说的。西夏不会畏惧任何敌人的，因为我们有圣洁的贺兰山做营地，有银川和西凉两座富庶的城池做基础，你们是不会战胜我们的，你们要进要撤，随你们便。"蒙古使者听到这样的话，扫兴而去。使者将消息告诉了成吉思汗，他愤怒地说："西夏如此自大，我若不攻之，那就太枉屈我成吉思汗了。"成吉思汗马上招集军将和臣子，讨论进攻事宜。

成吉思汗分两路向西夏进军，速不台大军从西面进攻。很快速不台就占领了沙州，西夏人昔里钤部前来招降，蒙古军进入沙州后与军民展开战斗，最后降服了他们。随后蒙军进攻肃州，昔里钤部的兄长镇守肃州。昔里钤部害怕城池被攻破全家人的性命不保，于是请求蒙古军赦免他们，但城中军民顽强反抗，残酷的争夺之后，成吉思汗愤怒地下令道："将肃州城民全部杀死，将昔里钤部族人一百口留下。"蒙古军执行了成吉思汗的指令，肃州城很就成了一座鬼魂之城。攻下沙州后，蒙古军向五郡中的其他三郡瓜、甘、凉州挺进。成吉思汗遭到了很大的军事抵抗，他在卧榻上说："今日我蒙古军虽然遭到军民抵抗，但城中贵族们都已经动摇，等我们攻下城池，相信一切就会好转的。"很快，蒙古西陆军包围甘州，蒙古名将察罕出身于西夏，其父曲也怯律是甘州主将。察罕攻下肃州之后，兵临甘州城下，他派使者对其父说："今日成吉思汗君临国境，如果不抵抗，我们是不会大动干戈的，请父亲放我们进城，保全城池和百姓的性命吧！"曲也怯律的小儿子、察罕的弟弟说："哥哥在蒙古有今日之地位，确实可以看出成吉思汗懂得治军用人，我们就投诚吧！"此时曲也怯律犹豫不决，使者又说道："夏君无道，灭亡是天意，父亲又何必违背天意呢？"曲也怯律沉思片刻，说道："那好吧！过几天我便出降。"就在此时，曲也怯律手下的三十六员大将秘密合谋，竟然将曲也怯律父子和使者统统杀死了。但很快蒙古军就攻克了甘州，成吉思汗下令尽斩百姓，察罕请求道："抵抗之罪不在百姓，

在造反的三十六个军将。"就这样成吉思汗杀死了造反的军将，其余人等全部赦免。

西路军一路凯歌，与此同时，成吉思汗率主力军从东北方直驱西夏境内。2月，可汗取黑水等城，在垂浑山逗留一个酷夏之后，蒙古军继续攻打西凉府搠罗、河罗等地。大军进至沙陀，蒙古使者前去将他们招降，如此，成吉思汗大军对西夏产生了致命的威胁，西夏国主李德旺坐在王廷上惊呼："此次蒙古军咄咄逼人，看来我们当初不应该自夸自大攆走成吉思汗的使者啊！"此时夏主感到后悔，实在是一种无能的表现。因为夏主的惊慌失措，整个中都陷入一片混乱之中，李德旺惶惶不可终日，他对众臣子说道："今日我国力衰竭，要兵无兵，要将无将，难道祖先的基业就断送在我的手上了吗？"很快，李德旺因忧虑而病倒，在千钧一发之际，他不安地辞世了。众臣子马上拥立新王，西夏国岌岌可危，危在旦夕。

1226年11月，成吉思汗大军攻打灵州，新夏主亲率五十万大军前来袭击，嵬名令公率十万大军做后援。西夏国倾全部军力，准备在灵州与成吉思汗决一死战。当时天寒地冻，成吉思汗果断地决定，踏着黄河上的封冰抢渡黄河，打西夏军个措手不及。当蒙古军全部站在对岸时，西夏军纷纷跑到冰面上。成吉思汗令将士射西夏兵的脚，让他们站立不住。西夏军应弦倒地，大败而撤。蒙古军很快攻克灵州城。蒙古军一路又攻克盐州川，于12月包围中都府。经过一年的连续作战，西夏的主要城镇都在蒙古人掌握之中，西夏新国主困守中都，完全失去了抵抗的能力。

1227年春，成吉思汗说道："西夏已经势穷，现在就让察罕将军攻之，我自率领大军攻略金国去。"就这样，成吉思汗离开中都，向金国方向奔去。一路上攻下了积石州、临洮府及洮州、河州、西宁、德顺等地。同年六月，成吉思汗进入清水县。就在此时，察罕被招入清水城，成吉思汗对他说："中都府已经穷尽，你去招降吧！"就这样，察罕按成吉思汗的旨意遣使者进入中都让他纳降，夏新主马上答应，但他要求宽限一个月时间，察罕也答应了。正是在这一个月里，蒙古军中发生了一件足以震撼整个世界的事情，那就是成吉思汗辞世。

自进军西夏路上跌下马来之后，成吉思汗的身体一直屡弱多舛。而经过一年多的战争，他更加感到体力不支。一天晚上，成吉思汗正躺在卧榻上心神不宁地辗转反侧着，也遂妃问道："难道可汗是生病了吗？我觉得你的身子又变得烫人了，我们还是归去吧！养好身体再回师，你看呢?"此时成吉思汗心烦意乱,皱着眉头说不出话来。第二天早晨,也遂妃又对成吉思汗说道:"可汗是不是操劳过度,你一定要带着胜利之师回到草原上去啊!"成吉思汗此时才开口道:"我的伤寒之疾很严重,好像天神也保不住我在人间的日子了,你快去将我的儿子们叫来,我要对他们嘱咐事情。"也遂妃一边抽泣一边穿好衣服走出去。过了一会儿,众子们跪在成吉思汗面前。他喘息着说:"我的孩子们啊,你们知道,我的死日将近,快要到地府去了。在主和天神的佑助下,我为你们征服和开创了一个辽阔而广大的国家,从这个国家的中央向各方面走去都需要用一年时间,现在我对你们立下以下遗言:你们要想过富足满意的生活,享受掌大权的快乐,必须齐心协力抵御敌人,尊崇朋友。""你们需有人保卫国威和帝位,支持根基坚实的宝座。因为,如果我的儿子个个都想成为可汗,想当帝王,不相互谦让,不又是一头蛇与多头蛇的故事吗?"成吉思汗以前常用一头蛇与多头蛇的故事教育孩子:一天夜晚,天寒地冻,多头蛇的几个头为了避寒,都想爬进洞去,结果你争我夺,都没有爬进去,全部冻死了;而一头蛇却爬进了洞穴,避开了严寒。

成吉思汗接着说道:"如果你们想过安乐幸福的生活,享受权力和富贵的果实,那么,我现在就告诉你们。我的建议是:窝阔台继我登位,因为他雄才大略,足智多谋,在你们当中尤为出众;我意欲让他出谋划策,统帅军队和百姓,保卫帝国的疆土。"众子在成吉思汗的要求下,都表示服从窝阔台的统领,成吉思汗让他们立下文书,坚决拥立窝阔台为汗。然后成吉思汗又详细说明了征服金国的方略。最后说:"我死后,你们不要为我发丧、举哀,好叫敌人不知我已死去。当西夏国王和居民在指定时间出城投降时,你们可将他们一下子全部消灭。"

成吉思汗不愧为杰出的政治家、军事家和战略家。他的每一条遗嘱在他去世后都发挥了巨大的作用,他为蒙古军消灭西夏,征服金国指明了方向,他的遗嘱也成为后来蒙古军对夏金战争的指导思想。

1227 年 8 月 25 日(七月己丑),成吉思汗长眠于清水县行宫,享年六十六岁。异密们遵照遗嘱,密不发丧。一年多之后,西夏灭亡,这让世人不得不赞叹成吉思汗的英明智慧。"成吉思汗"的名字像草原上不落的太阳一样,永远停驻在世人的心中。

【第十篇】功过篇